《左傳》後勤制度考辨

黃聖松 著

臺灣 學生書局 印行

劉 序

　　當年，凡是轉系、轉學，或插班生，與經由聯招入學者相較，明顯地更具求知欲望與學習熱忱。這個特色，在聖松身上尤可印證。

　　聖松畢業於文藻外語專科學校（今文藻外語大學），插班入中山中文系，自大三開始，修習本人所開設《左傳》、《尚書》等經書課程，每學期至少完成兩篇報告，詳細數字已忘，兩年下來，至少八篇以上。雖不敢說遍及群經，涉獵亦不稱少矣。大四下，為推甄政大中文所，他以《左傳》中交通為題而獲青睞。在群英競秀的情況下，終能脫穎而出，顯示他勤學的成果，受到外界初步的肯定。

　　本人雖不以研究古文字為專業，對於二重證據法中的另一支柱卻從不輕忽。在他北上之前，鄭重叮囑：研究經學問題，絕不能自限於傳世，卻忽視出土文獻，當以「二重證據法」的精神，全面觀照，著重整體的研究。於是聖松師史語所蔡哲茂教授，從兩周金文入手，對出土文獻竭力掌握，奠定紮實的為學根基。民國九十一年，入本系博士班，除本人外，亦蒙臺灣大學中文系周鳳五教授聯合指導。其博士論文結合甲骨、金文出土，與《左傳》等相關傳世文獻，討論殷商時代軍事制度，四年完成，創當時本系博士班修業年限最短的紀錄。時間雖短，質量俱佳，加上多有其它學術篇章，故獲得該年度全校優秀博士論文獎。於是受聘樹德科技大學，三年，即升等副教授，亦創該校紀錄。不寧唯是，在此期間，繁重的教學與服務並未阻礙他的專業研究，不僅發表多篇學術論文於核心期刊，更頻獲國科會（現為科技部）研究計畫補助。民國一百零三年，轉至國立成功大學中文系服務。《詩》云：「周邦咸喜，戎有良翰」，希望他在既有的基礎上，更加展現其研究和各方面的長材，以發揚其個人及團隊光輝。

　　由於注重先秦軍事制度，聖松近年來的研究特以《左傳》為基礎，以軍事制度為核心，尤其重視「輿人」、「役人」、「國人」等專有名詞的內涵，以及「郭」、「郛」、「國」、「郊」等地理空間制度。嫻熟軍事者皆知，軍事行動的成敗，概取決於後勤補給，所謂「大軍未動，糧草先行」。能重視軍事精髓，特見其眼光之高遠與立論精確也。由於基礎穩固，為學踏實，因此在相關的篇章中，皆能言人所未言，發人所未發，展現出研究的能量，獲得豐碩的成果。研究春秋時代軍事制度者，或不乏其人；惟於此專業，則未見充分論述。今有聖松之書，當可恢闊此範疇不足之缺憾也。

　　聖松於博論以來，一以貫之；至於精研先秦軍事後勤制度，兩岸各地，蓋罕有其匹者。雖然受限於文獻不足，若干之處難以徵明，欸比聖人，非其罪也。故聖松能勇於創新，開闢草萊，發明多端，理應嘉勉；至於實質的成就與對學術的貢獻，見於其書中者，蓋卓立不群，眾所稱讚矣。

　　總結上述之後，還要特別強調：目前數位人文觀念方興，大數據研究方法日盛。在這方面，聖松並未缺席。日後的成果，必然可觀，且拭目以待矣。

國立中山大學中國文學系　劉文強

邱　序

　　左傳之於先秦文獻中最是難讀。究其原由，約略有三：一曰是書也，出自孔壁。原本爲古文經，西漢經師傳習者多，爲方便後生研讀，先將古文對譯爲小篆；迨至東漢，經師再度傳習，有將小篆本對譯成漢隸。凡此層層對譯過程中，文本難免失眞，古義自必難求。而其對譯眞面目，或見於許氏說文，或見諸曹魏三體石經。此其一也。一曰左傳乙書，估算其字數，於群經中爲最多。凡所網羅人、事、物，極爲繁複。尤以戰役、軍事方面唯獨衆多也。倘不諳古代軍事、戰爭之道理，恐難以卒讀。此其二也。一曰左傳所收古代人物最最豐富，難以估計。書中或稱姓，或稱氏，或逕稱姓氏，或用名，或用字，或合用名字，或姓氏名字聯合全稱，用例複雜，不一而足。讀者判別書中人物，何者是一而非二，何者是二而非一，常常混淆不清，莫衷一是。如此混亂局面，即已令人目眩神迷，難以應付。此其三也。基此三難，今人治左傳學者蓋已日益鮮矣！

　　左傳所敘述春秋大小戰役，不勝枚舉。即秦晉殽之戰而言，首先秦晉爆發爭端，然後晉國不惜銜哀怒戰，一舉擊潰秦師於殽函一帶，最後秦穆公乙肩扛起戰敗之責。斯役也，自然戳破秦君東進之野心。至若晉楚城濮之戰，尤爲典型。楚軍揮戎北上，而晉國聯合戎狄大軍，以車七百乘揮兵南下，戰於城濮，一舉盡剿楚師精銳，終獲全勝。斯役也，既已斬斷楚國逐鹿中原之壯志矣！晉君非但得周天子諸多賞賜，甚至子犯亦蒙周天子深深眷顧；前者見諸左傳敘述，後者證諸子犯編鐘銘也。凡此種種壹皆歷史實錄，絕非子虛烏有，向壁虛構者也。如此著名戰役，悉見於左傳，而罕聞諸公穀。

　　盱衡古今中外戰爭之成敗，取決於後勤補給之良窳而已矣！以楚漢相爭十五年爲例，楚之所以敗，漢之所以勝，其癥結所在唯後勤補給是問！所以

漢王之得天下後，即讚譽有嘉曰：後勤補給，我比不上蕭何，即是明證。唯左傳乙書有關後勤補給之探索，前修先賢罕有著墨於斯者。試問其故，蓋學者之於古軍事嫻熟者少；尤有甚者，治左傳學者僅僅局限於傳世文獻，尟有措意於地下出土之新材料也。如此一來，所有學者止能作平面之探究，而無法作全面而立體之鑽研；於是其所見恐囿於一隅而已。職是之故，坊間有關左傳後勤補給之作，猶如鳳毛麟角，殊爲罕見者也。

聖松博士治左傳之學，數十年如一日，其於左傳戰爭、軍事方面之論著，早已傳布，口碑深植。邇來尤醉心地下出土之新材料。有感於觀堂古史新證所提倡「二重證據法」之於研究左傳學之便利，於是著手利用地下出土之新材料來印證傳世文獻之眞相，兩兩互證，相輔相成。每有論文發表，輒轟動學界，令人驚羨。長此以往，日就月將，積年累月，積稿亦已盈尺，遂將其集結成書，遂有斯篇之作。其於「輿人」、「役人」之析論，其於「輜重」、「運輸」之發明，可謂前無古人矣！孔子曰：「後生可畏」，並不局限古人，自亦可稱譽來學，於此冠諸聖松，自是當之無愧矣！斯人也之於學問，不舍晝夜，焚膏繼晷，孜孜不倦，韋編三絕，假以時日，經之營之，必能成就爲左氏之功臣，杜預之知音也歟！頃其書即將付梓面世，問序於余，余籀讀再三，頗得我心，能言我所欲言者多矣！其對開示後學自必多矣！余交聖松久，知聖松深，如此好學之士，如此傳世之作，必能流傳久遠而不朽矣！遂樂爲之序。

中華民國一○五年元宵節　　西湖‧邱德修謹序于望炊廬

《左傳》後勤制度考辨

目　次

劉　序…………………………………………………劉文強　I

邱　序…………………………………………………邱德修　III

壹、緒　論……………………………………………………　1

　一、研究動機與目的……………………………………　1

　二、研究範圍與方法……………………………………　8

　三、相關文獻研究………………………………………　15

　四、編章安排說明………………………………………　17

貳、上編：輜重形制、載運內容與數量………………………　19

第一章　輜重形制及戰場住宿………………………………　19

　一、前言…………………………………………………　19

　二、「輜」、「軒」、「重」釋義……………………………　21

　三、「輦」、「葱靈」、「飛軨」、「輜輧」、「藩」釋義………　27

　四、「輜」、「軒」之別與「輜重」關係…………………　34

　五、戰場住宿之具：「輜」與「舍」……………………　39

　六、小結…………………………………………………　47

第二章　《左傳》所見輜重載運物資及其用途 …………… 49

一、前言 ……………………………………………… 49

二、輜重運送物資：食物類 …………………………… 51

三、輜重運送物資：器物類 …………………………… 60

四、輜重運送物資：工具類 …………………………… 67

五、小結 ……………………………………………… 73

第三章　先秦典籍所見輜重載運物資及其用途 ………… 75

一、前言 ……………………………………………… 75

二、《周禮》及《司馬法》之記載 …………………… 76

三、《尚書・費誓》與《管子》之記載 ……………… 86

四、小結 ……………………………………………… 94

第四章　《左傳》所見武器類型 ………………………… 97

一、前言 ……………………………………………… 97

二、弓、矢與箭房 …………………………………… 100

三、矛與戈 …………………………………………… 105

四、戟、殳、劍與裝盛兵器之物 …………………… 108

五、甲、冑、盾與介 ………………………………… 115

六、小結 ……………………………………………… 119

第五章　輜重載運武器數量與重量 …………………… 121

一、前言 ……………………………………………… 121

二、弓、矢、箭房數量與重量 ……………………… 123

三、矛及木柄材質重量 ……………………………… 130

四、戈、戟、殳、劍、甲、冑、盾、介重量 ……… 138

五、車兵與徒兵使用武器重量 ……………………… 145

六、小結 ……………………………………………………………… 150

第六章　輜重負重及數量與役人數量 ………………………………… 153

一、前言 ……………………………………………………………… 153

二、輜重負重 ………………………………………………………… 154

三、人員、馬匹、工具重量 ………………………………………… 161

四、役人數量推估 …………………………………………………… 169

五、軍事動員派遣輜重數量推估 …………………………………… 177

六、小結 ……………………………………………………………… 186

參、中編：役人來源與身分 ……………………………………………… 189

第七章　役人考論之一：《左傳》輿人考 …………………………… 189

一、前言 ……………………………………………………………… 189

二、前人之說法 ……………………………………………………… 190

三、前人說法之檢討 ………………………………………………… 198

四、輿人爲國人中服徭役之庶人 …………………………………… 203

五、輿人之工作內容 ………………………………………………… 213

六、小結 ……………………………………………………………… 219

第八章　役人考論之二：《左傳》役人考 …………………………… 221

一、前言 ……………………………………………………………… 221

二、役人工作內容 …………………………………………………… 222

三、役人與城者、築者、輿人之關係及其身分 ………………… 230

四、小結 ……………………………………………………………… 239

第九章　役人考論之三：《左傳》役人續考 ………………………… 241

一、前言 ……………………………………………………………… 241

二、役人服役之役期 ·· 239

三、家戶提供役人的數量 ·· 251

四、役人服役年齡 ·· 269

五、役人之輪替 ·· 274

六、小結 ··· 279

肆、下編：後勤人員工作內容與指揮系統 ················ 281

第十章　役人與奴隸之任務及其分工 ················· 281

一、前言 ··· 281

二、役人工作內容 ·· 283

三、奴隸工作內容 ·· 293

四、小結 ··· 303

第十一章　後勤運輸與駐紮營壘推估 ················· 305

一、前言 ··· 305

二、輜重運輸日程與行進時間 ································· 307

三、駐紮營地面積推估 ·· 317

四、建築營壘所需土方及時間推估 ·························· 325

五、以「重」、「大車」為屏障 ······························· 332

六、小結 ··· 343

第十二章　後勤指揮系統 ································· 345

一、前言 ··· 345

二、司空之職掌 ·· 347

三、司徒之職掌 ·· 359

四、私屬部隊後勤指揮系統 ···································· 374

五、小結 ··· 382

伍、結論 ⋯⋯⋯⋯⋯⋯⋯⋯⋯⋯⋯⋯⋯⋯⋯⋯⋯⋯⋯⋯⋯⋯⋯⋯ **383**

一、輜重之形制 ⋯⋯⋯⋯⋯⋯⋯⋯⋯⋯⋯⋯⋯⋯⋯⋯⋯⋯ 383

二、輜重載運物資內容 ⋯⋯⋯⋯⋯⋯⋯⋯⋯⋯⋯⋯⋯⋯ 384

三、戰鬥部隊與輜重之比例 ⋯⋯⋯⋯⋯⋯⋯⋯⋯⋯⋯ 386

四、後勤人員組成分子、身分及其分工 ⋯⋯⋯⋯⋯ 387

五、後勤運輸與駐紮營壘推估 ⋯⋯⋯⋯⋯⋯⋯⋯⋯ 389

六、後勤指揮系統之梗概 ⋯⋯⋯⋯⋯⋯⋯⋯⋯⋯⋯ 389

引用書目 ⋯⋯⋯⋯⋯⋯⋯⋯⋯⋯⋯⋯⋯⋯⋯⋯⋯⋯⋯⋯⋯⋯⋯⋯ **391**

圖目次

圖 1、陝西鳳翔八旗屯 BM103 號秦國墓出土陶牛及車輪 ⋯⋯⋯⋯⋯ 25

圖 2、江陵鳳凰山 167 號漢墓出土木牛車模型 ⋯⋯⋯⋯⋯⋯⋯ 26

圖 3、甘肅武威雷台出土東漢墓葬出土牛車模型 ⋯⋯⋯⋯⋯⋯⋯ 26

圖 4、山東淄博市臨淄區淄河店 2 號戰國墓 11 號車復原圖 ⋯⋯⋯ 30

圖 5、成都楊子山出土漢代畫像石 ⋯⋯⋯⋯⋯⋯⋯⋯⋯⋯⋯ 35

圖 6、山東福山出土漢代畫像石 ⋯⋯⋯⋯⋯⋯⋯⋯⋯⋯⋯⋯ 36

圖 7、內蒙古和林格爾東漢墓壁畫 ⋯⋯⋯⋯⋯⋯⋯⋯⋯⋯⋯ 37

圖 8、成都百花潭中學 10 號墓出土「鑲嵌銅壺」部分花紋 ⋯⋯⋯ 42

圖 9、山東長清崗辛戰國墓出土「舍」復原方案一 ⋯⋯⋯⋯⋯ 43

圖 10、山東長清崗辛戰國墓出土「舍」復原方案二 ⋯⋯⋯⋯⋯ 43

圖 11、獨輈車車馬具名稱說明圖 ⋯⋯⋯⋯⋯⋯⋯⋯⋯⋯⋯⋯ 80

表目次

表 1、春秋戰國時代出土弓材質與長度表 ⋯⋯⋯⋯⋯⋯⋯⋯⋯ 123

表 2、台灣水牛役用能力調查表 ⋯⋯⋯⋯⋯⋯⋯⋯⋯⋯⋯⋯ 160

表 3、董作賓先生考定時段對照表 ⋯⋯⋯⋯⋯⋯⋯⋯⋯⋯⋯ 312

表 4、春秋出土車乘尺寸整理表 ⋯⋯⋯⋯⋯⋯⋯⋯⋯⋯⋯⋯ 320

壹、緒　論

一、研究動機與目的

　　《左傳》成公十三年（578 B.C.）曰：「國之大事，在祀與戎。」[1]足知軍事活動在先秦社會的重要。德國軍事史問題專家卡爾‧克勞塞維茨（Carl Von Clausewitz，1780-1831）《戰爭論》為戰爭目的定義云：「戰爭是迫使敵人服從我們意志的一種暴力行為。」[2]雖時間有古今差異、空間有東西之別、戰爭方式亦有不同形態，但克勞塞維茨對戰爭目的之定義可謂放諸四海皆準。關於中國戰爭起源，王天晞〈淺議中國戰爭之起源〉認為乃導因於「原始氏族與部落的武裝衝突和掠奪。」[3]至於戰爭目的，謝維揚《中國早期國家》認為「在典型的原始社會中，戰爭並不一定具有功利的目的。相當多的戰鬥是由道義的原因──如復仇──引起的。」[4]李學勤主編《中國古代文明與國家形成研究》認為「隨著生存技能的提高、人口增長、財富增加，部落之間的戰爭增多，先是為了爭奪生存空間，再是為了爭雄爭長，最後完全蛻變為以掠奪為目的戰爭。」[5]《中國戰爭發展史》認為是「為了尋找新的生活居住

1　晉‧杜預集解，唐‧孔穎達正義：《春秋左傳注疏》（臺北：藝文印書館，1993 年 9 月，據清嘉慶二十年（1815）江西南昌府學版影印），頁 460。

2　德國‧卡爾‧克勞塞維茨（Care Von Clausewitz）著，中國人民解放軍軍事科學院譯：《戰爭論》（北京：商務印書館，2003 年 6 月，北京 1 版），頁 23。

3　王天晞著：〈淺議中國戰爭之起源〉，《人文雜志》2002 年第 4 期，頁 127-131。

4　謝維揚著：《中國早期國家》（杭州：浙江人民出版社，1995 年 12 月，1 版），頁 59。

5　李學勤主編：《中國古代文明與國家形成研究》（昆明：雲南人民出版社，1997 年 12 月，1 版），頁 215。

地，為了拓展活動範圍，或為了保衛自己的活動地域及生活資源，為了血緣復仇等原因。」[6]《中國文化發展史·先秦卷》亦云：「一般認為，在原始社會時即已出現了以競爭生存環境與血親復仇為目的的戰爭。」[7]至於本文研究範圍之春秋時代，[8]依郭丹《左傳國策研究》所釋，是時「絕大部分的戰爭，尤其是十幾次大戰，[9]無不為爭霸而起，為爭霸而戰。」[10]朱寶慶《左氏兵法》更認為在《左傳》作者看來，戰爭「不是一種純軍事的活動，而是國家政治關係的一種產物。……進行戰爭是統治者爭奪政權的手段，是國家政治的組成部分。」[11]見於史冊之第一場大規模戰役是神農氏伐補遂，[12]其後又有黃

6　中國人民革命軍事博物館著：《中國戰爭發展史》（北京：人民出版社，2001 年 12月，1 版），頁 29。

7　龔書鐸主編，廖名春分冊主編：《中國文化發展史·先秦卷》（濟南：山東教育出版社，2013 年 9 月，1 版），頁 288。

8　本文所指涉春秋時代乃依《左傳》所載起訖時間，即魯隱公元年（B.C.722）至魯哀公二十七年（B.C.468），歷時 255 年。

9　郭丹所謂十幾次大戰，乃指（一）魯桓公五年（707 B.C.）葛之戰、（二）魯莊公十年（684 B.C.）長勺之戰、（三）魯僖公十五年（645 B.C.）韓原之戰、（四）魯僖公二十二年（638 B.C.）泓之戰、（五）魯僖公二十八年（632 B.C.）城濮之戰、（六）魯僖公三十三年（627 B.C.）殽之戰、（七）魯文公十二年（615 B.C.）河曲之戰、（八）魯文公十六年（611 B.C.）滅庸之戰、（九）魯宣公十二年（597 B.C.）邲之戰、（十）魯成公二年（589 B.C.）鞌之戰、（十一）魯成公十六年（575 B.C.）鄢陵之戰、（十二）魯襄公十八年（555 B.C.）平陰之戰、（十三）魯定公四年（506 B.C.）柏舉之戰及（十四）魯哀公十一年（484 B.C.）艾陵之戰等十四次大會戰。見郭丹著：《左傳國策研究》（北京：人民文學出版社，2004 年 8 月，1 版），頁 76-77。

10　郭丹著：《左傳國策研究》，頁 78。

11　朱寶慶著：《左氏兵法》（西安：陝西人民出版社，1991 年 10 月，1 版），頁 8。

12　《戰國策·秦策一·蘇秦始將連橫》云：「昔者神農氏伐補遂。」見漢·劉向輯錄：《戰國策》（臺北：里仁書局，1990 年 9 月，1 版），頁 81。又《孫臏兵法·見威王》云：「昔者，神戎伐斧遂。」整理小組云：「神戎，即神農。斧遂，或作補遂。」見銀雀山漢墓竹簡整理小組編：《孫臏兵法》（北京：文物出版社，1975 年 2 月，1版），頁 36、38。

帝與蚩尤涿鹿之戰、[13]黃帝與炎帝阪泉之戰、[14]顓頊與孟翼之戰、[15]顓頊與共工之戰、[16]帝嚳與共工之戰、[17]堯與驩兜之戰、[18]堯與南蠻之戰、[19]堯與叢枝及胥敖之戰、[20]堯與有唐氏之戰、[21]舜與有苗之戰、[22]禹攻三苗之戰、[23]禹

13　《史記·五帝本紀》云：「於是黃帝乃徵師諸侯，與蚩尤戰於涿鹿之野，遂禽殺蚩尤。」見漢·司馬遷著，南朝宋·裴駰集解，唐·司馬貞索引，唐·張守節正義，日本·瀧川龜太郎考證：《史記會注考證》（高雄：復文圖書出版社，1991 年 7 月，1 版），頁 20。又《戰國策·秦策一·蘇秦始將連橫》云：「黃帝伐涿鹿而禽蚩尤。」見漢·劉向輯錄：《戰國策》，頁 81。又《孫臏兵法·見威王》云：「黃帝戰蜀祿。」整理小組云：「蜀祿，即涿鹿，地名。」見銀雀山漢墓竹簡整理小組編：《孫臏兵法》，頁 36、38。《中國歷代戰爭史》謂此役為傳說最早之戰爭，見三軍大學編著：《中國歷代戰爭史》第 1 冊（北京：中信出版社，2012 年 12 月，1 版），頁 22。

14　《史記·五帝本紀》云：「軒轅乃修德振兵，……以與炎帝戰於阪泉之野。」見漢·司馬遷著，南朝宋·裴駰集解，唐·司馬貞索引，唐·張守節正義，日本·瀧川龜太郎考證：《史記會注考證》，頁 20。

15　《山海經·大荒西經》曰：「有池，名孟翼之攻顓頊之池。」見清·郝懿行箋疏：《山海經箋疏》（臺北：藝文印書館，1974 年 4 月，3 版），頁 431-432。

16　《史記·律書》云：「顓頊有共工之陳，以平水害。」唐人裴駰《史記集解》引文穎云：「共工，主水官也。少昊氏衰，秉政作虐，故顓頊伐之。本主水官，因為水行也。」見漢·司馬遷著，南朝宋·裴駰集解，唐·司馬貞索引，唐·張守節正義，日本·瀧川龜太郎考證：《史記會注考證》，頁 437。又《淮南子·天文》云：「昔者，共工與顓頊爭為帝，怒而觸不周之山，天柱折，地維絕。」見漢·劉安編，何寧集釋：《淮南子集釋》（北京：中華書局，1998 年 10 月，1 版），頁 167。

17　《史記·楚世家》云：「共工氏作亂，帝嚳使重黎誅之而不盡。」見漢·司馬遷著，南朝宋·裴駰集解，唐·司馬貞索引，唐·張守節正義，日本·瀧川龜太郎考證：《史記會注考證》，頁 630。

18　《荀子·議兵》云：「堯伐驩兜。」見周·荀況著，清·王先謙集解，沈嘯寰、王星賢點校：《荀子集解》（北京：中華書局，1997 年 10 月，1 版），頁 278。

19　《呂氏春秋·恃君覽·召類》云：「堯戰於丹水之浦，以服南蠻。」見秦·呂不韋編，陳奇猷校釋：《呂氏春秋校釋》（臺北：華正書局，1998 年 8 月，1 版），頁 1360。

20　《莊子·人間世》云：「昔者堯攻叢枝、胥敖。」見周·莊周著，清·郭慶藩集釋：《莊子集釋》（臺北：貫雅文化事業公司，1991 年 9 月，1 版），頁 139。

21　《鶡冠子·世兵》云：「堯伐有唐。」見宋·陸佃注：《鶡冠子》（臺北：臺灣中華書局，1966 年 3 月，臺 1 版），卷下，頁 1。

與有扈之戰、[24]禹攻曹魏等。[25]上述記載真實性雖受質疑，[26]但仍可反映中國戰爭起源甚早。王震中〈祭祀、戰爭與國家〉謂「中國的文明形成史簡直就是一部戰爭史」，直云「戰爭是國家和王權產生的重要媒介。」[27]中國歷史可謂在煙硝漫天下啓幕，孕育且發展數千前之高度文明。

地下考古發掘更可助吾人了解中國戰爭起源時間。河南偃師二里頭、洛達廟、山西東下馮等文化遺址，分別出土大量石質、骨蚌質、玉質及銅質兵器，尤以前二者數量最多。《中國戰爭發展史》指出，這些石質、骨蚌質兵器最初是生產工具，但隨戰爭出現而轉化為兵器。[28]石質、玉質兵器主要形式爲斧鉞，骨質兵器主要是箭簇；[29]甘肅永昌鴛鴦池亦出土石質與骨質之護臂。[30]至於銅質兵器，考古學家在相當於典籍記載夏代紀年之二里頭遺址發

---

22 《荀子・議兵》云：「舜伐有苗。」見周・荀況著，清・王先謙集解，沈嘯寰、王星賢點校：《荀子集解》，頁278。

23 《墨子・非攻下》云：「昔者三苗大亂，……禹親把天之瑞令，以征有苗。」見周・墨翟著，清，孫詒讓詁，孫啟治點校：《墨子閒詁》（北京：中華書局，2001年4月，1版），頁146-147。

24 《莊子・人間世》云：「禹攻有扈。」見周・莊周著，清・郭慶藩集釋：《莊子集釋》，頁139。

25 《呂氏春秋・恃君覽・召類》云：「禹攻曹魏。」見秦・呂不韋編，陳奇猷校釋：《呂氏春秋校釋》，頁1360。

26 顧頡剛於1923年提出的「層累地造成的中國古史觀」，掀起民國初年疑古風潮，學術界以此形成所謂「疑古學派」。顧氏〈自述整理中國歷史意見書〉云：「現在所謂很燦爛的古史，所謂很有榮譽的四千年的歷史，自三皇以至夏、商，整整齊齊的統系和年歲，精密的考來，都是偽書的結晶。」見顧頡剛著：《古史辨》第1冊（臺北：藍燈文化事業公司，1993年8月，1版），頁35。

27 王震中著：〈祭祀、戰爭與國家〉，原載《中國史研究》1993年第3期；收入氏著：《中國古代文明的探索》（昆明：雲南人民出版社，2005年10月，1版），頁133-156。

28 《中國戰爭發展史》云：「通過新石器文化遺址的實物考察，我們可以得知：最初的兵器，均由生產工具轉化而來。它的基本要素，早就孕育在生產工具之中，是隨著戰爭的出現而產生的。」見中國人民革命軍事博物館著：《中國戰爭發展史》，頁34。

29 錢耀鵬著：〈史前武器及其軍事學意義考察〉，《文博》2000年第6期，頁21-29。

30 甘肅省博物館文物工作隊、武威地區文物普查隊著：〈永昌鴛鴦池新石器時代墓地的發掘〉，《考古》1974年第5期，頁299-308、289、圖版壹至伍。

現二件無闌青銅戈，[31]距今約 3,500 年左右，是目前發現最早的青銅兵器。[32]
戈是典型攻擊性武器，[33]許進雄先生《中國古代社會——文字與人類學的透
視》認爲，戈之問世「是戰爭升級、國家興啟的一種象徵。」[34]《左傳》文

---

[31] 二里頭文化屬於何朝代，目前主要有四說：（一）認為二里頭文化一、二期是夏文化，
三、四期為商文化，此說以殷偉璋為主，見殷偉璋著：〈二里頭文化探討〉，《文物》
1978 年第 1 期，頁 1-4。（二）認為二里頭文化一至四期為夏文化，此說以鄒衡為主，
見鄒衡著：〈關於探討夏文化的幾個問題〉，《文物》1979 年第 3 期，頁 64-69。（三）
認為二里頭文化一至三期為夏文化，四期為商文化，此說以孫華為主，見孫華著：〈關
於二里頭文化〉，《考古》1980 年第 6 期，頁 521-525。（四）認為二里頭文化一期
為夏文化，二期以後為商文化，此說以田昌五為主，見田昌五著：〈夏文化探索〉，
《文物》1981 年第 5 期，頁 18-26、58。雖學者意見分歧，然皆認為二里頭文化包含
夏文化。其他可參見杜正勝著：《古代社會與國家》（臺北：允晨文化公司，1992
年 10 月，1 版），頁 140。安金槐著：《中國考古》（臺北：南天書局，1996 年 1
月，1 版），頁 219-226。李學勤主編：《中國古代文明與國家形成研究》（昆明：
雲南人民出版社，1997 年 12 月，1 版），頁 287-299。

[32] 馬承源主編，陳佩芬、吳鎮烽、熊傳新著：《中國青銅器》（臺北：南天書局，1991
年 10 月，1 版），頁 44。石曉霆、陶威娜著：〈夏商時期的戈與野戰方式淺說〉，
《中原文物》2003 年第 5 期，頁 39-42、50。

[33] 周緯云：「戈為句兵或啄兵，即用以鉤挽敵人並啄刺敵人之裝柄長兵。鉤敵人之頸項
而致其死，或鉤近而以短兵砍斃之，故謂之句兵。從上啄下入人頭，或從旁橫啄入人
腰，故謂之啄兵。句與啄為戈之基本效用，而並無直刺之能力，是以戈非刺兵。」見
周緯著：《中國兵器史稿》（臺北：明文書局，1988 年 2 月，3 版），頁 64。石曉
霆、陶威娜亦云：「從殺傷功能上看，戈可以說是功能齊全，但相對於其他兵器而言，
除啄擊外，殺傷力偏弱。因援的上刃是橫刀，用於推擊時，除直接命中要害部位（如
咽喉）外，不易對敵造成致命傷，較矛的刺殺效果相差甚遠。」見石曉霆、陶威娜著：
〈夏商時期的戈與野戰方式淺說〉，《中原文物》2003 年第 5 期，頁 39-42、50。周
氏認為戈非刺兵，石、陶二氏亦認為戈的刺殺攻擊較弱，然下文所引二例皆以推刺方
式攻擊，似乎相互矛盾。楊伯峻云：「不知戈雖非刺兵，然古人言戈、戟不盡分別，
戟為戈、矛合體，刺、勾、啄三用之器，故戟有時亦謂之戈。」見楊伯峻著：《春秋
左傳注》（北京：中華書局，2000 年 7 月，2 版），頁 582。戈最初當以鉤擊、啄擊
為主，後融合矛之刺擊功能而稱為戟。楊氏謂文獻有時戈、戟不分，其說可從。

[34] 許進雄著：《中國古代社會——文字與人類學的透視》（臺北：臺灣商務印書館，1995
年 2 月，修訂 1 版），頁 527。

公十一年（616 B.C.）曰：「富父終甥舂其喉以戈，殺之，埋其首於子駒之門，以命宣伯。」[35]又由《淮南子‧人間》「門者出之，顧反取其出之者，以戈推之。」[36]知早在西元前約 1,400 年，中國已進入使用高度攻擊性武器之戰爭型態。據此推之，較原始而簡略之戰爭應發生於更早年代。姚政〈中國古代戰爭起源新探〉認為，距今 6,000 至 4,000 年的大汶口文化時期已進入私有制社會，「指揮戰爭的軍事領袖已經存在，戰爭中使用的兵器已經出現，由戰俘轉變而來的奴隸已被發現」，[37]已符合現代戰爭概念。

伴隨武器進步及人口增加，戰爭規模日益擴大，因此也發展更完整細密之軍制，[38]本文探究之「後勤制度」即諸多軍制之一項。所謂「後勤制度」，陳高華、錢海皓、童超《中國軍事制度史‧後勤制度卷》定義為：

> 通過籌劃和運用人力、物力、財力，為軍事力量建設和作戰提供財務、物資、技術、交通運輸、衛生等勤務保障的制度，是軍事後勤工作和組織賴以建立決策、執行和運作的一整套體制和機制的規範體系。[39]

後勤最重要內容──物資與交通運輸，有賴「輜重」及後勤人員執行方能達成，可謂後勤制度之核心。《孫子‧軍爭》云：「舉軍而爭利，則不及；委

---

35 晉‧杜預集解，唐‧孔穎達正義：《春秋左傳注疏》，頁 328。

36 漢‧劉安編，何寧集釋：《淮南子集釋》，頁 1248。

37 姚政著：〈中國古代戰爭起源新探〉，收入軍事科學院戰略部、後勤學院學術部歷史室編：《先秦軍事研究》（北京：金盾出版社，1990 年 5 月，1 版），頁 54-65。

38 蔣緯國云：「軍制──為軍事制度，或軍事體制（Military System）之簡稱。其涵義為：一個國家軍隊之組成及維持其有效活動的一切規律，以及如何發展、支援、管制一個國家實際與潛在的各項軍事力量之諸種方法與規程是也。具體言之，國家對於戰爭上所要預行之諸般設備之軍備，而關於軍備上所要釐訂之諸種制度，稱為『軍事制度』，亦可簡稱之為『軍制』。」見蔣緯國著：《軍制基本原理》（臺北：黎明文化事業公司，1988 年 8 月，7 版），頁 1。

39 陳高華、錢海皓總主編，童超分卷主編：《中國軍事制度史‧後勤制度卷》（鄭州：大象出版社，1997 年 8 月，1 版），頁 1。

軍而爭利，則輜重捐。……是故軍無輜重則亡，無糧食則亡，無委積則亡。」[40]
「委積」之意可見《周禮・地官・遺人》：「掌邦之委積，以待施惠。……
凡賓客、會同、師役，掌其道路之委積。……凡委積之事，巡而比之，以時
頒之。」鄭玄《注》云：「委積者，廩人、倉人計九穀之數，足國用；以其
餘供之，所謂餘法用也。」[41]知「委積」是概括牲畜、穀物、薪芻等食物之
總稱。《孫子・軍爭》將「輜重」與「糧食」、「委積」並列，顯然此處「委
積」指糧食以外其他物資，如牲畜及薪芻等。因作者將三者排比序列，推測
應指「輜重」乃載運「糧食」與「委積」之工具。然筆者此處所言「輜重」
乃泛指後勤所需車乘、糧食及委積等物資，較單純指涉車輛之「輜重」更為
廣義。誠如《孫子》所言，「輜重」是軍隊之本，若無「輜重」為奧援則軍
隊必亡。《左傳》記載戰事甚夥，關於後勤之事亦有記錄，然目前中外漢學
界仍無討論春秋時代或《左傳》後勤制度之專著。《左傳》桓公十四年（698
B.C.）曰：「十四年春，會于曹。曹人致餼，禮也。」又僖公二十九年（631
B.C.）《傳》曰：「介葛盧來朝，舍于昌衍之上。公在會，饋之芻、米，禮
也。」[42]然二處記載皆指諸侯盟會，地主於會畢時致贈米糧予參與盟會者。
又《禮記・聘義》曰：

> 主國待客，出入三積，餼客於舍，五牢之具陳於內，米三十車，禾三
> 十車，芻薪倍禾，皆陳於外，乘禽日五雙，群介皆有餼牢，壹食再饗，
> 燕與時賜無數，所以厚重禮也。[43]

---

40 周・孫武著，漢・曹操等注，楊丙安校理：《十一家注孫子校理》（北京：中華書局，
2004 年 2 月，1 版），頁 137-140。

41 漢・鄭玄注，唐・賈公彥疏：《周禮注疏》（臺北：藝文印書館，1993 年 9 月，據
清嘉慶二十年（1815）江西南昌府學版影印），頁 204-205。

42 晉・杜預集解，唐・孔穎達正義：《春秋左傳注疏》，頁 126、283。

43 漢・鄭玄注，唐・孔穎達正義：《禮記注疏》（臺北：藝文印書館，1993 年 9 月，
據清嘉慶二十年（1815）江西南昌府學版影印），頁 1029。

《周禮・秋官司寇・掌客》亦有類似記載，[44]在此不一一具引。雖言館客須具備米、禾、芻、薪等物資之數量，但所言內容與征伐無關，與本文討論戰爭後勤制度無甚關涉。至如「輜重」形制爲何？「輜重」載運物資內容爲何？其負載重輛之多寡？後勤人員由何人擔綱？其身分又如何？具體負責工作內容有哪些？部隊駐紮營地面積爲何？駐紮時是否每日挖掘壕溝、建構營壘？抑或有其他替代方式，用以屏障部隊及後勤人員？乃至後勤指揮系統之梗概等等，皆是文獻付之闕如或語焉不詳者。此皆有待吾人依有限材料予以拼湊解釋，嘗試描繪春秋時代後勤制度樣貌。筆者不惴疏陋，以「《左傳》後勤制度考辨」爲題，[45]期許能於前人研究成果之上再進一步，將個人讀書心得形諸文字，就教方家學者。

二、研究範圍與方法

中國第一部具體言及後勤相關問題之兵書，乃前節所引《孫子》。[46]該書除強調重視「輜重」外，亦具體提出保障後勤之手段。如〈作戰〉云：「因

---

44 漢・鄭玄注，唐・賈公彥疏：《周禮注疏》，頁 582-583。

45 拙文原擬以「《左傳》後勤制度研究」爲題，蒙出版審查委員指導，認爲拙文內容「只論述後勤制度中的若干問題，其他如軍事物資的採購、生產、調配，傷病的醫療救護等，並未梳理，且無對此議題的整體通論，與文題稍遠」，故建議改易爲「《左傳》後勤制度考辨」或「《左傳》後勤制度考論」。今遵從審查委員建議，修訂拙文篇題爲「《左傳》後勤制度考辨」。拙文未說明「軍事物資的採購、生產、調配，傷病的醫療救護等」內容，係因《左傳》甚至《周禮》等典籍未涉及相關記載，以目前所見傳世文獻，恐難以說明與研究，僅能懸而不論，以待出土材料可作增補。

46 關於《孫子》作者及成書年代，齊思和認爲非出於世傳吳將孫武之筆，「要出於戰國深於兵法者之手」，然齊氏仍肯定其價值。見齊思和著：〈《孫子兵法》著作時代考〉，原載《燕京學報》第 26 期（1939 年 12 月）；收入李學勤主編，齊思和著：《中國史探研》（石家莊：河北教育出版社，2000 年 7 月，1 版），頁 415-433。鄭良樹認爲《孫子》作者應是孫武無疑，成書年代約在 B.C.496 至 B.C.453 之間。見鄭良樹著：〈論《孫子》的作成時代〉，《國立臺灣大學文史哲學報》第 28 卷（臺北：國立臺灣大學文學院，1979 年），頁 149-178。王玉哲認爲《孫子》應由孫武撰寫，見王玉

糧於敵，故軍食可足也」；又〈軍爭〉云：「掠鄉分眾」；又〈九地〉云：「掠于饒野，三軍足食。」[47]簡言之，謂掠奪敵軍或行軍沿途所見糧草，以紓減自身轉運糧食之壓力。題名為春秋齊國司馬穰苴（生卒年不詳）所著《司馬法・定爵》亦云：「馬、牛、兵、車、佚、飽，力也。」[48]說明保障後勤物資有助軍隊發揮實力。又如《孫臏兵法・見威王》云：「故城小而守固者，有委也。」[49]又《管子・七法》云：「有蓄積，則久而不匱。」[50]又《六韜・龍韜・奇兵》云：「深溝高壘，積糧多者，所以持久也。」[51]皆強調蓄積糧食之重要。雖上引兵書已觸及後勤制度議題，但皆屬戰國作品，與本文研究範圍《左傳》及春秋時代有時間落差，僅能作為參考資料以為本文輔翼。

　　唐人劉知幾（661-721）《史通》首開「援經入史」觀念，對後世影響甚深。[52]時至清朝，錢謙益（1582-1664）已具「六經皆史」觀念。[53]錢氏於《牧

哲著：〈孫武的歷史意義何以能經久不衰〉，原載《孫子學刊》1992 年創刊號；收入氏著：《古史集林》（北京：中華書局，2002 年 9 月，1 版），頁 435-438。黃樸民認為《孫子》「全書打了春秋晚期社會變遷、軍事鬥爭方式嬗遞的深刻烙印，它當成書於春秋末年。」見黃樸民著：《夢殘干戈——春秋軍事歷史研究》（長沙：岳麓書社，2013 年 6 月，1 版），頁 470。本文重點不在考論《孫子》作者及成書年代，故僅約略說明該書作者目前學界仍有不同意見，但謂該書是傳世文獻所見最早的兵書應無異議。

47　周・孫武著，漢・曹操等注，楊丙安校理：《十一家注孫子校理》，頁 33、144、247。

48　題周・司馬穰苴著，明・閻禹錫集解：《司馬法集解》（上海：上海古籍出版社，1997年，據北京圖書館藏明弘治元年（1488）邢表刻本影印），卷中，頁 4。

49　銀雀山漢墓竹簡整理小組編：《孫臏兵法》，頁 36。

50　題周・管仲著，黎翔鳳校注，梁運華整理：《管子校注》（北京：中華書局，2009年 3 月，1 版），頁 120。

51　題周・姜尚著：《六韜》，收入《子書二十八種》冊 6（臺北：廣文書局，1991 年 2月，2 版），頁 7。

52　陳磊著：〈論《史通》在宋代的沉寂〉，《湖北社會科學》2014 年第 7 期，頁 120-122。

53　張永貴、黎建軍著：〈錢謙益史學思想評述〉，《史學月刊》2000 年第 2 期，頁 19-24。靳寶著：〈論錢謙益的史學觀〉，《遼寧大學學報（哲學社會科學版）》2006 年 3月，頁 75-80。王博著：〈論錢謙益的史學思想〉，《西安文理學院學報（社會科學版）》第 12 卷第 6 期（2009 年 12 月），頁 47-50。

齋有學集》卷38〈再荅蒼略書〉云：「六經，史之宗統也。六經之中皆有史，不獨《春秋》三《傳》也。」[54]章學誠（1738-1801）《文史通義・易教上》於全書卷首開宗明義云：「六經皆史也。古人不著書，古人未嘗離事而言理，六經皆先王之政典也。」[55]章氏認爲「六經」皆可視爲史料，是吾人研究先秦史重要素材。本文主要文本《左傳》傳統雖歸於經部，實是研究先秦及春秋史不可或缺之珍貴史料。近人王國維（1877-1927）《古史新證》云：

> 吾輩生於今日，幸於紙上之材料外，更得地下之新材料。由此種材料，我輩固得據以補證紙上之材料，亦得證明古書之某部分全爲實例，即百家不雅訓之言，亦不無表示一面之事實。此二重證據法，惟在今日始得爲之。[56]

王氏提出「二重證據法」，呼籲學者結合紙上及出土材料研究國故，至今仍爲學者奉爲圭臬，本文撰著方法亦復如是。此外，饒宗頤〈談三重證據法——十干與立主〉在王氏基礎上又提出「三重證據法」，[57]認爲可將考古材料分爲「考古資料」和「古文字資料」二種；[58]簡言之，二者之別乃前者無文字記載而後者有之。對饒氏之主張，李學勤《中國古史尋證》深表贊同。

---

[54] 清・錢謙益著，清・錢曾箋注，錢仲聯標點：《牧齋有學集》（上海：上海古籍出版社，2010年，1版），頁1310。

[55] 清・章學誠著，葉瑛校注：《文史通義校注》（北京：中華書局，1985年5月，1版），頁1。

[56] 王國維著：《古史新證》（北京：清華大學出版社，1994年，1版），頁2。

[57] 提出「三重證據法」另有葉憲舒，葉氏《詩經的文化闡釋——中國詩歌的發生研究》提出「考據學」、「甲骨學」和「人類學」互相溝通結合進行研究。見葉憲舒著：《詩經的文化闡釋——中國詩歌的發生研究》（武漢：湖北人民出版社，1994年6月，1版），頁15-16。此外，車行健先生撰有專文討論「三重證據法」，讀者可以參看。見車行健著：〈論三重證據法〉，《第七屆近代中國學術研討會論文集》（桃園：國立中央大學中國文學系，2001年7月），頁67-86。

[58] 饒宗頤著：《談三重證據法——十幹與立主》，《饒宗頤二十世紀學術文集》卷1（臺北：新文豐出版公司，2003年，1版），頁16-18。

然李氏特別強調，出土材料即便無有文字，仍有研究價值而不能偏廢。[59]近數十年中國大陸出土數批重要戰國及兩漢簡帛，引起全球漢學界關注。可惜這些第一手材料大致集中於思想與文學，唯「馬王堆漢墓」出土記載《春秋》史實之《春秋事語》，[60]「郭店楚簡」涉及傳統「經部」《禮記・緇衣》之〈緇衣〉，[61]「上海博物館藏戰國楚竹書」有類似《詩》「詩序」之〈孔子詩論〉，[62]「清華大學藏戰國竹簡」有《尚書》類文獻如〈保訓〉、〈金縢〉等。[63]此外，「清華大學藏戰國竹簡」尚有關涉歷史之〈楚居〉、〈繫年〉，其中〈繫年〉可與《左傳》等記載春秋史事之文獻進行比較與分析。涉及軍事者如「銀雀山漢墓」《孫臏兵法》、《守法守令等十三篇》、《尉繚子》、《六韜》等，[64]及「上海博物館藏戰國楚竹書」《曹沫之陣》、[65]《陳公治兵》。[66]至於觸及軍事組織乃至後勤制度之出土文獻，目前尚未得見。即便如此，本文寫作仍儘量援引出土器物及文字材料，以符「二重證據法」精神。

　　本文於傳世文獻採用「文獻分析法」，[67]整理分析與本研究相關典籍。本文研究文本雖是傳統歸為經部之《左傳》，但以其記載豐富史料內容角度

59　李學勤、郭志坤著：《中國古史尋證》（上海：上海科技教育出版社，2002 年 5 月，1 版），頁 56。

60　馬今洪著：《簡帛發現與研究》（上海：上海書店，2002 年 12 月，1 版），頁 55-56。

61　此處所指乃「郭店楚簡」之〈緇衣〉，因內容與傳世《禮記・緇衣》相近，故整理小組將此篇竹簡仍命名為〈緇衣〉。

62　馬今洪著：《簡帛發現與研究》，頁 31-38。

63　李學勤著：〈初識清華簡〉，原載《光明日報》2008 年 12 月 1 日第 12 版（國學版）；收入氏著：《初識清華簡》（上海：中西書局，2013 年 6 月，1 版），頁 1-8。

64　張顯成著：《簡帛文獻學通論》（北京：中華書局，2004 年 10 月，1 版），頁 383。馬今洪著：《簡帛發現與研究》，頁 50-53。

65　高佑仁著：《《上海博物館藏戰國楚竹書（四）・曹沫之陣》研究（上）、（下）》（臺北：花木蘭文化出版社，2008 年 3 月，1 版）。

66　林清源著：〈《上博九・陳公治兵》通釋〉，中央研究院歷史語言研究所主辦「第四屆古文字與古代史國際學術研討會——紀念董作賓逝世五十周年」，2003 年 11 月 22 日至 24 日。

67　葉至誠、葉立誠著：〈談三重證據法——十干與立主〉（臺北：商鼎文化出版公司，2003 年，1 版），頁 136。

視之，將其視爲史學論著亦無不可。許凌云〈經史關係略論〉認爲，「在中國古代思想形成的過程中，經學與史學有著共同的歷史與思想淵源，而且在歷史的發展中，經史又相輔相成，關係至密。」[68]故本文秉持章學誠「六經皆史」觀念，希冀藉此廓清春秋時代後勤制度之梗概。本文援用典籍除《左傳》外，旁及與其關係密切之《國語》，且運用其他先秦典籍如傳統經部之《尚書》、《毛詩》、《周禮》、《儀禮》、《禮記》、《公羊傳》、《穀梁傳》、《論語》、《爾雅》、《孟子》及《尚書大傳》；史部之《戰國策》、《史記》、《漢書》、《後漢書》。先秦兩漢子部圖書除上引《孫子》外，復有《墨子》、《荀子》、《莊子》、《晏子春秋》、《管子》、《韓非子》、《呂氏春秋》、《六韜》、《孫臏兵法》、《淮南子》等。文字訓詁用書除《爾雅》外，尚參用《說文解字》、《方言》、《釋名》等。此外，參考及引用近現代學者相關專書、學位論文及單篇著作百餘篇，冀能汲取前人成果，使本文研究得以向前邁進。

　　近人傅斯年（1896-1950）〈史學方法導論〉雖認爲《左傳》、《國語》屬「間接材料」，更批評二書「和直接的材料成極端的相反。」[69]然欲探究春秋史乃至先秦史，除卻二書實無更完整文獻可供討論。近人徐中舒（1898-1991）〈《左傳》的作者及其成書年代〉認爲，「《左傳》編寫於六國稱王以前，本書有許多已驗或不驗的預言，可以作爲最有力的證據。」徐氏更進一步指出，「《左傳》在魏國流傳或在魏國編寫」，「虞卿、韓非也是見到《左傳》的，而且還利用此書著書立說。」至於漢人司馬遷（B.C.145或 B.C.135-B.C.86）作《史記》，更是「採用《左傳》舊文極多，他還利用

68　許凌云著：〈經史關係略論〉，收入氏著：《經史因緣》（濟南：齊魯書社，2002年3月，1版），頁1-25。

69　傅斯年所謂「直接的材料」又稱「直接的史料」，傅氏云：「凡是未經中間人手修改或省略或轉寫的，是直接的材料。」見傅斯年著：〈史學方法導論〉，原載傅孟真先生遺著編輯委員會編：《傅孟真先生集》（臺北：國立臺灣大學，1952年，1版）；收入李學勤主編，傅斯年著：《民族與古代中國史》（石家莊：河北教育出版社，2002年2月，1版），頁 419-466。

《左傳》、《國語》刪繁挈要，作為〈十二諸侯年表〉。」[70]沈玉成、劉寧《春秋左傳學史稿》亦認為，《左傳》「當是草創於春秋末而寫定於戰國中期以前，由授受者不斷補充潤色，大體定型。」[71]趙伯雄《春秋學史》雖主張今本《左傳》是「一次完成」，意指「《左傳》作為一部完整的解經著作，其排纂史料與撰寫解經語是同時進行的。」然趙氏仍認為《左傳》成書，「應該大致在公元前375-公元前343年之間」，約屬戰國中葉。[72]潘萬木《《左傳》敘述模式論》認為《左傳》「作於春秋末年；後人雖有竄入，但它還是基本上保存了原來的面目。」[73]諸家推論《左傳》成書時間略有早晚之異，大凡仍在春秋末期至戰國中期間。《左傳》成書時間既近春秋時代，所載內容當能如實反映史事。李學勤《東周與秦代文明》認為：

> 研究春秋時期，《左傳》是最重要的一部著作。……經過多年辯難，《左傳》的可靠性已為多數學者所公認。事實說明，司馬遷《史記》關於春秋史的敘述幾乎均出自該書。[74]

李氏之言，在在肯定《左傳》之價值與重要。

至於《國語》之編成，張以仁先生（1930-2009）〈從司馬遷的意見看左丘明與《國語》的關係〉認為，「太史公所說的纂《國語》與《左氏春秋》

---

70 徐中舒著：〈《左傳》的作者及其成書年代〉，原載《歷史教學》1962年第9期；收入氏著：《徐中舒歷史論文選輯》（北京：中華書局，1998年9月，1版），頁1138-1166。

71 沈玉成、劉寧著：《春秋左傳學史稿》（南京：江蘇古籍出版社，1996年6月，1版），頁82。

72 趙伯雄著：《春秋學史》（濟南：山東教育出版社，2004年4月，1版），頁17-25。

73 潘萬木著：《《左傳》敘述模式論》（武漢：華中師範大學出版社，2004年9月，1版），頁42。

74 李學勤著：《東周與秦代文明》（上海：上海人民出版社，2007年，1版），頁13。

的左丘明為同一人，這個左丘明在太史公的觀念裡，係與孔子同時。」[75]肯定《國語》與《左傳》之關聯。葛志毅〈史官的規諫記言之職與《尚書》、《國語》的編纂〉認爲，「語」本爲《尚書》內容體例，故《國語》與《尚書》在體例上前後相承。葛志毅又云：

> 《尚書·周書》部分以〈呂刑〉為標志，述王室之事止於穆王；《國語·周語》敘事則起自穆王征犬戎，是《尚書》與《國語》敘事亦前後相接。由此推之，必是先有史官輯《尚書》既成，嗣後復有欲接續之而纂成《國語》者。[76]

極肯定《國語》史料價值。至於《國語》作者除傳統左丘明（生卒年不詳）之說外，近人衛聚賢（1898-1990）《古史研究》運用七種方法考訂《國語》成書年代，認爲全書乃經六人之手，於不同時間輯錄而成，集中於戰國時代。[77]譚家健〈關於《國語》的成書時代和作者問題〉認爲是三晉史官所作，[78]沈長云〈《國語》編撰考〉亦主此說。[79]即便《國語》成書已至戰國，然因

---

[75] 張以仁著：〈從司馬遷的意見看左丘明與《國語》的關係〉，原載《中央研究院歷史語言研究所集刊》第 52 本第 4 分（臺北：中央研究院歷史語言研究所，1981 年）；收入氏著：《張以仁先秦史論集》（上海：上海古籍出版社，2010 年 1 月，1 版），頁 115-153。

[76] 葛志毅著：〈史官的規諫記言之職與《尚書》、《國語》的編纂〉，收入氏著：《譚史齋論稿續編》（哈爾濱：黑龍江人民出版社，2004 年 1 月，1 版），頁 102-118。

[77] 衛聚賢著：《古史研究》（臺北：明倫出版社，1972 年，1 版），頁 525。

[78] 譚家健著：〈關於《國語》的成書時代和作者問題〉，《河北師院學報（哲學社會科學版）》1985 年第 6 期。

[79] 沈長云著：〈《國語》編撰考〉，原載《河北師院學報（哲學社會科學版）》1987 年第 3 期；收入氏著：《上古史探研》（北京：中華書局，2002 年 12 月，1 版），頁 325-338。

與《左傳》關係密切，[80]傳統更稱爲《春秋外傳》，[81]其重要性不言可喻。[82]雖《國語》以記言爲主，但偶爾亦述及與本文相關內容，故一併納入討論以求全備。

李學勤〈王國維的「闕疑」精神〉盛譽王氏「不輕易立說，也不任意爭辯」；「不強不知以爲知。」[83]王氏治學大凡遭逢疑問處，能秉持謹慎態度而不妄加揣測；寧可「闕疑」以待來者，不容勉強立說或盲從他人。本文立論延續王國維治學之法，未得充分證據支持論點，亦復暫時擱置問題，待未來有更多出土資料再予討論。希冀在嚴謹立論基礎上，使本文研究成果可經學者檢視與驗證。

三、相關文獻研究

近代討論兩周軍事制度之專書不乏名家之筆，如王貴民《商周制度考信》設「商周軍事制度」專章說明，[84]陳恩林《先秦軍事制度研究》，[85]中國人民革命軍史博物館《中國戰爭發展史》設「軍制發展兵學成熟的車戰時代——春秋時期」，[86]李學勤主編、王美鳳、周蘇平、田旭東著《春秋史與春

80　張岩云：「《左傳》五分之四的內容和《國語》的全部內容都來自春秋時期的教材類短文。二者取材於同一篇短文的情況約有八十次左右。因此，《國語》、《左傳》應是同一個史料搜集和使用過程中兩個不同的撰寫結果。由於《左傳》側重歷史，《國語》側重言論，所以在寫進書中時出現了大同小異的情況。」見張岩著：《從部落文明到禮樂制度》（上海：上海三聯書店，2004 年 5 月，1 版），頁 297。

81　張鶴著：《《國語》研究》（北京：學苑出版社，2013 年 8 月，1 版），頁 23、115-121。

82　近世學者針對《左傳》及《國語》成書年代及作者的研究成果，可見梁濤著：〈20 世紀以來《左傳》《國語》成書、作者及性質的討論〉，《邯鄲學院學報》2005 年第 4 期，頁 75-79。

83　李學勤著：〈王國維的「闕疑」精神〉，原載《中華讀書報》2005 年 4 月 20 日；收入氏著：《文物中的古文明》（北京：商務印書館，2013 年 9 月，1 版），頁 569-571。

84　王貴民著：《商周制度考信》（臺北：明文書局，1989 年 12 月，1 版），頁 205-263。

85　陳恩林著：《先秦軍事制度研究》（長春：吉林文史出版社，1991 年 10 月，1 版）。

86　中國人民革命軍史博物館著：《中國戰爭發展史》，頁 58-89。

秋文明》設「軍事制度」專章說明，[87]晁福林《春秋戰國的社會變遷》設「軍制與軍賦的發展與變化」專節討論。[88]諸書雖論軍事制度，然僅申論戰鬥部隊編制、兵種及人員，未能涉及後勤部隊之制度與人員。

　　近代出版研究成果中，針對後勤制度較深入探討者有藍永蔚《春秋時代的步兵》，論及「輜重」車輛形式、功能、裝盛物品內容、後勤人員職務內容。如藍氏謂《孫子》所載「革車」，文獻又稱「軿車」、「輜車」、「重車」、「輂車」、「棧車」等；但具體異同處僅略為述及，未能深入剖析。[89]該書談論「輜重」車輛所載物品時，僅以《司馬法》及《管子·輕重乙》為說，其他如《左傳》、《周禮》、《尚書·費誓》及《管子·海王》等皆未論及。藍氏述及後勤人員職務內容時，亦僅以《孫子》及《司馬法》為範圍，《左傳》記載全未提及。由中國大陸軍事科學院戰略部及後勤學院學術部歷史室編輯之《先秦軍事研究》，收入陳孝文〈我國先秦時期後勤體制的探討〉[90]及孟世凱〈夏商時代軍事後勤問題探討〉，[91]略述先秦後勤制度。然陳文篇幅僅八頁、孟文亦僅十二頁，以有限文字試圖解釋歷時千餘年之先秦時期，的確力有未逮。此外，該書又收入齊振翬〈《孫子》的後勤思想〉[92]與秦勇〈《六韜》的軍事後勤思想〉，[93]旨在分析兵書後勤觀念，與本文專論《左傳》並擴及春秋時代後勤制度略有不同。另外，中國大陸解放軍出版

---

87 李學勤主編，王美鳳、周蘇平、田旭東著：《春秋史與春秋文明》（上海：上海科學技術文獻出版社，2007 年 4 月，1 版），頁 103-113。

88 晁福林著：《春秋戰國的社會變遷》（北京：商務印書館，2011 年 9 月，1 版），頁 755-767。

89 藍永蔚著：《春秋時代的步兵》（臺北：木鐸出版社，1987 年 4 月，1 版），頁 96-98。

90 陳孝文著：〈我國先秦時期後勤體制的探討〉，收入軍事科學院戰略部、後勤學院學術部歷史室編：《先秦軍事研究》，頁 87-94。

91 孟世凱著：〈夏商時代軍事後勤問題探討〉，收入軍事科學院戰略部、後勤學院學術部歷史室編：《先秦軍事研究》，頁 95-106。

92 齊振翬著：〈《孫子》的後勤思想〉，收入軍事科學院戰略部、後勤學院學術部歷史室編：《先秦軍事研究》，頁 115-119。

93 秦勇著：〈《六韜》的軍事後勤思想〉，收入軍事科學院戰略部、後勤學院學術部歷史室編：《先秦軍事研究》，頁 126-129。

社之《中國軍事史》，其第六卷專論「兵壘」。如該書前言所述，該書討論內容主要是「古代戰爭中的『壁（壘）』發展成為現代永備築城和野戰築城的沿革和特點。」[94]其間雖約略述及軍隊駐紮修築營壘之事，然該書實際仍以論述築城為主。此外，黃樸民主筆《中國軍事通史・春秋軍事史》及《夢殘干戈——春秋軍事歷史研究》雖設專節討論「軍事後勤保障制度」，唯內容主要談論軍賦徵集與改革、武器裝備保存之事及以戰養戰之糧食補給，未能實質論及後勤制度核心。[95]與本文研究主題及範圍最為密切者，目前僅見陳高華、錢海皓總主編、童超分卷主編《中國軍事制度史：後勤制度卷》。該書討論中國歷代後勤制度，主要內容包括軍資、糧草供應與管理、軍屯、馬政、驛站及機構設置等，是通史性質的後勤制度專論。唯該書縱論古今，全書篇幅雖達 458 頁，但第二章「春秋戰國軍事後勤制度」僅二十八頁；且春秋、戰國合為一章，實際討論春秋者愈加短少。[96]

由此可知，海峽兩岸學者針對春秋後勤制度的討論仍需開闢與發展，方能為戰國時代風起雲湧、詭譎多變之戰場局勢相關研究奠定基礎，從制度面了解春秋至戰國之因革損益。

四、編章安排說明

本文分為緒論、本論上、中、下三編及結論，三編內容為全文研究成果，總計十二章，以下依序說明。

上編「輜重形制、載運內容與數量」，內容包括第一章「輜重形制及戰場住宿」、第二章「《左傳》所見輜重載運物資及其用途」、第三章「先秦典籍所見輜重載運物資及其用途」、第四章「《左傳》所見武器類型」、第

---

[94]　《中國軍事史》編寫組著：《中國軍事史・第六卷・兵壘》（北京：解放軍出版社，1991 年 2 月，1 版），「前言」無頁碼。

[95]　黃樸民著：《中國軍事通史・春秋軍事史》（北京：軍事科學出版社，1998 年 10 月，1 版），頁 103-110。黃樸民著：《夢殘干戈——春秋軍事歷史研究》，頁 128-136。

[96]　陳高華、錢海皓總主編、童超分卷主編：《中國軍事制度史：後勤制度卷》，頁 46-74。

五章「輜重載運武器數量與重量」及第六章「輜重負重及數量與役人數量」等六章。本編討論內容以考論「輜重」車輛形制爲發端,延伸至《左傳》及其他先秦典籍記載「輜重」所運送物資及武器,據此估算動員 100 輛兵車所需「輜重」車乘及後勤人員數量。

　　中編「役人來源與身分」,內容包括第七章「役人考論之一:《左傳》輿人考」、第八章「役人考論之二:《左傳》役人考」及第九章「役人考論之三:《左傳》役人續考」等三章。第二編討論內容以後勤人員「役人」爲主軸,說明「輿人」與「役人」之意義、「役人」組成分子及來源、「役人」服役時間與工作內容。於此另須說明:第七章由拙文〈《左傳》輿人考〉潤飾,原載《文與哲》第 6 期(高雄:國立中山大學中國文學系,2005 年 6 月,1 版),頁 35-68。第八章由拙文〈《左傳》「役人」考〉潤飾,原載《文與哲》第 18 期(高雄:國立中山大學中國文學系,2011 年 6 月,1 版),頁81-103。第九章由拙文〈《左傳》「役人」續考〉潤飾,原載《文與哲》第20 期(高雄:國立中山大學中國文學系,2012 年 6 月,1 版),頁 1-40。〈《左傳》「役人」續考〉獲得 100 學年度國科會專題研究計畫〈《左傳》「役人」及其相關制度研究〉(執行期限:100/08/01~101/07/31,計畫編號:NCS 100-2410-H-366-009),謹此致謝。

　　下編「後勤人員工作內容與指揮系統」,內容包括第十章「役人與奴隸之分工」、第十一章「輜重運輸速度與建築營壘」及第十二章「後勤指揮系統」等三章。除「役人」外,後勤人員尚包括「奴隸」;故本編亦述及「奴隸」組成分子、來源及其工作內容,分析其與「役人」工作內容之差異與區隔。此外,本編亦討論「輜重」運輸日程,部隊駐紮時是否定然挖掘壕溝、建築營壘,後勤指揮專司職官及指揮系統等議題。

　　本文爲一百零四學年度科技部專題研究計畫「《左傳》輜重及後勤制度研究」(MOST 104-2410-H-006-099)研究成果,謹此致謝。

貳、上編：
輜重形制、載運內容與數量

第一章　輜重形制及戰場住宿

一、前　言

　　《孫子・軍爭》云：「舉軍而爭利，則不及；委軍而爭利，則輜重捐。……是故軍無輜重則亡，無糧食則亡，無委積則亡。」[1]誠如《孫子》所言，「輜重」是軍隊之本。若無「輜重」爲奧援，則軍隊必亡。《左傳》記載戰事甚夥，關於後勤之事亦有記錄。《左傳》所載「輜重」之車不用「輜」字，僅以「重」字爲記。[2]宣公十二年（597 B.C.）《傳》曰：「丙辰，楚重至於邲，遂次于衡雍。」晉人杜預（222-285）《集解》云：「重，輜重也。」又成公五年（586 B.C.）《傳》曰：「梁山崩，晉侯以傳召伯宗。伯宗辟重，曰：『辟傳！』重人曰：『待我，不如捷之速也。』」《集解》釋「重」云：「重載之車」，是「重」亦指輜重。又襄公十年（563 B.C.）《傳》曰：「孟氏

1　周・孫武著，漢・曹操等注，楊丙安校理：《十一家注孫子校理》，頁 137-140。

2　童超云：「運輸輜重等所用的車船名目眾多。……運輸輜重的輜車或重車等等，都是具有保障裝備功能的車。」見陳高華、錢海皓總主編，童超分卷主編：《中國軍事制度史・後勤制度卷》，頁 64。《左傳》實未見「輜」或「輜車」，但與「輜」功能相同者有「轏」、「蔥靈」，詳本章下文說明。

之臣秦菫父輦重如役。」《集解》云:「菫父,孟獻子家臣,步挽重車以從師。」唐人孔穎達(574-648)《正義》云:「重者,車名也。載物必重,謂之重。人挽以行,謂之輦。軍行以載器物,止則以為藩營。」知「重」指載重物資之車,即本文討論「輜重」。[3]除「重」外,《左傳》亦見「大車」。襄公十年(563 B.C.)《傳》曰:「狄虒彌建大車之輪,而蒙之以甲,以為櫓。」《正義》云:「鄭玄云:大車,平地載任之車也。」又襄公十八年(555 B.C.)《傳》曰:「夙沙衛連大車以塞隧而殿。」[4]又《國語·晉語五》云:「梁山崩,以傳召伯宗,遇大車當道而覆,立而辟之,曰:『避傳。』對曰:『傳為速也,若俟吾避,則加遲矣,不如捷而行。』」三國吳人韋昭(204-273)《注》云:「大車,牛車也。」[5]近人楊伯峻(1909-1992)《春秋左傳詞典》云:「大車,即輜重車」;[6]陳克炯《左傳詳解詞典》亦釋「大車」云:「運載輜重的軍用車。」[7]此外,《毛詩·小雅·何草不黃》曰:「有棧之車,行彼周道。」漢人毛亨(生卒年不詳)《傳》云:「棧車,役車也。」孔穎達《正義》云:「此言用兵不息,明此車,士卒供役之車,故云『棧車,役車。』」[8]其形制大致是「車廂用竹木條橫排編成,不加漆,不蒙皮革。」[9]則「棧車」、「役車」亦為軍事用途的行役用車,是本文討論「輜重」範圍。「役車」又見《周禮·春官·巾車》,文曰:「庶人乘役車。」漢人鄭玄(127-200)《注》

---

3 蔡鋒謂秦菫父所輦之重為棧車,其說不確。見蔡鋒著:《春秋時期貴族社會生活研究》(北京:中國社會科學出版社,2004 年 4 月,1 版),頁 176。

4 晉·杜預集解,唐·孔穎達正義:《春秋左傳注疏》,頁 397、440、538、577。

5 三國·韋昭注:《國語韋昭註》(臺北:藝文印書館,1974 年 3 月,影印天聖明道本·嘉慶庚申(1800)讀未見書齋重雕本),頁 293-294。

6 楊伯峻著:《春秋左傳詞典》(臺北:漢京文化事業公司,1987 年 1 月,景印 1 版),頁 38。

7 陳克炯著:《左傳詳解詞典》(鄭州:中州古籍出版社,2004 年 9 月,1 版),頁 502。

8 漢·毛亨傳,漢·鄭玄注,唐·孔穎達正義:《毛詩注疏》(臺北:藝文印書館,1993 年 9 月,據清嘉慶二十年(1815)江西南昌府學版影印),頁 528。

9 向熹編著:《詩經詞典(修訂版)》(北京:商務印書館,2014 年 6 月,1 版),頁 699。

云：「役車，方箱，可載任器以共役。」唐人賈公彥（生卒年不詳）《疏》
云：「庶人以力役為事，故名車為役車。」[10]知「役車」車輿為方箱之形，
故可載運物品以為力役之事，乃因以名為役車。至於「重」、「大車」、「棧
車」、「役車」形制如何？除運輸物資外，「重」、「大車」是否另有其他
用途？本章撰寫以《左傳》、《國語》為基礎，配合相關文獻考證其事。雖
未能盡得其旨，希冀探究春秋「輜重」形制之梗概。

二、「輜」、「軿」、「重」釋義

漢人許慎（約 58-約 147）《說文解字》云：「輜，輜軿，衣車也。軿，
車裯衣也，車後為輜。」清人段玉裁（1735-1815）《注》云：「衣車，謂有
衣蔽之車，非《釋名》所云，所以載衣服之車也。」[11]據《說文》之意，「輜」、
「軿」皆帷幕屏蔽之車，二者之別在「輜」是衣蔽車後，「軿」是衣蔽車前。
然漢人劉熙（約 147-約 189）《釋名・釋車》云：「輜車，載輜重、臥息其
中之車也。輜，廁也，所載衣物雜廁其中也。軿車，軿，屏也，四面屏蔽，
婦人所乘牛車也。輜、軿之形同，有邸曰輜，無邸曰軿。」清人王先謙
（1842-1917）《注》云：「孫詒讓曰：案：《說文・車部》云：『軝，大車
後也。』邸即軝之借字。〈考工記・輈人〉亦云：『不援其邸，必緧其牛後。』
邸即所謂後轅。凡輜車後開戶，故有後轅。軿車四面屏蔽，則無後轅。」[12]孫、
王二氏皆認為「輜」、「軿」之別在是否有「邸」，意指車轅之「軝」。《說
文》謂有衣蔽之車為「輜」、「軿」之說當有所本，《釋名・釋車》「有邸
曰輜，無邸曰軿」之釋亦有其理，或許可從其他文獻徵引材料。《周禮・冬
官・輈人》有段記載值得注意，文云：

10　漢・鄭玄注，唐・賈公彥疏：《周禮注疏》，頁 417-418。

11　漢・許慎著，清・段玉裁注：《說文解字注》（臺北：黎明文化事業公司，1994 年，
　　11 版），頁 727。

12　漢・劉熙著，清・畢沅疏，清・王先謙補注：《釋名疏證補》（清光緒 22 年（1896）
　　王氏原刻本），卷 7，頁 23。

今夫大車之轅摯，其登又難；既克其登，其覆車也必易。此無故，唯轅直且無橈也。是故大車平地既節軒摯之任，及其登阤，不伏其轅，必縋其牛。此無故，唯轅直且無橈也。故登阤者，倍任者也，猶能以登。及其下阤也，不援其邸，必縋其牛後。此無故，唯轅直且無橈也。[13]

《注》云：

大車，牛車也。摯，輖也。登，上阪也。克，能也。阤，阪也，故書伏作偪。杜子春云：偪當作伏。倍任，用力倍也。故書「縋」作「鰌」。鄭司農云：鰌讀為縋，關東謂紖為縋。鰌，魚字。[14]

清人孫詒讓（1848-1908）《周禮正義》對此釋之甚詳，以下引錄孫氏之說。孫氏認為鄭玄釋「大車」為牛車甚確，又以《論語‧學而》「大車無輗，小車無軏」[15]句，漢人包咸（B.C.7-A.D.65）注「大車，牛車。小車，駟馬車也」之說，[16]認為「牛車為大車，對駟馬車為小車言之。」知「大車」因車輿尺寸較大、載物必重，須以牛隻拉牽，[17]故名「大車」。「小車」指車輿尺寸較小、主要用以乘人，亦即《左傳》常見之戎車等車乘。孫氏引《說文解字》

13　漢‧鄭玄注，唐‧賈公彥疏：《周禮注疏》，頁 612-613。

14　漢‧鄭玄注，唐‧賈公彥疏：《周禮注疏》，頁 612-613。

15　魏‧何晏注，宋‧邢昺疏：《論語注疏》（臺北：藝文印書館，1993 年 9 月，據清嘉慶二十年（1815）江西南昌府學版影印），頁 19。

16　原句為「包曰：『大車，牛車。……小車，駟馬車也。』」見魏‧何晏集解，宋‧邢昺疏：《論語注疏》，頁 19。

17　許進雄先生云：「牛溫順有力，行步緩慢，宜於載重，是平日或戰時載重的主力。」其說可從。見許進雄著：《中國古代社會——文字與人類學的透視》，頁 376。楊泓、李力認為輸送軍需給養的車輛由馬匹拉牽，其說不確。見楊泓、李力著：《中國古兵二十講》（北京：三聯書店，2013 年 1 月，1 版），頁 68。

「摯，握持也」、「輈，重也」、「鷙，抵也」[18]及《廣雅‧釋詁》卷四下「輈、鷙，低也」[19]為據，認為「抵」、「低」相通，「摯」、「輈」、「鷙」皆有低義。孫氏云：「駒馬車曲輈，深者四尺七寸，上出於式者二尺餘。而大車直轅橫出牝服之下，較之梁輈，高卑縣殊，故曰轅摯。」至於「今夫大車之轅摯，其登又難；既克其登，其覆車也必易」之意，孫氏釋云：「謂大車轅直，上阪則勢仰，而後之重勢彌增。即使能登，而重心偏表外越，非前轅所能制，則易致傾覆也。」[20]此段文字劉道廣、許暘、卿尚東《圖證《考工記》：新注、新譯及其設計學意義》譯為「大車的轅平直而沉重，牛拉上坡就困難。如果一定要勉強登上高坡，一定會翻車。」[21]意義大致完整，當可信從。此段文句係指「大車」車轅較低，上坡時載重物向後傾斜而重心在車後，故行進較困難。即使能行上坡路，但因重心偏移向後，前轅難以控制，容易使車輛傾覆。又「是故大車平地既節軒摯之任，及其登阤，不伏其轅，必緃其牛」句，清人王宗涑（生卒年不詳）《攷工記攷辨》云：

> 大車任載後多於前，行于平地，轅直而平，則輕重齊一。登阤時，其轅前高後下，重勢獨注於後，使無人抑伏其前轅，則車箱後傾，前轅高揭而牛懸若緃矣。[22]

王氏之意乃指「大車」行於平地時，因車轅平直，車箱內載重物前後輕重一致。但若上坡時，由於坡度傾斜，必使車箱前輕後重。此時若無人協助壓制

---

18 漢‧許慎著，清‧段玉裁注：《說文解字》，頁 603、734、735。

19 魏‧張揖輯，清‧王念孫疏證，鍾宇訊點校：《廣雅疏證》（北京：中華書局，2004年 4 月，1 版），頁 134。

20 清‧孫詒讓正義，王文錦、陳玉霞點校：《周禮正義》（北京：中華書局，2000 年 3月，1 版），頁 3222-3223。

21 劉道廣、許暘、卿尚東著：《圖證《考工記》：新注、新譯及其設計學意義》（南京：東南大學出版社，2012 年 3 月，1 版），頁 55-56。

22 清‧王宗涑著：《攷工記攷辨》，收入清‧王先謙編：《皇清經解續編》（清光緒十四年（1888 年）南菁書院本），卷 7，頁 4。

前轅，車箱後傾而前轅高舉，將使牛隻懸縊頸部。至於下坡狀況，「不援其邸，必縋其牛後。」孫氏《周禮正義》引清人江永（1681-1762）《周禮疑義舉要》云：「援其邸者，人援車邸，使不速下也。」[23] 王宗涑釋云：

> 邸當作軧，《說文・車部》：「軧，大車後也。」今謂之車尾。邸，借字。……縋以生革縷般牛尾之下，引而前至背上，與繫軛之革縷相接續。當下阤時，車箱後高前下，轅直，重勢直注轅端，不援其軧，輪轉速於牛足，則軧引而前，縋掣牛尾，必至傾敗，此又易覆之一也。[24]

此段文意乃謂下坡時車箱內載重物前傾，導致前重後輕。此時須有人於「大車」之「邸」——即釋爲後轅之「軧」——協助向後援引車箱，使牛隻不必全部承受車箱載物重量。由此可知，《釋名・釋車》謂「有邸曰輜，無邸曰軿」，指有軧、有後轅者爲「輜」，無後軧、無後轅者爲「軿」。

除文獻資料，師同鼎（《殷周金文集成》5.2779，以下簡稱《集成》）銘文亦見「大車」，文云：「孚（捋）車馬五乘，大車廿，羊百𡚶（絜）。」[25] 李零〈「馬車」與「大車」（跋師同鼎）〉云：「『車馬五乘』是由馬拖曳的五輛車，『大車廿』是由牛拖曳的二十輛車。……這種『大車』與『車馬』並列，證之文獻，顯然就是指牛車。」李零之說可從，知「早在西周中、晚期之交，戰爭中已有這兩種車的配合使用。」[26] 此外，近代考古亦發現牛車造型陶俑。如 1976 年陝西雍城考古隊於鳳翔八旗屯發掘四十座秦國墓葬，據

---

23 清・江永著：《周禮疑義舉要》（臺北：臺灣商務印書館，1986 年景印文淵閣四庫全書），卷 6，頁 16。

24 清・王宗涑著：《攷工記攷辨》，卷 7，頁 5。

25 中國社會科學院考古研究所編：《殷周金文集成》第 5 冊（北京：文物出版社，1985 年 6 月，1 版），編號 5.2779，頁 171。

26 李零著：〈「馬車」與「大車」（跋師同鼎）〉，原載《考古與文物》1992 年第 2 期，頁 72-74、106；收入氏著：《李零自選集》（桂林：廣西師範大學出版社，1998 年 2 月，2 版），頁 124-129。

學者考訂，該批墓葬應屬戰國早期。[27]BM103 號墓出土一件雙轅陶牛車模型，
其形狀描述如下：

> 出土時泥質灰色陶輪置於牛身後左右兩側，它們之間有木質車輪、
> 軸、輿的朽痕，這是我國目前發現的自殷商以來最早的雙轅偶車模
> 型，也是證明雙轅車出現於戰國初期的物證。[28]

可惜木質部分已腐朽，僅存陶質牛隻及車輪，今引錄爲「圖1」於下：[29]

圖 1　陝西鳳翔八旗屯 BM103 號秦國墓出土陶牛及車輪

另外，江陵鳳凰山 167 號漢墓亦出土一輛雙轅牛車模型，車轅尾部延長一段，
於轅尾間橫貫一木，構成 H 型車軌，今引錄爲「圖2」於下：[30]

27　陝西省雍城考古工作隊吳鎮烽、尚志儒著：〈陝西鳳翔八旗屯秦國墓葬發掘簡報〉，
　　　《文物資料叢刊》1980 年第 3 期，頁 1-31、圖版 1-4。

28　劉永華著：《中國古代車輿馬具》（上海：上海辭書出版社，2002 年 1 月，1 版），
　　　頁 90。

29　劉永華著：《中國古代車輿馬具》，頁 92。

30　劉永華著：《中國古代車輿馬具》，頁 103。

圖 2　江陵鳳凰山 167 號漢墓出土木牛車模型

此外，甘肅武威雷台出土東漢墓葬出土牛車模型，今引錄爲「圖 3」於下：[31]

圖 3　甘肅武威雷台出土東漢墓葬出土牛車模型

上引三物時代雖爲戰國早期及漢朝，但二車型式皆爲雙轅牛車，與上述《周

31　甘肅省博物館：〈武威雷台漢墓〉，《考古學報》1974 年第 2 期，頁 87-109。

禮・冬官・輈人》內容相符，可資佐證與討論。「圖 2」車後延伸後轅，即上文討論〈輈人〉之「邸」、「軧」。其用途是行經下坡路段時，於後轅處向後援引，可減輕牛隻承受重量。

「輜」、「軿」之別除有無「邸」——即釋為後轅之「軧」，另有「軿，車峉衣也，車後為輜」之說。段玉裁反對《釋名》「所載衣物雜廁其中也」，其餘則未予駁議，知段氏基本贊同《釋名》意見。《釋名》謂「輜」是可「臥息其中之車」，「軿」是「四面屏蔽，婦人所乘牛車也」；又謂基本上「輜、軿之形同」，不同在「有邸曰輜，無邸曰軿。」既然《釋名》謂「輜」供人臥息其中，「軿」又因婦人乘坐故四面屏蔽，推測「輜」、「軿」皆有衣蔽之物，以阻擋風雨及外人窺視。

三、「轏」、「蔥靈」、「飛軨」、「輼輬」、「藩」釋義

成公二年（589 B.C.）《傳》曰：「丑父寢於轏中，蛇出於其下，以肱擊之，傷而匿之，故不能推車而及。」《集解》云：「轏，士車。」《正義》云：「轏與棧，字異音義同耳。」[32]杜預謂「轏」為士車，乃據《周禮・春官・巾車》文「士乘棧車，庶人乘役車。」《注》云：「棧車不革鞔而漆之。役車，方箱，可載任器以共役。」[33]然第一節曾引《毛詩・小雅・何草不黃》，《傳》釋「棧車」為「役車」，孔氏亦同意其說，則「棧車」似與「役車」混同無別。故清人洪亮吉（1746-1809）《春秋左傳詁》謂杜預之說取自〈巾車〉之文，「非本訓也。」[34]《說文》云：「棧，棚也，竹木之車曰棧。」《注》云：「許云『竹木之車』者，謂以竹若木散材編之以為箱，如柵然，是曰棧車。」[35]據許氏之文與段氏之解，則「棧車」亦有方箱，功能猶如「役

32　晉・杜預集解，唐・孔穎達正義：《春秋左傳注疏》，頁 424。

33　漢・鄭玄注，唐・賈公彥疏：《周禮注疏》，頁 417。

34　清・洪亮吉詁，李解民點校：《春秋左傳詁》（北京：中華書局，2004 年 2 月，1 版），頁 439。

35　漢・許慎著，清・段玉裁注：《說文解字注》，頁 265。

車」可載運物資。既然「棧車」與「役車」無別，何以分爲二名？筆者認爲二種車輛雖可供後勤運送物資之用，但最大差異可能是「棧車」可供人員安寢臥息。誠如上引《傳》文所記，丑父（生卒年不詳）乃「寢於轏中」而爲蛇咬傷。漢人班固（32-92）〈西都賦〉云：「於是後宮乘輚路。」唐人李賢（654-684）等《注》以《埤蒼》云：「輚，臥車也。」[36]《儀禮·既夕禮》曰：「賓奠幣于棧左服。」鄭玄《注》云：「今文棧作輚。」[37]故日人竹添光鴻（1842-1917）謂「輚」即「棧」，即《傳》文之「轏」。[38]晉人呂忱（生卒年不詳）《字林》亦謂釋「轏」爲臥車，[39]知「轏車」、「棧車」可供人員臥息。上文曾引劉熙《釋名》之說，謂「輜車」雖是「輜重」，卻又是「臥息其中之車也」；因「所載衣物雜廁其中」，故稱爲「輜車」。若以此視之，則「轏車」、「棧車」與「輜車」功能極其相似，推測應當所言是一。「轏」既供人員臥息，《左傳》成公二年所載使用「轏」者亦爲男性。若筆者推測無誤，「轏」當即傳世文獻常見「輜重」之「輜」。

　　又定公九年（501 B.C.）《傳》曰：「（陽虎）盡借邑人之車，鍥其軸，麻約而歸之。載蔥靈，寢於其中而逃。追而得之，囚於齊。又以蔥靈逃，奔宋，遂奔晉，適趙氏。」《集解》云：「蔥靈，輜車名。」《正義》云：

> 賈逵云：「蔥靈，衣車也，有蔥有靈。」然則此車前後有蔽，兩旁開蔥，可以觀望。蔥中豎木，謂之靈，今人猶名蔥木爲靈子。其內容人臥，故得寢於其中而逃。[40]

36　劉宋·范曄著，唐·李賢等注：《後漢書》（臺北：宏業書局，1984年3月，2版），頁1348-1351。

37　漢·鄭玄注，唐·賈公彥疏：《儀禮注疏》（臺北：藝文印書館，1993年9月，據清嘉慶二十年（1815）江西南昌府學版影印），頁461。

38　日本·竹添光鴻著：《左傳會箋》（臺北：天工書局，1998年8月），頁814。

39　晉·呂忱著，清·任大椿校補：《字林考逸》，收入《續修四庫全書》（上海：上海古籍出版社，2002年）卷4，頁13。

40　晉·杜預集解，唐·孔穎達正義：《春秋左傳注疏》，頁968。

依孔氏所引漢人服虔（生卒年不詳）之說，知「葱靈」即「衣車」，即杜預所言「輻車」。因「葱靈」可供人員臥息，故陽虎（生卒年不詳）欲寢於其中逃離齊國。至於「葱靈」之意，清人阮元（1764-1849）《春秋左傳注疏校刊記》云：「葱字即《說文》之『囪』字。在牆曰牖，在屋曰囪，或作窗，此假葱為之。」[41]知「葱靈」之「葱」乃「窗」字假借。至於「靈」字之意，依上引孔氏之言，知當讀為「櫺」。《說文》云：「櫺，楯間子也。」《注》云：「闌楯為方格，又於其橫直交處為圜子，如綺文瓏玲，故曰櫺。《左傳》車曰忽靈，亦其意也。」[42]知「靈」讀為「櫺」，即窗戶木框內木條，或為直或為橫，用以支撐窗戶木框。孔氏認為此種車乘前後各有掩蔽，故須透過窗戶方能向外觀望，因名為「葱靈」。若依經師所解，知「葱靈」與「輇」皆是「輜重」之「輜」。除《左傳》外，《尚書大傳》卷二下曰：「未命為士，車不得有飛輇。」鄭玄《注》云：「如今窗車也。」[43]阮元認為「輇與靈古字通」，[44]依鄭、阮之見，則「輇」即「葱靈」，亦是本文討論之「輜」。

　　1990年山東省淄博市臨淄區淄河店2號戰國墓出土一輛形制有別一般兵車之車乘，其形制如下：

> 車廂為直角長方形，前後長210、左右寬140、高40釐米。……枕為橫置，與左右軫木相連。枕上僅鋪設一層細竹軒，竹桿單層排列，直徑在0.8-1.5釐米之間。竹桿與枕相交處均用細繩綁扎固定於枕上。

考古人員依相關數據繪製此車復員圖，今引用以為「圖4」如下：

41　晉・杜預集解，唐・孔穎達正義：《春秋左傳注疏》，頁974。

42　漢・許慎著，清・段玉裁注：《說文解字注》，頁258。

43　題漢・伏勝著，清・陳壽祺注：《尚書大傳》（臺北：臺灣商務印書館，影印上海涵芬樓藏陳氏原刊本），卷2下，頁1。

44　晉・杜預集解，唐・孔穎達正義：《春秋左傳注疏》，頁974。

圖 4　山東淄博市臨淄區淄河店 2 號戰國墓 11 號車復原圖

此車性質考古人員判斷「為大車類，為古代的棧車或役車，是用來裝載貨物的。」[45]此輛車乘車輿為長方形，且四方皆有柵欄——即上文所言「方箱」，的確可用以裝載物品。車輿長寬為 210 公分與 140 公分，且底部平鋪竹蓆，足以提供一至二位成年男子平躺。筆者認為就客觀條件而言，此輛車乘的確如考古人員所言，是文獻所載「棧車」或「役車」。然就上文討論結果，稱為「棧車」或較符合其功能。

　　《說文》又有「輼」字，其義為「臥車也。」《說文》另有「輬」字，許慎亦釋為「臥車也。」[46]「輼車」又見《史記·齊太公世家》，文云：「桓公之中鉤，詳死以誤管仲，已而載溫車中馳行。」日人瀧川龜太郎（1865-1946）《考證》云：「溫車，蓋密閉臥車。」又〈秦始皇本紀〉云：「丞相斯為上崩在外，恐諸公子及天下有變，乃秘之，不發喪。棺載輼涼車中，故幸宦者參乘。」瀧川氏《考證》引三國魏人孟康（生卒年不詳）之言云：「輼涼車如衣車，閉之則溫，開之則涼，故名。」又〈李斯列傳〉云：「李斯以為上在外崩，無真太子，故秘之，置始皇居輼輬車中。百官奏事上食如故，宦者

45　山東省文物考古研究所著：〈山東淄博市臨淄區淄河店二號戰國墓〉，《考古》2000年第 10 期，頁 46-65、圖版伍、陸。

46　漢·許慎著，清·段玉裁注：《說文解字注》，頁 727-728。

輒從輼輬車中可諸奏事。」南朝宋人裴駰（約430-？）《集解》云：「文穎曰：『輼輬車，如今喪轜車也。』孟康曰：『如衣車，有窗牖，閉之則溫，開之則涼，故名之「輼輬車」也。』」[47]許嘉璐認爲「溫車」即「輼涼車」，「本來是一種臥車，有帷幔，上開窗子，根據氣溫可以開閉使之溫涼。」[48]知《說文》所言「輼」、「輬」乃析言之，合則可稱「輼涼車」，又作「輼輬車」。至如漢人文穎（生卒年不詳）所言「輼輬車」爲「喪轜車」者，「轜」字《說文》不見，但另有「轜」字。《說文》云：「轜，喪車也，从車、重而，而亦聲。」[49]劉熙《釋名·釋喪制》云：「輿棺之車曰轜。」[50]知「轜」亦作「轜」，是載運棺木之喪車。「輼輬車」作喪車使用見《漢書·霍光金日磾傳》，文云：「載光尸柩以輼輬車。」唐人顏師古（581-645）《注》云：「輼輬本安車也，可以臥息。後因載喪，飾以柳翣，故遂爲喪車耳。」[51]至於「輼輬車」權充喪車之用，或當始於李斯安置秦始皇遺體於此車，故漢時延用此法以運載棺柩。「輼輬車」既是臥車，當是本文討論「輼」一類車乘。《韓非子·內儲說上》云：「戴驩，宋太宰，夜使人曰：『吾聞數夜有乘輼車至李史門者，謹爲我伺之。』使人報曰：『不見輼車，見有奉笥而與李史語者，有間，李史受笥。』」[52]《荀子·解蔽》「唐鞅蔽於欲權而逐載子」句，唐人楊倞（生卒年不詳）《注》引作「戴驩爲宋太宰，夜使人曰：『吾聞數夜有乘輼車至李史門者，謹爲我司之。』使者報曰：『不見輼車，見有

---

47 漢·司馬遷著，南朝宋·裴駰集解，唐·司馬貞索引，唐·張守節正義，日本·瀧川龜太郎考證：《史記會注考證》，頁539、121、1010。

48 許嘉璐著：〈古代的衣食住行〉，收入王力等著：《中國古代文化史講座》（桂林：廣西師範大學出版社，2007年3月，2版），頁134-184。

49 漢·許慎著，清·段玉裁注：《說文解字注》，頁737。

50 漢·劉熙著，任繼昉校：《釋名匯校》（濟南：齊魯書社，2006年11月，1版），頁477。

51 漢·班固著，唐·顏師古注：《漢書》（臺北：宏業書局，1996年3月，2版），頁2948-2949。

52 周·韓非著，清·王先慎集解，鐘哲點校：《韓非子集釋》（北京：中華書局，1998年7月，1版），頁235。

奉笥而與李史，史受笥。」」[53]知「轀車」一本作「轀車」。又上引〈李斯列傳〉「置始皇居轀輬車中」，《集解》云：「徐廣曰：一作轀車。」[54]據此可知「轀輬車」當是「轀」一類車乘無誤。

又襄公二十六年（547 B.C.）《傳》曰：「晉將嫁女于吳，齊侯使析歸父媵之，以藩載欒盈及其士，納諸曲沃。」《集解》云：「藩，車之有障蔽者，使若媵妾在其中。」[55]《說文》云：「藩，屏也。」《注》云：「屏，蔽也。」[56]錢玄《三禮通論》直言「藩車」是「車有屏者。」[57]知「藩」是有衣蔽物之車乘，故欒盈載其甲士隱匿車內而入曲沃，則「藩」當是「轀」、「輧」一類車乘。考諸上古音，「藩」為幫母元部、「輧」為並母耕部，[58]二字聲母皆為唇音。又汪啟明《先秦兩漢齊語研究》發現先秦兩漢齊語有耕、元混用情況，[59]此外，典籍亦見耕部、元部有異文之例。[60]據此可證，「藩」、

53　周・荀況著，清，王先謙集解，沈嘯寰、王星賢點校：《荀子集解》，頁390。

54　漢・司馬遷著，南朝宋・裴駰集解，唐・司馬貞索引，唐・張守節正義，日本・瀧川龜太郎考證：《史記會注考證》，頁1010。

55　晉・杜預集解，唐・孔穎達正義：《春秋左傳注疏》，頁602。

56　漢・許慎著，清・段玉裁注：《說文解字注》，頁43。

57　錢玄著：《三禮通論》（南京：南京師範大學出版社，1996年10月，1版），頁189。

58　郭錫良著：《漢字古音手冊》（北京：北京大學出版社，1986年11月，1版），頁197、281。

59　如《晏子春秋・問下・吳王問保威強不失之道晏子對以先民後身》云：「彊不暴弱，貴不凌賤，富不傲貧。百姓並進，有司不侵，民和政平。」見題周・晏嬰著：《晏子春秋》（臺北：臺灣商務印書館，1986年景印文淵閣四庫全書），卷4，頁4。「賤」字上古音為從母元部，「進」字為精母真部，「平」字為並母耕部，汪氏認為三句諧韻。見郭錫良著：《漢字古音手冊》，頁204、236、281。見汪啟明著：《先秦兩漢齊語研究》（成都：巴蜀書社，1998年8月，1版），頁133-135。

60　如《毛詩・齊風・雞鳴》曰：「子之還兮。」見漢・毛亨傳，漢・鄭玄注，唐・孔穎達正義：《毛詩注疏》，頁189。《漢書・地理志下》云：「臨菑名營丘，故《齊詩》曰：『子之營兮，遭我虖嶩之間兮。』」顏師古《注》云：「〈齊國風・營〉詩之辭也。《毛詩》作『還』，《齊詩》作『營』。」見漢・班固著，唐・顏師古注：《漢書》，頁1659-1660。「還」字上古音為匣母元部，「營」字為余母耕部，此其一也。見郭錫良著：《漢字古音手冊》，頁217、273。又《毛詩・小雅・采菽》曰：「平

「軿」可爲通假關係。上文曾引劉熙《釋名》文，謂「軿車」爲「軿車，軿，屏也，四面屏蔽，婦人所乘牛車也。」雖襄公二十六年《傳》之「藩」不知

平左右，亦是率從。」唐人陸德明（約 550-630）《經典釋文》云：「平，婢延反，《韓詩》作『便便』。」見漢‧毛亨傳，漢‧鄭玄注，唐‧孔穎達正義：《毛詩注疏》，頁 502。上文已云「平」字上古音爲並母耕部，「便」字爲並母元部，此其二也。見郭錫良著：《漢字古音手冊》，頁 214。又《毛詩‧大雅‧大明》曰：「大邦有子，俔天之妹。」毛亨《傳》云：「俔，磬也。」《經典釋文》云：「俔，牽遍反，磬也。……《說文》云：『俔，譬也。』《韓詩》作『磬』。磬，譬也。」孔穎達《正義》云：「蓋如今俗語譬喻物云『磬作然』也。」見漢‧毛亨傳，漢‧鄭玄注，唐‧孔穎達正義：《毛詩注疏》，頁 541-542。《說文》「俔」字段氏《注》引《毛詩‧大雅‧大明》毛《傳》云：「此以今語釋古語。俔者古音，磬者今語。二字雙聲，是以《毛詩》作『俔』，《韓詩》作『磬』。」見漢‧許慎著，清‧段玉裁注：《說文解字注》，頁 379。「俔」字上古音爲匣母元部，「磬」字爲溪母耕部，此其三也。見郭錫良著：《漢字古音手冊》，頁 209、277。又《毛詩‧周頌‧閔予小子》曰：「閔予小子，遭家不造，嬛嬛在疚。」見漢‧毛亨傳，漢‧鄭玄注，唐‧孔穎達正義：《毛詩注疏》，頁 738。《漢書‧匡衡傳》載匡衡上疏引《詩》作「煢煢在疚。」見漢‧班固著，唐‧顏師古注：《漢書》，頁 3341。《說文》「㝙」字許慎引《詩》作「煢煢在㝙」。見漢‧許慎著，清‧段玉裁注：《說文解字注》，頁 345。《左傳》哀公十六年（479 B.C.）曰：「煢煢余在疚。」見晉‧杜預集解，唐‧孔穎達正義：《春秋左傳注疏》，頁 1041。《周禮‧春官‧大祝》鄭玄《注》引漢人鄭眾（?-83）之語，其引哀公十六年《傳》文作「嬛嬛予在疚。」見漢‧鄭玄注，唐‧賈公彥疏：《周禮注疏》，頁 384。「嬛」字上古音爲曉母元部，「煢」字爲群母耕部，此其四也。見郭錫良著：《漢字古音手冊》，頁 225、291。又《周禮‧冬官‧梓人》曰：「數目顅脰。」鄭玄《注》云：「顅，長脰貌。故書顅或作牼，鄭司農云：牼讀爲鬝頭無髮之鬝。」見漢‧鄭玄注，唐‧賈公彥疏：《周禮注疏》，頁 638。《說文》云：「顅，頭鬢少髮也。」亦作「顑」字。見漢‧許慎著，清‧段玉裁注：《說文解字注》，頁 425。「顅」、「鬝」二字從「肩」、「間」爲聲，二字上古音皆爲見母元部；「牼」爲溪母耕部，此其五也。見郭錫良著：《漢字古音手冊》，頁 202、264。又《儀禮‧士喪禮》曰：「幎目，用緇，方尺二寸。」鄭玄《注》云：「幎目，覆面者也。幎，讀若《詩》云：『葛藟縈』之縈。牼，赤也。……古文幎爲涓。」見漢‧鄭玄注，唐‧賈公彥疏：《儀禮注疏》，頁 413。鄭玄謂「幎」讀若「縈」，「幎」字上古音雖爲明母錫部，然其所從聲符「冥」字爲明母耕部，「縈」字則爲影母耕部。見郭錫良著：《漢字古音手冊》，頁 90、281、273。古文「幎」又作「涓」，「涓」字上古音爲見母元部，亦是耕部、元部通用之例，此其六也。見郭錫良著：《漢字古音手冊》，頁 223。

是以馬匹或牛隻拉牽,但可確知原爲女性所乘。若筆者推測無誤,《左傳》之「藩」當即後世所謂「軿」。

四、「輜」、「軿」之別與「輜重」關係

《史記·孫子吳起列傳》云:「於是乃以田忌爲將,而孫子爲師,居輜車中,坐爲計謀。」[61]此「孫子」爲戰國孫臏(生卒年不詳),因雙足遭「臏」刑而不良於行,故須「居輜車中,坐爲計謀。」顯然「輜」有較舒適空間,方能提供孫臏長途征戰所需。《漢書·張良傳》云:「上雖疾,強載輜車,臥而護之。」《注》云:「輜車,衣車也。」[62]又《後漢書·桓榮傳》云:「而以榮爲少傅,賜以輜車、乘馬。」又《後漢書·禮儀下》云:「中二千石以上有輜,左龍右虎,朱鳥玄武。」[63]劉永華認爲據此推知「輜」「應是男人所乘,男人乘車前無屏蔽事很自然的。」[64]此即《說文》「軿,車帾衣也,車後爲輜」之意,指「輜」衣帾車後而未衣蔽車前,車前並無遮蔽物。劉氏認爲都楊子山出土漢代畫像石即爲「輜」,今引錄爲「圖5」:[65]

61　漢·司馬遷著,南朝宋·裴駰集解,唐·司馬貞索引,唐·張守節正義,日本·瀧川龜太郎考證:《史記會注考證》,頁844。

62　漢·班固著,唐·顏師古注:《漢書》,頁2034。

63　劉宋·范曄著,唐·李賢等注:《後漢書》,頁333、809。

64　劉永華著:《中國古代車輿馬具》,頁115。

65　劉永華著:《中國古代車輿馬具》,頁118。

圖 5　成都楊子山出土漢代畫像石

「圖 5」所示「輜」左右兩側及上方皆有屏蔽物，雖未能見出車箱後部是否亦有屏蔽，但可確定車前未有遮蔽。上文已說明《左傳》之「輇」、「蔥靈」與《尚書大傳》之「飛軨」皆屬「輜」類車乘，因三者皆用於戰爭，當為男性使用。此外，《漢書‧宣帝紀》曰：「太僕以軨獵車奉迎曾孫，就齊宗正府。」《注》引文穎之說云：「軨獵，小車，前有曲輿不衣也，近世謂之軨獵車也。」[66]則「飛軨」常用於狩獵，亦應是男性所用。

　　至於「軿」，《後漢書‧梁統列傳》云：「詔遂封冀妻孫壽為襄城君，……壽色美而善為妖態，……冀亦改易輿服之制，作平上軿車。」《注》云：「鄭玄注《周禮》云：『軿，猶屏也，所用自蔽隱也。』《蒼頡篇》云：『衣車者，形制上平，異於常也。』」文中所謂「壽」，為漢人梁冀（？-159）之妻孫壽（？-159），知「軿」為孫壽所乘。又《後漢書‧王符列傳》云：「其嫁娶者，車軿數里，緹帷竟道，騎奴侍童，夾轂並引。」《注》云：「《蒼頡篇》云：『軿，衣車也。』」謂「車軿」為嫁娶車所乘，知乘「軿」者為女性。又《後漢書‧南匈奴列傳》云：「賜單于閼氏以下金錦錯雜具，軿車馬二乘。」閼氏為單于之妻，則「軿車」當為閼氏所乘。又《後漢書‧輿服志上》云：「太皇太后、皇太后法駕，皆御金根，加交路帳裳。非法駕，則

乘紫屬軿車……。長公主赤屬軿車。大貴人、貴人、公主、王妃、封君油畫
軿車。」[67]文中太皇太后、皇太后、長公主、大貴人、貴人、公主、王妃、
封君等皆爲女性,亦知「軿」爲女性所乘。劉永華認爲「『軿車』爲貴婦乘
輿,古代婦人出門不能拋頭露面,要把車前後遮蔽得嚴嚴實實。」[68]《釋名》
謂「軿」是「四面屏蔽,婦人所乘牛車也」,與上引《後漢書》記載相符,
劉氏之說可從。劉永華又認爲,漢朝壁畫及畫像石中雖常見「輜」、「軿」,
「但從畫面上很難分辨這兩種車。」原因是「墓室裡的圖要表現主人生前的
生活場景,即便是軿車,爲了畫出車中人物也會把車前屏蔽物去掉。」[69]劉
永華舉山東福山出土漢代畫像石及內蒙古和林格爾東漢墓壁畫爲例,今引錄
爲「圖6」及「圖7」:[70]

圖 6 山東福山出土漢代畫像石

---

67 劉宋・范曄著,唐・李賢等注:《後漢書》,頁 315-316、429-430、761、932。

68 劉永華著:《中國古代車輿馬具》,頁 115。

69 劉永華著:《中國古代車輿馬具》,頁 118。

70 劉永華著:《中國古代車輿馬具》,頁 118。

圖 7　內蒙古和林格爾東漢墓壁畫

依典籍記載及出土實物，「輜」、「軿」實如《說文》所言皆是「衣車」。二者之別在於「輜」為男性所乘，前方無屏蔽物；「軿」為女性所乘，四方皆有屏蔽物。然從出土壁畫及畫像石可知，漢代無論「輜」、「軿」，其拉車動力皆為馬匹，與《釋名》所載「四面屏蔽，婦人所乘牛車也」，以牛隻為動力不同。此外，若依《釋名》「有邸曰輜，無邸曰軿」檢視，「圖4」、「圖6」無「邸」——即解釋為後軨之「軹」，理當是「軿」；而「圖4」有「邸」，理當為「輜」；顯然與實際狀況不符。筆者認為文獻記載與實際狀況稍有落差乃情理之事，畢竟器物隨時代變化改易，方能符合實際生活所需。「輜」、「軿」功能類似且形制相仿，因而容易產生混同現象。若以乘者性別區隔，則大致仍可分判。易言之，男性所乘為「輜」，女性所乘為「軿」，當是二者最大分別。

　　了解「輜」、「軿」之別，再回歸《左傳》相關記載。第一節所引《左傳》關於「重」之記載，杜預皆以「輜重」釋之。「輜」字之意已於上文說明，然則必須考慮者，筆者討論所引用《說文》、《釋名》、《漢書》、《後漢書》等皆是兩漢著作；即便釐清「輜」、「軿」之別及用途，仍舊是漢朝制度及實況。筆者認為《左傳》所載之「重」，乃至於先秦及兩漢典籍所錄

與戰事相關之「輜重」，當與「輜」、「軿」有別。何以知之？從前文討論「輜」、「軿」引用材料可知，「輜」、「軿」是漢朝公卿大夫及貴婦乘坐車輿，與戰場載運物資之「輜重」，在用途上已有明顯不同。再者，從前文所引漢朝出土「輜」、「軿」畫像可知，其拉乘動力是馬匹而非牛隻，又與《左傳》、《周禮》記載不同。就此二點可清楚得知，「輜」、「軿」與「輜重」應有本質上差異。既然如此，是否「輜重」與「輜」又無相關涉？若依上引《周禮‧冬官‧輈人》及「圖1」出土實物，《左傳》所載「重」、「大車」乃至一般文獻所謂「輜重」，其拉乘動力無疑應是牛隻。又依《周禮‧冬官‧輈人》及「圖2」出土實物，推測「重」、「大車」皆有「軧」——即後輅，是隨行人員輔助牛隻運載物資援引之處。此外，依《釋名》記載，「輜」、「軿」之別「在有無後輅」；[71]即前者有「軧」而後者無「軧」，可知理論上「輜」與「重」、「大車」皆有後輅。再次，文獻記載「輜」、「軿」皆設遮蔽物，僅設置部位不同。依「圖2」出土實物，「重」、「大車」車身兩側亦有遮蔽物，其功能應是防止車身載運物資滑落。「輜」、「軿」設遮蔽物之目的是阻擋風雨及外人窺視，「重」、「大車」兩側遮蔽物是預防物資滑落。雖二者目的與功能不同，但皆設置遮蔽物。就此觀點視之，「輜」與「重」、「大車」仍有共通性。三者，杜預注《左傳》之「重」爲「輜重」，大量典籍稱戰場上運送物資之車乘爲「輜重」，將「輜」、「重」合稱當非偶然。上文已說明《左傳》之「輂」當即「輜」，依《傳》文內容可確定「輂」用於戰場。「輜」、「輂」可供人員臥息，此依《傳》文及上引相關文獻可以確知。此外，劉熙《釋名》謂「輜」亦載運衣物，雖成公二年《傳》未具體明言，但依情理推測亦有可能。藍永蔚認爲「輂」若「不裝糧秣是難以藏蛇的」，[72]筆者認爲其說有待商榷。何則？《傳》文謂「丑父寢於輂中，蛇出於其下。」若「輂」是人員臥息之所，當有被褥等物以供人員覆蓋。蛇因藏匿被褥之中而未立即發現，故謂「蛇出於其下」，而後被囓咬受傷。若「輂」

71　藍永蔚著：《春秋時代的步兵》，頁97。
72　藍永蔚著：《春秋時代的步兵》，頁97。

有被褥之物為人員使用，「輬」又載運替換及禦寒衣物當屬情理之中，此說應可信從。必須說明者，「圖 4」車乘之車輿四周雖有柵欄，但高度僅四十公分，亦無頂部遮蔽物，似與前文討論略有出入。既然此類車乘主要是提供人員休息止宿，且兼以載運衣物被褥，若無頂部遮蔽物將無法抵擋風雨。故筆者推測「圖 4」車乘柵欄或可加裝結構，使其四周及頂部可覆蓋遮蔽物。筆者若推測無誤，後世將「輬」、「重」合言，表明二種車乘因戰場所需，故連言稱為「輜重」。至於《左傳》襄公二十六年之「藩」即後世所謂「軿」者，因是女性所乘，且非運用於戰場，故後世未將其與「輬」或「重」合稱。

五、戰場住宿之具：「輬」與「舍」

「輜重」除載運物資之車外，依第一節引襄公十年《傳》「孟氏之臣秦堇父輦重如役」《正義》內容，知「重」「軍行以載器物，止則以為藩營」，謂駐紮時又為人員止息之藩營。所謂「藩營」，「藩」可釋為藩籬。襄公二十七年（546 B.C.）《傳》曰：「以藩為軍。」《正義》云：「古人行兵止，則築為壘塹，以備不虞。此藩籬為軍者，方欲弭兵，以示不相忌也。」又昭公十三年（529 B.C.）《傳》曰：「乃藩為軍。」《集解》云：「藩，籬也。」[73]《春秋左傳注》云：「藩，即藩籬，籬笆編織為牆。」[74]知「藩」為藩籬，引申則有屏蔽之意。「營」為營壘，即上引孔氏之文「古人行兵止，則築為壘塹」之壘塹。一般而言，營壘須堆累土石以築之。此部分將於第十一章說明，讀者可相參看。以「藩」為屏蔽是特殊情況，以示無所忌諱。至於以「重」、「大車」為藩營可見《周禮・天官・掌舍》，文曰：「掌舍：掌王之會同之舍，設梐枑再重，設車宮轅門。」《注》云：「謂王行止宿阻險之處，備非常。次車以為藩，則仰車以其轅表門。」[75]知所謂「車宮」即於地勢阻險處，

73　晉・杜預集解，唐・孔穎達正義：《春秋左傳注疏》，頁 645、801。

74　楊伯峻著：《春秋左傳注》，頁 1131。

75　漢・鄭玄注，唐・賈公彥疏：《周禮注疏》，頁 92。

將「車輛相次聯結，組成一道臨時的防禦工事」，[76]以備非常。銀雀山漢墓出土《孫臏兵法》，其中〈陳忌問壘〉云：「車者，所以當壘（也）。」[77]《中國軍事史》釋此句云：「將隨軍的戰車與輜重車輛，轅輿相搭，車輪切聯，構成一道或雙道的環形及線形臨時屏障，代替營壘。」[78]筆者認為其謂將戰車與「輜重」車輛相聯以代替營壘，以「重」、「大車」等「輜重」為之則可，以兵車則有待商榷。為何言之？襄公十八年《傳》曰：「齊侯見之，畏其眾也，乃脫歸。丙寅晦，齊師夜遁。……夙沙衛連大車以塞隧而殿。」[79]近人章炳麟（1868-1936）《春秋左傳讀》謂「故書，輦皆作連。……大車須輦，猶言輦重如役也。」[80]楊伯峻亦云：「連借為輦，此作動詞，謂拉車也。隧，山中小路。」[81]齊靈公（？-554 B.C.）見晉軍車馬眾多，故夜遁而逃歸避戰。齊靈公寵臣夙沙衛（生卒年不詳）拉牽大車阻塞山中小路，以防晉軍追擊。大車一般位於部隊後方，且數量遠較兵車為眾，用以阻塞小路最為便捷。至於「車宮」以「重」、「大車」為藩營，除因其數量最眾，可充分利用數量優勢為屏障外。另一原因乃兵車為軍隊主力，若以如此重要之兵車為藩營障蔽，筆者認為不合情理。故遇緊急狀況而需「次車以為藩」時，「重」、「大車」是最可利用之資源。

此外，「輜重」車下亦可為軍隊人員宿營時休息之處。《毛詩·豳風·東山》曰：「我徂東山，慆慆不歸。我來自東，零雨其濛。……制彼裳衣，勿士行枚。蜎蜎者蠋，烝在桑野。敦彼獨宿，亦在車下。」《傳》云：「濛，雨貌。……士，事。枚，微也。」《箋》云：「勿猶無也。女制彼裳衣而來，謂兵服也。亦初無行陳衛枚之事，言前定也。」《正義》云：「彼獨宿之軍士，亦常在車下而宿，甚為勞苦。」又「詩序」云：「〈東山〉，周公東征

---

76 藍永蔚著：《春秋時代的步兵》，頁 91。

77 銀雀山漢墓竹簡整理小組編：《孫臏兵法》，頁 49。

78 《中國軍事史》編寫組著：《中國軍事史》，頁 68。

79 晉·杜預集解，唐·孔穎達正義：《春秋左傳注疏》，頁 578。

80 章炳麟著：《春秋左傳讀》（臺北：學海出版社，1984 年 4 月，1 版），頁 504。

81 楊伯峻著：《春秋左傳注》，頁 1038。

也。周公東征，三年而歸，勞歸士。大夫美之，故作是詩也。」[82]知詩中宿於車下者爲「士」。原本這些「士」皆可獨宿，但因逢大雨滂沱，僅能於車下休息。詩中所謂「士」者，由「勿士行枚」知其須「行陳銜枚」，可證其身分爲戰鬥人員。身爲戰鬥人員之「士」原可獨宿，但如何獨宿，詩中未予明言。筆者認爲獨宿應指「舍」，即今日所謂帳篷。至於「敦彼獨宿，亦在車下」，當視爲特殊狀況而非常態。

《左傳》僖公十五年（645 B.C.）曰：「壬戌，戰于韓原。……梁由靡御韓簡，虢射爲右，輅秦伯，將止之。鄭以救公誤之，遂失秦伯。秦獲晉侯以歸。晉大夫反首拔舍從之。」《集解》云：「反首，亂頭髮下垂也。拔草舍止，壞形毀服。」[83]《說文》云：「舍，市居曰舍，从亼、屮，象屋也，口象築也。」《注》云：「此市字非買賣所之，謂賓客所之也。」[84]許進雄先生亦云西周初之甲骨文，「舍」字是「作余形的東西豎於基址一類東西之上之狀。」[85]若依《說文》許慎、段氏及許先生之說，「舍」似是有固定建築結構之屋宇。然依《傳》文所載，「拔舍」時晉軍正於韓原與秦軍交戰，「舍」若爲固定建築結構之屋宇，當不適用於戰場。《周禮‧大司馬》有「茇舍」一詞，文曰：「中夏，教茇舍，如振旅之陳。」《注》云：「茇，讀如萊沛之沛。茇舍，草止之也。軍有草止之法。」《疏》云：「以草釋茇，以止釋舍，故即云『有草止之法』。」[86]襄公二十八年（545 B.C.）《傳》曰：「今子草舍，無乃不可乎？」《正義》云：「下言『草舍』者，不爲壇則不除地，故爲草舍耳。」[87]楊氏認爲上引僖公十五年《傳》之「拔舍」即襄公二十八年《傳》之「草舍」，其意爲「拔草張軍用帳篷。」[88]然清人姚範

82 漢‧毛亨傳，漢‧鄭玄注，唐‧孔穎達正義：《毛詩注疏》，頁295。

83 晉‧杜預集解，唐‧孔穎達正義：《春秋左傳注疏》，頁231。

84 漢‧許慎著，清‧段玉裁注：《說文解字注》，頁225。

85 許進雄著：《中國古代社會──文字與人類學的透視》，頁381。

86 漢‧鄭玄注，唐‧賈公彥疏：《周禮注疏》，頁443。

87 晉‧杜預集解，唐‧孔穎達正義：《春秋左傳注疏》，頁653。

88 楊伯峻著：《春秋左傳注》，頁357。

（1702-1771）《援鶉堂筆記》云：「此云拔舍，當謂拔起所舍止耳。」[89]楊氏認為姚氏之解「句有動詞，其解較勝。」則此處之「舍」當如楊氏所釋，是「旅途中臨時住宿蓬帳」；[90]「拔舍」即拔起帳篷，[91]其說可從。至如魯毅《左傳考釋》將「拔舍」讀為跋涉，[92]無法通釋全句，本文不採其說。若姚範之說無誤，「舍」當為楊氏所釋，乃今日之帳篷。既然「舍」是帳篷，顯然非如《說文》解為固定建築結構之屋宇，可從出土實物予以證實。

王恩田〈釋冉、再、菁、爯、僆〉引用四川博物館〈成都百花潭中學十號墓發掘記〉著錄鑲嵌銅壺，器身花紋有作營帳圖像者，今引錄為「圖 8」於下：[93]

圖 8 成都百花潭中學 10 號墓出土「鑲嵌銅壺」部分花紋

王氏認為其形象「作穹窿形，中間有立柱，柱頭有斗拱支撐。」[94]此外，山東長清崗辛戰國墓出土十二種、二十七件青銅構件，考古人員認為即文獻之

---

89 清・姚範著：《援鶉堂筆記》（臺北：廣文書局，1971 年，1 版），卷 11，頁 18。

90 楊伯峻著：《春秋左傳詞典》，頁 428。

91 楊伯峻著：《春秋左傳注》，頁 357。

92 魯毅著：《左傳考釋》（武漢：湖北人民出版社，2009 年 9 月，1 版），頁 123-125。

93 四川博物館著：〈成都百花潭中學十號墓發掘記〉，《文物》1976 年第 3 期，頁 40-46、圖版壹、圖版貳。

「舍」。青銅構件須搭配木桿組合，經實驗提出二種復原方案，今引錄為「圖9」、「圖10」於下：[95]

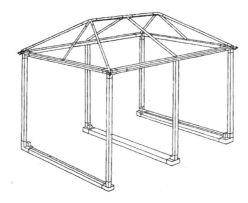

圖 9　山東長清崗辛戰國墓出土「舍」復原方案一

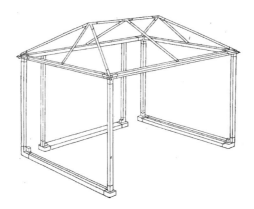

圖 10　山東長清崗辛戰國墓出土「舍」復原方案二

94　王恩田著：〈釋冉、再、冓、再、僭〉，收入王宇信、宋鎮豪主編：《紀念殷墟甲骨發現一百周年國際學術研討會論文集》（北京：社會科學文獻出版社，2003 年 3 月，1 版），頁 194-200。

95　山東省博物館、長清縣文化館著：〈山東長清崗辛戰國墓〉，《考古》1980 年第 4 期，頁 325-332、圖版柒至圖版玖。

考古人員表示，二種復原方案尺寸皆「面寬 264、進深 200、脊高 200、檐高 163 釐米」；因第一方案中有隔間柱，未若第二方案合理。[96]拙文〈《左傳》車乘乘員配置考〉推估春秋時代成年男子，平均身高及肩膀寬度爲 173.25 公分及 45.91 公分。[97]若以數據檢視上述「舍」之尺寸，進深 200 公分足以讓人員躺平，脊高 200 公分亦能讓人員於「舍」內直立。若以平均肩寬計算，再容許人員轉身側臥或置放隨身物品，又配合第二復原方案，每「舍」至多可安頓五人住宿。以五人爲一「舍」亦可得文獻佐證，《墨子·備城門》云：「城上十人一什長，屬一吏士，一帛尉。……二舍共一井爨。」孫詒讓於「二舍共一井爨」下云：「此即什長、百尉所居舍也。《儀禮·士虞禮》鄭注云：『爨，竈也。』[98]」[99]筆者認爲既言二「舍」共用一井及一竈，若謂百人似乎過多；若指什長所轄十位戰鬥人員共用一竈，可能較合情理。[100]十人而分爲二「舍」，知每「舍」各有五人。此外，五人爲「伍」乃基本軍事組織編制，[101]《左傳》昭公元年（541 B.C.）記載晉國魏舒（約 556 .B.C.-509 B.C.）「毀車以爲行，五乘爲三伍。」《集解》云：「乘車者，車三人，五乘十五人。今改去車，更以五人爲伍，分爲三伍。」[102]知五人編成一「伍」。若每

---

[96] 山東省博物館、長清縣文化館著：〈山東長清崗辛戰國墓〉，《考古》1980 年第 4 期，頁 325-332、圖版柒至圖版玖。

[97] 黃聖松著：〈《左傳》車乘乘員配置考〉，收入氏著：《《左傳》軍事制度研究》（高雄：高雄復文圖書出版社，2009 年 2 月，1 版），頁 97-129。杜正勝先生提出平均肩寬 42 公分之說，亦可供讀者參考。見杜正勝著：《編戶齊民》（臺北：聯經出版公司，1990 年 3 月，1 版），頁 68。

[98] 《儀禮·士虞禮》曰：「魚腊爨亞之，北上。」鄭玄《注》云：「爨，竈。」見漢·鄭玄注，唐·賈公彥疏：《儀禮注疏》，頁 493。

[99] 周·墨翟著，清·孫詒讓詁，孫啟治點校：《墨子閒詁》，頁 522-523。

[100] 關於部伍共用一竈之人數，可參見唐嘉弘著：〈火長考辨〉，收入氏著：《先秦史新探》（開封：河南大學出版社，1988 年 6 月，1 版），頁 127-136。

[101] 黃樸民云：「五人爲伍，以其中一人爲伍長，配備五種長短相雜的兵器，持短兵器的在前列，弓箭手居後，構成梯次配置的戰鬥隊形。」黃氏之見可備爲一說。見黃樸民著：《中國軍事通史·春秋軍事史》，頁 80。

[102] 晉·杜預集解，唐·孔穎達正義：《春秋左傳注疏》，頁 705。

「舍」五人住宿，亦符編制五人爲「伍」之制。

　　「舍」之結構乃以木桿與青銅構件組合而成，故可「拔舍」且拆解結構以利收納載運。至於「舍」之帳面以何材質製成？莊公二十八年（666 B.C.）《傳》曰：「鄭人將奔桐丘，諜告曰：『楚幕有烏。』乃止。」《集解》云：「幕，帳也。」[103]昭公十三年《傳》曰：「子產、子大叔相鄭伯以會，子產以幄、幕九張行，子大叔以四十，既而悔之，每舍，損焉。」《集解》云：「幄、幕，軍旅之帳。」《正義》云：

> 《周禮·幕人》「掌帷、幕、幄、帟、綬之事。」鄭玄云：「王出宮則有是事，在旁曰帷，在上曰幕」，「皆以布爲之。」四合象宮室曰幄，王所居之帳也。帟，王在幕若幄中坐上承塵，幄帟皆以繒爲之。凡四物者，以綬連繫焉。然則幕與幄異，幕大而幄小，幄在幕下張之。「幄、幕九張」，蓋九幄、九幕也。[104]

依杜預之釋，「幄」、「幕」是軍旅所備帳篷。雖《周禮·天官·幕人》又析言「幕」、「幄」、「帟」之異，但大致皆以布匹製成，作爲軍旅住宿之用。又哀公十二年（483 B.C.）《傳》曰：「秋，衛侯會吳于鄖。公及衛侯、宋皇瑗盟，而卒辭吳盟。吳人藩衛侯之舍。」[105]此條記衛、吳二君會於鄖，吳國派軍藩衛衛出公（？-456 B.C.）所住宿之「舍」。上引昭公十三年《傳》乃子產（？-522 B.C.）、子大叔（？-507 B.C.）相鄭定公（？-514 B.C.）參與盟會，用以住宿止息之具爲「幄」、「幕」。哀公十二年《傳》所記亦爲衛、吳二國盟會，衛出公住宿之處爲「舍」。兩相對比可推知，「舍」應即「幄」、「幕」。僖公十五年《傳》所謂「拔舍」，即拔去以「幄」、「幕」搭建之帳篷。此外，《國語·吳語》云：「吳王昏乃戒，令秣馬食士。……

103　晉·杜預集解，唐·孔穎達正義：《春秋左傳注疏》，頁 177-178。
104　晉·杜預集解，唐·孔穎達正義：《春秋左傳注疏》，頁 809。
105　晉·杜預集解，唐·孔穎達正義：《春秋左傳注疏》，頁 1026。

晉師大駭不出，周軍飲馬，乃令董褐請事。……吳王許諾，乃退就幕而會。」《注》云：「幕，帳也。」[106]此事記載吳、晉之戰，晉國派遣董褐（生卒年不詳）與吳王夫差（約 528 B.C.-473 B.C.）議和。吳王許諾，乃退入幕中進行盟會。此文亦謂戰時住宿止息處為「幕」，「幕」即是「帳」，與《左傳》所載相合。筆者認為〈東山〉所載「士」或應於「舍」內休息，因大雨之故而於車下避雨。〈東山〉記載「士」於車下避雨休息應是權宜之計，應非一般常態。故詩人特記此事，用以彰顯諸「士」之辛勞。何以知「士」避雨於「輜重」之下而非兵車？筆者認為文獻雖無明證，但就情理推測，因「輜重」數量遠較兵車為眾，應較能滿足「士」之人數。至於發生戰役時需動員「輜重」數量與兵車之比例，第六章將予說明，請讀者參看。

　　上文已謂「轈」、「葱靈」、「飛軨」與「輜輧」皆為「輜」，是戰鬥人員臥息之處，何以〈東山〉又謂「士」遇大雨滂沱時於「輜重」下休息？成公二年《傳》曰：「癸酉，師陳于鞌。邴夏御齊侯，逢丑父為右。」[107]知逢丑父擔任齊頃公（？-582 B.C.）之「右」。筆者曾撰文討論《左傳》「車右」身分，認為「車右」身分雖高低不拘，可上至國君、公子、大夫下至士。但國君或主帥之「車右」一般多為大夫，若為大夫之「車右」則多為士。[108]此外，《傳》文載「韓厥獻丑父，郤獻子將戮之」；又謂「齊侯免，求丑父三入三出。」[109]逢丑父若非大夫身分，且深得齊頃公器重，晉國大夫韓厥（生卒年不詳）當不可能將逢丑父獻俘於郤獻子（？-587 B.C.），齊頃公更不會為救逢丑父而甘冒風險。故筆者認為逢丑父身分為齊國大夫，因其身分崇高，故有「轈」以供其止息。然上引《尚書大傳》明謂「未命為士，車不得有飛軨。」似乎若為「士」者皆應有「飛軨」，如此則與〈東山〉記載不符。筆者認為或許「士」即可擁有「輜」，但能否用於戰場或許因人而異。若以上

106　三國·韋昭注：《國語韋昭註》，頁 434-439。

107　晉·杜預集解，唐·孔穎達正義：《春秋左傳注疏》，頁 423。

108　黃聖松著：〈《左傳》車右考〉，《文與哲》第 9 期（高雄：國立中山大學中國文學系，2006 年 12 月，1 版），頁 49-82。

109　晉·杜預集解，唐·孔穎達正義：《春秋左傳注疏》，頁 424-425。

引「圖4」「輼車」為例，其轅為單轅形制，車衡又有二副軛，知春秋時「輼車」當由二馬拉牽，則另需照顧馬匹之人員同行。「士」動員出征時若欲準備「輼車」同行，至少需要二馬及一位照料馬匹人員，或許未必人人可承受此負擔。但若以「舍」為住宿休息裝備，則能減省不少開銷。

六、小　結

綜上所述，《左傳》所稱「重」、「大車」即一般典籍所謂「輜重」，指戰場運送物資之車乘。依漢代典籍記載，與「輼」形制接近者尚有「軿」，二者皆設置遮蔽物。差異處在「輼」遮蔽車身左、右、後及頂部，「軿」遮蔽四周及頂部。「輼」、「軿」設置遮蔽物之目的，在於阻擋風雨及外人窺視。然就漢代出土實物觀察，「輼」、「軿」形制有混同現象，未依文獻記載清楚分判。但大體而言「輼」為男性所乘，「軿」為女性所乘，此為二者主要區分方式。《左傳》所載「重」、「大車」拉乘動力為牛隻，與漢代「輼」、「軿」拉乘動力為馬匹有異。此外，「重」、「大車」功能為戰場上運送物資，亦與「輼」、「軿」為人員交通工具不同。然典籍將「重」、「輼」合稱「輜重」，筆者推測應是二者具二項共通性：（一）「重」、「輼」皆有「軧」──意即後轅，（二）「重」、「輼」皆有遮蔽物，故將二者合稱「輜重」。《左傳》有「轏」與「蔥靈」、《尚書大傳》有「飛軨」、《史記》有「輼輬」，據經師之說，三者皆為臥車──即供為人員休息臥寢之車乘，筆者認為即本文討論之「輼」。依《尚書大傳》所載，「士」以上身分得有「輼」。但《左傳》記載戰場上另有「舍」──即今日所謂帳篷──可供戰鬥人員止息，故未必「士」以上身分者人人皆使用「輼」。此外，「輜重」除運送物資，亦可用為藩營之屏障，車下尚可為人員休息之處。

第二章 《左傳》所見輜重載運物資 及其用途

一、前　言

　　第一章第一節引用《孫子‧軍爭》記載，謂「軍無輜重則亡，無糧食則亡，無委積則亡」；將「輜重」、「糧食」、「委積」分列為三。三者之別，唐人杜牧（803-852）注云：「輜重者，器械及軍士衣裝；委積者，財貨也。」宋人王晢（生卒年不詳）注云：「委積，謂薪芻蔬材之屬。」宋人張預（生卒年不詳）注云：「無輜重，則器用不供；無糧食，則軍餉不足；無委積，則財貨不充，皆亡覆之道。」[1]諸家之解亦有不同。至於《左傳》「輜重」所載物資為何，今將《左傳》「輜重」及後勤制度相關記載，依年代先後加上序號迻錄於下，以利後文引述：

> 1.北戎伐齊，齊侯使乞師于鄭。鄭太子忽帥師救齊。六月，大敗戎師，獲其二帥大良、少良，甲首三百，以獻於齊。於是諸侯之大夫戍齊，齊人饋之餼，使魯為其班。後鄭。鄭忽以其有功也，怒，故有郎之師。（桓公六年，706 B.C.）
>
> 2.初，北戎病齊，諸侯救之，鄭公子忽有功焉。齊人餼諸侯，使魯次之。魯以周班後鄭。鄭人怒，請師於齊。齊人以衛師助之，故不稱侵伐。（桓公十年，702 B.C.）

1　周‧孫武著，漢‧曹操等注，楊丙安校理：《十一家注孫子校理》，頁137-140。

3.陳轅濤塗謂鄭申侯曰:「師出於陳、鄭之間,國必甚病。若出於東方,觀兵於東夷,循海而歸,其可也。」申侯曰:「善。」濤塗以告齊侯,許之。申侯見曰:「師老矣,若出於東方而遇敵,懼不可用也。若出於陳、鄭之間,共其資糧屝屨,其可也。」齊侯說,與之虎牢。執轅濤塗。(僖公四年,656 B.C.)

4.壬戌,戰于韓原。……梁由靡御韓簡,虢射為右,輅秦伯,將止之。鄭以救公誤之,遂失秦伯。秦獲晉侯以歸。晉大夫反首拔舍從之。(僖公十五年,645 B.C.)

5.冬,晉侯圍原,命三日之糧。原不降,命去之。(僖公二十五年,635 B.C.)

6.及滑,鄭商人弦高將市於周,遇之,以乘韋先,牛十二犒師,曰:「……不腆敝邑,為從者之淹,居則具一日之積,行則備一夕之衛。」……鄭穆公使視客館,則束載、厲兵、秣馬矣。使皇武子辭焉,曰:「吾子淹久於敝邑,唯是脯資餼牽竭矣。」(僖公三十三年,627 B.C.)

7.訓卒,利兵,秣馬,蓐食,潛師夜起。戊子,敗秦師于令狐,至于刳首。(文公七年,620 B.C.)

8.遂道以田孟諸。宋公為右盂,鄭伯為左盂。期思公復遂為右司馬,子朱及文之無畏為左司馬,命夙駕載燧。(文公十年,617 B.C.)

9.令尹蒍艾獵城沂,使封人慮事,以授司徒。量功命日,分財用,平板幹,稱畚築,程土物,議遠邇,略基趾,具餱糧,度有司。事三旬而成,不愆于素。(宣公十一年,598 B.C.)

10.苗賁皇徇曰:「蒐乘、補卒,秣馬、利兵,修陳、固列,蓐食、申禱,明日復戰!」(成公十六年,575 B.C.)

11.冬十月,諸侯伐鄭。……甲戌,師于氾。令於諸侯曰:「修器備,盛餱糧,歸老幼,居疾于虎牢,肆眚,圍鄭。」(襄公九年,564 B.C.)

12.歸老幼,反孤疾,二人役,歸一人。簡兵蒐乘,秣馬蓐食,師陳焚次,明日將戰。(襄公二十六年,547 B.C.)

13.車馬有所，賓從有代，巾車脂轄，隸人、牧、圉各瞻其事。（襄公三十一年，542 B.C.）

14.冬，十一月，晉魏舒、韓不信如京師，合諸侯之大夫于狄泉，尋盟，且令城成周。……己丑，士彌牟營成周，計丈數，揣高卑，度厚薄，仞溝洫，物土方，議遠邇，量事期，計徒庸，慮材用，書餱糧，以令役於諸侯。（昭公二十三年，519 B.C.）

15.校人乘馬，巾車脂轄，百官官備，府庫慎守，官人肅給。（哀公三年，492 B.C.）

16.夏四月，晉侯將伐齊，使來乞師。……臧石帥師會之，取廩丘。軍吏令繕，將進。……晉師乃還。餼臧石牛。（哀公二十四年，471 B.C.）**2**

以上資料述及「輜重」物資相關者，如「餼」、「脯資餼牽」、「餱糧」、「秣」、「資糧屝屨」、「脂」、「燧」、「壺」、「舍」、「板榦」、「畚築」等。先就物資內容分為「食物類」、「器物類」及「工具類」三部分，依序於第二節至第四節說明。

二、輜重運送物資：食物類

本節說明「輜重」載運物資，供人員及馬匹食用者有「餼」、「脯資餼牽」、「餱糧」、「秣」等，依次說明如下。

引文第1條、第2條、第6條及第16條「餼」字，《集解》云：「生曰餼。」**3**《說文》云：「餼，氣或从食。」至於「氣」字，《說文》云：「饋客芻米也。」**4**引文第2條為第1條之追述，二者所記內容相同，於此一併說

2　晉・杜預集解，唐・孔穎達正義：《春秋左傳注疏》，頁112、121、203、231、263、289、317、323、383、478、527、636、687、933、998、1049-1050。

3　晉・杜預集解，唐・孔穎達正義：《春秋左傳注疏》，頁112、1050。

4　漢・許慎著，清・段玉裁注：《說文解字注》，頁336。

明。齊僖公二十五年（706 B.C.）、即魯桓公六年，北戎伐齊，諸侯派軍助
齊敗敵又戌守齊國，故齊國饋餼予諸侯之師。若依《傳》文及《說文》之釋，
「餼」為饋贈他人之米糧，似與「輜重」物資無涉，其實不然。引文第 6 條
記秦穆公（？-621 B.C.）遣軍襲鄭之事，鄭國大夫皇武子（生卒年不詳）謂
秦軍淹久於鄭國，其「脯資餼牽竭。」《集解》云：「資，糧也。生曰餼。
牽，謂牛、羊、豕。」[5]《正義》云：

> 〈聘禮〉：歸饔，饔餼五牢，飪一牢，腥一牢，餼一牢。以飪是熟肉，
> 腥是生肉，知餼是未殺，故云「生曰餼。」牛、羊、豕可牽行，故云
> 「牽，謂牛、羊、豕。」[6]

若依孔氏之見，「餼」指未殺之牲畜，則「餼」似與「牽」——牛、羊、豕
之意相同。《春秋左傳注》亦主此見云：「餼，牲生曰餼；牽指牛羊可牽行
之牲畜。『餼牽』為同義詞連用。」[7]然《毛詩·小雅·瓠葉》「詩序」曰：
「雖有牲牢饔餼，不肯用也。」《傳》云：「熟曰饔，腥曰餼，生曰牽。」
《正義》云：

> 僖三十三年《左傳》曰「餼牽竭矣」，餼與牽相對，是牲可牽行，則
> 餼是已殺。殺又非熟，故知腥曰餼，謂生肉未煮者也。……此與牽、
> 饔相對，故餼為腥。其實餼亦生。[8]

孔氏於此謂「餼為腥」，是「生肉未煮者」，與《左傳》之解不同。孔氏因
謹守「疏不破注」原則，「餼」之解釋有所不同亦是情理中事。但「餼」究
竟為何？楊伯峻認為「凡饋人以食物，其熟者曰饔，其生者曰餼。餼有牛、

5　晉·杜預集解，唐·孔穎達正義：《春秋左傳注疏》，頁289。
6　晉·杜預集解，唐·孔穎達正義：《春秋左傳注疏》，頁289。
7　楊伯峻著：《春秋左傳注》，頁496。
8　漢·毛亨傳，漢·鄭玄注，唐·孔穎達正義：《毛詩注疏》，頁522。

羊、豕、黍、粱、稷、禾等。」[9]《春秋左傳詞典》釋「餼」云：「未加工、烹飪之食物」；[10]《左傳詳解詞典》亦釋為「生的食物。」[11]知楊、陳二氏將「餼」總括未熟之米糧及牲畜，但未免失之寬泛。若以「脯資餼牽」言之，「餼」仍以孔氏於《毛詩》所釋「生肉未煮者」為宜。如引文第 16 條謂「餼臧石牛」，所「餼」之牛應是未煮之牛肉，如此方可與其他詞彙對舉。

引文第 6 條戍守鄭國之秦軍，據《左傳》僖公三十年（630 B.C.）記載，原與晉軍聯手襲鄭。因鄭國大夫燭之武（生卒年不詳）說服秦穆公，使秦國轉與鄭國結盟，「使杞子、逢孫、楊孫戍之。」[12]秦軍自備「脯資餼牽」戍守鄭國，則「脯資餼牽」當為秦軍「輜重」所載物資。《說文》云：「脯，乾肉也」；「資，貨也。」[13]竹添光鴻云：「乾肉曰脯。資讀為粢，同音假借。粢，稻餅也。……生肉曰餼。牽，未殺者。」[14]「粢」字之意《說文》云：「餈，或从米。」至於「餈」字之意，《說文》云：「稻餅也。」《注》云：「《方言》曰：『餌謂之糕，或謂之粢，或謂之餣，或謂之餈，或謂之餛。』[15]謂米餅也。」[16]知稻餅、米餅即以稻米等農作物製成之糕餅狀食物，或以為即後世糕餅之起源。[17]《集解》釋「資」為糧，可包括釋為稻餅、米餅之「粢」或「餈」，泛指米糧。據此可知「脯資餼牽」包括米糧、乾肉、生肉及未宰殺之牲畜。或許學者質疑：既然「脯資餼牽」之「牽」是未宰殺牲畜，這些「牽」是否亦由「輜重」載運？上引《正義》謂「牛、羊、豕可

9　楊伯峻著：《春秋左傳注》，頁 113。

10　楊伯峻著：《春秋左傳詞典》，頁 997。

11　陳克炯著：《左傳詳解詞典》，頁 1302。

12　晉・杜預集解，唐・孔穎達正義：《春秋左傳注疏》，頁 284-285。

13　漢・許慎著，清・段玉裁注：《說文解字注》，頁 176、282。

14　日本・竹添光鴻著：《左傳會箋》，頁 546。

15　此句原文作「餌謂之餻，或謂之餈，或謂之餣，或謂之餻，或謂之餛。」見漢・揚雄著，清・錢繹箋疏：《方言箋疏》（北京：中華書局，1991 年 11 月，1 版），頁 508。

16　漢・許慎著，清・段玉裁注：《說文解字注》，頁 221。

17　齊思和著：〈《詩經》穀名考〉，原載《燕京學報》第 36 期（1949 年 6 月），收入氏著：《中國史探研》（石家莊：河北教育出版社，2000 年 7 月，1 版），頁 3-53。

牽行」，筆者推測這些「牽」當由人員牽行，非置於「輜重」載運。故廣義
而言，「牽」雖是「輜重」載運物資，但未必眞置於「輜重」之上。西周金
文亦見俘獲羊、牛記錄，如第一章所引師同鼎（《集成》5.2779）銘文有「羊
百䚤（絜）」，[18]陳世輝〈師同鼎銘文考釋〉指此乃百隻繫縛之羊，[19]是爲
「脯資餼牽」之「牽」。李零〈「馬車」與「大車」（跋師同鼎）〉則釋「䚤」
爲肉乾，「羊百䚤（絜）」即一百捆羊肉乾，即「脯資餼牽」之「脯」。[20]本
文重點不在討論「䚤」字之意，目的爲證實西周金文亦有相關記載。又如小
盂鼎（《集成》5.2839）銘云：「獲聝四千八百又二聝，俘人萬三千八十一
人，俘馬□□匹，俘車卅倆（輛），俘牛三百五十五牛，羊卅八羊。」[21]所
俘獲牛、羊若干皆掠奪自戰場。其中羊隻無疑是「牽」，是糧食物資。至於
牛隻來源則可能是牽引「輜重」——即第一章討論「重」、「大車」之動力。

筆者推測引文第 6 條所載弦高（生卒年不詳）犒秦師一事，極可能亦是
以牽引「重」、「大車」之牛隻作爲糧食物資。《集解》云：「商，行賈也。
乘，四。」[22]《傳》文雖未言弦高以何物「將市於周」，但可猜測弦高商隊
當有載運貨物之「重」、「大車」。《尙書·酒誥》曰：「肇牽車牛，遠服
賈用。」《注》云：「農功既畢，始牽車牛，載其所有，求易所無，遠行賈
賣。」[23]此處謂農民於農閒時，以車牛載其所有之物至遠方交易。又《呂氏
春秋·離俗·舉難》云：「甯戚欲干齊桓公，窮困無以自進，於是爲商旅將
任車以至齊，暮宿於郭門之外。」近人陳奇猷（1917-2006）謂「任車」「係
一名詞，猶言載物之車。……『將任車以至齊』，猶言送載物之車至齊。」

---

18 中國社會科學院考古研究所編：《殷周金文集成》第 5 冊，編號 5.2779。

19 陳世輝著：〈師同鼎銘文考釋〉，《史學集刊》1984 年第 1 期，頁 1-5。

20 李零著：〈「馬車」與「大車」（跋師同鼎）〉，原載《考古與文物》1992 年第 2
   期，頁 72-74、106；收入氏著：《李零自選集》，頁 124-129。

21 中國社會科學院考古研究所編：《殷周金文集成》第 5 冊，編號 5.2839。

22 晉·杜預集解，唐·孔穎達正義：《春秋左傳注疏》，頁 289。

23 題漢·孔安國傳，唐·孔穎達正義：《尚書注疏》（臺北：藝文印書館，1993 年 9
   月，據清嘉慶二十年江西南昌府學版影印），頁 208。

²⁴陳氏謂「任車」為載物之車，實即本文所論「輜重」之「重」、「大車」。足證古時商賈交易品項及數量繁多，故備有眾多「重」、「大車」載運物資。弦高犒秦師事亦載《呂氏春秋・先識・悔過》：「鄭賈人弦高、奚施將西市於周，道遇秦師。……遽使奚施歸告，乃矯鄭伯之命以勞之。」漢人高誘（生卒年不詳）《注》云：「擅稱君命曰矯。」²⁵竹添光鴻據《呂覽》謂「弦高改衣貌為鄭行人，執乘韋以將命而陳牛也。……韋，熟皮也。」²⁶由於秦師突襲鄭國事發突然，弦高可能如竹添氏所言，偽為鄭國「行人」之官與秦師接觸，²⁷臨時以拉牽「重」、「大車」之牛隻犒勞秦師。

　　學者或許質疑：若如筆者所言，弦高以拉牽「重」、「大車」之牛隻犒師，減少牛隻後，「重」、「大車」又該如何運輸？《周禮・秋官・司隸》曰：「罪隸：掌役百官府與凡有守者，掌使令之小事。凡封國若家，牛助為牽傍。」《注》云：

> 鄭司農云：凡封國若家，謂建諸侯、立大夫家也。牛助為牽傍，此官主為送致之也。玄謂牛助，國以牛助轉徙也，罪隸牽傍之。在前曰牽，在旁曰傍。²⁸

《正義》云：

> 「玄謂牛助，國以牛助轉徙也」者，國家以官牛助諸侯及大夫家運物，往至任所。云「在前曰牽」者，謂車轅內一牛，前亦一牛。今還遣二

24　秦・呂不韋編，漢・高誘注，陳奇猷校釋：《呂氏春秋校釋》，頁 1311、1318。

25　秦・呂不韋編，漢・高誘注，陳奇猷校釋：《呂氏春秋校釋》，頁 980、986。

26　日本・竹添光鴻著：《左傳會箋》，頁 546。

27　「行人」之官於《左傳》數見，楊伯峻釋其官為「外交官名」，陳克炯釋為「諸侯外交使者」。見楊伯峻著：《春秋左傳詞典》，頁 281。見陳克炯著：《左傳詳解詞典》，頁 1060。

28　漢・鄭玄注，唐・賈公彥疏：《周禮注疏》，頁 546。

隸，前者牽前牛，徬者御當車之牛，故據人而言牽徬也。[29]

由「牛助為牽徬」可知，載運物資當以「重」、「大車」運輸，罪隸工作即負責拉牽牛隻。關於罪隸之事留待第十章說明，於此先討論孔氏之說。依孔氏之見可知，拉牽「重」、「大車」之牛隻有二，一在車前，另一於車轅內拉牽。雖孔氏無釋何以每車配給二牛，合理推測當是輪替之用，以增益運輸效率。若以上說明無誤，推測弦高商隊應有多餘牛隻以作更換，即便以十二頭牛隻犒勞秦師，應不致影響運輸才是。

　　除「脯資餼牽」等糧食，另有「餱糧」，見引文第 8 條、第 11 條及第14 條。《集解》云：「餱，乾食也。」[30]《說文》亦云：「餱，乾食也。」[31]知「餱」即今日所謂乾糧。[32]《毛詩‧小雅‧無羊》曰：「爾牧來思，何蓑何笠，或負其餱。」[33]「或負其餱」諸家無釋。《說文解字注》云：「〈無羊〉『或負其餱』，亦必乾者乃可負也。」[34]謂「餱」因是乾食，故可以「負」。「負」有背負義，知「餱」可以人力背負。至於如何裝盛「餱」？《毛詩‧大雅‧公劉》曰：「廼裹餱糧，于橐于囊，思輯用光。」《傳》云：「小曰橐，大曰囊。」《箋》云：「乃裹糧食於橐囊之中。」《正義》云：「橐囊俱用裹糧，而異其文，明有小大之別，故云：『小曰橐，大曰囊。』」[35]知「餱」可用囊橐等物包裹裝盛而以人力背負。雖文獻記載「餱」可「廼裹餱糧，于橐于囊」而「或負其餱」，然廣義而言「餱」仍為乾糧，理當與其他物資置於「輜重」，故本文仍列為「輜重」所載物資。

　　上述「餼」、「資糧」、「餱糧」、「脯資餼牽」皆為人員所食，引文

29　漢‧鄭玄注，唐‧賈公彥疏：《周禮注疏》，頁 546。

30　晉‧杜預集解，唐‧孔穎達正義：《春秋左傳注疏》，頁 383、527。

31　漢‧許慎著，清‧段玉裁注：《說文解字注》，頁 221-222。

32　向熹編著：《詩經詞典（修訂版）》，頁 188。

33　漢‧毛亨傳，漢‧鄭玄注，唐‧孔穎達正義：《毛詩注疏》，頁 389。

34　漢‧許慎著，清‧段玉裁注：《說文解字注》，頁 222。

35　漢‧毛亨傳，漢‧鄭玄注，唐‧孔穎達正義：《毛詩注疏》，頁 617。

第6、7、10及12條秣馬之「秣」為馬匹飼料。引文第10條《集解》云：「秣，穀馬也。」[36]竹添光鴻云：「秣，食馬穀也。」[37]楊伯峻云：「秣馬，餵馬使飽。」[38]知「秣」於此作動詞，餵食馬匹之物則為「穀」。《說文》無「秣」字但有「䴽」字，釋曰：「食馬穀也。」《注》云：「以穀飤馬也。」[39]知「䴽」即《傳》文之「秣」。《毛詩·小雅·鴛鴦》曰：「乘馬在廄，摧之秣之。」《傳》云：「摧，莝也。秣，粟也。」《箋》云：「挫，今莝字也。古者明王所乘之馬繫於廄，無事則委之以莝，有事乃予之穀。」[40]知「摧之」即鍘草以餵馬。[41]襄公五年（568 B.C.）《傳》曰：「無食粟之馬。」[42]《國語·魯語上》亦記云：「無衣帛之妾，無食粟之馬。」[43]又謂「秣」為「粟」而非「穀」。然《說文》謂「粟」之意為「嘉穀實也」，[44]知「粟」亦是「穀」，二者無甚分別。至於「穀」者，《說文》謂「百穀之摠名也。」《注》云：「穀與粟同義。……《詩》、《書》言百穀，種類繁多，約舉兼晐之詞也，惟禾、黍為嘉穀。」[45]知「穀」是「古來是一切食糧的大名，並不專指某一類穀類。」[46]「黍」字之意《說文》云：「禾屬而黏者是也」，[47]是具有黏性之穀物。綜合上述可知，《左傳》「秣馬」所用之「秣」當是「禾」、「黍」一類嘉穀，故《毛詩》毛亨《傳》又釋「秣」為「粟」。此種「禾」、「粟」混同不分情況，亦可從考古證實。劉興林〈史前旱作農業及與稻作共生區的

36　晉·杜預集解，唐·孔穎達正義：《春秋左傳注疏》，頁478。

37　日本·竹添光鴻著：《左傳會箋》，頁546。

38　楊伯峻著：《春秋左傳注》，頁1121。

39　漢·許慎著，清·段玉裁注：《說文解字注》，頁225。

40　漢·毛亨傳，漢·鄭玄注，唐·孔穎達正義：《毛詩注疏》，頁482。

41　向熹編著：《詩經詞典（修訂版）》，頁74。

42　晉·杜預集解，唐·孔穎達正義：《春秋左傳注疏》，頁515。

43　三國·韋昭注：《國語韋昭註》，頁129。

44　漢·許慎著，清·段玉裁注：《說文解字注》，頁320。

45　漢·許慎著，清·段玉裁注：《說文解字注》，頁329。

46　齊思和著：〈《詩經》穀名考〉，原載《燕京學報》第36期（1949年6月），收入氏著：《中國史探研》，頁3-53。

47　漢·許慎著，清·段玉裁注：《說文解字注》，頁332。

研究〉云：「史前粟稻共生或混作區是客觀存在的，它一方面說明史前時期黃淮平原氣候屬比較溫濕的類型，同時也反映了史前南北文化和技術的相互交流。」[48]劉興林〈我國史前先民的食物來源與加工〉亦謂新石器時代「北方以粟、黍為主食，兼及麥稻。」[49]王星光〈新石器時代粟稻混作區初探〉更明確指出粟、稻混作區域：

> 大致位於北緯 32°~37°、東經 107°~120°之間，東至黃河在渤海灣的入海口，南以淮河為線，西抵伏牛山與秦嶺匯合處，北達豫北地區，涵蓋今陝西、河南、甘肅、江蘇、安徽和山東等省。[50]

近人齊思和（1907-1980）以《周禮·夏官·職方氏》為證，「除了荊、揚二州專產稻外，河南宜五種，稻也在內。此外青州宜稻、麥，幽州宜黍、稻，只有冀州、雍州但宜黍、稷。」[51]晁福林亦認為由〈職方氏〉可推測先秦時「北方地區的氣候條件當時還比較溫暖濕潤，另一方面也說明北方地區水利灌溉事業比較發達，所以許多地區也可以種稻。」[52]許進雄先生指出，中國北方在商代後有趨冷與乾燥現象，稻作不僅未南移反有北上趨勢。究其原因除水利建設完備外，可能是栽培出較耐乾旱及耐寒的旱稻。[53]知文獻「禾」、

48　劉興林著：〈史前旱作農業及與稻作共生區的研究〉，原載氏著：《史前農業探研》（合肥：黃山書社，2004 年 12，1 版）；收入氏著：《歷史與考古：農史研究新視野》（北京：三聯書店，2013 年 1 月，1 版），頁 46-60。

49　劉興林著：〈我國史前先民的食物來源與加工〉，原載《中國農史》1989 年第 4 期，收入氏著：《歷史與考古：農史研究新視野》，頁 61-72。

50　王星光著：〈新石器時代粟稻混作區初探〉，原載《中國農史》2003 年第 3 期；收入氏著：《中國農史與環境史研究》（鄭州：大象出版社，2012 年 1 月，1 版），頁 16-24。

51　齊思和著：〈《詩經》穀名考〉，原載《燕京學報》第 36 期（1949 年 6 月），收入氏著：《中國史探研》，頁 3-53。

52　晁福林著：《春秋戰國的社會變遷》，頁 391。

53　許進雄著：《中國古代社會──文字與人類學的透視》，頁 126。

「黍」、「粟」常不細分，不僅反映現實生活景況，亦有歷史淵源。[54]

至於鄭玄謂馬匹「無事則委之以莝，有事乃予之穀」，「無事」餵之以「莝」，「有事」則餵之以「穀」；知馬匹除食「秣」——即「粟」、「穀」一類嘉穀外，亦食以「莝」。「莝」字《說文》云：「斬芻。」《注》云：「謂以鈇斬斷之芻。」[55]上引《毛詩‧小雅‧鴛鴦》「乘馬在廄，摧之秣之」句，《經典釋文》云：「摧，采臥反，芻也」；[56]知「莝」即「芻」。關於「芻」字之釋，將留待第三章說明，這裡再說明鄭玄所謂「有事」、「無事」之意。僖公九年（651 B.C.）《傳》曰：「王使宰孔賜齊侯胙，曰：『天子有事于文、武，使孔賜伯舅胙。』」《集解》云：「有祭事也。」又僖公十九年（641 B.C.）《傳》曰：「於是衛大旱，卜有事於山川，不吉。」《集解》云：「有事，祭也。」又僖公二十四年（636 B.C.）《傳》曰：「宋，先代之後也，於周為客，天子有事，膰焉；有喪，拜焉。」《集解》云：「有事，祭宗廟也。」足證「有事」指祭祀之事。然襄公十年（563 B.C.）《傳》曰：「莒人間諸侯之有事也，故伐我東鄙。」《集解》云：「諸侯有討鄭之事。」又襄公十八年（555 B.C.）《傳》曰：「巫曰：『今茲主必死。若有事於東方，則可以逞。』」《集解》云：「巫知獻子有死徵，故勸使快意伐齊。」依《傳》意，此處之「有事」乃指戰爭。成公十三年（578 B.C.）《傳》曰：「國之大事，在祀與戎。」[57]知春秋所謂「大事」乃祭祀與戰事，故《傳》文所載「大事」亦指此二者。依此可知，鄭玄謂馬匹「無事則委之以莝，有事乃予之穀」，指無祭祀及戰事時餵之以「芻」，其餘則餵之以「秣」。引

---

[54] 陳紹棣云：「中原食系以粟（小米）、小麥為主要主食。……與北方風格不同，南方的楚、吳、越以稻米為主要主食，以魚類為主要副食。」看似觀點與其他學者不同，然筆者認為不相違背。陳氏所言乃是主食，並未否定北方不食稻米而南方不食粟、麥。見陳紹棣著：《中國風俗通史‧兩周卷》（上海：上海文藝出版社，2003 年 6 月，1版），頁 59。

[55] 漢‧許慎著，清‧段玉裁注：《說文解字注》，頁 44。

[56] 漢‧毛亨傳，漢‧鄭玄注，唐‧孔穎達正義：《毛詩注疏》，頁 482。

[57] 晉‧杜預集解，唐‧孔穎達正義：《春秋左傳注疏》，頁 218、240、258、540-541、577、460。

文第 6、7、10 及 12 條「秣馬」記載皆於戰場，且爲臨陣準備交鋒前。此時以「秣」餵馬，推測其目的應是讓馬匹飽食力足，使有充沛體力作戰。

三、輜重運送物資：器物類

本節說明「輜重」載運物資供人員使用之器物，計有「扉屨」、「脂」、「燧」、「壺」、「舍」等，依次說明如下。

「扉屨」見引文第 3 條，《集解》云：「扉，草屨。」[58]《正義》云：

> 扉屨俱是在足之物，善惡異名耳。揚雄《方言》云：「扉，麤屨也。」[59] 絲作之曰屨，麻作之曰扉，不借粗者謂之屨。〈喪服傳〉曰：「疏屨者，藨蒯之菲也。」是扉用草爲之也。注云：「草屨」者，屨、屨通言耳，相形以曉人也，定本爲「草屨」。[60]

《說文》云：「扉，履屬。」《注》云：「履者，屨也，足所依也。云屬者，屨之麤者曰扉也。《方言》曰：『扉，麤屨也。』《釋名》曰：『齊人謂草屨曰扉。』[61]」[62]依孔氏之見，「扉屨」皆是草鞋，二者之別在「扉」較粗惡而「屨」較精善。《釋名》又謂齊地稱草屨爲「扉」，則「扉」、「屨」雖有粗精之別，合言之則皆指草屨。宋人陳彭年（961-1017）等編《廣韻》「屨」字引云：「字書云：『草曰扉，麻曰屨，皮曰履。』」[63]則「扉」、

58　晉‧杜預集解，唐‧孔穎達正義：《春秋左傳注疏》，頁 203。

59　此句原文作「扉、屨、麤，屨也。」見漢‧揚雄著，清‧錢繹箋疏：《方言箋疏》，頁 165。

60　晉‧杜預集解，唐‧孔穎達正義：《春秋左傳注疏》，頁 203。

61　此句原文或作「齊人謂韋屨曰扉」，見漢‧劉熙著，任繼昉校：《釋名匯校》，頁 276。

62　漢‧許慎著，清‧段玉裁注：《說文解字注》，頁 404。

63　宋‧陳彭年等編著：《新校宋本廣韻》（臺北：洪葉文化事業有限公司，2011 年 10 月，修訂 2 版），頁 249。

「屨」之別在材質不同，前者以草編成而後者以麻製作。楊伯峻釋「扉屨」云：「鞋。字書謂草製者曰扉，麻製者曰屨，皮製者曰履。未必盡然。」[64]如莊公八年（686 B.C.）《傳》曰：「冬十二月，齊侯游于姑棼，遂田于貝丘。見大豕。……射之。豕人立而啼。公懼，隊于車。傷足，喪屨。」[65]《春秋左傳注》謂「屨」爲「單底之鞋，夏用葛，冬用皮爲之。」[66]《傳》文記載此事發生於隆冬十二月，此時齊襄公（？-686 B.C.）所著「屨」必非葛草製成，當以皮革爲之。雖文獻稱皮革所製爲「履」，然《傳》文仍記爲「屨」，可證楊氏謂「扉」、「屨」、「履」之別亦未必嚴格。若不細分材質差異，「扉屨」應可泛指草鞋。

「扉屨」用途自不待言，但何人可著之？宣公十四年（595 B.C.）《傳》曰：

> 楚子使申舟聘于齊，曰：「無假道于宋。」……申舟……曰：「……我則必死。」王曰：「殺女，我伐之。」……及宋，宋人止之。……乃殺之。楚子聞之，投袂而起，屨及於窒皇。……秋九月，楚子圍宋。[67]

《集解》云：「窒皇，寢門闕。」[68]楚莊王（618 B.C.-591 B.C.）遣大夫申舟（？-595 B.C.）聘於齊，並交待申舟毋須向宋國借道，欲藉此羞辱宋國。申舟預料自己將爲宋國所殺，楚莊王則保證：若宋國害之，楚必伐宋爲申舟報仇。宋國殺申舟消息傳回郢都，楚莊王聞之大怒，未著「屨」而走至窒皇，

64　楊伯峻著：《春秋左傳詞典》，頁 605。

65　晉・杜預集解，唐・孔穎達正義：《春秋左傳注疏》，頁 144。

66　宋・陳彭年等編著：《新校宋本廣韻》，頁 249。

66　楊伯峻著：《春秋左傳詞典》，頁 605。

66　楊伯峻著：《春秋左傳注》，頁 175。

67　晉・杜預集解，唐・孔穎達正義：《春秋左傳注疏》，頁 405。

68　晉・杜預集解，唐・孔穎達正義：《春秋左傳注疏》，頁 405。

送「屨」者方追及。《傳》文雖未記載此事發生於何月，但由下文「秋九月，楚子圍宋」，推測應是夏季。知當時楚莊王所著之「屨」，應是以麻草或葛草製成之草鞋。又成公二年（589 B.C.）《傳》曰：「癸酉，師陳于鞌。……郤克傷於矢，流血及屨，未絕鼓音。」《集解》云：「中軍將自執旗鼓，故雖傷而擊鼓不息。」[69]此事記晉、齊鞌之戰時，晉中軍帥郤克（？-587 B.C.）受傷血流不止，即便血已流至「屨」，仍奮力擊鼓不敢懈怠。鞌之戰依成公二年《經》文「六月癸酉，……及齊侯戰于鞌」，[70]知發生於夏季六月。推測此時晉國中軍帥郤克所著之「屨」，亦當是以麻草或葛草製成之草鞋。昭公三年（539 B.C.）《傳》記齊國大夫晏嬰（？-500 B.C.）說明齊景公（？-490 B.C.）治下景況，其中有「國之諸市，屨賤踊貴」之句。《集解》云：「踊，刖足者屨。言刖多。」[71]依晏嬰之意，因齊景公好施刖刑，故常人所著之「屨」價賤於受刖刑者所著之「踊」。此處雖未言何人著「屨」，但若以《禮記·曲禮》「禮不下庶人，刑不上大夫」[72]原則，《傳》文又謂「國之諸市」——即「國」中諸市場，這些受刑者應指「國人」。「國人」為「具有人身自由，且其人身隸屬於國君，居住於國都或直屬國君或家之都邑城內外者。」若依職業屬性，「國人」分為「士」、「農」、「工」、「商」。「士」是披堅執銳之戰鬥人員，是「國人」主幹；「農」即庶人，是「國人」為數最眾者；其中以「工」、「商」數量最少。[73]由上引述可知，春秋時著「屨」者上自國君如楚莊王，中有卿大夫如郤克，下至一般「國人」，足證「屨」不分身分高低皆可穿著。至於無人身自由之奴隸是否著「屨」？雖無記載可

---

69 晉·杜預集解，唐·孔穎達正義：《春秋左傳注疏》，頁 423。

70 晉·杜預集解，唐·孔穎達正義：《春秋左傳注疏》，頁 420。

71 晉·杜預集解，唐·孔穎達正義：《春秋左傳注疏》，頁 722。

72 漢·鄭玄注，唐·孔穎達正義：《禮記注疏》，頁 55。《郭店楚墓竹簡·尊德義》有「埜（刑）不隶於君子，豊（禮）不隶於小人」句，整理者裴錫圭認為「『隶』讀為『逮』」，其意近於《禮記·曲禮》。見荊門市博物館編：《郭店楚墓竹簡》（北京：文物出版社，1998 年 5 月，1 版），頁 174-175。

73 黃聖松著：《《左傳》國人研究》（臺中：天空數位圖書有限公司，2013 年 10 月，1 版），頁 167-169。

供討論，但以常理推測，奴隸應無資格。由此可知，「輜重」載運「扉屨」當是提供奴隸以外其他人員使用。

「輜重」所載工具另有「脂」，見引文第 13 條及第 15 條。《說文》云：「脂，戴角者脂，無角者膏。」《注》云：「《考工記》鄭注曰：『脂者，牛羊屬。膏者，豕屬。』[74]〈內則〉注曰：『肥凝者為脂，釋者為膏。』[75]」[76]「脂」用於車之記載亦見《毛詩・邶風・泉水》，文曰：「載脂載舝，還車言邁。」《傳》云：「脂舝其車，以還我行也。」《經典釋文》云：「舝，胡瞎反，車軸頭金也。」《正義》云：「則為我脂車，則為我設舝而還迴其車。」[77]「舝」字之意《說文》云：「車軸耑鍵也。」《注》云：「〈金部〉：『鍵，一曰轄也。』〈車部〉：『轄，一曰鍵也。』然則許意謂舝、轄同也，以鐵豎貫軸頭而制轂，如鍵閉然。」[78]知「轄」、「舝」意同，是設於車軸端部之鐵條，用以固定車軸，不使車輪鬆脫，[79]讀者可參見第三章「圖11」明其部位。《毛詩・小雅・車舝》曰：「間關車之舝兮，思孌季女逝兮。」《傳》云：「間關，設舝也。」《正義》云：「以連言舝兮，故知『間關，設舝貌。』舝無事則脫，行乃設之，故言『設舝』也。」[80]知「轄」於平時不用，待行車前才安置於車軸之端。以此觀之，則上引〈泉水〉「載脂載舝」當如孔氏所言，應釋「脂車」、「設舝」為二事。「脂車」者何？竹添光鴻云：

　　脂舝，謂灌脂設舝也。……或云塗脂其轄何[81]利轉，此說非是。轂中

---

74 鄭玄《注》原文為「脂，牛羊屬。膏，豕屬。」見漢・鄭玄注，唐・賈公彥疏：《周禮注疏》，頁 637。

75 孔穎達《正義》原文為「凝者為脂，釋者為膏。」漢・鄭玄注，唐・孔穎達正義：《禮記注疏》，頁 519。

76 漢・許慎著，清・段玉裁注：《說文解字注》，頁 177-178。

77 漢・毛亨傳，漢・鄭玄注，唐・孔穎達正義：《毛詩注疏》，頁 102。

78 漢・許慎著，清・段玉裁注：《說文解字注》，頁 236。

79 向熹編著：《詩經詞典（修訂版）》，頁 558。

80 漢・毛亨傳，漢・鄭玄注，唐・孔穎達正義：《毛詩注疏》，頁 484。

81 此「何」字依上下文意推測，或當為「以」字之誤。

虛，軸在轂中，以不轉使轂轉者也。既加轂於軸而轄以固之，塗脂其
轄何利轉之有？利轉在轂不在轄也。《玉篇》：錕，車軸鐵。[82]《詩》
《釋文》：轊，車軸頭鐵也。[83]轄與錕二名而一物。[84]

竹添氏謂有人認爲「脂轄」是在轂上塗脂，以利車軸轉動，其說不確。竹添
氏認爲「轂」之功能乃固定車軸防止鬆脫，與車輪轉動無關，故「脂轄」應
釋爲「灌脂設轊」。然上文已說明，「脂車」、「設轊」當爲二事，則「巾
車脂轄」亦當將「脂」、「轄」分別解釋。楊伯峻謂「脂」爲動詞，是上油
之意；「脂轄，使轄不生銹並使車輪轉動滑利。」[85]楊氏謂「脂」作動詞解
可從，但將「脂」與「轄」連言，而謂「脂」能使「轄」不生鏽，又使車輪
轉動順利，顯然將兩者混淆一談。筆者認爲「轄」在此亦作動詞，指將「轄」
安置車軸端頭。何以用車時特別強調安置「轄」之動作？王立軍、張翼飛〈漢
字與古代車馬〉認爲：

> 由於車軸肩負著承載整個車身及貨物的任務，容易斷裂，所以古人很
> 注重保護車軸，不用的時候便將車軸取下，將車輪卸下，以減輕車軸
> 的負擔，需要用車時再重新裝上。[86]

至於「脂」之意，《中國軍事史》認爲是於車軸上油，使車輪光滑減少磨
擦，[87]其說可從。
　　「燧」見引文第 8 條，《集解》云：「燧，取火者。」[88]《禮記・內則》

82　梁・顧野王著：《玉篇》（臺北：臺灣商務印書館，1986 年景印文淵閣四庫全書），
　　卷 18，頁 4。

83　《經典釋文》原文作「車軸頭金」，與竹添氏所引略異。

84　日本・竹添光鴻著：《左傳會箋》，頁 1320。

85　楊伯峻著：《春秋左傳注》，頁 1187。

86　王立軍、張翼飛著：〈漢字與古代車馬〉，《中國教師》2009 年第 5 期，頁 57-58。

87　《中國軍事史》編寫組著：《中國軍事史・第六卷・兵壘》，頁 37。

88　晉・杜預集解，唐・孔穎達正義：《春秋左傳注疏》，頁 323。

曰:「左右佩用,左佩紛帨、刀、礪、小觿、金燧,右佩玦、捍、管、遰、大觿、木燧,偪,屨著綦。」《注》云:「金燧可取火於日。……木燧,鑽火也。」《經典釋文》則謂「金燧」云:「燧音遂,火鏡。」《正義》引南朝梁皇侃(488-545)之語云:「晴則以金燧取火於日,陰則以木燧鑽火也。」[89]知「燧」分「金燧」與「木燧」。「金燧」又稱「夫遂」、「陽遂」,《周禮‧秋官‧司烜氏》曰:「掌以夫遂取明火於日。」《注》云:「夫遂,陽遂也。」《疏》云:「云『夫遂,陽遂也』者,以其日者太陽之精,取火於日,故名陽遂,取火於木,為木遂者也。」[90]「陽遂」又作「陽燧」,漢人劉安(B.C.179-B.C.122)《淮南子‧天文訓》云:「物類相動,本標相應,故陽燧見日,則燃而為火。」《注》云:「陽燧,金也。取金杯無緣者,熟摩令熱,日中時以當日下,以艾承之,則燃得火也。」[91]近人章鴻釗(1877-1951)《石雅》卷四考定「金燧」、「陽燧」云:「燧當中窪,形如杯,日光由此反射而出。至光聚處,承艾乃得火。」[92]楊伯峻稱此為「回光窪鏡」,[93]章氏之說可從。「木燧」尚見《論語‧陽貨》,文曰:「舊穀既沒,新穀既升,鑽燧改火,期可已矣。」[94]知「木燧」乃鑽木取火之具。[95]引文第 8 條雖未具體記載「燧」為「金燧」或「木燧」,但因「燧」用於田獵,而自古田獵規制視同戰爭,知「燧」當是戰場所需物品。發動戰爭動員人數不少,「燧」之數量應不只一具,理當亦由「輜重」載運。

　　除上述明確記載於「輜重」之器物外,《左傳》尚記載人員行旅時亦攜帶「壺」,可補充於此。「壺」字之意《說文》云:「昆吾圜器也,象形,

89　漢‧鄭玄注,唐‧孔穎達正義:《禮記注疏》,頁 517-518。

90　漢‧鄭玄注,唐‧賈公彥疏:《周禮注疏》,頁 550。

91　漢‧劉安著,漢,高誘注,何寧集釋:《淮南子集釋》,頁 172。

92　章鴻釗著:《石雅》,收入《民國叢編‧第二編》(上海:上海書局,據中央地質調查研究所 1927 年版影印,1990 年 12 月,1 版),冊 88,頁 172。

93　楊伯峻著:《春秋左傳注》,頁 578。

94　魏‧何晏注,宋‧邢昺疏:《論語注疏》,頁 157。

95　楊伯峻著:《春秋左傳注》,頁 578。

从大，象其蓋也。」[96]《左傳》僖公二十五年（635 B.C.）曰：「晉侯問原守於寺人勃鞮，對曰：『昔趙衰以壺飧從，徑，餒而弗食。』故使處原。」[97]竹添光鴻認爲「壺飧」意指「以壺承飯」，[98]似將「壺」作動詞解。然以《傳》文上下句之意，「壺」與「飧」並列爲名詞較能通釋全句，則「壺」仍應釋爲盛水之物。又昭公十三年（529 B.C.）《傳》曰：「晉人執季孫意如，以幕蒙之，使狄人守之。司鐸射懷錦，奉壺飲冰，以蒲伏焉。」《集解》云：「蒲伏竊往飲季孫。冰，箭筩蓋，可以取飲。」《正義》云：「冰是箭筩之蓋，……脫而用之，可以取飲。此以壺盛飲，用此冰以飲之。」[99]知「冰」爲「箭房」之蓋。「箭房」之意留待第四章說明，於此不再贅述。明人陸粲（1494-1551）《左傳附注》卷三云：「此云飲冰，即是冰耳。邵文莊公曰：飲冰，以壺藏於冰也，猶飲羽之飲。」[100]竹添光鴻主陸氏之見，[101]楊伯峻認爲二說皆有其理。[102]昭公十三年《傳》所述雖是諸侯會盟，然亦有軍旅相隨，合理推測「輜重」當載運「壺」以盛水漿。至於昭公十三年《傳》之「冰」應釋爲「箭房」之蓋抑或直釋爲冰，實則不影響「壺」字之意，本文於此不再深究。由上引二則記載可知，行旅在外須取水飲用，顯然「壺」一類盛水之物應不可或缺。雖《傳》文未明載此事，然可推求而知。

「輜重」所載器物類物品除上文「扉屨」、「脂」與「燧」外，另有「舍」——即今日所謂帳篷，見引文第 4 條。此部分已見第一章第五節，請讀者參看前文，於此不再贅述。

---

[96] 漢·許慎著，清·段玉裁注：《說文解字注》，頁 500。

[97] 晉·杜預集解，唐·孔穎達正義：《春秋左傳注疏》，頁 264。

[98] 日本·竹添光鴻著：《左傳會箋》，頁 479。

[99] 晉·杜預集解，唐·孔穎達正義：《春秋左傳注疏》，頁 813。

[100] 明·陸粲著：《左傳附注》（臺北：臺灣商務印書館，1986 年景印文淵閣四庫全書），卷 3，頁 11。

[101] 日本·竹添光鴻著：《左傳會箋》，頁 1552。

[102] 楊伯峻著：《春秋左傳注》，頁 1360。

四、輜重運送物資：工具類

本節說明「輜重」載運物資供人員使用之工具，計有「板榦」及「畚築」，依次說明如下。

「板榦」、「畚築」具見引文第9條，《集解》云：「榦，楨也。……畚，盛土器。」[103]《正義》云：

〈釋詁〉云：「楨，榦也。」舍人曰：「楨，正也。築牆所立兩木也。榦所以當牆兩邊，鄣土者也。」彼楨為榦，故謂榦為楨，謂牆之兩頭立木也。板在兩旁，臥鄣土者，即彼文榦也。[104]

孔氏又云：「築者，築土之杵。」[105]《說文》無「板」而有「版」，文云：「片也。」《注》云：「凡施於宮室器用者，皆曰版。今字作板。」「榦」字《說文》釋云：「築牆耑木也。」《注》云：「耑謂兩頭也，假令版長丈，則牆長丈，其兩頭所植木榦。」《說文》又云：「畚，蒲器也，……所以盛糧。」《注》云：「《周禮・挈壺氏》『挈畚以令糧』，大鄭云：『縣畚於槀假之處。』後鄭云：『畚所以盛糧之器，故以畚表槀。』」《說文》又曰：「築，所以擣也。」《注》云：「此蒙上築牆言所用築者，謂器也。其器名築，因之人用之亦曰築。……築者，直舂之器。」[106]知「榦」又稱「楨」，是築牆時立於前後兩端之木，打入地內為基樁。「板」又作「版」，即今日所謂木板。竹添光鴻云：「古築城之板」，[107]藍永蔚謂「版」是「築牆夾土的模版。」[108]向熹《詩經詞典》亦同此釋。[109]築牆工事《左傳》稱為「栽」，

103　晉・杜預集解，唐・孔穎達正義：《春秋左傳注疏》，頁383。

104　晉・杜預集解，唐・孔穎達正義：《春秋左傳注疏》，頁383。

105　晉・杜預集解，唐・孔穎達正義：《春秋左傳注疏》，頁383。

106　漢・許慎著，清・段玉裁注：《說文解字注》，頁321、255、643、255。

107　日本・竹添光鴻著：《左傳會箋》，頁731。

108　藍永蔚著：《春秋時代的步兵》，頁113。

莊公三十年（664 B.C.）《傳》曰：「水昏正而栽。」《集解》釋「栽」謂「樹板幹而興作。」又定公元年（509 B.C.）《傳》曰：「孟懿子會城成周，庚寅，栽。」《集解》云：「栽，設板築。」又哀公元年（494 B.C.）《傳》曰：「元年春，楚子圍蔡，報柏舉也。里而栽，廣丈，高倍。」《集解》云：「栽，設板築為圍壘，周匝去蔡城一里。」《正義》云：「築牆立板謂之栽。栽者，豎木以約版也。」[110]《爾雅·釋詁》曰：「楨、翰、儀，幹也。」宋人邢昺（932-1010）《疏》云：「舍人曰：『楨，正也，築牆所立兩木也。翰所以當牆兩邊障土者也。』」[111]《毛詩·大雅·緜》有「縮板以載」句，[112]楊伯峻釋云：「縮板為立板而以繩約束之。」[113]知築牆時將「板」置於二「幹」間之兩側，並以繩索約束「板」，使其不得鬆脫；再將土壤倒入「板」內，使土壤聚攏不潰散。[114]

　　至於「板」之長寬尺寸，《毛詩·小雅·鴻雁》曰：「之子于垣，百堵皆作。」《傳》云：「一丈為版，五版為堵。」《箋》云：「《春秋傳》曰：五版為堵，五堵為雉。雉長三丈，則版六尺。」[115]則「板」之長度有一丈及六尺二說。《戰國策·秦策四·秦昭王謂左右》云：「決晉水以灌晉陽，城不沈者三版耳。」《注》云：「廣二尺曰板。」[116]知「板」之寬度為二尺。近人梁方仲（1908-1970）《中國歷代戶口、田地、田賦統計》依《續文獻通考》卷 108《樂八》所載「周以八尺為步」、「秦以六尺為步」，又引《律學新說》，知周、秦之步長度相等。故《漢書·食貨志上》所謂「步」、「尺」，係以秦朝「步尺」代替周朝「步尺」。但無論秦朝或周朝「步尺」制度，兩

109 向熹編著：《詩經詞典（修訂版）》，頁 9。

110 晉·杜預集解，唐·孔穎達正義：《春秋左傳注疏》，頁 179、941、990。

111 晉·郭璞注，宋·邢昺疏：《爾雅注疏》（臺北：藝文印書館，1993 年 9 月，據清嘉慶二十年（1815）江西南昌府學版影印），頁 25。

112 漢·毛亨傳，漢·鄭玄注，唐·孔穎達正義：《毛詩注疏》，頁 548。

113 楊伯峻著：《春秋左傳注》，頁 245。

114 揚之水著：《詩經名物新證（修訂版）》，頁 131。

115 漢·毛亨傳，漢·鄭玄注，唐·孔穎達正義：《毛詩注疏》，頁 374。

116 漢·劉向輯錄：《戰國策》，頁 230-231。

者長度實同。秦、漢「尺」長度，如商鞅量尺、新莽銅斛尺、後漢建武銅尺皆合今 0.231 公尺。[117]丘光明《中國古代計量史》謂東周、秦、漢、新莽之一尺皆合今 0.231 公尺，[118]與梁氏之見相同。依此知「板」寬二尺，合今日 0.462 公尺；若謂「板」長一丈，合今日 2.31 公尺；若謂「板」長六尺，則合今日 1.386 公尺。至於「板」長度究竟爲一丈抑或六尺？可由考古遺跡推測。山西襄汾陶寺龍山文化遺址東牆保留夾板痕跡，每條夾板痕長 1.4 公尺、寬 0.25 公尺。又河南鄭州商城遺址東牆亦可見夾版痕跡，每塊木板長 2.5 公尺至 3.3 公尺，寬 0.15 公尺至 0.3 公尺不等。[119]若以實際考古發現與文獻對照，「板」長一丈較合鄭州商城尺寸，「板」長六尺與陶寺龍山文化遺址極爲接近。以此視之，則「板」長一丈或六尺似皆有所據，二種尺寸或可同時並存。至於文獻所載「板」之寬度皆較考古實物寬闊，推測或許可依條件及需求不同調整長寬尺寸，故文獻之說乃與出土實物不同。「築」是「築土之杵」，是直舂之器。張亞初、劉雨《西周金文官制研究》云：「按：工字初文見于早期卜辭作卫，是夯築工具的象形字。」[120]知將倒入「榦」、「板」內土壤，乃以「築」舂擣夯實。[121]待土壤堅固後拆除「榦」、「板」，土牆即建構完成。「畚」即後世畚箕，可盛糧或盛土。由於「板榦」、「畚築」與構築建物有關，「畚」於此釋爲盛土器爲宜。

　　至於「板榦」、「畚築」用途爲何？僖公三十年（630 B.C.）《傳》謂晉惠公（？-637 B.C.）「許君焦、瑕，朝濟而夕設版焉。」《集解》云：「焦、

117 梁方仲著：《中國歷代戶口、田地、田賦統計》（北京：中華書局，2008 年 11 月，1 版），頁 540。

118 丘光明著，張延明譯：《中國古代計量史》（合肥：安徽科學技術出版社，2012 年 2 月，1 版），頁 190。

119 張國碩著：《中原先秦城市防禦文化研究》（北京：社會科學文獻出版社，2014 年 7 月，1 版），頁 98。

120 張亞初、劉雨著：《西周金文官制研究》（北京：中華書局，1986 年 5 月，1 版），頁 23。

121 藍永蔚著：《春秋時代的步兵》，頁 113。

瑕，晉河外五城之二邑。朝濟而夕設版築以距秦，言背秦之速。」[122]楊伯峻云：「早晨歸國，夕晚即築城以備秦，言背約之速。」[123]「設版」之「版」即「板牀」之「板」，楊氏謂「設版」是築城以備秦國，知「板」用以築城。襄公二十三年（550 B.C.）《傳》曰：「陳人城，板隊而殺人。」《集解》云：「慶氏忿其板隊，遂殺築人。」[124]楊氏云：「古代築城，用兩板夾土，以杵打夯，所謂板築也。」[125]可證「板」的確用以築城。然戰場之上何需築城？「板」於戰場用途定非築城，而是建構與城功能相類，用以防禦屏蔽之營壘。「軍」字《說文》云：「圜圍也，四千人為軍，从包省、从車；車，兵車也。」[126]清人王筠（1784-1854）《說文釋例》云：「軍之所以從勹、車者，古者車戰，故從車。以《左傳》『以藩為軍』推之，知軍者即今之所謂營盤，必有營壘周乎其外，故從勹。《說解》曰：『圜圍也』，即此意。」[127]王筠謂「軍」為營盤，即今日所謂營壘，其說可從。[128]《左傳》幾處「軍」字皆作營壘解，如莊公四年（690 B.C.）《傳》曰：「令尹鬭祁、莫敖屈重除道梁溠，營軍臨隨，隨人懼，行成。」[129]楊伯峻謂「營軍臨隨」是楚軍建築營壘逼臨隨國。[130]文公十二年（615 B.C.）《傳》曰：「秦不能久，請深壘固軍以待之。」《正義》云：「壘，壁也，軍營所處，築土自衛，謂之為壘。深者，高也，高其壘，以為軍之阻固。」[131]知戰場需堅實壁壘以供軍隊

---

122 晉·杜預集解，唐·孔穎達正義：《春秋左傳注疏》，頁 285。

123 楊伯峻著：《春秋左傳注》，頁 481。

124 晉·杜預集解，唐·孔穎達正義：《春秋左傳注疏》，頁 602。

125 楊伯峻著：《春秋左傳注》，頁 1073。

126 漢·許慎著，清·段玉裁注：《說文解字注》，頁 734。

127 清·王筠著：《說文釋例》（北京：中華書局，1998 年 11 月，影印清道光三十年（1850）刻本），頁 214。

128 藍永蔚認為「軍」小篆寫法从勹，勹之「下端闕口示軍門，中間停放著戰車，正是古代部隊營地的形狀」云云，實是望文生義之詞，不可信從。見藍永蔚著：《春秋時代的步兵》，頁 91。

129 晉·杜預集解，唐·孔穎達正義：《春秋左傳注疏》，頁 140。

130 楊伯峻著：《春秋左傳注》，頁 164。

131 晉·杜預集解，唐·孔穎達正義：《春秋左傳注疏》，頁 330。

屏蔽，故以土石堆垛而為營壘。又成公十六年（575 B.C.）《傳》曰：「塞井夷竈，陳於軍中，而疏行首。」《集解》云：「疏行首者，當陣前決開營壘，為戰道。」[132]謂晉軍於營壘中列陣後，決開營壘讓軍陣出營壘作戰。據此可知軍隊於戰場須建構營壘，方能讓部隊防守屏蔽以安營紮寨、埋鍋造飯。[133]建築營壘先以「榦」立於地中，再於「榦」間置「板」；以「畚」聚土倒入「板榦」間，再以「築」夯實土石；反覆以上步驟即可築成營壘。

　　「板」除用以建築營壘外，文獻亦見另有他用。昭公元年（541 B.C.）《傳》曰：「后子享晉侯，造舟于河，十里舍車，自雍及絳。」《集解》云：「造舟為梁，通秦、晉之道。」[134]《毛詩·大雅·大明》曰：「造舟為梁，不顯其光。」《箋》云：「迎大姒，而更為梁者。」《正義》云：「文王親往迎之於渭水之傍，造其舟以為橋梁。……孫炎曰：『造舟，比舟為梁也。』……然則『造舟』者，比舡於水，加板於上，即今之浮橋。」[135]《爾雅·釋水》曰：「天子造舟。」晉人郭璞（276-324）《注》云：「比舡為橋。」[136]知「造舟」是將船隻併排連繫，於船隻上鋪「板」，[137]讓車乘及人員可通行過河，此是「板」另一用途。類似記載又見《國語·周語中》，周定王（？-586 B.C.）遣單襄公（生卒年不詳）聘於宋，途經陳國時發現其「川無舟梁。」《注》云：「舟梁，以舟為梁也。」[138]晁福林《春秋戰國的社會變遷》謂「舟梁」為舟橋，「將舟船橫列，繫以繩索，置木板於船面，便成為浮橋。」[139]陳紹

132　晉·杜預集解，唐·孔穎達正義：《春秋左傳正義》，頁 475。

133　黃聖松著：〈《左傳》「軍」考〉，《國立中山大學中文系研究生學術論文集》第 2 期（高雄：國立中山大學中國文學系，2004 年 6 月，1 版），頁 1-20。

134　晉·杜預集解，唐·孔穎達正義：《春秋左傳注疏》，頁 703。

135　漢·毛亨傳，漢·鄭玄注，唐·孔穎達正義：《毛詩注疏》，頁 541-542。

136　晉·郭璞注，宋·邢昺疏：《爾雅注疏》，頁 120。

137　楊樹達著：《積微居小學述林全編》（上海：上海古籍出版社，2013 年 9 月，1 版），頁 351-352。

138　三國·韋昭注：《國語韋昭註》，頁 53-54。

139　晁福林著：《春秋戰國的社會變遷》，頁 543。

棣《中國風俗通史・兩周卷》亦有相同意見。[140]則「舟梁」之意當與「造舟」近似。《左傳》莊公四年（690 B.C.）記載楚國攻伐隨國時，「除道梁溠，營軍臨隨。」《集解》云：「梁，橋也。」《正義》云：「梁溠，為作梁於溠，故為橋也。」[141]楊伯峻謂「梁，橋也，此作動詞用，修築橋梁之意。」[142]但所修之橋為何？晁福林《春秋戰國的社會變遷》認為「以情理度之，只能是在溠河架設舟橋，以求迅速地通過楚軍。」[143]就《傳》文內容推斷，此時楚武王（？-690 B.C.）突然崩逝，為求不讓隨人得此喪訊，當不宜大興土木修建實體橋梁。故晁氏謂此橋為「舟橋」，即上述「造舟」、「舟梁」，其說可從。又襄公二十八年（545 B.C.）《傳》曰：「陳無宇濟水，而戕舟發梁。」《集解》云：「戕，殘壞也，不欲慶封得救難。」[144]齊國大夫陳無宇（生卒年不詳）為阻斷慶氏追擊，在渡水後特意破壞而「戕舟發梁」。竹添光鴻云：「發，亦壞也」；[145]楊伯峻則云：「發，即撤去。」[146]《傳》文將「舟」與「梁」並言，推測此處之「梁」當亦是以「造舟」方式建置的「舟梁」。此外，《毛詩・邶風・谷風》曰：「就其深矣，方之舟之；就其淺矣，泳之游之。」《傳》云：「舟，船也。」《箋》云：「方，泭也。」《正義》云：「舟者，古名也，今名船。《易》曰：『利涉大川，乘木舟虛。』注云：『舟謂集板，如今船。空大木為之，曰虛，即古又名曰虛，摠名皆曰舟。』」[147]《國語・齊語》云：「西征攘白狄之地，至于西河，方舟設泭，乘桴濟河，至于石枕。」[148]「方舟」之「方」，《說文》云：「併船也，象兩舟省總頭

---

140 陳紹棣著：《中國風俗通史・兩周卷》，頁 209。

141 晉・杜預集解，唐・孔穎達正義：《春秋左傳注疏》，頁 140。

142 楊伯峻著：《春秋左傳注》，頁 164。

143 晁福林著：《春秋戰國的社會變遷》，頁 544。

144 晉・杜預集解，唐・孔穎達正義：《春秋左傳注疏》，頁 655。

145 日本・竹添光鴻著：《左傳會箋》，頁 1261。

146 楊伯峻著：《春秋左傳注》，頁 1147。

147 漢・毛亨傳，漢・鄭玄注，唐・孔穎達正義：《毛詩注疏》，頁 91。

148 三國・韋昭注：《國語韋昭註》，頁 175。

形。」[149]《爾雅・釋水》曰：「大夫方舟。」《注》云：「併兩舡。」[150]至於「泭」、「桴」者，《注》云：「編木曰泭，小泭曰桴。」[151]《說文》亦云：「泭，編木以渡也。」[152]知「泭」以編木而成，「桴」為「泭」之較小者，兩者皆今日所謂木筏、舢舨。[153]〈齊語〉謂齊桓公（？-643 B.C.）西征白狄至西河，「方舟設泭，乘桴濟河」；推測亦當以「板」製作「泭」、「桴」而渡河，此亦是「板」另一用途。《左傳》宣公十二年（597 B.C.）曰：「趙嬰齊使其徒先具舟于河，故敗而先濟。」[154]推測此處渡河之舟亦是「泭」、「桴」一類舢舨。「板」另項用途是「重」、「大車」頂蓋，可防止雨水淋濕載運物資。《六韜・虎韜・軍用》云：「天雨，蓋重車上板，結枲鉏鋙，廣四尺，長二丈以上。」[155]「枲」字之意《說文》云：「麻也。」[156]「鉏鋙」之意，《爾雅・釋樂》曰：「所以鼓柷謂之止，所以鼓敔謂之籈。」《注》云：「敔如伏虎，背上有二十七鉏鋙。」[157]學者謂「鉏鋙」乃櫛齒狀物，則「結枲鉏鋙」指以麻編織之櫛齒狀篷布。[158]據《六韜》之文可知，降雨時可將「板」覆蓋「重」、「大車」以為頂蓋，再覆麻製篷布以防雨水，此為「板」另一項用途。

五、小　結

本章討論《左傳》所見「輜重」載運之物資及其用途，依物資性質可分

---

149 漢・許慎著，清・段玉裁注：《說文解字注》，頁 408-409。

150 晉・郭璞注，宋・邢昺疏：《爾雅注疏》，頁 120。

151 三國・韋昭注：《國語韋昭註》，頁 175。

152 漢・許慎著，清・段玉裁注：《說文解字注》，頁 560。

153 陳紹棣著：《中國風俗通史・兩周卷》，頁 229。

154 晉・杜預集解，唐・孔穎達正義：《春秋左傳注疏》，頁 395。

155 題周・姜尚著：《六韜》，收入《子書二十八種》冊 6，頁 9。

156 漢・許慎著，清・段玉裁注：《說文解字注》，頁 339。

157 晉・郭璞注，宋・邢昺疏：《爾雅注疏》，頁 83。

158 題周・姜尚著，唐書文譯注：《六韜・三略譯注》，頁 86。

「食物類」、「器物類」及「工具類」三項。「食物類」又分人員食用及馬匹食用二種，前者為「饒」、「脯資饒牽」、「餱糧」，後者主要是「秣」。「脯資饒牽」之「脯」為乾肉，「資」應讀「粢」或「餈」，又稱稻餅、米餅，即以稻米等農作物製成之糕餅狀食物，「饒」則是生肉未煮者。「牽」是未宰殺牲畜，應由後勤人員牽引，非實際置於「重」、「大車」。「餱糧」是乾食、乾糧，可用囊橐等物包裹裝盛而以人力背負，但不排除出征時仍由「輜重」承載，故本文仍列為「輜重」所載物資。「秣」為馬匹飼料，主要是禾、黍、粟等穀物。「器物類」計有「屝屨」、「脂」、「燧」、「壺」、「舍」等。「屝屨」可概稱草鞋，上自國君、中如卿大夫而下至一般「國人」皆可穿著。「脂」是油脂，可塗抹於車軸，使車輪光滑減少磨擦。「燧」分「金燧」、「木燧」二種，前者是回光窪鏡，後者是鑽木取火之器。「壺」是盛水漿之器，無論行旅或部隊出征，皆當攜帶此物以行。「舍」是今日所謂帳篷，以供人員於戰場休息住宿之用。「工具類」計有「板榦」、「畚築」。「榦」又稱「楨」，是築牆時立於前後兩端之木，打入地內為基椿。「板」又作「版」，即今日所謂木板，築牆時置於二「榦」之間兩側，並以繩索約束使不鬆脫，再將土壤倒入「板」內，使土壤聚攏不潰散。「板」亦可平鋪於「舟梁」上，使車馬人員平穩渡河。「板」亦可製成「泭」、「桴」，即今日所謂木筏、舢舨，可載運車馬及人員渡河。此外，若遇雨天時，可於「輜重」加裝「板」以為頂蓋，防止雨水浸濕「輜重」所載物資。「畚」是盛土器，用以裝盛土方。「築」是木質直舂之器，用以夯實倒入「板」、「榦」內土方，建構軍隊駐紮時用以屏蔽之營壘。

第三章　先秦典籍所見輜重載運物資及其用途

一、前　言

　　第二章以《左傳》為範圍，討論「輜重」載運物資及其用途。本章整理先秦典籍相關資料，延續上章主題，繼續討論「輜重」載運物資及其用途。以下將本章引用典籍內容加上序號逐錄於下，以利後文引述：

1. 大軍旅、會同，正治其徒役與其輂輦，戮其犯命者。（《周禮‧天官‧鄉師》）[1]

2. 夏后氏謂輦曰余車，殷曰胡奴車，周曰輜輦。輦：一斧、一斤、一鑿、一梩、一鉏，周輦加二版、二築。（《司馬法》）[2]

3. 甲戌，我惟征徐戎。峙乃糗糧，無敢不逮；汝則有大刑。魯人三郊三遂，峙乃楨榦；甲戌，我惟築。無敢不供；汝則有無餘刑，非殺。魯人三郊三遂，峙乃芻茭，無敢不多；汝則有大刑。（《尚書‧費誓》）[3]

4. 行服連軺輂者，必有一斤、一鋸、一錐、一鑿，若其事立。（《管子‧海王》）[4]

1　漢‧鄭玄注，唐‧賈公彥疏：《周禮注疏》，頁175。

2　漢‧鄭玄注，唐‧賈公彥疏：《周禮注疏》，頁175。

3　題漢‧孔安國傳，唐‧孔穎達正義：《尚書注疏》，頁313。

4　題周‧管仲著，黎翔鳳校注，梁運華整理：《管子校注》，頁1255-1256。

　　5.一車必有一斤、一鋸、一釭、一鑽、一鑿、一銶、一軻，然後成為
　　車。（《管子·輕重乙》）[5]

1980 年陝西鳳翔西村戰國墓第 118 號墓車馬坑，出土一輛木質車、二匹馬骨、
一位御手骨架及成套之兵器與工具。[6]工具樣式有手鉗、斧、錛、鑿及鋸子等，
其中斧、鑿與鋸皆見於上引文獻資料，可與傳世記載證合。此外，考古發現
許多新石器時代出土之砍伐農具如石斧，翻地農具如耒、耜、鋤等，[7]皆可與
文獻資料證合。知後勤人員使用工具，有部分實由農具轉換而來。本章下分
「《周禮》及《司馬法》之記載」及「《尚書·費誓》與《管子》之記載」
二節，說明各書所見「輜重」載運物資內容及其用途。

二、《周禮》及《司馬法》之記載

　　引文第 2 條《司馬法》內容，[8]為引文第 1 條鄭玄《注》所引。《注》云：
「輂，駕馬。輦，人輓行，所以載任器也，止以為藩營。」[9]針對此二條內容，
《疏》云：

5　題周·管仲著，黎翔鳳校注，梁運華整理：《管子校注》，頁 1448。

6　李自智、尚志儒著：〈陝西鳳翔西村戰國秦墓發掘簡報〉，《考古與文物》1986 年
　　　第 1 期。

7　杜青林、孫政才主編，游修齡分冊主編：《中國農業通史·原始社會卷》（北京：中
　　　國農業出版社，2008 年 5 月，1 版），頁 272-280。

8　《司馬法》又稱《司馬兵法》、《司馬穰苴兵法》，其成書問題可參見藍永蔚著：《春
　　　秋時代的步兵》，頁 191-209。仝晰綱著：《青銅的戰神：齊魯兵家文化研究》（上
　　　海：學林出版社，1999 年 12 月，1 版），頁 107-122。吳九龍認為該書成書於戰國中
　　　期齊威王時期，或可信從。見吳九龍著：〈略說先秦戰爭觀念的演進〉，收入：張政
　　　烺先生九十華誕紀念文集編委會編：《揖芬集：張政烺先生九十華誕紀念文集》（北
　　　京：社會科學文獻出版社，2002 年 5 月，1 版），頁 385-387。

9　漢·鄭玄注，唐·賈公彥疏：《周禮注疏》，頁 175。

云「所以載任器也」者，謂任使之器，則《司馬法》所云者是也。……
云「一梩」者，或解以為插也，或解以為鍬也，鍬、插亦不殊。云「周
輦加二版二築」者，築者，築杵也，謂須築軍壘壁。……前代寬質，
無版築，輓人多。後代挾劣，加版築，輓人少。*10*

據此知周代所謂「載任器」——即本文討論之「輜重」，其名爲「輂輦」、
「輜輦」。鄭玄釋「輂」爲駕馬之車，與《左傳》所見駕牛之「重」、「大
車」不同。《左傳》「輦」字作名詞解釋僅見一條，成公十七年（574 B.C.）
《傳》曰：「齊慶克通于聲孟子，與婦人蒙衣乘輦而入于閎。」*11*楊伯峻云：
「輦，人力推挽之車。」*12*「輦」作動詞則有五條，莊公十二年（682 B.C.）
《傳》曰：「南宮萬奔陳，以乘車輦其母，一日而至。」《集解》云：「乘
車，非兵車也。駕人曰輦。」又襄公十年（563 B.C.）《傳》曰：「孟氏之
臣秦堇父輦重如役。」《集解》云：「步挽重車以從師。」又襄公二十三年
（550 B.C.）《傳》曰：「公有姻喪，王鮒使宣子墨縗冒絰，二婦人輦以如
公，奉公以如固宮。」又昭公二十年（532 B.C.）《傳》曰：「將死，疾于公
宮，輦而歸，吾親推之。」《集解》云：「推其車而送之。」又定公六年（504
B.C.）《傳》曰：「公叔文子老矣，輦而如公。」*13*依《傳》文可知，「輦」
作動詞時其意皆爲推挽。「輦」字在金文「作兩人推動一部車的形狀」，故
「輦」字「本指以人力推動的有輪車。」*14*至於推挽之車的種類，以上引《左
傳》內容可知，有「乘車」、「重車」等不拘。由於「輦」在《左傳》作名
詞僅一見，且用途不是運送物資而是載運人員，似與引文第 1 條及第 2 條所
載用法稍有出入。雖《左傳》與《周禮》、《司馬法》所載「輦」之功能略
異，但以人力推挽爲動力而言仍有交集處。此外須注意者，上引襄公十年《傳》

10 漢・鄭玄注，唐・賈公彥疏：《周禮注疏》，頁 175。

11 晉・杜預集解，唐・孔穎達正義：《春秋左傳注疏》，頁 482。

12 楊伯峻著：《春秋左傳注》，頁 898。

13 晉・杜預集解，唐・孔穎達正義：《春秋左傳注疏》，頁 154、538、603、784、960。

14 許進雄著：《中國古代社會——文字與人類學的透視》，頁 380。

謂「孟氏之臣秦菫父輦重如役。」《正義》云：「重者，車名也。載物必重，謂之重。人挽以行，謂之輦。軍行以載器物，止則以為藩營。」[15]此處之「重」即本文討論之「輜重」，但仍需人員「輦」之，知「輜重」之動力除牛隻外，亦有人員輔助推挽。第一章第二節已引用《周禮·冬官·輈人》文字，[16]證明「大車」運行時需要人員協助。《左傳》既謂「輦重如役」，正與《周禮》之說相合。總此可知，《左傳》之「重」、「大車」主要動力除牛隻外，亦需配合若干人員輔助推挽；故《周禮》及《司馬法》稱「輜重」為「輜輦」、「輦」，其理當即如此。

引文第 2 條記載周代之「輦」——即本文討論之「重」、「大車」，車上載有一斧、一斤、一鑿、一梩、一鉏及二版、二築。「版」即第二章說明之「板」，是築牆時所需木板。「築」為直舂之器，築牆時用以夯實泥土。「斧」字《說文》釋云：「所以斫也，从斤、父聲。」《注》云：「斧之為用廣矣。」[17]但「斧」用途如何廣泛，段氏卻無申言。《毛詩·齊風·南山》曰：「析薪如之何？匪斧不克。」《傳》云：「克，能也。」《箋》云：「此言析薪必待斧乃能也。」《正義》云：「言析薪之法如之何乎？非用斧不能斫之。」[18]知「斧」功能之一為「析薪」。「析」字之意《說文》云：「破木也。」[19]至於「薪」字之意，《毛詩·周南·漢廣》曰：「翹翹錯薪，言刈其楚。」《正義》云：「曰『薪』，木稱。故〈月令〉云：『收秩薪柴。』注云：『大者可析，謂之薪。』[20]」[21]知「薪」可泛指木柴，「析薪」即今日所謂劈柴。[22]以「斧」析薪之目的當是劈柴生火、埋鍋造飯，故「輜重」

15　晉·杜預集解，唐·孔穎達正義：《春秋左傳注疏》，頁 538。

16　漢·鄭玄注，唐·賈公彥疏：《周禮注疏》，頁 612-613。

17　漢·許慎著，清·段玉裁注：《說文解字注》，頁 723。

18　漢·毛亨傳，漢·鄭玄注，唐·孔穎達正義：《毛詩注疏》，頁 197。

19　漢·許慎著，清·段玉裁注：《說文解字注》，頁 271。

20　原句見《禮記·月記》，文曰：「乃命四監收秩薪柴，以共郊廟及百祀之薪燎。」見漢·鄭玄注，唐·孔穎達正義：《禮記注疏》，頁 348。

21　漢·毛亨傳，漢·鄭玄注，唐·孔穎達正義：《毛詩注疏》，頁 42。

22　向熹編著：《詩經詞典（修訂版）》，頁 581、552。

必載「斧」至戰場，此其一也。《毛詩・陳風・墓門》曰：「墓門有棘，斧以斯之。」《傳》云：「斯，析也。幽閒希行，用生此棘薪，維斧可以開析之。」[23]「斯」既有「析」、劈開之意，[24]知「斧」可用以砍伐棘荊等木叢。《周易・旅》曰：「旅于處，得其資斧。」魏人王弼（226-249）、晉人韓康伯（332-380）《注》云：「斧，所以斫除荊棘，以安其舍者也。」《正義》云：「寄旅之人，求其次舍，不獲平坦之所，而得用斧之地。言用斧除荊棘，然後乃處。」[25]孔氏所謂「舍」者，即第一章第五節所說明，以幄、幕搭建而成之帳篷。依〈旅卦〉之文可知，寄旅野地須以「斧」砍除荊棘等灌木，待土地平整後方能搭建帳篷住宿休息，此「輜重」須攜載「斧」目的之二。《管子・乘馬》云：

> 蔓山，其木可以為材，可以為軸，斤斧得入焉，九而當一。汎山，其木可以為棺，可以為車，斤斧得入焉，十而當一。……林，其木可以為棺，可以為車，斤斧得入焉，五而當一。

近人黎翔鳳（1901-1979）《管子校注》釋「汎山」為「盤山」，「謂山之盤迴者，蔓山謂山之蔓延者，相對為文。」[26]指山林之木得以斧斤斫伐，製成車軸及車乘。《左傳》記載二則於戰場上車乘折損之事，成公十六年（575 B.C.）《傳》曰：「叔山冉搏人以投，中車，折軾。」[27]竹添光鴻云：「以手搏晉人以投之，中晉人之車而折其軾。」[28]「軾」字之意《說文》云：「車枙也。」《注》云：「此當作『車輿前也』。……輿之在前者曰軾。」[29]劉永華《中

23　漢・毛亨傳，漢・鄭玄注，唐・孔穎達正義：《毛詩注疏》，頁254。

24　向熹編著：《詩經詞典（修訂版）》，頁479。

25　魏・王弼、晉・韓康伯注，唐・孔穎達正義：《周易注疏》（臺北：藝文印書館，1993年9月，據清嘉慶二十年（1815）江西南昌府學版影印），頁128。

26　題周・管仲著，黎翔鳳校注，梁運華整理：《管子校注》，頁89、93。

27　晉・杜預集解，唐・孔穎達正義：《春秋左傳注疏》，頁477。

28　日本・竹添光鴻著：《左傳會箋》，頁922。

29　漢・許慎著，清・段玉裁注：《說文解字注》，頁729。

國古代車輿馬器》有「獨輈車車馬具名稱說明圖」，今引錄爲「圖 11」，[30]提
供讀者參看。「軾」爲車箱上橫木，車乘人員須憑軾立於車箱以防止跌落。
一旦「軾」有折毀，人員於車乘上將難以站立，須待修復後方能復用車乘。
又昭公二十一年（521 B.C.）《傳》曰：「扶伏而擊之，折軫。」[31]竹添氏云：
「輿之先後橫木曰軫。」[32]輿底四邊有木框，在後邊之橫木爲「軫」，通言
則四邊之木均可稱爲「軫」，[33]讀者可參見「圖 11」明其部位。「軫」之折
毀雖不如「軾」之損壞有立即危險，但若未予修復，於戰場作戰仍然不便。
不論是《管子・乘馬》所言車軸，抑或《左傳》所載「軾」、「軫」等車箱
部件，其實皆以木製成。若有折損情事發生，可就地取材予以修補。修補車
乘須以「斧」伐木，此即「輜重」負載「斧」目的之三。

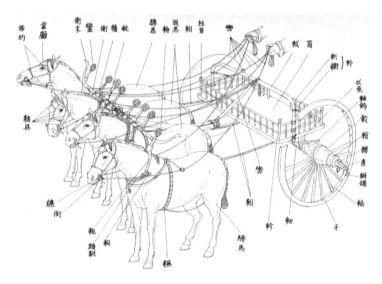

圖 11 獨輈車車馬具名稱說明圖

---

30 劉永華著：《中國古代車輿馬器》，前言頁 1。

31 晉・杜預集解，唐・孔穎達正義：《春秋左傳注疏》，頁 870。

32 日本・竹添光鴻著：《左傳會箋》，頁 1640。

33 錢玄著：《三禮通論》，頁 190。

　　「斤」字《說文》釋云：「斫木斧也。」《注》云：「凡用斫物者皆曰斧，斫木之斧，則謂之斤。」上文說明「斧」時，《注》謂「斧之為用廣矣」，而「斤則不見於他用也。」[34]「斤」字在甲骨文寫作將石或青銅捆縛於木柄上，知「斤」專用於伐木。[35]而「斧」除伐木外，亦可用於他途。至於伐木之用途當如上文所言，伐木後可析薪為柴火，可整地搭建帳篷，亦可製作車乘所需零件。由於「斧」、「斤」典籍常連用為詞，故合言可泛言斧頭類器物，析言則略有差異，大凡皆是伐木工具。《左傳》有以「斤」為武器之例，「輜重」載「斤」是否可作武器之用？哀公二十五年（470 B.C.）《傳》曰：「公使三匠久。公使優狡盟拳彌，而甚近信之。故褚師比、公孫彌牟、公文要、司寇亥、司徒期因三匠與拳彌以作亂，皆執利兵，無者執斤。」《集解》云：「斤，工匠所執。」[36]楊伯峻謂「三匠」為「三種匠人。」[37]衛出公因役使三種匠人時日甚久，故「三匠」與諸大夫之徒作亂。諸大夫之徒「皆執利兵」，「三匠」因非戰鬥人員，故持「斤」為武器以作亂。類似事件又見哀公十七年（478 B.C.）《傳》，文曰：「公使匠久。公欲逐石圃，未及而難作。辛巳，石圃因匠氏攻公。」《集解》於「公使匠久」句云：「久不休息。」[38]衛莊公（？-478 B.C.）亦因役使匠人過久，導致匠人與大夫石圃（生卒年不詳）作亂，與哀公二十五年《傳》情形相仿。唯此處未言匠人以何為武器，推測當如前文所載，亦是執「斤」以作亂。二則記載由於並非常態，乃匠人反抗役使時間過長，故以「斤」為武器。然「斤」用途本為伐木，故本章仍收入討論。

　　「鑿」字之意《說文》云：「所以穿木也。」知「鑿」是「鑿孔或挖槽用的工具」，[39]「特別是製車工必備的工具。」[40]石製之「鑿」新石器時代

34　漢・許慎著，清・段玉裁注：《說文解字注》，頁723。

35　許進雄著：《中國古代社會——文字與人類學的透視》，頁190、524。

36　晉・杜預集解，唐・孔穎達正義：《春秋左傳注疏》，頁1050。

37　楊伯峻著：《春秋左傳注》，頁1725。

38　晉・杜預集解，唐・孔穎達正義：《春秋左傳注疏》，頁1046。

39　馬承源主編，陳佩芬、吳鎮烽、熊傳新著：《中國青銅器》，頁40。

遺址常見，質地較一般石器堅硬。[41]此外，新石器時代遺址亦常見骨鑿，以骨片或一端帶節之骨管製成，可削刮磨製兼用。[42]陳振中《青銅生產工具與中國奴隸制社會經濟》認為，東周主要為鐵鑿，夏、商、西周則為銅鑿。[43]《周禮‧冬官‧輪人》「鑿」字出現數次，今舉一段為例。文曰：「凡輻，量其鑿深以為輻廣。輻廣而鑿淺，則是以大扤，雖有良工，莫之能固。鑿深而輻小，則是固有餘而強不足也。」《注》云：「廣深相應則固，足相任也。」[44]此處之「鑿」指車轂上所鑿孔洞，用以插入車輻一端。若車輻長度與「鑿」深度相應，則車輪相對堅固。反之，若「輻廣而鑿淺」——即車輻較長而車轂上安插車輻之孔洞較淺，車輻將因無法安穩固定而搖動。[45]抑或「鑿深而輻小」——即車轂上安插車輻之孔洞較深而車輻較短，雖車輻插上車轂後能固定，但因車輻稍短以致強度不足。[46]知製作車輪須於車轂鑿洞以安插車輻。鑿洞工具典籍雖無言，推論當以「鑿」為之。上文已說明戰場上車乘有折損之例，故須以「鑿」修繕車乘，知「輜重」上當有「鑿」一類工具。

「桿」字《說文》作「柍」或「桿」，文云：「未嵩也。」《注》云：「柍，今經典之秅。」[47]《孟子‧滕文公上》曰：「蓋歸反虆桿而掩之，掩之誠是也。」漢人趙岐（108-201）《注》云：「虆、桿、籠、臿之屬，可以

---

40 陳振中著：《青銅生產工具與中國奴隸制社會經濟》（北京：中國社會科學出版社，2007 年 3 月，1 版），頁 71。

41 李仰松著：〈中國原始社會生產工具試探〉，《文物》1980 年第 6 期，頁 515-520。

42 中國科學院考古研究所、陝西省西安半坡博物館著：《西安半坡》（北京：文物出版社，1963 年 9 月，1 版），頁 73-75、84。

43 陳振中著：《青銅生產工具與中國奴隸制社會經濟》，頁 71。

44 漢‧鄭玄注，唐‧賈公彥疏：《周禮注疏》，頁 600。

45 劉道廣、許暘、卿尚東《圖證《考工記》：新注、新譯及其設計學意義》將此句譯云：「輻條寬大，但轂孔的深度不夠，則輻條會動搖而不堅實。」見劉道廣、許暘、卿尚東著：《圖證《考工記》：新注、新譯及其設計學意義》，頁 46。

46 劉道廣、許暘、卿尚東《圖證《考工記》：新注、新譯及其設計學意義》將此句譯云：「轂孔的深度大於輻寬，雖然插入能牢固但強度卻不夠需要。」見劉道廣、許暘、卿尚東著：《圖證《考工記》：新注、新譯及其設計學意義》，頁 46。

47 漢‧許慎著，清‧段玉裁注：《說文解字注》，頁 261。

取土者也。」[48]依段、趙二氏之解，則「梩」當是翻土、取土工具，文獻常記作「耝」。徐中舒〈耒耝考〉認為「耒與耝為兩種不同的農具。耒下歧頭，耝下一刃，耒為仿效樹枝式的農具，耝為仿效木棒式的農具。」之後「耒」、「耝」又各自演變，「由耒變為鍬臿，由耝變為耕犁。」[49]簡言之，「耒」是「具有歧頭兩齒狀的挖窖穴和開溝渠用的原始農具」，「耝」是「曲柄的起土農器」。[50]「耒」、「耝」形制雖不同，但皆是翻土、取土之器。考之先秦古籍，「耝」皆與農業相關，是耕耘器具。學者或許懷疑，何以戰時需要「梩」或「耝」一類農具？第二章第四節已說明，軍隊於戰場須建構營壘，故「輜重」需載運「板榦」、「畚築」。「畚」是盛土器，用以裝運土石。但以何工具挖掘土石？藍永蔚《春秋時代的步兵》認為「梩」即是掘土器，[51]其說可從。雖「梩」或「耝」一般視為農具，但因其可用以掘土而用於戰場，筆者認為頗合情理。此外，據徐中舒考證，「梩」或「耝」下方較尖銳，逐步演變為後世之「犁」，故可深插於土中掘土。推測「梩」或「耝」於戰場另有功能，即深插土中挖直穴，以便置「榦」為基椿。「梩」或「耝」挖掘直穴，若再更深地內則可成「井」。成公十六年（575 B.C.）《傳》曰：「塞井夷竈，陳於軍中，而疏行首。」《集解》云：「疏行首者，當陳前決開營壘為戰道。」[52]竹添光鴻云：「軍屯必鑿井作竈以自給，塞井夷竈者，以將結陳於軍中也，與疏行首自別。」[53]楊伯峻云：「夷，平也。行首，即行道。疏行首，將行列間道路隔寬。」[54]知軍隊駐紮營壘內，須鑿井作竈以為自給。

48　漢・趙岐注，題宋・孫奭疏：《孟子注疏》（臺北：藝文印書館，1993 年 9 月，據清嘉慶二十年（1815）江西南昌府學版影印），頁 102。

49　徐中舒著：〈耒耝考〉，《國立中央研究院歷史語言研究所集刊》第 2 本第 1 分，收入段渝主編：《徐中舒論先秦史》（上海：上海科學技術文獻出版社，2008 年 1 月，1 版），頁 11-63。

50　馬承源主編，陳佩芬、吳鎮烽、熊傳新著：《中國青銅器》，頁 26-27。

51　藍永蔚著：《春秋時代的步兵》，頁 113。

52　晉・杜預集解，唐・孔穎達正義：《春秋左傳注疏》，頁 474-475。

53　日本・竹添光鴻著：《左傳會箋》，頁 915。

54　楊伯峻著：《春秋左傳注》，頁 883。

《傳》文記載將井填平、將竈夷除，實因疏行首之故而為之。何謂「疏行首」？依杜預之意，指軍隊於營壘內結陣，待結陣完畢後直接決開營壘而出。因結陣須地勢平坦，故將井、竈填實以平整地面，有利軍隊布陣。《左傳》另有一段記載，知井之尺寸頗為寬大。宣公二年（607 B.C.）《傳》曰：「二年春，鄭公子歸生受命于楚伐宋，宋華元、樂呂御之。……狂狡輅鄭人，鄭人入于井。倒戟而出之，獲狂狡。」《集解》云：「狂狡，宋大夫。輅，迎也。」[55]竹添光鴻云：「狂狡迎而伐之，鄭人誤而陷于井也。……獲猶殺也。……蓋狂狡倒持其戟以援出鄭人，鄭人因奪其戟，反刺狂狡而殺之也。」[56]依竹添氏之意，鄭人因誤入井中而無法自救，宋國大夫狂狡（？-607 B.C.）倒授戟柄以救之，鄭人卻順勢持戟而刺殺狂狡。由《傳》文可知，井可讓人陷落而無法自救，推測其直徑應大於成人肩寬，但又不致過於寬闊，以致落井之人無法自行攀爬而出。「桿」或「耜」下方較為尖銳，推測亦可作為鑿井工具。學者或許質疑：當時鑿井技術是否可由後勤人員掌握？王星光〈略論生態環境對先秦水井的影響〉云：「由於北方土壤節理緻密且具有直立性，土質不易坍塌。……所以，在先秦時期，我國水井主要是以土井為主。」土井指直接鑿地挖掘土石，是較不需其他輔助設備即可完成之水井。[57]由於北方土質細密不易坍陷，即便不具鑿井專業技術之後勤人員，亦可土法煉鋼挖掘簡易水井。至於水井深度及寬度為何？王星光云：「北方的水井比較深，一般都在 5 米以上；南方的水井相對較淺於北方的水井，在 3 米以下」；又云：「我國黃河中下游地區發現水井的井體較大且較深，口徑 1～2 米，有的口徑達四五米。」[58]拙文〈《左傳》車乘乘員配置考〉推估春秋時代成年男子，

55 晉・杜預集解，唐・孔穎達正義：《春秋左傳注疏》，頁362。

56 日本・竹添光鴻著：《左傳會箋》，頁686。

57 陳紹棣著：《中國風俗通史・兩周卷》，頁326。

58 王星光著：〈略論生態環境對先秦水井的影響〉，原載《南開學報》2010年第4期；收入於氏著：《中國農史與環境史研究》，頁197-209。

平均身高及肩膀寬度爲 173.25 公分及 45.91 公分。[59]若以宣公二年《傳》內容推測，大致井寬約 50 公分以上、100 公分以內，如此方使落井者無法自行攀爬而出。至於深度，《傳》文謂「倒戟而出之」，知大約是戟柄長度再加成人身長，如此落井鄭人方能拉戟柄而出。本文第五章將說明戟柄長度，據《周禮・冬官考工記・廬人》記載，換算爲今日長度約 315.2 公分。依拙文推估，春秋時代成年男子平均身高爲 173.25 公分，再加伸展手臂長度，約可達 200 公分。200 公分加 315.2 公分戟柄已超過 5 公尺，符合王星光指出，北方水井一般在 5 公尺以上之說。

　　「鉏」字《說文》釋云：「立薅斫也。」《注》云：「薅者，披去田艸也。斫者，斤也。斤以斫木，此則斫田艸者也。」[60]知「鉏」爲除去雜草之具，即今日所謂「鋤」。「鉏」於戰場之用典籍雖無記載，但以常理推之，必與其功能相關。上文已說明「梩」或「耜」除深插土中挖直穴外，亦可翻土、取土。「鉏」本爲除草之具，後世亦以此爲翻土、取土之用。藍永蔚《春秋時代的步兵》認爲「鉏」亦是掘土器，[61]《中國青銅器》謂爲「除草、間苗及鬆碎表土的農具。」[62]推測「鉏」或應與「梩」或「耜」相同，皆用以翻土、取土以建構營壘。此外，《說文》明言「鉏」爲除去雜草之用，推測或與翻土整地有關。第一章已說明「輜重」載運今日所謂帳篷之「舍」，駐紮時營建「舍」爲使其舒適，應先除地、整地使其平坦，「舍」再建置平整地面以供人員休息住宿。若推測無誤，「鉏」之功能應當有二：一爲翻土、取土，二爲除草整地使地面平整。

59　黃聖松著：〈《左傳》車乘乘員配置考〉，收入氏著：《《左傳》軍事制度研究》，頁 97-129。

60　漢・許慎著，清・段玉裁注：《說文解字注》，頁 713-714。

61　藍永蔚著：《春秋時代的步兵》，頁 113。

62　馬承源主編，陳佩芬、吳鎮烽、熊傳新著：《中國青銅器》，頁 34。

三、《尚書・費誓》與《管子》之記載

引文第 3 條之「書序」曰：「魯侯伯禽宅曲阜，徐、夷並興，東郊不開，作〈費誓〉。」[63]《史記・魯周公世家》曰：「伯禽即位之後，有管、蔡等反也，淮夷、徐戎亦并興反。於是伯禽率師伐之於肸，作〈肸誓〉。」[64]歷來經師咸以〈費誓〉爲伯禽（生卒年不詳）伐淮夷、徐戎之誓師辭。近人余永梁（1906-？）〈〈柴誓〉的時代考〉首論〈費誓〉爲魯僖公（？-627 B.C.）時文獻，非載伯禽之事；[65]童書業〈春秋初年魯國國勢考〉依從其說。[66]近人屈萬里先生（1907-1979）《尚書集釋》亦主余氏之見，認爲〈費誓〉記錄魯僖公十六年（B.C.644）之事，[67]邱德修先生《尚書覆詁考證》亦主此說，[68]則〈費誓〉所載應爲春秋史事。上引〈費誓〉文句乃魯僖公對三軍將士之誓詞，其中亦提及戰事所需物資。既然文中所述物資是戰爭所需，必由「輜重」載運至戰場，亦屬本節討論內容。「楨榦」已於第二章說明，以下討論〈費誓〉所記「輜重」運載之物「糗糧」及「芻茭」。

《注》云：「皆當儲峙汝糗糒之糧，使足食。」[69]《正義》云：

糗，熬大豆及米也。《說文》云：「糗，熬米麥也。」鄭玄云：「糗，

---

63 題漢・孔安國傳，唐・孔穎達正義：《尚書注疏》，頁 311。

64 漢・司馬遷著，南朝宋・裴駰集解，唐・司馬貞索引，唐・張守節正義，日本・瀧川龜太郎考證：《史記會注考證》，頁 555。

65 余永梁著：〈〈柴誓〉的時代考〉，《語言歷史學研究所週刊》第 1 集、第 1 期（廣州：中山大學，1927 年 11 月，1 版）；收入顧頡剛主編：《古史辨》第 2 集（臺北：藍燈文化事業公司，1993 年 8 月，2 版），頁 75-81。

66 童書業著：〈春秋初年魯國國勢考〉，原載《益世報・史苑》1947 年 2 月 7 日、14 日；收入童書業著，童教英整理：《童書業史籍考證論集》（北京：中華書局，2005 年 10 月，1 版），頁 401-403。

67 屈萬里著：《尚書集釋》（臺北：聯經出版公司，1994 年 11 月，1 版），頁 246-247。

68 邱德修著：《尚書覆詁考證》（臺北：聖環圖書公司，2013 年 9 月，1 版），頁 1666。

69 題漢・孔安國傳，唐・孔穎達正義：《尚書注疏》，頁 313。

擣熬穀也。」謂熬米麥使熟，又擣之以為粉也。糒，乾飯也。糗糒是
行軍之糧，皆當儲峙汝糗糒之糧，使在軍足食。[70]

《說文》「餱」字下引〈費誓〉，「峙乃糗糧」作「峙乃餱粻」。「餱」字
之意已於第二章說明，是爲乾食。許愼引〈費誓〉將「糗糧」作「餱粻」，
知「糗」亦爲乾食。齊思和〈《詩經》穀名考〉云：「現在北方人稱餅、饅
頭之類為乾糧，但是古來的乾糧名為糗，是用米作的」；又云：「古時所謂
糗，猶今之所謂炒米，取其輕便易於攜帶，可以和水而食也。」[71]屈先生《尙
書集釋》亦云：「糗糧，煮熟之米麥而暴乾之，以為行糧也。」[72]邱先生《尙
書覆詁考證》謂「糗糧」是「熬米、麥使熟，再擣之成粉，充作行軍時的乾
糧（亦即今『餅乾』的前身）。」[73]皆指「糗」爲乾食，可事先將米、麥煮
熟後擣碎，待食用時再和水捏成團狀或塊狀。又《周禮・地官・廩人》曰：
「凡邦有會、同、師、役之事，則治其糧與其食。」《注》云：「行道曰糧，
謂糗。」《疏》云：「《詩》云：『乃裹糇糧』，[74]是『行道曰糧，謂糗也』
者，即《尚書・費誓》云：『峙乃糗糧』，即糗也。」[75]《說文》釋「糒」
字之義爲「乾飯也」，[76]知「糒」與「糗糧」皆爲乾食。《東觀漢記・元賀
傳》云：「（賀）為九江太守，行縣齎持乾糒，但就溫湯而已。」[77]食用「糒」
時即以溫湯和之。第二章已說明，「餱」雖可以囊橐包裹裝盛而由人員背負，

70　題漢・孔安國傳，唐・孔穎達正義：《尚書注疏》，頁 313。

71　齊思和著：〈《詩經》穀名考〉，原載《燕京學報》第 36 期（1949 年 6 月），收入
　　氏著：《中國史探研》，頁 3-53。

72　屈萬里著：《尚書集釋》，頁 249。

73　邱德修著：《尚書覆詁考證》，頁 1681。

74　原句見《毛詩・大雅・公劉》：「迺裹餱糧，于橐于囊，思輯用光。」見漢・毛亨傳，
　　漢・鄭玄注，唐・孔穎達正義：《毛詩注疏》，頁 617。

75　漢・鄭玄注，唐・賈公彥疏：《周禮注疏》，頁 252。

76　漢・許慎著，清・段玉裁注：《說文解字注》，頁 335。

77　漢・劉珍等著，吳樹平校注：《東觀漢記校注》（鄭州：中州古籍出版社，1987 年 3
　　月，1 版），頁 670。

但廣義而言仍是糧食，理當置於「輜重」運送。「糇糧」亦同此理，或可與其他物資置於「輜重」。《注》釋「芻茭」之意云：「供軍牛馬。」[78]《說文》云：「芻，刈艸也，象包束艸之形」；又云：「茭，乾芻，从艸、交聲，一曰牛蘄艸。」[79]屈先生《尚書集釋》認爲「芻」是新割之草，「茭」爲已乾之草，[80]故鄭玄謂「芻茭」是供軍牛馬使用之草料。「芻」又作「莝」，已於第二章說明，皆指新割之草。馬牛所需草料數量頗爲龐大，若由「輜重」運送當耗費可觀人力、物力。推測草料當非全由「輜重」運輸，應可於途中補給。桓公十三年（699 B.C.）《傳》曰：「楚伐絞，軍其南門。莫敖屈瑕曰：『絞小而輕，輕則寡謀。請無扞采樵者以誘之。』從之，絞人獲三十人。明日，絞人爭出，驅楚役徒於山中。」《集解》云：「扞，衛也。樵，薪也。」[81]知軍中有役徒至山林采拾樵薪，以供軍隊烹煮食物之用。又昭公十三年（529 B.C.）《傳》曰：「七月丙寅，治兵于邾南。……次于衛地，叔鮒求貨於衛，淫芻蕘者。」《經典釋文》云：「飼牲曰芻，草薪曰蕘。」《正義》云：「芻者，飼牛馬之草也。蕘者，共燃火之草也。」[82]竹添光鴻云：「淫，放也。」[83]「芻蕘者」乃刈草砍柴之人，亦是就地取材以餵養牛馬。樵薪沉重且需求龐大，當不由「輜重」運送而可隨地補給，「芻茭」當復如是。或許「輜重」僅載運備用草料，其餘則可隨時補充。

引文第4條「連」字注云：「輦名，所以載任器，人挽者」；「輦」字注云：「大車駕馬。」[84]引文第1條《注》云：「故書輦作連，鄭司農云：『連讀爲輦。』」[85]可證此處「連」即「輦」。「連」讀爲「輦」，當係音

78 　題漢・孔安國傳，唐・孔穎達正義：《尚書注疏》，頁313。

79 　漢・許慎著，清・段玉裁注：《說文解字注》，頁44。

80 　屈萬里著：《尚書集釋》，頁249。

81 　晉・杜預集解，唐・孔穎達正義：《春秋左傳注疏》，頁124。

82 　晉・杜預集解，唐・孔穎達正義：《春秋左傳注疏》，頁809-810。

83 　日本・竹添光鴻著：《左傳會箋》，頁1544。

84 　題周・管仲著，黎翔鳳校注，梁運華整理：《管子校注》，頁1255-1256。

85 　漢・鄭玄注，唐・賈公彥疏：《周禮注疏》，頁175。

同之故。[86]謂「輦」是駕馬大車，當據引文第 1 條鄭玄之說，與《左傳》駕牛之「重」、「大車」不同。《管子‧海王》謂「連軺輦」須有「一斤、一鋸、一錐、一鑿」，「斤」與「鑿」上文已說明，以下申言「鋸」與「錐」用途。

「鋸」字《說文》云：「槍唐也。」[87]題漢人劉向（B.C.79-B.C.8）《列女傳‧仁智‧魯臧孫母》云：「錯者，所以治鋸。鋸者，所以治木也。」[88]知「鋸」為「用於切割木、竹、骨、角等」之器，[89]今日仍有此物。陳振中《青銅生產工具與中國奴隸制社會經濟》謂陝西渭南縣北劉新石器時代早期遺址出土蚌鋸，山東鄒縣南關大隊出土石鋸。陳氏認為這些非金屬製成之「鋸」，「可能與蚌鋸鐮、石鋸鐮類似，用於斷草、切割嫩樹枝以採集果實、樹葉等」，未能切割木、骨、竹、角材料。陳氏亦整理商周出土青銅鋸，予以分類歸納，[90]知春秋時已有金屬材質之「鋸」可供使用。「鋸」用於戰場，推測當與「斧」、「鑿」等工具配合，作為修繕車乘或器械之用。學者或許質疑：「鋸」於文獻亦見作刑具使用，如《國語‧魯語上》云：「大刑用甲兵，其次用斧鉞，中刑用刀鋸，其次用鑽笮，薄刑用鞭扑，以威民也。」《注》云：「割劓用刀，斷截用鋸。」又〈晉語六〉云：「今吾司寇之刀鋸日弊，而斧鉞不行。」《注》云：「刀鋸，小人之刑。」[91]如此，「鋸」於戰場是否亦作刑具？《左傳》確有於戰場行刑之事，如僖公二十七年（633 B.C.）《傳》曰：「楚子將圍宋，使子文治兵於睽，終朝而畢，不戮一人。子玉復治兵於蔿，終日而畢，鞭七人，貫三人耳。」[92]《說文》云：「聏，軍法：以矢毌

86　「連」、「輦」上古音皆為來母元部，見郭錫良著：《漢字古音手冊》，頁 211。

87　漢‧許慎著，清‧段玉裁注：《說文解字注》，頁 714。

88　題漢‧劉向著：《列女傳》（臺北：臺灣商務印書館，1986 年景印文淵閣四庫全書），卷 3，頁 9。

89　馬承源主編，陳佩芬、吳鎮烽、熊傳新著：《中國青銅器》，頁 41。

90　陳振中著：《青銅生產工具與中國奴隸制社會經濟》，頁 62。

91　三國‧韋昭注：《國語韋昭註》，頁 114、302。

92　晉‧杜預集解，唐‧孔穎達正義：《春秋左傳注疏》，頁 266。

耳也。」[93]竹添光鴻云：「軍法以矢貫耳爲聅。」[94]知治兵時以鞭笞、貫耳爲刑。又襄公三年（570 B.C.）《傳》曰：「晉侯之弟揚干亂行於曲梁，魏絳戮其僕。」《集解》云：「僕，御也。」[95]《周禮·秋官·掌戮》《注》云：「戮，猶辱也，既斬殺又辱之。」[96]《正義》云：「然則此言戮者，非徒殺之而已，乃殺之以徇諸軍。」[97]知戰時罪重者可斬殺以徇三軍。雖「鋸」可作刑具，但就其功能當以鋸木爲主，施於刑戮應是延伸用途。

「錐」字《說文》云：「銳也。」[98]知「錐」是尖銳之器。《墨子·經說下》云：「段、椎、錐俱事於履，可用也。」[99]知「錐」乃製作鞋履之器。又《史記·平原君虞卿列傳》云：「譬若錐之處囊中，其末立見。」[100]或亦可爲刺穿皮革之工具。第二章已說明「輜重」負載「屝屨」，即便已有現成「屝屨」可供人員使用，但需修補或增製時，「錐」仍是必要工具。西安半坡新石器時代遺址出土多件石錐、骨錐和角錐，[101]知先民已掌握此器之應用。殷商及西周遺址亦大量出土青銅錐，讀者可參看陳振中《青銅生產工具與中國奴隸制社會經濟》所列舉。陳氏認爲「錐」之用途除製衣、製鞋帽外，亦是皮革製品必備工具，[102]其說可從。

藍永蔚《春秋時代的步兵》謂引文第 5 條內容是「製造、保養、維修車輛的工具」，認爲亦是「輜重」所載物品。[103]既然該條所載與車乘有密切關

93　漢·許慎著，清·段玉裁注：《說文解字注》，頁 598。

94　日本·竹添光鴻著：《左傳會箋》，頁 488。

95　晉·杜預集解，唐·孔穎達正義：《春秋左傳注疏》，頁 502。

96　漢·鄭玄注，唐·賈公彥疏：《周禮注疏》，頁 511。

97　晉·杜預集解，唐·孔穎達正義：《春秋左傳注疏》，頁 502。

98　漢·許慎著，清·段玉裁注：《說文解字注》，頁 714。

99　周·墨翟著，清·孫詒讓詁，孫啟治點校：《墨子閒詁》，頁 382。

100　漢·司馬遷著，南朝宋·裴駰集解，唐·司馬貞索引，唐·張守節正義，日本·瀧川龜太郎考證：《史記會注考證》，頁 932。

101　中國科學院考古研究所、陝西省西安半坡博物館著：《西安半坡》，頁 81-84。

102　陳振中著：《青銅生產工具與中國奴隸制社會經濟》，頁 84-86。

103　藍永蔚著：《春秋時代的步兵》，頁 113。

係，而上文亦述及維修車乘相關工具，則本條所載工具當在「輜重」之上。「斤」、「鋸」、「鑿」前文已說明，以下分述其他工具之形制與法途。「釭」字《說文》云：「車轂中鐵也。」[104]知「釭」是車轂之鐵質部件，是車軸內層軸瓦。[105]然本條所載乃製作及維修車乘工具，當與「釭」無關。黎翔鳳認爲「『釭』當是『鉏』之誤」，並以引文第 2 條爲證，[106]其說可從。「鑽」字《說文》云：「所以穿也。」[107]知「鑽」是「用旋轉、切削的力量在竹、木、骨、角及石、玉等材料上穿孔的工具。」[108]其功能與引文第 2 條之「鑿」及第 3 條之「錐」相近。「錄」見於《毛詩・豳風・破斧》，文曰：「既破我斧，又缺我錄。」《傳》云：「木屬曰錄。」《經典釋文》云：「《韓詩》云：『鑿屬也。』一解云今之獨頭斧。」[109]知「錄」有「鑿」一類工具及「獨頭斧」二說。[110]然「錄」之下有「軻」字，黎翔鳳引清人丁士涵（1828-1860）《管子案》之說，謂「軻」當爲「柯」。[111]《周禮・冬官考工記・車人》曰：「車人爲車，柯長三尺，博三寸，厚一寸有半。」《注》云：「首六寸，謂今剛關頭斧。柯，其柄也。」[112]則鄭玄所言「剛關頭斧」即陸德明所指「獨頭斧」，「柯」是該斧之柄。則所謂「一錄、一軻」乃指「剛關頭斧」，用以製作及維修車乘。

　　除上引物資外，另有「釜」、「錡」、「甂」、「鬲」等烹煮食物之器，文獻雖未明言由「輜重」運載，但以常理推測應包括於內，於此一併說明。《左傳》數次提及「塞井夷竈」，如成公十六年（575 B.C.）《傳》曰：「塞

104　漢・許慎著，清・段玉裁注：《說文解字注》，頁 718。

105　陸敬嚴著：《中國古代機械文明史》（上海：同濟大學出版社，2012 年 5 月，1 版），頁 62。

106　題周・管仲著，黎翔鳳校注，梁運華整理：《管子校注》，頁 1449。

107　漢・許慎著，清・段玉裁注：《說文解字注》，頁 718。

108　陳振中著：《青銅生產工具與中國奴隸制社會經濟》，頁 87。

109　漢・毛亨傳，漢・鄭玄注，唐・孔穎達正義：《毛詩注疏》，頁 300。

110　向熹編著：《詩經詞典（修訂版）》，頁 412。

111　題周・管仲著，黎翔鳳校注，梁運華整理：《管子校注》，頁 1449。

112　漢・鄭玄注，唐・賈公彥疏：《周禮注疏》，頁 656。

井夷竈，陳於軍中，而疏行首。」同年後文又云：「將塞井夷竈而為行也。」《集解》云：「夷，平也。」襄公十四年（559 B.C.）《傳》曰：「雞鳴而駕，塞井夷竈，唯余馬首是瞻。」《集解》云：「示不反。」[113]竈以土石堆垛而成，於竈上置放「釜」、「錡」一類烹煮器，是古代烹煮食物之設施。成公十六年《傳》謂夷平諸竈，目的是在營壘中布陣。由於軍隊駐紮須飲食烹炊，故「塞井夷竈」表示將不再來此駐地，可推證部伍定然攜帶烹煮器物而行。《說文》云：「䤇，或从金、父聲。」《注》云：「今經典多作釜，惟《周禮》作䤇。」至於「䤇」字之意，《說文》云：「鍑屬也。」《注》云：「升四曰豆，豆四曰區，區四曰䤇。」[114]段氏之文係採昭公三年（539 B.C.）《傳》文，曰：「齊舊四量，豆、區、釜、鍾。四升為豆，各自其四，以登於釜。」[115]知段氏所釋「釜」為容量單位制度，非釋其器型外觀。隱公三年（720 B.C.）《傳》曰：「筐、筥、錡、釜之器。」《集解》云：「無足曰釜，有足曰錡。」[116]又《毛詩·召南·采蘋》曰：「于以湘之？維錡及釜。」《傳》云：「錡，釜屬，有足曰錡，無足曰釜。」《經典釋文》云：「錡，其綺反，三足釜也。」[117]知「釜」與「錡」相類，唯前者無足而後者三足；[118]概言之，二者皆烹飪食物之具。《戰國策·趙策四·燕封宋人榮蚠為高陽君》云：「夏，軍也縣釜而炊。」《注》云：「懸釜而炊，前章圍晉陽云。此時或有水害。」姑且不論是否因水患「縣釜而炊」，由此可知軍中當有「釜」、「錡」一類炊具，[119]方能烹煮食物提供人員食用。又《孫子·行軍》云：「粟馬肉食，軍無懸甀，不返其舍者，窮寇也。」《注》云：「甀音府，炊器也。」[120]知「甀」亦是炊具。此外，《戰國策·秦策三·蔡澤見逐於趙》云：「蔡

113　晉·杜預集解，唐·孔穎達正義：《春秋左傳注疏》，頁 474-475、559。

114　漢·許慎著，清·段玉裁注：《說文解字注》，頁 112。

115　晉·杜預集解，唐·孔穎達正義：《春秋左傳注疏》，頁 722。

116　晉·杜預集解，唐·孔穎達正義：《春秋左傳注疏》，頁 52。

117　漢·毛亨傳，漢·鄭玄注，唐·孔穎達正義：《毛詩注疏》，頁 52。

118　向熹編著：《詩經詞典（修訂版）》，頁 134、389。

119　王延棟編著：《戰國策詞典》（天津：南開大學出版社，2002 年 2 月，1 版），頁 261。

120　春秋·孫武著，三國·曹操等注，楊丙安校理：《十一家注孫子校理》，頁 200。

澤見逐於趙，而入韓、魏，遇奪釜鬲於途。」《注》云：「人奪之也。《爾雅》：『鬲，鼎屬。』[121]」[122]《說文》亦云：「鬲，鼎屬也。」[123]蔡澤（生卒年不詳）被趙所逐而入韓、魏，途中遭人掠奪「釜鬲」而無以烹煮食物。此處「釜鬲」連言，知「鬲」亦是烹食之具。張光直〈中國古代的飲食與飲食具〉認爲「鬲」大概用於煮或燉，[124]有學者主張「鬲」之「用途主要是煮粥」，[125]可備爲一說。至於上述烹煮食物器物之材質，未有明確證據說明是青銅製或陶土製。許倬雲《西周史》認爲「平民食器以陶製爲主」，[126]或許行軍所用烹煮器亦以陶土製爲大宗。[127]筆者如此設想緣於二由：（一）陶土製烹煮器質量較輕，可便於載運。（二）除去少部分卿大夫貴族，大多數戰鬥人員爲「國人」之「士」，後勤人員之役人亦屬「國人」階層。相較卿大夫而言「國人」身分不高，或許未必可使用青銅製品。

第二章及本章總計討論《左傳》、《周禮》、《司馬法》、《尚書·費誓》及《管子·海王》，關於「輜重」載運物資之內容及其用途。計有「餼」、「資糧」、「餱糧」、「脯資餼牽」、「糇糧」等供人員食用之物資，「秣」、「芻茭」等馬牛飼料，「扉屨」是人員所著鞋履，「板幹」、「畚築」爲構

---

121 原句見《爾雅·釋器》，文曰：「鼎絕大謂之鼐，圜弇上謂之鼒，附耳外謂之釴。款足者謂之鬲。」見晉·郭璞注，宋·邢昺疏：《爾雅注疏》，頁79。

122 漢·劉向輯錄：《戰國策》，頁751、753、211。

123 漢·許慎著，清·段玉裁注：《說文解字注》，頁112。

124 張光直著：〈中國古代的飲食與飲食具〉，收入氏著：《中國青銅器時代》（臺北：聯經出版公司，1983年4月，1版），頁249-283。

125 陳紹棣著：《中國風俗通史·兩周卷》，頁35。王學理、尚志儒、呼林貴等著：《秦物質文明史》（西安：三秦出版社，1994年6月，1版），頁232。許嘉璐著：〈古代的衣食住行〉，收入王力等著：《中國古代文化史講座》，頁134-184。

126 許倬雲著：《西周史（增訂本）》（北京：三聯書店，1995年1月，1版），頁249。

127 王學理、尚志儒、呼林貴等云：「秦國統治時期的青銅鼎使用權限僅在統治者的上層內部，國人一般不能享用，而只能使用陶質鼎。」見王學理、尚志儒、呼林貴等著：《秦物質文明史》，頁232。筆者認爲此現象向上延伸至春秋、戰國亦應適用，且不限於鼎類器物，其他烹煮器應皆是陶土製品。

築營壘之工具，[128]「斧」、「斤」、「鑿」、「梩」、「鉏」、「鋸」、「錐」、「脂」等修繕工具，[129]及「釜」、「錡」、「瓺」、「鬲」等烹煮食物之具。此外，第一章亦述及人員衣物由「輴」、「蔥靈」、「飛輪」、「輼輬」——即後世所謂「輜車」運送，亦是「輜重」載運物資。

四、小　結

本章討論先秦典籍所見「輜重」載運物資，以補充第二章內容，主要徵引文獻爲《司馬法》、《尚書・費誓》、《管子・海王》及《管子・輕重乙》，依序歸納於下。《司馬法》記載「輜重」上有「一斧、一斤、一鑿、一梩、一鉏，周輦加二版、二築。」「斧」之功能有三項：（一）析薪以劈柴生火，用以埋鍋造飯；（二）砍伐棘荆以平整地面，用以搭建「舍」；（三）伐木砍斫以修補車乘或器械工具。「斤」與「斧」形制相近，大凡皆是伐木工具。「鑿」是穿木器具，主要用在車轂上鑿出孔洞以安置車輻。「梩」又作「枱」、「耜」、「耜」，是翻土、取土工具，其功能有三項：（一）挖掘土石，用以堆垜營壘；（二）於土中挖直穴，以便置入「榦」作爲基椿；（三）所掘直穴若再更深地內則可成井。「鉏」爲除草之具，即今日所謂「鋤」，亦可翻土、取土；或與「梩」相同，可取土翻土、取土建構營壘。《尚書・費誓》記載「輜重」運送之物有「糗糧」及「芻茭」。「糗糧」爲乾食，可事先將米、麥煮熟後搗碎，待食用時再和水捏成團狀或塊狀。「芻茭」之「芻」是新割之草，「茭」是已乾之草，「芻茭」泛指供應軍中牛馬使用的草料。《管子・海王》謂「輜重」上須有「一斤、一鋸、一錐、一鑿」，「鋸」爲鋸木

---

128 藍永蔚云：「梩、鋤、版、築都是野戰築城進行土工作業的工具」，將梩與鉏亦列於構築營壘工具之列，雖與本文分類不同，但其實不相齟齬。藍氏謂這些工具用以「築城」，此見有待商榷。野戰須建構者乃營壘，實與築城不相關涉，當是藍氏筆誤。見藍永蔚著：《春秋時代的步兵》，頁113。

129 藍永蔚云：「斧、斤、鑿則都是典型的木工、金工工具」，可備爲一說。見藍永蔚著：《春秋時代的步兵》，頁113。

工具,今日仍有此物。「鋸」用於戰場,推測當與「斧」、「鑿」等工具配合,爲修繕車乘或器械之用。「錐」是尖銳器,乃製作鞋履之工具。《管子·輕重乙》記載製作及維修車乘所用工具,既然春秋時期戰爭乃以車戰爲主,這些工具理當運送至戰場,以備不時之需。《管子·輕重乙》有部分內容與〈海王〉相同,汰其重複,尚有「鑽」、「銶」與「軻」等三器。「鑽」是穿孔之具,功能當與「鑿」、「錐」類似。「銶」或謂是「鑿」一類工具,或謂乃「獨頭斧」。由於「軻」可讀爲「柯」,是斧柄之意;則「銶」應是「獨頭斧」,如此可與「軻」連言。除上引物資外,另有「釜」、「錡」、「甑」、「鬲」等烹煮食物之器,文獻雖未具體明言由「輜重」運載,但以常理推測應包括於內。「釜」、「錡」相類,前者無足而後者三足;概言之,二者皆烹飪食物之具。上述烹煮器物之材質,推測應是陶器,理由有二:(一)陶製器物重量較青銅材質爲輕;(二)大多數戰鬥人員爲「國人」之「士」,後勤人員之役人亦屬「國人」階層,使用陶質器物較符其階級與身分。

第四章　《左傳》所見武器類型

一、前　言

　　《史記・劉敬叔孫通列傳》「於是皇帝輦出房」句，唐人司馬貞（生卒年不詳）《索隱》云：「案：《輿服志》云：『殷周以輦載軍器，職載芻豢，至秦始去其輪而輿為尊也。』」[1]謂甲兵楯盾等軍器皆由「輦」載運。第三章已說明「輦」可釋為「輜重」車輛，據此可知兵器似亦由「輜重」載運。藍永蔚《春秋時代的步兵》認為「輜重」載運「備用的戈、矛、戟、殳和弓矢」；「除兵器外，戰士的甲楯、牛馬的挽具，在長期行軍作戰中都要不斷損耗。」[2]本章歸納《左傳》、《國語》及相關文獻記載春秋時代使用兵器，並釐清各種兵械數量。

　　《周禮・夏官・司右》曰：「凡國之勇力之士能用五兵者屬焉，掌其政令。」《注》云：「《司馬法》曰：『弓矢圍，殳矛守，戈戟助。』凡五兵，長以衛短，短以救長。」《疏》云：「引《司馬法》曰：『弓矢圍』者，圍城時也。『殳矛守』者，守城時也。『戈戟助』者，謂圍、守皆用戈戟助之。」[3]知「五兵」乃弓矢、殳、矛、戈、戟等。[4]據《司馬法》之說，知「五兵」於不同情況時，發揮「長以衛短，短以救長」之功能。又〈冬官考工記・

1　漢・司馬遷著，南朝宋・裴駰集解，唐・司馬貞索引，唐・張守節正義，日本・瀧川龜太郎考證：《史記會注考證》，頁1087。

2　藍永蔚著：《春秋時代的步兵》，頁113。

3　漢・鄭玄注，唐・賈公彥疏：《周禮注疏》，頁474。

4　弓、矢、殳、矛、戈、戟似為六者，然《周禮・夏官》有司弓矢一職，將弓、矢連言合併為一官所司，知弓矢可合為一兵。

廬人〉曰：「廬人為廬器。戈柲六尺有六寸。殳長尋有四尺。車戟常。酋矛常有四尺，夷矛三尋。⋯⋯六建既備，車不反覆，謂之國工。」《注》云：「柲猶柄也。八尺曰尋，倍尋曰常。酋、夷，長短名。酋之言遒也，酋近、夷長矣。⋯⋯六建，五兵與人也。」此處「五兵」為戈、殳、戟、酋矛、夷矛，與〈司右〉所載稍異。又〈夏官・司兵〉曰：「掌五兵五盾，各辨其物與其等，以待軍事。⋯⋯大喪，廞五兵。軍事，建車之五兵，會同，亦如之。」此處所言「車之五兵」，《疏》謂「先鄭云『五兵者，戈、殳、戟、酋矛、夷矛』者，此謂車之五兵。」《注》云：「車之五兵，鄭司農所云者是也。步卒之五兵，則無夷矛，而有弓矢。」[5]二鄭、賈氏之謂，「五兵」又分「車之五兵」、「步卒五兵」；前者是戈、殳、戟、酋矛、夷矛，後者為弓矢、殳、矛、戈、戟，且「步卒五兵」之矛為酋矛。《左傳》及《國語》確有此「五兵」記載，至於能否嚴守「車之五兵」與「步卒五兵」之別則有待商榷。劉雨〈西周金文中的軍事〉整理西周墓葬與青銅器銘文內容，歸納武器類型為「遠射器」、「長兵」、「短兵」、「防護器」四類。「遠射器」即弓矢一類武器；「長兵」包括矛、戈、戟、殳、鈹、闟；「短兵」有斧、劍；「防護器」分為蔽體器之干、盾等，護首器之冑，護身器之甲。[6]除「防護器」外，其他大致可與文獻「五兵」吻合。筆者爬梳《左傳》、《國語》，檢索戰場使用兵器相關記載，並標上序號臚列於下。

1. 四年春王三月，楚武王荊尸，授師子焉，以伐隨。（《左傳》莊公四年，690 B.C.）
2. 若不獲命，其左執鞭、弭，右屬櫜、鞬，以與君周旋。（《左傳》僖公二十三年，637 B.C.）
3. 丁未，獻楚俘于王：駟介百乘，徒兵千。（《左傳》僖公二十八年，632 B.C.）

5　漢・鄭玄注，唐・賈公彥疏：《周禮注疏》，頁 483-484、640-642。
6　劉雨著：〈西周金文中的軍事〉，收入中國社會科學院甲骨學殷商史研究中心編輯組編：《胡厚宣先生紀念文集》（北京：科學出版社，1998 年 11 月，1 版），頁 228-251。

4.侯叔夏御莊叔，縣房甥為右，富父終甥駟乘。冬十月甲午，敗狄于
　　鹹，獲長狄僑如。富父終甥摏其喉以戈，殺之。（《左傳》文公十
　　一年，616 B.C.）

5.狂狡輅鄭人，鄭人入于井。倒戟而出之，獲狂狡。（《左傳》宣公
　　二年，607 B.C.）

6.既而與為公介，倒戟以禦公徒而免之。（《左傳》宣公二年，607 B.C.）

7.楚許伯御樂伯，攝叔為右，以致晉師。……樂伯曰：「吾聞致師者，
　　左射以菆，代御執轡，御下，兩馬、掉鞅而還。」……晉人逐之，
　　左右角之。樂伯左射馬，而右射人，角不能進。矢一而已。……知
　　莊子以其族反之，廚武子御，下軍之士多從之。每射，抽矢，菆，
　　納諸廚子之房。（《左傳》宣公十二年，597 B.C.）

8.齊侯免，求丑父三入三出。每出，齊師以帥退。入于狄卒，狄卒皆
　　抽戈、楯冒之。以入于衛師，衛師免之。（《左傳》成公二年，589
　　B.C.）

9.王召養由基，與之兩矢，使射呂錡，中項，伏弢。以一矢復命。……
　　乃內旌於弢中。（《左傳》成公十六年，575 B.C.）

10.狄虒彌建大車之輪，而蒙之以甲，以為櫓。左執之，右拔戟，以成
　　一隊。（《左傳》襄公十年，563 B.C.）

11.范氏之徒在臺後，欒氏乘公門。……鞅用劍以帥卒，欒氏退，攝車
　　從之。遇欒樂，曰：「樂免之。死，將訟女於天。」樂射之，不中；
　　又注，則乘槐本而覆。或以戟鉤之，斷肘而死。（《左傳》襄公二
　　十三年，550 B.C.）

12.晉侯使張骼、輔躒致楚師……皆取胄於櫜而胄，入壘，皆下，搏人
　　以投，收禽挾囚。弗待而出。皆超乘，抽弓而射。（《左傳》襄公
　　二十四年，549 B.C.）

13.公欲出，廚人濮曰：「吾小人，可藉死，而不能送亡，君請待之。」
　　乃徇曰：「揚徽者，公徒也。」眾從之。公自揚門見之，下而巡之，
　　曰：「國亡君死，二三子之恥也，豈專孤之罪也？」齊烏枝鳴曰：

「用少莫如齊致死，齊致死莫如去備。彼多兵矣，請皆用劍。」從
之。……張匄抽殳而下，射之，折股。（《左傳》昭公二十一年，
521 B.C.）

14.陽虎前驅。林楚御桓子，虞人以鈹、盾夾之，陽越殿。（《左傳》
定公八年，502 B.C.）

15.句踐患吳之整也，使死士再禽焉，不動。使罪人三行，屬劍於頸。
（《左傳》定公十四年，496 B.C.）

16.甲戌，將戰，郵無恤御簡子，衛大子為右。……鄭人擊簡子中肩，
斃于車中，獲其蠭旗。大子救之以戈。（《左傳》哀公二年，493 B.C.）

17.冉求帥左師，管周父御，樊遲為右。……季氏之甲七千，冉有以武
城人三百為己徒卒。……齊師自稷曲，師不踰溝。樊遲曰：「非不
能也，不信子也，請三刻而踰之。」如之，眾從之。師入齊軍。……
冉有用矛於齊師，故能入其軍。（《左傳》哀公十一年，484 B.C.）[7]

18.兵車之屬六，乘車之會三，諸侯甲不解纍，兵不解翳，弢無弓，服
無矢。（《國語·齊語》）

19.行頭皆官師，擁鐸拱稽，建肥胡，奉文犀之渠。（《國語·吳語》）[8]

以下分為「弓、矢與箭房」、「矛與戈」、「戟、殳、劍與裝盛兵器之物」
及「甲、冑、盾與介」等四節，說明「輜重」載運兵器之種類與形制，並推
估其數量。

二、弓、矢與箭房

弓矢常見於戰場，是重要的「冷兵器」之一，亦是最早由狩獵工具轉變

---

7 晉·杜預集解，唐·孔穎達正義：《春秋左傳注疏》，頁 140、252、273、328、362、
365、394-397、424-425、476-477、538、603、610-611、869-870、966、984、996、
1016-1017。

8 三國·韋昭注：《國語韋昭註》，頁 176、435。

爲兵器者。[9]引文第 7 條《集解》云：「左，車左也。菆，矢之善者。」[10]《傳》文記載「車左」樂伯（生卒年不詳）「左射馬而右射人」，可證車左持弓放矢。又引文第 12 條記晉國張骼（生卒年不詳）、輔躒（生卒年不詳）向楚軍致師，二人入楚師軍壘與楚兵博鬥，後又超乘躍上車輿「抽弓而射」。所謂「抽弓而射」，竹添光鴻云：「弓插於輢，抽之而射。」[11]楊伯峻亦云：「弓本插於兵車兩旁，二人既上車，為抗擊追兵，故抽弓以射。」[12]弓插於兵車兩側，以便車上戰鬥人員使用。由此知弓未必僅有步兵使用，亦當是車兵使用武器之一。此外，與弓矢相關之武備有「房」，見引文第 7 條。《集解》云：「抽，擢也。菆，好箭。房，箭舍。」[13]竹添氏云：「己之箭房在背，故納之於當前御者之房，取其易而速也。」[14]楊氏云：「古代射手之箭房在背，知莊子每射，必先自背抽矢，若得好箭（菆）則不以射，而納之於廚子之箭房，便于用時抽出之。」[15]《傳》文謂「知莊子以其族反之，廚武子御」，知莊子（約 635 B.C.-583 B.C.）所乘兵車由廚武子（生卒年不詳）擔任御者，一車之長的車左則是知莊子本人。上文已說明兵車之上車左主射，故《傳》文謂知莊子「每射，抽矢。」裝盛箭矢者爲「房」，又稱「箭舍」、「箭房」，射者必有此物負於背部。《說文》有「箙」字，釋云：「弩矢箙也。」[16]《周禮・夏官・司弓矢》曰：「中春獻弓弩，中秋獻矢箙。」《注》云：「箙，盛矢器也，以獸皮為之。」[17]《說文解字注》認爲「箙」「本以竹木為之，故字从竹」，[18]亦頗具其理。《毛詩・小雅・采薇》曰：「四牡翼翼，象弭

9 楊泓、李力著：《中國古兵二十講》，頁 4。
10 晉・杜預集解，唐・孔穎達正義：《春秋左傳注疏》，頁 394。
11 日本・竹添光鴻著：《左傳會箋》，頁 1181。
12 楊伯峻著：《春秋左傳注》，頁 1092。
13 晉・杜預集解，唐・孔穎達正義：《春秋左傳注疏》，頁 397。
14 日本・竹添光鴻著：《左傳會箋》，頁 758。
15 楊伯峻著：《春秋左傳注》，頁 742。
16 漢・許慎著，清・段玉裁注：《說文解字注》，頁 198。
17 漢・鄭玄注，唐・賈公彥疏：《周禮注疏》，頁 485。
18 漢・許慎著，清・段玉裁注：《說文解字注》，頁 198。

魚服。」《傳》云：「魚服，魚皮也。」《箋》云：「服，矢服也。」[19]又引文第 18 條《注》言：「服，矢衣也。」「服」亦爲放置箭矢之器，知「服」即《說文》之「箙」。[20]《左傳》將「箙」寫作「房」，一者取空間之意，再者二字聲母相同且韻部相近，可爲通假。[21]此外，《儀禮‧既夕》曰：「役器：甲、冑、干、笮。」《注》云：「笮，矢箙。」[22]知「笮」亦是箭房。由上引論可知，箭房材質可爲竹、木，亦可用獸皮製作。[23]知莊子抽矢若有品質良善之箭，則置於御者廚武子之「房」，以便就近使用。由此可知不僅主射之車左攜帶箭房，駕車之御者亦有之，一車之上計有二只箭房。[24]至於車右是否背負箭房？《左傳》未明確記載，僅能闕而不論。〈司弓矢〉曰：「其矢箙皆從其弓。」《注》云：「從弓數也。每弓者，一箙百矢。」[25]知箭房之「箙」數量與弓之數量相符。既然車左與御者皆有箭房，兵車或許配置二把弓，一爲車左使用，另一則爲預備。此外，箭房上側有蓋，《左傳》記爲「冰」。昭公二十五年（517 B.C.）《傳》曰：「公徒釋甲執冰而踞，遂逐之。」《集解》云：「冰，櫝丸蓋，或云積丸是箭箭，其蓋可以取飮。」《正義》云：「賈逵云：『冰，櫝丸蓋也。』則是相傳為此言也。《方言》曰：『弓藏謂之鞬，或謂之櫝丸。』如彼文，則櫝丸是盛弓者也。」[26]漢人揚雄（53 B.C.-A.D.18）《方言》卷九云：「所以藏箭弩謂之箙，弓謂之鞬，

19　漢‧毛亨傳，漢‧鄭玄注，唐‧孔穎達正義：《毛詩注疏》，頁 334。

20　向熹編著：《詩經詞典（修訂版）》，頁 133。

21　「箙」字上古音爲並母職部，「房」字爲並母陽部，兩字聲母相同。見郭錫良著：《漢字古音手冊》，頁 108、255。

22　漢‧鄭玄注，唐‧賈公彥疏：《儀禮注疏》，頁 454。

23　沈文倬著：〈說箙〉，《浙江大學學報（人文社會科學版）》2006 年第 5 期，頁 176-177。

24　秦始皇陵園出土 1 號銅車馬亦有二只箭房，一只作筒形，焊接於車輿及左軨外部前側；另一只呈長方形，以銅鏈縛繫於前軨內側輿板之上，可與本文意見證合。見楊泓、李力著：《中國古兵二十講》，頁 122。

25　漢‧鄭玄注，唐‧賈公彥疏：《周禮注疏》，頁 485。

26　晉‧杜預集解，唐‧孔穎達正義：《春秋左傳注疏》，頁 894。

或謂之贖丸。」[27]知杜預所言「櫝丸」即此「贖丸」，是收納箭矢之物，即《左傳》所載「房」。箭房之蓋稱「冰」，實是「掤」字假借。[28]《毛詩·鄭風·大叔于田》曰：「抑釋掤忌，抑鬯弓忌。」《傳》云：「掤，所以覆矢。」《經典釋文》云：「掤，音冰，所以覆矢也。」[29]「掤」是箭房、箭筒之蓋，[30]昭公二十五年《傳》執此，楊伯峻認為是「臨時作飲器」，[31]其說或可從之。

　　除矢有箭房外，亦有裝置弓之器物，《左傳》、《國語》皆稱為「韔」。《集解》云：「韔，弓衣」；[32]《注》云：「韔，弓衣也」；[33]《說文》亦同。[34]然引文第9條「乃內旌於韔中」，《正義》又云：「韔是盛旌之囊也」，[35]竹添氏亦從此說。[36]典籍又有「韔」，如《毛詩·秦風·小戎》曰：「虎韔鏤膺，交韔二弓，竹閉緄縢。」《傳》云：「虎，虎皮也。韔，弓室也。……交韔，交二弓於韔中也。」《正義》云：「交二弓於韔中，謂顛倒安置之。」[37]又《禮記·檀弓下》曰：「軍有憂，則素服哭於庫門之外，赴車不載櫜韔。」《注》云：「櫜，甲衣；韔，弓衣。」[38]典籍又有「鬯」，如《毛詩·鄭風·大叔于田》曰：「抑釋掤忌，抑鬯弓忌。」《傳》云：「鬯弓，弢弓。」《正義》云：「鬯者，盛弓之器。鬯弓，謂弢弓而納之鬯中，

27 漢·揚雄著，清·錢繹箋疏：《方言箋疏》，頁318。

28 「冰」、「掤」上古音皆為幫母蒸部，可為通假。見郭錫良著：《漢字古音手冊》，頁280。

29 漢·毛亨傳，漢·鄭玄注，唐·孔穎達正義：《毛詩注疏》，頁164。

30 向熹編著：《詩經詞典（修訂版）》，頁28。

31 楊伯峻著：《春秋左傳注》，頁1464。

32 晉·杜預集解，唐·孔穎達正義：《春秋左傳注疏》，頁476。

33 三國·韋昭注：《國語韋昭註》，頁176。

34 漢·許慎著，清·段玉裁注：《說文解字注》，頁647。

35 晉·杜預集解，唐·孔穎達正義：《春秋左傳注疏》，頁477。

36 日本·竹添光鴻著：《左傳會箋》，頁921。

37 漢·毛亨傳，漢·鄭玄注，唐·孔穎達正義：《毛詩注疏》，頁238。

38 漢·鄭玄注，唐·孔穎達正義：《禮記注疏》，頁193。

故云『弆弓，弢弓』，謂藏之也。」[39]知「韔」、「㡇」皆指裝弓之袋。[40]典籍又有「韇」，[41]引文第2條《集解》云：「韇以受弓。」[42]典籍又見「韣」，《儀禮・既夕》曰：「有韣，骲矢一乘，骨鏃，短衛。」[43]《注》云：「韣，弓衣也，以緇布為之。」[43]知典籍所載「弢」、「韔」、「㡇」、「韇」、「韣」[44]皆裝置弓之器物，未見裝盛旌旗之用。《傳》文謂「內旌於弢中」應是便宜之計，將旌旗暫時收納「弢」內，「弢」應非專為「盛旌之囊」。上引〈小戎〉孔氏《正義》謂「交二弓於韔中」，知一「弢」可置二弓。依引文第7條記載，車左與御者皆配箭房，推測兵車應配置二弓。若以〈小戎〉孔氏《正義》之見，則此二弓當共用一「弢」以收納安置。至於二弓是否為車左與御者各用一把？雖無明確記載，但以常理推之，當僅由車左使用。《毛詩・魯頌・閟宮》《箋》云：「兵車之法，左人持弓，右人持矛，中人御。」[45]御者當專心駕御兵車，恐無暇持弓放矢。至於御者背負箭房，應是協助車左預備箭矢，讓車左便於取矢放箭。由上文引證可知，車左確實使用弓矢，與二鄭、賈氏謂「車之五兵」不包括弓矢之說相左。至於二鄭、賈氏謂「步卒五兵」使用弓矢，但《左傳》、《國語》卻不見徒兵使用弓矢之記載，推測弓矢應只限車兵使用。

39　漢・毛亨傳，漢・鄭玄注，唐・孔穎達正義：《毛詩注疏》，頁164。

40　向熹編著：《詩經詞典（修訂版）》，頁46。

41　依杜預《集解》知「韇」為收納弓之物，然漢人劉熙（？-約160）《釋名・釋兵》云：「馬上曰『韇』，韇，建也，言弓矢并建立其中也。」則「韇」除收納弓外亦有劍矢。見漢・劉熙著，任繼昉校：《釋名匯校》，頁376。

42　晉・杜預集解，唐・孔穎達正義：《春秋左傳注疏》，頁252。

43　漢・鄭玄注，唐・賈公彥疏：《儀禮注疏》，頁487。

44　「弢」字上古音為透母宵部，「韔」與「㡇」皆為透母陽部，「韇」為見母元部。見郭錫良著：《漢字古音手冊》，頁156、251、202。

45　漢・毛亨傳，漢・鄭玄注，唐・孔穎達正義：《毛詩注疏》，頁780。

三、矛與戈

　　「矛」是「用於衝刺的兵器」，[46]見引文第 17 條，《集解》於「以武城人三百為己徒卒」句云：「步卒精兵。」[47]冉求（522 B.C.-？）乘兵車統領左師，以三百步卒對抗齊師。《傳》文謂「冉有用矛於齊師，故能入其軍」，竹添光鴻認為冉有乘兵車而為車左，當持弓射敵。上引鄭玄謂「兵車之法，左人持弓，右人持矛，中人御。」故竹添氏認為因冉有之車右樊遲（515 B.C.-？）年幼，冉有「如樊遲言乃踰溝」，[48]持樊遲之矛入齊師中軍。[49]楊伯峻則有不同見解，認為「冉有用矛，非其一人用矛也，蓋冉有知齊軍之情，以用矛為利，左師俱用矛也。」[50]本文重點非討論此句意義，但由此可證春秋時代戰場上的確以矛為兵器。冉有為一車之長，仍持矛進擊齊軍，知矛配置於兵車。此外，《毛詩·鄭風·清人》曰：「清人在彭，駟介旁旁。二矛重英，河上乎翱翔。」《傳》云：「介，甲也。重英，矛有英飾也。」《箋》云：「駟，四馬也。二矛，酋矛、夷矛也，各有畫飾。」[51]先言「駟介」——意指四馬覆甲之兵車，後云「二矛」——酋矛及夷矛，知此「二矛」置於兵車，與《左傳》記載相符。又〈魯頌·閟宮〉曰：「公車千乘，朱英綠縢，二矛重弓。」《傳》云：「朱英，矛飾也。……重弓，重於韔中也。」知「朱英」指以紅色絲線或毛羽製成，裝置於矛上之裝飾物。[52]《箋》云：「『二矛重弓』，備折壞也。」《正義》云：「重弓，謂內弓於韔，韔中有二弓。……以重弓是一弓而重之，故知二矛亦一矛而有二，俱是備折壞也。」[53]前言「兵車千乘」，又云「二矛重弓」，知矛、弓皆置於兵車。依鄭、孔二氏之言，

46　馬承源主編，陳佩芬、吳鎮烽、熊傳新著：《中國青銅器》，頁 55。

47　晉·杜預集解，唐·孔穎達正義：《春秋左傳注疏》，頁 1016。

48　晉·杜預集解，唐·孔穎達正義：《春秋左傳注疏》，頁 1016。

49　日本·竹添光鴻著：《左傳會箋》，頁 1939。

50　楊伯峻著：《春秋左傳注》，頁 1661。

51　漢·毛亨傳，漢·鄭玄注，唐·孔穎達正義：《毛詩注疏》，頁 165。

52　向熹編著：《詩經詞典（修訂版）》，頁 647。

53　漢·毛亨傳，漢·鄭玄注，唐·孔穎達正義：《毛詩注疏》，頁 780-781。

「二矛重弓」之所以有二，乃若遇折損可作預備之用。毛氏謂此二把弓同置「鬯」中，「鬯」之意上文已說明，即置弓之「韣」。上引〈小戎〉謂二弓共用一「韣」以收納安置，此言「重弓」是「重於鬯中」，其意可與〈小戎〉相互發明。依鄭玄之見，矛為車右所執，兵車置二矛亦應是預備之用。除兵車配置矛外，徒兵亦使用此兵器。《毛詩・秦風・無衣》曰：「豈曰無衣？與子同袍。王于興師，修我戈矛，與子同仇。」《傳》云：「袍，襺也。上與百姓同欲，則百姓樂致其死。戈長六尺六寸，矛長二丈。」《箋》云：「此責康公之言也。君豈嘗曰：女無衣，我與女共袍乎？言不與民同欲。……君不與我同欲，而於王興師，則云：脩我戈矛，與子同仇，往伐之。刺其好攻戰。」《正義》云：「然則士卒眾矣，人君不可皆與同衣。……故假同袍以為辭耳，非百姓皆欲望君與之共袍也。」又「詩序」云：「〈無衣〉，刺用兵也。秦人刺其君好攻戰，亟用兵，而不與民同欲焉。」[54]知此詩乃刺秦康公（？-609 B.C.）好征戰，不與「百姓」、「民」同欲。依毛氏及「詩序」之意，此詩乃「百姓」、「民」諷刺其君之作。至於「百姓」、「民」者為何？孔氏謂「士卒眾矣」，無疑是泛指戰鬥人員，如此才能與詩中戈矛之詞聯結。至於此士卒又是何種身分？既然已謂「士卒眾矣」，且諷刺秦康公不能與其同袍、體恤其辛勞，知其身分應非大夫以上貴族，而是擔任徒兵的「國人」之「士」。若推測無誤，依此可知徒兵亦配置矛。至於徒兵所用是酋矛或夷矛，典籍無明確記載。《周禮・冬官考工記・廬人》曰：「酋矛常有四尺，夷矛三尋。」《注》云：「八尺曰尋，倍尋曰常。酋、夷，長短名。」[55]知酋矛短而夷矛長，若以情理言，徒兵所用或當為酋矛。

「戈」是商周兵器最常見者，又稱「句兵」，[56]以鈎殺為主要攻擊方式。[57]許進雄先生《中國古代社會——文字與人類學的透視》認為，戈「形

---

54 漢・毛亨傳，漢・鄭玄注，唐・孔穎達正義：《毛詩注疏》，頁 244-245。

55 漢・鄭玄注，唐・賈公彥疏：《周禮注疏》，頁 640。

56 《周禮・冬官考工記・廬人》曰：「凡兵，句兵欲無僤，刺兵欲無蜎。」鄭玄《注》云：「句兵，戈、戟屬。刺兵，矛屬。」見漢・鄭玄注，唐・賈公彥疏：《周禮注疏》，頁 641。

式或可能取自農具的鐮」，但可肯定「銅戈是針對人類打造的新武器。」[58]戈配置兵車見引文第4條，《集解》云：「捲，猶衝也。」《正義》云：

> 駟乘，四人共車。……《考工記》：戈之長六尺六寸耳，得及長狄之喉者。兵車之法，皆三人共乘。魯、宋與長狄之戰，車皆四乘。改其乘，必長其兵。謂之戈，蓋形如戈也。[59]

《傳》文記載此役魯國兵車有四位乘員，除原本車左、御者及車右外，第四名乘員「駟乘」立於前述三者之後。《傳》文謂富父終甥（生卒年不詳）擔任駟乘，並執戈衝刺長狄僑如（？-616 B.C.）而殺之。杜預認為《考工記》謂戈長度為六尺六寸，若由「駟乘」持戈戰鬥，六尺六寸必然過短，故須增加戈之木柄長度。杜預之說頗合情理，當可信從。又引文第16條《集解》云：「斃，踣也。」[60]依《傳》文可知衛大子蒯聵（？-478 B.C.）擔任趙簡子（？-476 B.C.）車右，趙簡子受敵攻擊踣倒兵車之上，車右衛大子持戈救之，由此亦可知兵車配置戈。上文曾引鄭玄謂「右人持矛」，然此處衛大子為車右而持戈，如此豈非矛盾？本文重點不在討論車右所執兵器究竟為何，僅就《左傳》、《國語》等文獻所載戰場所用兵器作疏理，於此不再贅述。[61]徒兵執戈之例見引文第8條，《集解》云：「狄卒者，狄人從晉討齊者。狄、衛畏齊之強，故不敢害齊侯，皆共免護之。」[62]竹添光鴻云：「抽戈示欲殺人，使晉人不疑其貳也。楯冒之，恐誤傷之也。冒，護也。」[63]楊伯峻云：「狄人無車兵，僅有徒兵，所以謂之『狄卒』。楯同盾。冒，覆也。狄卒皆

---

57 馬承源主編，陳佩芬、吳鎮烽、熊傳新著：《中國青銅器》，頁43。

58 許進雄著：《中國古代社會──文字與人類學的透視》，頁527。

59 晉·杜預集解，唐·孔穎達正義：《春秋左傳注疏》，頁328。

60 晉·杜預集解，唐·孔穎達正義：《春秋左傳注疏》，頁996。

61 楊伯峻云：「古人言戈戟不盡分別，戟為戈矛合體，刺、勾、啄三用之器，故戟有時亦謂之戈。」楊伯峻著：《春秋左傳注》，頁582。

62 晉·杜預集解，唐·孔穎達正義：《春秋左傳注疏》，頁425。

63 日本·竹添光鴻著：《左傳會箋》，頁816。

抽戈與盾以護齊侯。狄、衛雖是晉之友軍，但皆不肯加害齊侯，反保護之。」[64]
楊氏謂「狄人無兵車」乃據《左傳》昭公元年（541 B.C.）記載，曰：

> 晉中行穆子敗無終及群狄于大原，崇卒也。將戰，魏舒曰：「彼徒我
> 車，所遇又阨，以什共車，必克。困諸阨，又克。請皆卒，自我始。」
> 乃毀車以為行，五乘為三伍。

《集解》云：「崇，聚也。……去車為步卒。魏舒先自毀其屬車為步陳。」[65]
《傳》文明載狄人不用車乘而僅爲徒兵，故魏舒（約 565 B.C.-509 B.C.）以
車兵爲徒兵，方能與狄人對抗。引文第 8 條稱「狄卒」，知乃由狄人組成之
徒兵，是從晉軍征齊者。齊頃公爲搜救其車右逢丑父而冒險深入軍陣，狄卒
雖是晉國屬軍，但不肯加害齊頃公，故以戈、盾保護之，由此知徒兵有執戈
之記載。此外，上引〈秦風·無衣〉曰：「王于興師，修我戈矛，與子同仇」，
亦是徒兵執戈之例。又如《尚書·武成》曰：「罔有敵于我師，前徒倒戈，
攻于後以北。」題漢人孔安國（約 156 B.C.-74 B.C.在世）《傳》云：「紂眾
服周仁政，無有戰心，前徒倒戈，自攻于後以北走。」[66]謂商紂軍隊前方徒
兵持戈倒向周武王（？-1043 B.C.）部隊，反而以戈自相殘殺，亦可爲步兵持
戈之證。《中國文化發展史·先秦卷》認爲矛與戈主要用於車戰，[67]經本文
討論，二種兵器亦見用於徒兵，不必爲車兵專擅。

四、戟、殳、劍與裝盛兵器之物

「戟」是「一種既可刺殺也可勾啄的具有雙重性能的兵器」，[68]戟置於

64 　楊伯峻著：《春秋左傳注》，頁 795。

65 　晉·杜預集解，唐·孔穎達正義：《春秋左傳注疏》，頁 704-705。

66 　題漢·孔安國傳，唐·孔穎達正義：《尚書注疏》，頁 162。

67 　龔書鐸主編，廖名春分冊主編：《中國文化發展史·先秦卷》，頁 308-309。

68 　馬承源主編，陳佩芬、吳鎮烽、熊傳新著：《中國青銅器》，頁 54。

兵車之記載見引文第 5 條,《集解》云:「狂狡,宋大夫。輅,迎也。」[69]第四章曾引此條說明春秋時代井之尺寸,此處杜預謂宋大夫狂狡迎戰鄭人,「輅」之迎戰當指以兵車驅馳。狂狡既爲宋國大夫,理當立於兵車上;因見鄭人誤墜井中,故下車以戟救之,知兵車配置戟。引文第 10 條《集解》云:「狄虒彌,魯人也。蒙,覆也。櫓,大楯。百人爲隊。」《正義》云:

> 鄭玄云:「大車,平地載任之車也。」……建,立也。立此大車之輪,而覆之以甲,以爲櫓也。……隊是行列之名,百人爲隊,相傳爲然。成一隊者,言其當百人也。[70]

竹添光鴻亦云:

> 狄虒彌不用楯,覆甲於輪以代楯,故曰:「以爲櫓。」且不乘車,但執大車之輪,以徒步衝鋒,故曰:「左執之楯,右拔戟,以成一隊。」……概倉促不備器械,借以禦矢石也。[71]

以孔氏意,因狄虒彌(生卒年不詳)勇力過人,能以一抵百,《傳》文謂其「以成一隊」。然楊伯峻認爲「以成一隊」是「衝鋒陷陣之步兵」,謂狄虒彌率領衝鋒隊上陣。姑且不論孰是孰非,但可確知狄虒彌是以徒兵身分執戟衝鋒,可證徒兵配有戟。又引文第 11 條《集解》云:「用劍短兵接敵,欲致死。……欒車櫟槐而覆。」[72]范鞅(?-501 B.C.)率領其「徒」——即徒兵——於公臺之後,此時欒氏登公門欲攻入。清人沈欽韓(1775-1831)《春秋左氏傳補注》云:「范鞅既步戰以退欒氏之攻,復乘車以追逐欒氏也。攝

69　晉・杜預集解,唐・孔穎達正義:《春秋左傳注疏》,頁 362。

70　晉・杜預集解,唐・孔穎達正義:《春秋左傳注疏》,頁 538 。

71　日本・竹添光鴻著:《左傳會箋》,頁 1031。

72　晉・杜預集解,唐・孔穎達正義:《春秋左傳注疏》,頁 603。

車，猶超乘。」[73]《傳》文謂欒樂（？-550 B.C.）之車因觸槐樹之根而翻覆，范鞅陣營有人持戟，鉤欒樂而斷其肘。范鞅乃率其徒兵與欒氏對抗，持戟斷欒樂之肘者當是徒兵，此亦可證徒兵持戟作戰。《左傳》又稱「戟」為「子」，見引文第 1 條。《集解》云：「揚雄《方言》：『子者，戟也。』[74]」《正義》云：「《方言》云：『戟謂之子。』郭璞云：『取名於鉤子也。』戟是擊刺之兵，有上刺之刃，又有下鉤之刃，故以鉤子為名也。」[75]楊伯峻衍釋孔氏之意，謂「戟為戈矛合體之武器，柄前安置刃以刺，旁有橫刃可以勾啄，兼有勾與刺兩種作用。」[76]「戟」字上古音為見母鐸部，「子」字為見母月部；[77]兩字聲母相同，應具通假用法，故以「子」字表「戟」。

「殳」是「一種竹、木製的一端帶有銅鐓的打擊兵器」，[78]《左傳》僅一見，引文第 13 條《集解》云：「殳長丈二，在車邊。」[79]竹添光鴻云：「殳如杖，八稜，長丈二而無刃。或以木為之，或以竹為之。殳在輢，抽之而下。」[80]《毛詩·衛風·伯兮》亦有殳，詩曰：「伯也執殳，為王前驅。」《傳》云：「殳長丈二而無刃。」[81]又《呂氏春秋·仲秋紀·愛士》云：「晉惠公之右路石奮投而擊繆公之甲，中之者已六札矣。」[82]清人王念孫（1744-1842）《讀書雜志·餘編上》「奮投」條云：「投當為殳字之亦也。

73　清·沈欽韓著：《春秋左氏傳補注》，收入清·王先謙編：《續經解春秋類彙編》（臺北：藝文印書館，1986 年 9 月，1 版），頁 2564。

74　本句原文作「戟，楚謂之子。」見漢·揚雄著，清·錢繹箋疏：《方言箋疏》，頁 299。

75　晉·杜預集解，唐·孔穎達正義：《春秋左傳注疏》，頁 140。

76　楊伯峻著：《春秋左傳注》，頁 163。

77　郭錫良著：《漢字古音手冊》，頁 70、37。

78　龔書鐸主編，廖名春分冊主編：《中國文化發展史·先秦卷》，頁 310。

79　晉·杜預集解，唐·孔穎達正義：《春秋左傳注疏》，頁 870。

80　日本·竹添光鴻著：《左傳會箋》，頁 1640。

81　漢·毛亨傳，漢·鄭玄注，唐·孔穎達正義：《毛詩注疏》，頁 139。

82　秦·呂不韋編，漢·高誘注，陳奇猷校釋：《呂氏春秋校釋》，頁 459。

《說文》：『杸，軍中士所持殳也，從木從殳。』[83]引《司馬法》『執羽從杸』。[84]《急救篇》曰：『鐵鏈榶杖桃柲杸』，[85]今經傳通作殳。」[86]知殳置於車輿之側，故可抽取用之。《中國文化發展史·先秦卷》云：「殳可用於刺殺，又可用於砸擊，至一直延續使用，至後代又演變為棍棒類的其他兵器。」[87]至於徒兵是否配殳，因文獻無所徵，僅能闕而不論。

除上引弓矢、矛、戈、戟、殳等「五兵」外，《左傳》尚見以劍為武器，可參引文第 11 條及第 13 條。引文第 13 條《集解》云：「徽，識也。見國人，皆揚徽。」[88]竹添光鴻云：「《說文》作幑，云：『幟也』，[89]以絳帛著於背。」[90]楊伯峻謂「徽」字古有二說，或為旗幟，或為肩章或胸章。楊氏認為肩章或胸章，難以如《傳》文所言可「揚徽」。[91]孫機《中國古輿服論叢》亦認為「徽」是著於兵士之身的小標誌，[92]當以旗幟之說較勝。杜預又云：「備，長兵也。」[93]竹添氏不同意杜氏之說，認為「去備，謂去陳列備具。……豈必去長兵之謂哉？」[94]楊氏亦言：「杜《注》此謂『備，長兵也』，蓋因

---

83 本句原文作「杸，軍中士所持殳也，从木、殳。」見漢·許慎著，清·段玉裁注：《說文解字注》，頁 120。

84 本句原文係《說文解字注》所引《司馬法》，見漢·許慎著，清·段玉裁注：《說文解字注》，頁 120。

85 本句原文作「鐵鏈榶杖桃柲杸。」見漢·史游著，楊月英注：《急就篇》（北京：中華書局，2014 年 8 月，1 版），頁 124。

86 清·王念孫著：《讀書雜志·漢書第八》（南京：江蘇古籍出版社，2000 年 9 月，1 版），頁 1022。

87 龔書鐸主編，廖名春分冊主編：《中國文化發展史·先秦卷》，頁 310。

88 晉·杜預集解，唐·孔穎達正義：《春秋左傳注疏》，頁 869-870。

89 《說文》云：「幑，幑識也，以絳帛，箸於背。」見漢·許慎著，清·段玉裁注：《說文解字注》，頁 363。

90 日本·竹添光鴻著：《左傳會箋》，頁 1638。

91 楊伯峻著：《春秋左傳注》，頁 1428。

92 孫機著：《中國古輿服論叢》（北京：文物出版社，1993 年 6 月，1 版），頁 146-149。

93 晉·杜預集解，唐·孔穎達正義：《春秋左傳注疏》，頁 870。

94 日本·竹添光鴻著：《左傳會箋》，頁 1639。

下文用劍而云云，不知此去備與下文用劍並無密切關連。」[95]「去備」二字當可從竹添氏之見，謂去除武備。至於用劍者，楊氏認為「短兵相接，以勇者勝。」[96]特意去除武備而僅用短兵之劍對戰，不僅藉此表示勇武，且展現視死如歸之決心。[97]此《傳》中齊國大夫烏枝鳴（生卒年不詳）所言對象主要為「公徒」，即國君之徒兵。[98]由此二條引文可知，車兵、徒兵皆配劍。《左傳》另見罪人配劍之例，引文第 15 條《集解》云：「以劍注頸。」[99]竹添氏云：「一行先往，注劍而辭而自剄，二行、三行陸續以進也。此非害吳師，極是古怪而視之也。」[100]正如竹添氏所言，越軍以罪人三行列於軍陣前，以劍自剄之舉令吳軍一時摸不著頭緒。越軍趁隙發動猛攻，致使吳軍大敗。罪人雖非正規戰鬥人員，卻配劍於陣前自剄。由於文獻僅此一見，當以特例視之。

此外，引文第 14 條另有「鈹」。《說文》云：「鈹，一曰劍而刀裝者。」《注》云：「劍兩刃、刀一刃，而裝不同，實劍而用刀削裹之是曰鈹。」[101]《正義》於《左傳》昭公二十七年（515 B.C.）「門、階、戶、席，皆王親也，夾之以鈹」句云：「《說文》云：『鈹，劍也。』則鈹是劍之別名。」[102]

95　楊伯峻著：《春秋左傳注》，頁 1428。

96　楊伯峻著：《春秋左傳注》，頁 1428。

97　《中國文化發展史・先秦卷》云：「春秋中期以後，步騎兵興起，車戰退居不重要的地位，戰爭本身要求大力發展用於近戰的短兵器，加之青銅鑄造工藝的明顯提高，使青銅劍的劍身加長，劍體用兩種含量不同的青銅嵌鑄而成，其形制趨於統一規範，成為成熟的格鬥兵器，已在實戰中大量使用。」見龔書鐸主編，廖名春分冊主編：《中國文化發展史・先秦卷》，頁 312。《左傳》與《國語》記載劍用於實戰者，僅見引文第 13 條，其餘皆非用於真正格鬥。推測劍應是貴族配帶的隨身短兵，用以裝飾或象徵身分方是主要目的。

98　關於「公徒」之意，本編第六章另有說明，於此不再贅述。

99　晉・杜預集解，唐・孔穎達正義：《春秋左傳注疏》，頁 984。

100　日本・竹添光鴻著：《左傳會箋》，頁 1865。

101　漢・許慎著，清・段玉裁注：《說文解字注》，頁 713。

102　晉・杜預集解，唐・孔穎達正義：《春秋左傳注疏》，頁 908。

竹添氏亦從《說文》之見，認為鈹是劍屬。[103]楊氏則述之較詳，謂鈹「形似刀，而兩邊有刃，寶劍屬。」[104]知鈹當是劍一類兵器。《中國青銅器》謂考古發現有長柄而鋒如長劍之兵器，即將劍裝置柄身，認為此即文獻之鈹。[105]考古發掘戰國秦國鈹可插入長柄，總長可達 3.59 公尺至 3.82 公尺。[106]雖然此物裝置長柄，然其鋒部仍以劍為之，故視為劍屬亦無不可。引文第 14 條記載執鈹與盾者為「虞人」，「虞人」者何？楊伯峻云：「據《周禮》〈山虞〉、〈澤虞〉，每大山大澤俱有中士四人，下士若干。故能以鈹盾夾之。」[107]今暫依楊氏之說。虞人持鈹、盾夾季桓子（？-492 B.C.）兵車，知虞人當是徒行而非乘車。既然學者皆謂鈹為劍一類兵器，而劍又不分車兵、徒兵皆可配帶，推測鈹亦當如是。

除上述兵器外，文獻亦見裝盛兵器之物。如上文已說明盛箭矢之物，《左傳》稱為「房」，其他文獻又稱「箙」、「服」、「笌」。置弓之物《左傳》稱為「弢」，其他文獻又稱「韔」、「鬯」、「鞬」、「韣」。另有一物稱為「櫜」，《說文》云：「車上大櫜。」《注》云：「云『車上大櫜』者，謂可藏任器載之於車也。」[108]「任器」之意，《周禮·地官·牛人》曰：「凡會同、軍旅、行役，共其兵車之牛與其牽徬，以載公任器。」《注》云：「任，猶用也。」《疏》云：「『任，猶用也』者，謂在軍所須之器物皆是也。」[109]由〈牛人〉內容可知，載運「任器」者即牛車，即本文討論之「輜重」，意指「重」、「大車」等運送物資之後勤車輛。櫜可裝盛物品頗為多樣，如引文第 2 條《集解》云：「櫜以受箭」，[110]知櫜可盛箭矢。又如引文第 12 條

103　日本·竹添光鴻著：《左傳會箋》，頁 1105。

104　楊伯峻著：《春秋左傳注》，頁 1031。

105　馬承源主編，陳佩芬、吳鎮烽、熊傳新著：《中國青銅器》，頁 63。

106　王學理、尚志儒、呼林貴等著：《秦物質文明史》，頁 180。

107　楊伯峻著：《春秋左傳注》，頁 1568。

108　漢·許慎著，清·段玉裁注：《說文解字注》，頁 279。

109　漢·鄭玄注，唐·賈公彥疏：《周禮注疏》，頁 197。

110　晉·杜預集解，唐·孔穎達正義：《春秋左傳注疏》，頁 252。

謂「皆取冑於櫜而冑」，楊伯峻云：「櫜音高，此謂盛甲冑之櫜。」[111]上文
所引《禮記・檀弓下》亦稱櫜爲甲衣，知櫜可盛甲冑。又如《毛詩・小雅・
彤弓》曰：「彤弓弨兮，受言櫜之。」《傳》云：「櫜，韜也。」《毛詩・
周頌・時邁》又曰：「載戢干戈，載櫜弓矢。」《傳》云：「櫜，韜也。」
《正義》云：「櫜者，弓衣，一名韜，故內弓於衣謂之韜弓。」[112]知櫜可盛
弓。何以文獻記載櫜裝盛物品如此繁多？筆者認爲若以《說文》之見解釋即
可迎刃而解。何則？櫜當如許愼所言，是盛物之大囊櫜，凡弓、矢、甲、冑
等裝備，若尺寸可容皆能盛於櫜中，應不必拘泥特定物品。此外，揚之水《詩
經名物新證》釋囊櫜之形制云：

> 囊是有底的袋子，口可束結。櫜，則有兩種，其一，用一塊袋料，置
> 物而席卷之，然後兩端紮住即成。……其二，兩端封底，中間開口，
> 兩頭便可以用來盛物。[113]

依揚氏所言，櫜僅是以布料包卷物品而兩端束口，故布料稍大於物品者皆可
席卷包覆。此外《毛詩・大雅・公劉》曰：「迺裹餱糧，于櫜于囊，思輯用
光。」《傳》云：「小曰櫜，大曰囊。」《箋》云：「乃裹糧食於囊櫜之
中。」[114]知囊櫜尚可裝盛糧食等物。許氏已言櫜是「車上大櫜」，段氏釋
櫜是裝盛由牛車所載運物資之囊櫜，而典籍又記櫜所裝盛皆爲武器，由此可
證後勤「輜重」車輛當可載運兵器。《周禮・冬官考工記》有「鮑人」一職，
《注》云：「鮑，故書或作鞄。鄭司農云：『《蒼頡篇》有鞄宛。』」《疏》
云：「此官治皮，宜從革，故玄引先鄭於此，取從革旁之義。」[115]陳振中《先

---

111 楊伯峻著：《春秋左傳注》，頁 1092。

112 漢・毛亨傳，漢・鄭玄注，唐・孔穎達正義：《毛詩注疏》，頁 353、719。

113 揚之水著：《詩經名物新證（修訂版）》（天津：天津教育出版社，2012 年 6 月，2
版），頁 43-44。

114 漢・毛亨傳，漢・鄭玄注，唐・孔穎達正義：《毛詩注疏》，頁 617。

115 漢・鄭玄注，唐・賈公彥疏：《周禮注疏》，頁 621。

秦手工業史》認為「鮑人」即「負責製造納藏兵甲等較大型器物的皮囊」，[116] 其說可從。

五、甲、冑、盾與介

「輜重」載運武器除上文所述攻擊武器外，另有防禦武器。如上段所舉以囊裝盛之「甲」、「冑」即是其二。《說文》云：「冑，兜鍪也。」《注》云：「兜鍪，首鎧也。按：古謂之冑，漢謂之兜鍪，今謂之盔。」[117]「甲」是戰鬥人員身上所著甲衣，「冑」是頭上所帶頭盔。甲、冑為戰鬥人員必備護具，《左傳》、《國語》相關記載甚夥，本文不一一具引。在此須先說明，部隊出征時，戰鬥人員應是會戰前夕方著甲、冑，行軍期間應將甲、冑置於「輜重」。何以知之？引文第 12 條謂「張骼、輔躒致楚師」，待到逼近楚師營壘時方「取冑於櫜而冑。」知冑平時盛於櫜內，待戰鬥時方取而戴之。又《國語‧齊語》云：「兵車之屬六，乘車之會三，諸侯甲不解纍，兵不解翳，弢無弓，服無矢。」《注》云：「纍，所以盛甲也。」[118]《說文》云：「纍，……一曰大索也。」[119]「纍」是繫縛甲之繩索，待需使用時方配予戰鬥人員。此外，上節已說明櫜可置甲、冑等物，若部隊行軍時戰鬥人員已著甲、冑，大可不必特意攜帶櫜櫜等物。反之，既然甲、冑以櫜櫜收納，可證須置於「輜重」載運，待會戰前方配予著裝。此外，《左傳》亦見「介」釋為甲衣之例，如引文第 6 條《集解》云：「靈輒為公甲士。」[120]一般而言，甲、介通常以牛皮縫製，最堅韌者為犀牛皮。[121]上文曾引《周禮‧夏官‧司兵》，謂「司

---

116 陳振中著：《先秦手工業史》（福州：福建人民出版社，2009 年 1 月，1 版），頁 667。

117 漢‧許慎著，清‧段玉裁注：《說文解字注》，頁 357。

118 三國‧韋昭注：《國語韋昭註》，頁 176。

119 漢‧許慎著，清‧段玉裁注：《說文解字注》，頁 663。

120 晉‧杜預集解，唐‧孔穎達正義：《春秋左傳注疏》，頁 273、365。

121 許進雄著：《中國古代社會——文字與人類學的透視》，頁 530。

兵」管理「五兵五盾」之職。《注》云:「五盾,干、櫓之屬,其名未盡聞也。」[122]知「干」、「櫓」皆爲盾一類武器。典籍常見干、戈連言,《尚書·牧誓》曰:「稱爾戈,比爾干,立爾矛,予其誓。」《傳》云:「稱,舉也。戈,戟。干,楯也。」《正義》云:「《方言》又云:『楯,自關而東或謂之櫓,或謂之干,關西謂之楯。』[123]是干、楯為一也。」[124]知「干」即是「楯」。引文第8條有「楯」,《說文》云:「闌檻也。」《注》云:「王逸《楚辭》注曰:『檻,楯也。』[125]從曰檻,橫曰楯。古亦用為盾字。」[126]知「楯」又是盾之屬。引文第14條可見「盾」,《說文》云:「盾,瞂也,所以扞身蔽目。」盾即今日所謂盾牌,知盾、楯、干皆是防禦武器,其義一也。此外,引文第10條有「櫓」,《集解》云:「大楯。」[127]又引文第19條有「文犀之渠」,《注》云:「謂楯也。文犀,犀之有文理者。」[128]知此處之「渠」亦屬干、盾、楯、櫓一類防具。此外,《毛詩·秦風·小戎》曰:「俴駟孔群,厹矛鋈錞,蒙伐有苑。」《傳》云:「伐,中干也。」《經典釋文》云:「伐,如字,本或作瞂,音同,中干也。」[129]知此處「伐」字本或作「瞂」。《說文》云:「瞂,盾也。」[130]上文已引《說文》,許慎又以「瞂」釋盾,知盾、瞂意義相同。則〈小戎〉之伐當釋爲瞂,亦是盾牌一類防具。[131]此外,

---

122　漢·鄭玄注,唐·賈公彥疏:《周禮注疏》,頁484。

123　本句原文作「盾,自關而東或謂之瞂,或謂之干。關西謂之盾。」見漢·揚雄著,清·錢繹箋疏:《方言箋疏》,頁308。

124　題漢·孔安國傳,唐·孔穎達正義:《尚書注疏》,頁158。

125　周·屈原等著,漢·劉向集錄,漢·王逸章句,宋·洪興祖補注:《楚辭補注》(臺北:大安出版社,1995年6月,1版),頁106。

126　漢·許慎著,清·段玉裁注:《說文解字注》,頁357、137、258。

127　晉·杜預集解,唐·孔穎達正義:《春秋左傳注疏》,頁538。

128　三國·韋昭注:《國語韋昭註》,頁435。

129　漢·毛亨傳,漢·鄭玄注,唐·孔穎達正義:《毛詩注疏》,頁238。

130　漢·許慎著,清·段玉裁注:《說文解字注》,頁138。

131　向熹編著:《詩經詞典(修訂版)》,頁112。

《釋名・釋兵》云：「狹而短者曰子盾，車上所持者也。子，小稱也。」[132]
然「子盾」僅見該書，先秦典籍亦未載明，故本文附列以爲參考。

除人員需武器裝備外，駕駛兵車的馬匹亦有防具，《左傳》稱爲「介」。
引文第 3 條記載晉、楚城濮之戰後，晉文公（697 B.C.-628 B.C.）向周襄王（？
-619 B.C.）獻楚俘：「駟介百乘，徒兵千。」《集解》云：「駟介，四馬被
甲。」成公二年（589 B.C.）《傳》記載晉、齊鞌之戰，齊頃公自信可輕取
晉師，故「不介馬而馳之。」《集解》云：「介，甲也。」[133]《毛詩・鄭風・
清人》亦曰：「駟介旁旁。……駟介麃麃。……駟介陶陶。」《傳》云：「介，
甲也。」《箋》云：「駟，四馬也。」《正義》云：「介是甲之別名，故云：
『介，甲也。』」[134]楊伯峻認爲「古人戰車馬必被甲，成二年鞌之戰，齊侯
不介馬而馳晉軍，以特例而書。」[135]依楊氏之見，兵車四馬皆須被「介」作
戰，成公二年《傳》晉齊鞌之戰齊頃公「不介馬」乃爲特例，其說當可信從。

最後附帶說明的是，《左傳》另見「鉞」與「鍼」。「鉞」見襄公三年
（570 B.C.）《傳》，文曰：「不能致訓，至於用鉞，臣之罪重，敢有不從
以怒君心？」《集解》云：「用鉞斬揚干之僕。」[136]又昭公四年（538 B.C.）
《傳》曰：「王弗聽，負之斧鉞，以徇於諸侯。」[137]又昭公十五年（527 B.C.）
《傳》見「鍼」與「鉞」連言，文曰：「其後襄之二路，鍼鉞、秬鬯，彤弓、
虎賁，文公受之。」《集解》云：「鍼，斧也。鉞，金鉞。」[138]《正義》云：

　　《廣雅》云：「鍼、鉞，斧也。」[139]俱是斧也。蓋鉞大而斧小。《大

---

[132] 漢・劉熙著，任繼昉校：《釋名匯校》，頁 389。

[133] 晉・杜預集解，唐・孔穎達正義：《春秋左傳注疏》，頁 273、423。

[134] 漢・毛亨傳，漢・鄭玄注，唐・孔穎達正義：《毛詩注疏》，頁 165。

[135] 楊伯峻著：《春秋左傳注》，頁 463。

[136] 晉・杜預集解，唐・孔穎達正義：《春秋左傳注疏》，頁 502。

[137] 晉・杜預集解，唐・孔穎達正義：《春秋左傳注疏》，頁 732。

[138] 晉・杜預集解，唐・孔穎達正義：《春秋左傳注疏》，頁 824。

[139] 本句出自《廣雅・釋器》卷八上，原文云：「戉、戚，斧也。」見魏・張揖輯，清・
　　王念孫疏證，鍾宇訊點校：《廣雅疏證》，頁 253。

公六韜》云:「大柯斧,重八斤,一名天鉞。」[140]是鉞大於斧也。《尚
書‧牧誓》云:「武王左杖黃鉞。」孔安國云:「以黃金飾斧。」[141]
是鉞以金飾也。[142]

「鏚」又見《左傳》昭公十二年(530 B.C.),文曰:「工尹路請曰:『君
王命剝圭以為鏚柲,敢請命。』」《集解》云:「鏚,斧也。柲,柄也。破
圭玉以飾斧柄。」[143]知鉞與鏚皆斧一類兵器,大者稱鉞、小者稱鏚。《左傳》
雖見二種兵器,然皆非用於戰場。羅琨《商代戰爭與軍制》分析出土商代斧
鉞一類兵器,認為:

> 墓中隨葬青銅鉞的數量和大小,與墓主的軍事統帥權的大小密切相
> 關。尤其是一些大型銅鉞,型體厚重,紋飾繁縟,不便用於實戰,主
> 要用作儀仗器。[144]

許進雄先生《中國古代社會——文字與人類學的透視》亦認為,鉞「在實際
戰鬥中攻擊的方向有局限性,效率較低,主要用為處刑的刑具,故發展成為
權威的象徵。」至於鏚,「雖然它也有殺傷的能力,主要還是作為舞具或儀
仗。」[145]自商代始,青銅鉞已轉變為儀仗用器,[146]春秋時代鉞與鏚視為具有
權杖及刑具用途當無疑議,[147]故本文不列入討論之列。

---

140 本句出自《六韜‧虎韜‧軍用》,原文云:「大柯斧,刃長八寸,重八斤,柄長五
　　尺以上,千二百枚,一名天鉞。」見周‧姜尚著:《六韜》,收入《子書二十八種》
　　冊 6,頁 7。

141 〈牧誓〉原文曰:「王左杖黃鉞。」題孔安國《傳》原文云:「鉞以黃金飾斧。」
　　見題漢‧孔安國傳,唐‧孔穎達正義:《尚書注疏》,頁 158。

142 晉‧杜預集解,唐‧孔穎達正義:《春秋左傳注疏》,頁 824。

143 晉‧杜預集解,唐‧孔穎達正義:《春秋左傳注疏》,頁 794。

144 羅琨著:《商代戰爭與軍制》(北京:中國社會科學出版社,2010 年 11 月,1 版),
　　頁 455。

145 許進雄著:《中國古代社會——文字與人類學的透視》,頁 526。

六、小 結

本章討論《左傳》及《國語》所見兵器類型，總結上述內容如下：（一）鄭眾、鄭玄、賈公彥謂「五兵」分爲「車之五兵」及「步卒五兵」；前者是戈、殳、戟、酋矛、夷矛，後者爲弓矢、殳、矛、戈、戟，且「步卒五兵」之矛爲酋矛。依筆者論證，春秋時代「車之五兵」確有使用弓矢之實，然《左傳》、《國語》卻不見「徒卒五兵」使用弓矢之事，知弓矢應只限兵車上使用。（二）《毛詩·秦風·小戎》孔氏《正義》謂「交二弓於韔中」，「韔」乃收置弓之器物，典籍又作「㬪」、「鬯」、「鞬」、「韣」。《毛詩·魯頌·閟宮》鄭玄《箋》云：「『二矛重弓』，備折壞也。」據此可知兵車上置有二弓，一爲車左使用，另一留爲預備。此外，車左與御者各背負一「房」——即後世所謂箭房，典籍又作「箙」、「服」、「笮」，至於車右則無明確資料推論是否攜帶箭房。（三）《魯頌·魯頌·閟宮》曰：「公車千乘，朱英綠縢，二矛重弓。」知兵車置有二矛——酋矛、夷矛，一爲車右使用，另一則爲預備。依《毛詩·秦風·無衣》記載，知步卒亦使用矛。至於步卒所用矛爲何者？因酋矛短而夷矛長，推測步卒所用當爲前者。（四）兵車之上及步卒皆可持戈、戟、劍作戰，「車之五兵」及「步卒五兵」包括戈、戟、劍在內，此說可從。《左傳》又有鈹，屬劍一類兵器，確知步卒使用鈹，至於車兵則無資料可供推斷。若鈹爲劍類兵器，或許兵車之上及步卒皆可使用。兵車之上可持殳作戰，至於步卒則未見記載，如此亦符合「車之五兵」與「步卒五兵」內容。（五）除攻擊性的「五兵」外，《左傳》及《國語》另見防禦性兵器，主要有甲、冑、盾三種。「甲」是戰鬥人員所著甲衣，「冑」是戰鬥人員所帶頭盔，「盾」於典籍又稱「干」、「楯」、「櫓」、「渠」、

---

146 亦有學者主張「鉞在周代以後逐漸演變爲裝飾形兵器，作爲軍將帥的權力標志和儀仗。」則鉞作爲非兵器使用的時代晚至周代。見龔書鐸主編，廖名春分冊主編：《中國文化發展史·先秦卷》，頁311。

147 馬承源主編，陳佩芬、吳鎮烽、熊傳新著：《中國青銅器》，頁63。

「伐」及「瞂」，是蔽護頭部與身軀之防具。除人員使用護具外，拉引兵車之四馬亦有「介」爲護甲。

第五章　輜重載運武器數量與重量

一、前　言

　　第四章整理《左傳》、《國語》所載於戰場使用之武器種類，本章將討論各類武器之數量與重量。本章主要依據《周禮‧冬官考工記》諸節，輔以出土實物爲佐證，推估《左傳》、《國語》所見武器重量。關於《周禮》成書問題，學者意見頗爲分歧。至於《周禮》所錄《考工記》成書年代，大致意見較爲集中。近人郭沫若（1892-1978）《十批判書》認爲「《考工記》是春秋年間齊國的官書」，[1]後又著成專文〈《考工記》的年代與國別〉，[2]進一步認定《考工記》成書於春秋末年。[3]後郭氏主編《中國史稿》修正意見，謂《考工記》是戰國時期「齊國的一部科技書。」[4]近人陳夢家（1911-1966）《尚書通論》認爲《考工記》作者「或是戰國時的齊人，或者是秦併六國後的齊地之人」；陳氏較傾向後者，「即《考工記》爲齊人編定於秦始皇時。」[5]沈長云〈談古官司空之職——兼說《考工記》的內容及作成時代〉認爲「《考

1　郭沫若著：《十批判書》（重慶：群益出版社，1954 年 9 月，1 版），頁 24。

2　郭沫若著：〈《考工記》的年代與國別〉，收入氏著：《沫若文集》卷 16（北京：人民文學出版社，1962 年 11 月，1 版），頁 381-385。

3　目前仍有學者認同郭氏主張《考工記》爲春秋末年齊國人所作，見李學勤主編，王美鳳、周蘇平、田旭東著：《春秋史與春秋文明》，頁 290。本文依聞人軍之見，將《考工記》時代訂爲戰國時期。

4　郭沫若主編：《中國史稿》（北京：人民文學出版社，1976 年 7 月，1 版），冊 2，頁 94。

5　陳夢家著：《尚書通論（外二種）》（石家莊：河北教育出版社，2000 年 7 月，1 版），頁 387。

工記》比《周官》作成時代更晚」，具體言之，沈氏認爲《考工記》「是秦漢時人對當時官營手工作業內部分工和程式的實際記錄。」[6]聞人軍〈《考工記》成書年代新考〉以多方角度考訂，認爲該書應成於戰國初期。[7]宣兆琦〈《考工記》的國別與成書年代〉延續郭氏之說，認爲該書主體部分成書於春秋齊桓公、管仲（725 B.C.-645 B.C.）時期。[8]宣氏又與張光興合著〈《考工記》的國別、成書年代及其主要價值〉，直云《考工記》可能由陳公子完（706 B.C.-？）主持彙編。[9]孫琛〈從兩周石磬的博談《考工記》的國別和年代〉透過出土石磬與文獻比對，認爲《考工記》所載〈磬氏〉當是戰國作品。[10]王星光〈《考工記》與臨淄齊國都城的相關探討〉以臨淄古城遺址及出土實物，討論其與《考工記》之關係。[11]透過學者研究與分析，《考工記》屬春秋至戰國之齊國作品是目前主流說法。聞人軍〈《考工記》齊尺考辨〉認爲《周禮・冬官考工記》所載尺寸乃戰國齊國尺度，1 尺約合今日 19.7 公分。[12]本章凡徵《周禮・冬官考工記》內容之長度，皆以聞氏之說爲據。

6　沈長云著：〈談古官司空之職——兼說《考工記》的內容及作成時代〉，原載《中華文史論叢》1983 年第 3 輯（上海：上海古籍出版社，1983 年）；收入氏著：《上古史探研》（北京：中華書局，2002 年 12 月，1 版），頁 257-266。

7　聞人軍著：〈《考工記》成書年代新考〉，《文史》第 23 輯（北京：中華書局，1984 年 11 月，1 版），頁 31-39。

8　宣兆琦著：〈《考工記》的國別與成書年代〉，《自然科學史研究》1993 年第 4 期，頁 297-303。

9　張光興、宣兆琦著：〈《考工記》的國別、成書年代及其主要價值〉，收入《管子學刊》編輯部編：《齊文化縱論》（北京：華齡出版社，1993 年 10 月，1 版），頁 496-504。

10　孫琛著：〈從兩周石磬的博談《考工記》的國別和年代〉，《樂府新聲（瀋陽音樂學院學報）》2009 年第 4 期，頁 85-91。

11　王星光著：〈《考工記》與臨淄齊國都城的相關探討〉，收入氏著：《中國農史與環境史研究》，頁 217-223。

12　聞人軍著：〈《考工記》齊尺考辨〉，《考古》1983 年第 1 期，頁 61-65。

二、弓、矢、箭房數量與重量

　　弓之長度《周禮・冬官考工記・弓人》分爲三等，曰：「弓長六尺有六寸，謂之上制，上士服之。弓長六尺有三寸，謂之中制，中士服之。弓長六尺，謂之下制，下士服之。」《注》云：「人各以其形貌、大小服此弓。」[13]意指不同身高之戰鬥人員，使用不同長度之弓。丘光明、邱隆、楊平《中國科學技術史：度量衡卷》考定東周時期一寸合今日 2.31 公分，[14]以一尺爲十寸計算，上述弓之三種等級分別爲六十六寸、六十三寸及六十寸，合今日 152.46、145.53 及 138.6 公分。若以聞氏之說換算，則上制合今日 130.02 公分、中制爲 124.11 公分、下制合 118.2 公分。陸敬嚴《中國古代兵器》整理近代出土春秋及戰國時代之弓總計十四筆，今製成「表 1、春秋戰國時代出土弓材質與長度表」呈現於下：[15]

表 1　春秋戰國時代出土弓材質與長度表

序號	出土地點	材料	弓長	資料來源
1	湖南長沙紫檀鋪 30 號墓	竹弓	長 215 釐米[16]	《考古通訊》1957 年第 1 期[17]

13　漢・鄭玄注，唐・賈公彥疏：《周禮注疏》，頁 662。

14　丘光明、邱隆、楊平著：《中國科學技術史：度量衡卷》（北京：科學出版社，2003 年 9 月，1 版），頁 156。

15　陸敬嚴著：《中國古代兵器》（西安：西安交通大學出版社，1993 年 12 月，1 版），頁 144-145。

16　楊泓認爲此數字可能記載有誤。以上引〈弓人〉之說，屬「上制」的弓長度合今日 152.46 公分，215 公分已遠超過此數字。見楊泓著：《中國古兵器論叢（增訂本）》（北京：文物出版社，1985 年 10 月，2 版），頁 204。

17　湖南省文物管理委員會著：〈湖南長沙紫檀鋪戰國墓清理簡報〉，《考古通訊》1957 年第 1 期，頁 19-22、圖版 8。

序號	出土地點	材料	弓長	資料來源
2	湖北江陵藤店 1 號墓	木弓	長 169 釐米	《文物》1973 年第 9 期[18]
3	湖南常德德山 25 號墓	木弓	長 160 釐米	《考古》1963 年第 9 期[19]
4	湖南長沙月亮山 41 號墓	木弓	長 157 釐米	《考古學報》1959 年第 1 期[20]
5	湖南長沙五里牌 406 號墓	竹弓	長 140 釐米	《長沙發掘報告》[21]
6	湖南常德德山 51 號墓	木弓	長 138 釐米	《考古》1963 年第 9 期[22]
7	湖南長沙瀏城橋 1 號墓	竹弓	長 130-125 釐米	《考古學報》1972 年第 1 期[23]
8	湖北雲夢珍珠坡 1 號墓	木弓	長 126 釐米	《考古學集刊》第 1 期[24]

---

[18] 荊州地區博物館著：〈湖北江陵藤店一號墓發掘簡報〉，《文物》1973 年第 9 期，頁 7-17、圖版 2-5。

[19] 湖南省博物館著：〈湖南常德德山楚墓發掘報告〉，《考古》1963 年第 9 期，頁 461-479、圖版 1-3。

[20] 湖南省博物館著：〈長沙楚墓〉，《考古學報》1959 年第 1 期，頁 41-60、圖版 1-40。

[21] 中國科學院考古研究所編：《長沙發掘報告》（北京：科學出版社，1957 年 8 月，1 版），頁 59-60。

[22] 湖南省博物館著：〈湖南常德德山楚墓發掘報告〉，《考古》1963 年第 9 期，頁 461-479、圖版 1-3。

[23] 湖南省博物館著：〈長沙瀏城橋一號墓〉，《考古學報》1972 年第 1 期，頁 59-72、圖版 1-16。

[24] 雲夢縣文化館著：〈湖北雲夢縣珍珠坡一號楚墓〉，《考古學集刊》第 1 輯（北京：中國社會科學出版社，1981 年），頁 104-110。

序號	出土地點	材料	弓長	資料來源
9	湖北襄陽蔡坡 12 號墓	木弓	殘長 124 釐米	《文物》1976 年第 11 期[25]
10	湖南長沙掃把塘 138 號墓	竹弓	長 106.5 釐米	《文物》1964 年第 6 期[26]
11	湖北江陵天星觀 1 號墓	竹弓	殘長 72 釐米，原長約 90 釐米	《考古學報》1982 年第 1 期
12	湖北鄂城鄂鋼 53 號墓	竹弓	長 85 釐米	《考古》1978 年第 4 期[27]
13	湖北江陵元星觀 1 號墓	木弓	殘長 70 釐米，原長約 80 釐米	《考古學報》1982 年第 1 期[28]
14	湖北江陵拍馬山 22 號墓	竹弓	長 70 釐米	《考古》1973 年第 3 期[29]

序號第 4 號木弓長 157 公分，寬約 3.5 至 4.5 公分，平均寬度 4 公分，但未說明厚度。序號第 5 號竹弓長 140 公分，最寬處 4.5 公分，厚度為 5 公分。〈弓人〉記載製弓材質有七，文曰：「柘為上，檍次之，𥯤桑次之，橘次之，木

---

25 襄陽首屆亦工亦農考古訓練班著：〈襄陽蔡坡 12 號墓出土吳王夫差劍等文物〉，《文物》1976 年第 11 期，頁 65-71、圖版 4。

26 高至喜著：〈記長沙常德出土弩機的戰國墓——兼談有關弩機弓矢的幾個問題〉，《文物》1964 年第 6 期，頁 33-45。

27 鄂鋼基建指揮部文物小組、鄂城縣博物館著：〈湖北鄂城鄂鋼五十三號墓發掘簡報〉，《考古》1978 年第 4 期，頁 256-260、圖版 7-8。

28 荊州地區博物館著：〈江陵天星觀 1 號楚墓〉，《考古學報》1982 年 1 期，頁 71-116、圖版 7-26。

29 湖北省博物館、荊州地區博物館、江陵縣文物工作組發掘小組著：〈湖北江陵拍馬山楚墓發掘簡報〉，《考古》1973 年第 3 期，頁 151-161、圖版 5-10。

瓜次之，荊次之，竹爲下」；[30]其中以竹最下。由於其他弓之出土資料較不完整，且未著錄木弓材質。若以東周墓葬出土資料爲據，恐難以推估弓之重量，僅能以後代文獻而推估。儀德剛〈清代滿族弓箭的製作及管理〉說明清代武舉考試所用硬弓尺寸：小弓長159公分、重470公克，中弓長178公分、重650公克，大弓長181公分、重1,100公克。[31]其中小弓長度與〈弓人〉所載上制之弓較接近，姑以此爲據，推估相關數字。上文已謂兵車上有二只箭房，理應配置二弓，故以一「翣」裝此二弓。若以每弓重量470公克計算，則二弓重量940公克。至於「翣」之重量無相關記載可供參考，僅能闕而不論以待來者。

再者論及箭矢，首先說明其長度。《周禮・多官考工記・矢人》曰：「參分其長而殺其一，五分其長而羽其一，以其笴厚爲之羽深。」《注》云：「矢稾長三尺，殺其前一尺，令趣鏃也。羽者六寸。」[32]知矢「長三尺，前一尺較細，後六寸設羽。」[33]若以聞人軍所言，戰國齊國尺長合今日19.7公分計算，則矢長計三十寸，合今日59.1公分。至於箭矢重量，〈矢人〉曰：「刃長寸、圍寸，鋌十之，重三垸。」《注》云：「『刃長寸』，脫『二』字。鋌一尺。」《疏》釋云：「知脫『二』字者，據上參分其羽，以設其刃，若刃一寸，則羽三寸，矢一尺五寸，便大短，明知脫『二』字。」[34]至於「刃」之重量爲「三垸」，「垸」字之說另見《周禮・多官考工記・冶氏》，《注》引漢人鄭眾（？-83）之說云：「垸，量名，讀爲丸。」《疏》云：「其垸是稱量之名，非斛量之號。」[35]孫詒讓《周禮正義》認爲賈氏之說「非先鄭意」，認爲「垸」當如清人戴震（1724-1777）《考工記圖》所釋，是「鍰」之假借，

30　漢・鄭玄注，唐・賈公彥疏：《周禮注疏》，頁657。

31　儀德剛著：〈清代滿族弓箭的製作及管理〉，《廣西民族大學學報（自然科學版）》2004年第3期，頁16-23。

32　漢・鄭玄注，唐・賈公彥疏：《周禮注疏》，頁635。

33　錢玄著：《三禮通論》，頁225。

34　漢・鄭玄注，唐・賈公彥疏：《周禮注疏》，頁636。

35　漢・鄭玄注，唐・賈公彥疏：《周禮注疏》，頁615。

³⁶重量為「十一銖二十五分銖之十三。」³⁷《說文》云：「鍰，鋝也」；又云：「鋝，十一銖二十五分銖之十三也。」《說文》又云：「兩，二十四銖為一兩。」³⁸若以〈矢人〉「刃」──即箭鏃重「三垸」為說，每枚箭鏃重量為 33 又 14/25 銖，換算則是 1 兩 10 又 14/25 銖。依丘光明、邱隆、楊平《中國科學技術史：度量衡卷》考定東漢一斤約合今日 222 公克。³⁹《漢書・律曆志》云：「權者，銖、兩、斤、鈞、石也。……二十四銖為兩，十六兩為斤。」⁴⁰知東漢一斤為十六兩。若以東漢一斤為 222 公克計算，每枚箭鏃 1 兩 10 又 14/25 銖，合今日 19.98 公克。至於箭鏃出土實物重量則頗為分歧，如流行於殷墟四期、商末周初，編號為 99ALNM1046:82 之青銅箭簇重 13.5 公克；⁴¹陝西省清澗縣解家溝出土箭鏃重達 16 公克；⁴²甘肅省靈臺縣白草坡西周墓葬出土 272 枚銅鏃，鏃體長約 6.2 公分，平均重量 9.5 至 10.5 公克。⁴³與出土實物相較，筆者依〈冶氏〉之文換算箭鏃重量似乎較重。然〈矢人〉曰：「圍寸，鋌十之。」鄭玄於〈冶人〉之《注》引鄭眾之說云：「鋌，箭足入稾中者也。」⁴⁴錢玄《三禮通論》釋云：「插入矢稾部分曰鋌，長一尺。」⁴⁵知箭鏃有部分結構插入箭稾中，外露部分因鋒利而稱為「刃」。若加入箭鏃插入矢稾之部分，似乎可理解何以〈矢人〉所載「三垸」之重量，較出土

---

³⁶ 清・戴震著：《考工記圖》（臺北：臺灣商務印書館，1968 年，1 版），卷 2，頁 33。

³⁷ 清・孫詒讓正義，王文錦、陳玉霞點校：《周禮正義》，頁 3244。

³⁸ 漢・許慎著，清・段玉裁注：《說文解字注》，頁 715、358。

³⁹ 丘光明、邱隆、楊平著：《中國科學技術史：度量衡卷》，頁 249。

⁴⁰ 漢・班固著，唐・顏師古注：《漢書》，頁 969。

⁴¹ 郭鵬著：〈殷墟青銅兵器研究〉，收入劉慶柱編：《中國考古學集刊》第 15 輯（北京：文物出版社，2004 年 2 月，1 版），頁 129-173。郭妍利著：《商代青銅兵器研究》（北京：社會科學文獻出版社，2014 年 2 月，1 版），頁 90。

⁴² 高雪著：〈陝西清澗縣又發現商代青銅器〉，《考古》1984 年 8 期，頁 760-761。郭妍利著：《商代青銅兵器研究》，頁 94。

⁴³ 甘肅省博物館文物隊著：〈甘肅靈臺白草坡西周墓葬〉，《考古學報》1977 年第 2 期，頁 99-130、圖版 1-16。

⁴⁴ 漢・鄭玄注，唐・賈公彥疏：《周禮注疏》，頁 615。

⁴⁵ 錢玄著：《三禮通論》，頁 225。

西周銅鏃爲重。箭矢製作除箭鏃外，另一重要部件爲上文所言「矢稾」，即
箭矢之箭身。河北省藁城台西商代遺址曾發現完整箭矢，箭身已腐朽。考古
人員依其纖維特徵，推測應爲藤質。[46]宋人宋應星（1587-約1666）《天空開
物・佳兵・弧矢》云：「凡箭笴，中國南方竹質，北方萑柳質，北虜樺質，
隨方不一。」[47]所謂「箭笴」即「矢稾」，是箭矢之箭身。宋氏統論中國使
用箭身材質可分三個區域，「南方」用竹質而「北方」用萑柳。「北虜」指
北方少數民族，其地以樺樹製爲箭身。清人胡渭（1633-1714）《禹貢錐指》
亦云：「古矢笴之材，有竹有木。竹二：一爲揚之篠，一爲荊之箘簵也。木
二：一爲荊之楛，一爲冀之蒲也。」[48]《左傳》宣公十二年（597 B.C.）亦有
製作箭身材質之記載，曰：「非子之求，而蒲之愛，董澤之蒲，可勝既乎？」
《集解》云：「蒲，楊柳，可以爲箭。」[49]箭身重量不僅文獻無載，出土實物
亦未能詳細記載，故僅能闕而不論。

　　每位戰鬥人員配給箭矢數量，上引〈司弓矢〉謂「其矢箙皆從其弓。」
《注》云：「每弓者，一箙百矢。」[50]《疏》云：

　　　　按：〈文侯之命〉及僖二十八年晉文公受弓矢，皆云「彤弓一、彤矢
　　　　百。」雖是所賜之弓矢，射之弓矢約同之。按：《詩・頌》云：「束
　　　　矢其搜」，毛《注》云：「五十矢爲束。」鄭從之。[51]

〈文侯之命〉原文曰：「彤弓一，彤矢百；盧弓一，盧矢百。」《傳》云：
「彤，赤。盧，黑也。諸侯有大功，賜弓矢，然後專征伐。」[52]無論是「彤

46　河北省文物研究所著：《藁城台西商代遺址》（北京：文物出版社，1985年6月，1
　　版），頁83。
47　宋・宋應星著：《天工開物》（上海：上海古籍出版社，1988，1版），卷下，頁27。
48　清・胡渭著：《禹貢錐指》（臺北：臺灣商務印書館，1986年景印文淵閣四庫全書），
　　卷7，頁51。
49　晉・杜預集解，唐・孔穎達正義：《春秋左傳注疏》，頁397。
50　漢・鄭玄注，唐・賈公彥疏：《周禮注疏》，頁485。
51　漢・鄭玄注，唐・賈公彥疏：《周禮注疏》，頁485。

弓」或「盧弓」，其與「彤矢」、「盧矢」比例皆為 1 比 100。僖公二十八年（632 B.C.）《傳》曰：「彤弓一、彤矢百，旅弓矢千。」《集解》云：「彤，赤弓。旅，黑弓。弓一、矢百，則矢千、弓十矣。」《正義》云：「『旅弓矢千』，具於彤而略於旅，準之，則矢千、弓十也。」[53]若依杜、孔之見，《左傳》記載弓、矢比例亦為 1 比 100，與〈文侯之命〉同。此比例亦見西周金文，應侯見工鐘（《集成》1.107、1.108）銘云：「賜彤弓一、彤矢百」；[54]小盂鼎（《集成》5.2839）銘云：「弓一、矢百」；[55]宜侯夨簋（《集成》8.4320）銘云：「彤弓一、彤矢百，旅弓十、旅千。」[56]至於《疏》所言《詩·頌》實乃〈魯頌·泮水〉文，《傳》曰：「五十矢為束。」[57]《荀子·議兵》亦云：「操十二石之弩，負服矢五十个。」[58]如此則有一弓配一百支矢與一弓配五十支矢二說，似又相互矛盾。《正義》於〈泮水〉云：「軍中禮重，弓以備折壞，或亦分百矢以為兩束。」[59]孔氏認為「束矢」是五十支矢為一束，並不防礙一弓配一百支矢之原則，只是將一百支矢分為二束，總數仍為一百支箭矢。清人俞樾（1821-1907）《諸子平議》認為《荀子·議兵》之「服」為「箙」之借字，「負服矢五十个」者，其意是「盛矢五十个於服而負之。」[60]第四章已說明，兵車車左及御者各背負一只箭房，每輛兵車配置二弓；一弓由車左使用，另一弓為預備。若依俞氏之見，每只「箙」——即《左傳》所言箭房——皆置五十支矢，車左與御者背負二只箭房合計一百支矢，仍與一

52　題漢·孔安國傳，唐·孔穎達正義：《尚書注疏》，頁 310。

53　晉·杜預集解，唐·孔穎達正義：《春秋左傳注疏》，頁 273。

54　中國社會科學院考古研究所編：《殷周金文集成》第 1 冊（北京：文物出版社，1984 年，1 版），編號 1.107、1.108。

55　中國社會科學院考古研究所編：《殷周金文集成》第 5 冊，編號 5.2839。

56　中國社會科學院考古研究所編：《殷周金文集成》第 8 冊（北京：文物出版社，1987 年 4 月，1 版），編號 8.4320。

57　漢·毛亨傳，漢·鄭玄注，唐·孔穎達正義：《毛詩注疏》，頁 770。

58　周·荀況著，清，王先謙集解，沈嘯寰、王星賢點校：《荀子集解》，頁 272。

59　漢·毛亨傳，漢·鄭玄注，唐·孔穎達正義：《毛詩注疏》，頁 770。

60　清·俞樾著：《諸子平議》（北京：中華書局，1954 年 10 月，1 版），頁 260。

弓配一百支矢記載相符。

由於本文計算標準原則是取其最大值，雖箭鏃重量以文獻資料換算結果較出土實物稍重，但仍以文獻計算結果爲準。上文已說明以〈矢人〉記載換算箭鏃重量，合今日約 19.98 公克。雖未知箭身重量，合理推測應不輕於箭鏃。故以箭鏃 19.98 公克再加箭身重量，推估約在 50 公克上下。上文已說明每輛兵車配置一百支矢，知每輛兵車所載箭矢重量約 5,000 公克。加上二弓重量 940 公克，每輛兵車弓矢合計 5,940 公克。至於箭房重量文獻無說，目前考古實物有三件。1954 年湖南長沙左家公山戰國墓出土一件木製箭房，高 77、上寬 13、下寬 7.5 公分。[61]1965 年湖北江陵戰國墓出土一件殘存箭房，殘長 22.6、上寬 91、下寬 18 公分。[62]1971 年湖南長沙瀏城橋戰國墓出土一件竹製箭房，長 81 公分。[63]雖出土實物形制稍有記載，但因著錄資料不全，仍無法得知重量，故僅能闕而不論。

三、矛及木柄材質重量

矛之重量，山西省考古研究所《靈石旌介商墓》出土青銅矛九件，重量分別爲 280、278、284、287、275、289、290、280.5、280 公克，平均重量 282.61 公克。[64]郭妍利《商代青銅兵器研究》著錄出土商代青銅矛資料，記載重量者有七處，分別爲 360、293、260、160、130、110、100 公克，[65]差

61 湖南省文物管理委員會著：〈長沙左家公山的戰國木槨墓〉，《文物參考資料》1954 年第 12 期，頁 3-19。

62 湖北省文物局文物工作隊著：〈湖北江陵三座楚墓出土大批重要文物〉，《文物》1966 年第 5 期，頁 33-54。

63 湖南省博物館著：〈長沙瀏城橋一號墓〉，《考古學報》1972 年第 1 期，頁 59-72、圖版 1-16。

64 山西省考古研究所，海金樂、韓炳華編著：《靈石旌介商墓》（北京：科學出版社，2006 年 9 月，1 版），頁 121。

65 郭妍利著：《商代青銅兵器研究》，頁 76-83。

距頗大。《周禮・冬官考工記・冶氏》記錄戈與戟重量皆為「三鋝」，[66]但不見記載矛之重量。一般學者認為戟是戈與矛之綜合體，[67]意指戟結合戈與矛之功能。《周禮》記載戈與戟重量一致，知戟非戈與矛尺寸或重量之加總，其規制當有所調整，故文獻記載二者重量相同。以此理路推測，或許矛之重量當與戈、戟相近，亦是「三鋝」。至於「三鋝」重量為何？《注》云：

> 鄭司農云：「鋝，量名也，讀為刷。」玄謂許叔重《說文解字》云：「鋝，鍰也。」[68]今東萊稱或以大半兩為鈞，十鈞為環，環重六兩大半兩。鍰、鋝似同矣。則三鋝為一斤四兩。

《疏》云：「鋝、鍰輕重無文，故王肅之徒皆以六兩為鍰，是以鄭引許氏及東萊稱為證也。」[69]鄭、賈二氏認為此處「鋝」即「鍰」，「三鋝」重量為一斤四兩。上文已引戴震之說，謂《周禮・冬官考工記》所載箭鏃重量「三垸」之「垸」即「鍰」。以《說文》之釋，「鍰」重量為「十一銖二十五分銖之十三」，合今日約 19.98 公克。此處記載戈、戟重量為「三鋝」——亦即「三鍰」，應合今日約 59.94 公克，何以鄭玄又謂「三鋝」為一斤四兩？如此豈非矛盾？若以《周禮》所載重量，「三鋝」卻實合今日約 59.94 公克。但此數字與上引考古出土青銅矛重量相較，的確落差懸殊。或許鄭玄亦發現此重量甚不合理，故另引一說計算，認為「三鋝」重一斤四兩。上文已說明東漢一斤約合今日 222 公克，則一斤四兩重量約合今日 277.5 公克，與靈石旌介商墓出土青銅矛平均重量相去不遠。故以此數值估算，較能還原春秋時

---

66 漢・鄭玄注，唐・賈公彥疏：《周禮注疏》，頁 616。

67 相關論述可見周緯著：《中國兵器史稿》（天津：百花文藝出版社，2006 年 1 月，1版），頁 53。楊泓著：《中國古兵器論叢（增訂本）》，頁 157。郭妍利：《商代青銅兵器研究》，頁 59。

68 本句原文作：「鋝，十一銖二十五分銖之十三也，從金、寽聲。《周禮》曰：『重三鋝。』北方以二十兩為三鋝。」見漢・許慎著，清・段玉裁注：《說文解字注》，頁 715。

69 漢・鄭玄注，唐・賈公彥疏：《周禮注疏》，頁 616。

代矛刃重量。

矛之重量除青銅兵刃外，另有木柄重量須一併合計。兵器木柄使用材質文獻未有記載，春秋諸國使用材質或有差異，具體長度與重量亦當不同，本當不可一概視之。本文目的乃推估性質，在未有更充足文獻佐證下，僅能暫時不論個別差異。兵器木柄相關數據雖未見傳世資料，出土實物則可見一斑。湖南長沙瀏城橋墓葬出土一件青銅戟，其柄以積竹製成。[70]該柄中心為菱形木柱，周圍包青竹蔑一圈計十八根，每根寬約 4 公釐。[71]又湖北江陵天星觀1 號楚墓出土戟柄亦為積竹柄，中心為木質，外繞長條竹蔑兩層，外層五根、內層三十八根，直徑約為 3 公分。[72]二處出土實物外圍以竹篾圍繞製成，但中心木質仍無法確知樹種。《左傳》襄公十八年（555 B.C.）記載以晉國為首的諸侯聯軍侵伐齊國，文曰：「十二月戊戌，及秦周，伐雍門之萩。……孟莊子斬其橺以為公琴。……劉難、士弱率諸侯之師焚申池之竹木。」《集解》云：「橺，木名。」[73]「萩」字又作「楸」，《漢書・東方朔傳》云：「顧城廟遠無宿宮，又有萩竹籍田，足下何不白主獻長門園？」《注》云：「萩即楸字也，言有楸樹及竹林可遊玩。」又〈貨殖傳〉云：「水居千石魚波，山居千章之萩。」《注》云：「萩，即楸樹字也。」[74]北魏賈思勰（生卒年不詳）《齊民要術・種槐柳楸梓梧柞》云：「白色有角者名為角楸，或

---

70 「積竹」之意，《中國青銅器》解釋云：「即用一束較細的竹條，外纏縛以緊固之，然後髹漆。」見馬承源主編，陳佩芬、吳鎮烽、熊傳新著：《中國青銅器》，頁 58。黃樸民亦解釋「積竹」云：「中間用木質為芯，外面圍裹竹篾，並用絲布或絲線緊纏，然後在表面髹漆。」見黃樸民著：《中國軍事通史・春秋軍事史》，頁 112。所謂「髹漆」者，指以人工製作的漆予以裝飾。見劉玉堂著：《楚國經濟史》（武漢：湖北教育出版社，1995 年，1 版），頁 241-243。

71 湖南省博物館著：〈長沙瀏城橋一號墓〉，《考古學報》1972 年第 1 期，頁 59-72、圖版 1-16。

72 荊州地區博物館著：〈江陵天星觀 1 號楚墓〉，《考古學報》1982 年 1 期，頁 71-116、圖版 7-26。

73 晉・杜預集解，唐・孔穎達正義：《春秋左傳注疏》，頁 578。

74 漢・班固著，唐・顏師古注：《漢書》，頁 2853-2854、3686-3687。

名子根，黃色無子者為柳楸，世人見其根黃，呼為荊黃楸。」[75]楸木因稱「荊黃楸」，即今日俗稱黃楸樹之檫木。《莊子‧人間世》云：「宋有荊氏者，宜楸柏桑。」《疏》云：「宋國有荊氏之地，宜此楸柏桑之三木，悉皆端直，堪為材用。」[76]知楸木有端直之特性，可為製作器物之原料，文獻亦見用以製作棺槨。[77]「檈」《說文》云：「杶也。」又「杶」字《說文》云：「木也，從木、屯聲。……或從熏。」[78]則「檈」、「杶」、「櫄」意義相同。五代南唐徐鍇（920-974）《說文解字繫傳》云：「杶，……杶木似樗，中車轅，實不堪食。」[79]意指杶木與樗木相似，可製成車轅。竹添光鴻認為「杶又作椿」，[80]唐人蘇敬（生卒年不詳）等人編《新修本草》卷十四謂「杶」與「樗」「二樹形相似，樗木疏，椿木實也。」[81]竹添氏認為「檈」、「杶」、「櫄」、「椿」四者「字異而音義並同」，[82]則《傳》文之「檈」即今日常見的椿木。劉一星、王逢瑚《木質建材手冊》測量檫木平均密度為 0.454 公

75　北魏‧賈思勰著：《齊民要術》（臺北：臺灣商務印書館，1986 年景印文淵閣四庫全書），卷 5，頁 15。

76　周‧莊周著，清‧郭慶藩集釋：《莊子集釋》，頁 178。

77　《後漢書‧王充王符仲長統列傳》云：「古之葬者，厚衣之以薪，葬之中野，不封不樹，喪期無數。……中世以後，轉用楸、梓、槐、柏、杶、樗之屬，各因方土，裁用膠漆，使其堅足恃，其用足任，如此而已。」見劉宋‧范曄著，唐‧李賢等注：《漢書》，頁 1636。

78　漢‧許慎著，清‧段玉裁注：《說文解字注》，頁 245。

79　五代南唐‧徐鍇著：《說文解字繫傳》（北京：中華書局，1998 年 12 月，1 版），頁 108。

80　日本‧竹添光鴻著：《左傳會箋》，頁 1114。依《說文》記載，「檈」即「杶」，又作「櫄」。「杶」所從「屯」上古音為定母文部，「櫄」字所從「熏」為曉母文部；「椿」字所從「春」字本從「屯」聲，上古音為透母文部。見郭錫良著：《漢字古音手冊》，頁 245、248。三字韻部相同，「杶」與「椿」皆為舌頭音，可為通假。

81　唐‧蘇敬等著：《新修本草》，收入《續修四庫全書》（上海：上海古籍出版社，據上海古籍出版社 1981 年影印後書鈔閣藏日本森氏舊藏本影印，2002 年 3 月，1 版），冊 989，頁 657。

82　日本‧竹添光鴻著：《左傳會箋》，頁 1114。

克/立方公分,俗稱臭椿之椿木平均密度 0.524 公克/立方公分,[83]後者平均密度高於前者。知椿木質地較櫟木堅硬,故可製琴與車轅,亦可製爲棺槨。[84]

類似記載又見《左傳》襄公九年(564 B.C.),文曰:「冬十月,諸侯伐鄭。……杞人、郳人從趙武、魏絳斬行栗。」《集解》云:「行栗,表道樹。」《正義》云:「行,道也。謂之行栗,必是道上之栗。〈周語〉云:『列樹以表道。』[85]知此行栗是表道之樹。」[86]「行栗」又見《毛詩・鄭風・東門之墠》,詩曰:「東門之栗,有踐家室。」《傳》云:「栗,行上栗也。」《經典釋文》云:「行上,並如字,行道也。」[87]知鄭都東門外大道種植栗木爲行道樹。竹添氏謂晉軍斬此「行栗」是「以供軍用也」,[88]至於如何使用卻無明說。楊伯峻認爲斬「行栗」「或以開路,或以爲器材。」[89]《毛詩・鄭風》除上引〈東門之墠〉提及行道樹有栗木外,〈鄭風〉尚有〈東門之枌〉,「詩序」曰:「〈東門之枌〉,疾亂也。幽公淫荒,風化之所行,男女棄其舊業,亟會於道路,歌舞於市井爾。」詩曰:「東門之枌,宛丘之栩。」《傳》云:「國之交會,男女之所聚。」《正義》云:「序云:『亟會於道路。』知此二木是國之道路交會,男女所聚之處也。」[90]知東門外尚種植枌木爲行道樹。又〈鄭風・東門之楊〉曰:「東門之楊,其葉牂牂。昏以爲期,明星煌煌。」「詩序」云:「〈東門之楊〉,刺時也。昏姻失時,男女多違。親

---

83 劉一星、王逢瑚著:《木質建材手冊》(北京:化學工業出版社,2007 年 8 月,1 版),頁 108、122。

84 《後漢書・王充王符仲長統列傳》云:「古之葬者,厚衣之以薪,葬之中野,不封不樹,喪期無數。……中世以後,轉用楸、梓、槐、柏、杶、樗之屬,各因方土,栽用膠漆,使其堅足恃,其用足任,如此而已。」見劉宋・范曄著,唐・李賢等注:《漢書》,頁 1636。

85 本句原文出自《國語・周語中》,見三國・韋昭注:《國語韋昭註》,頁 54。

86 晉・杜預集解,唐・孔穎達正義:《春秋左傳注疏》,頁 527。

87 漢・毛亨傳,漢・鄭玄注,唐・孔穎達正義:《毛詩注疏》,頁 178。

88 日本・竹添光鴻著:《左傳會箋》,頁 1020。

89 楊伯峻著:《春秋左傳注》,頁 967。

90 漢・毛亨傳,漢・鄭玄注,唐・孔穎達正義:《毛詩注疏》,頁 250-251。

迎，女猶有不至者也。」[91]以東門外楊木爲喻，諷刺男女婚姻失時。知鄭都東門外除植以栗木、枌木爲行道樹，亦廣植楊木。襄公九年《傳》特言晉軍斬刈行道樹之栗木，卻不言取枌木、楊木，推測應有所甄選。古時征伐須準備多種物資，有些須自國內運送至戰場，但有些可隨地取材以爲補充。如第三章所論牛馬所食草料數量龐大，除少量作爲預備外，大部分應可隨時採集補充，無需以「輜重」運送。至於兵器所需木柄，部分當是行軍途中砍伐樹木製成。僖公二十八年（632 B.C.）《傳》載晉、楚城濮之戰，文曰：「晉車七百乘，韅、靷、鞅、靽。晉侯登有莘之虛以觀師，曰：『少長有禮，其可用也。』遂伐其木，以益其兵。」《集解》云：「伐木以益攻戰之具。」[92]楊伯峻云：「兵，兵器，如戈、矛之柄，俱須伐木以爲之。」[93]楊氏之說甚有見的，當可依從。由《傳》文可知，戈、戟、矛等需裝置木柄之兵器，出征時僅部分兵刃安上木柄，其餘則視實際所需，隨時伐木製作木柄。待兵刃繫縛木柄後，再供戰鬥人員使用。檢視襄公九年《傳》晉軍所斬鄭國之栗木，與襄公十八年《傳》晉軍斬齊國之萩木，推測可能皆是製作戈、矛、戟等兵器之木柄。劉一星、王逢瑚測量屬於栗木類之板栗，平均密度達 0.565 公克/立方公分，[94]堅硬程度更勝椿木。至於栗木與萩木何者適用於兵器木柄？劉一星、王逢瑚認爲板栗適於製作「工農具柄及其他農具」，[95]似是栗木勝於萩木。劉一星、王逢瑚《木質建材手冊》所載木材中，適於製作工具或農具木柄者，除栗木類之板栗外，尚有柏木、大葉合歡、垂柳、旱柳、甜櫧、毛番龍眼、油楠、厚皮香、槭木、烏墨蒲桃、麻櫟、青岡等。[96]考諸典籍，柏

91　漢・毛亨傳，漢・鄭玄注，唐・孔穎達正義：《毛詩注疏》，頁 253。

92　晉・杜預集解，唐・孔穎達正義：《春秋左傳注疏》，頁 272。

93　楊伯峻著：《春秋左傳注》，頁 461。

94　劉一星、王逢瑚著：《木質建材手冊》，頁 128。

95　劉一星、王逢瑚著：《木質建材手冊》，頁 129。

96　劉一星、王逢瑚著：《木質建材手冊》，頁 81-83、99、103-104、105-106、111-112、120、127-128、130、135-136、137-138、141-142、144-145。

木適合製作舟船、[97]行駛山區之車乘、[98]棺槨、[99]建築之用；[100]柳木有時稱楊木，適合製作舟船；[101]栗木除製作木柄，亦可製成琴瑟、[102]神主；[103]至於其他諸木則無以查考。本文重點不在細論木柄材質種類，旨在推算木柄重量。本文姑以栗木類之板栗爲據，推估兵器總重量。

---

97 《毛詩・邶風・柏舟》曰：「汎彼柏舟，亦汎其流。」毛亨《傳》曰：「柏木，所以宜爲舟也。」見漢・毛亨傳，漢・鄭玄注，唐・孔穎達正義：《毛詩注疏》，頁74。《越絕書・外傳記地傳》云：「初徙瑯琊，使樓船卒二千八百人伐松柏以爲桴，故曰木客。」見漢・袁康著：《越絕書》，收入《四部備要叢書》（臺北：臺灣中華書局，據明刻本校刊，1966年），卷8，頁4。

98 《周禮・冬官考工記・車人》曰：「柏車轂長一柯，其圍二柯，其輻一柯，其渠二柯者三。」鄭玄《注》云：「柏車，山車。」賈公彥《疏》云：「柏車，山車，對大車爲平地之車也。」見漢・鄭玄注，唐・賈公彥疏：《周禮注疏》，頁656。

99 《左傳》定公元年曰：「范獻子去其柏槨，以其未復命而田也。」孔穎達《正義》云：「〈喪大記〉：『君松槨，大夫柏槨，士雜木槨。』」見晉・杜預集解，唐・孔穎達正義：《春秋左傳注疏》，頁941。《禮記・喪大記》曰：「君松槨，大夫柏槨，士雜木槨。」孔穎達《正義》云：「『君松槨』者，君，諸侯也，諸侯用松爲槨材也。盧云：『以松黃腸爲槨。』盧云：『黃腸，松心也。』『大夫柏槨』者，以柏爲槨，不用黃腸，下天子也。『士雜木槨』者，士卑，不得同君，故用雜木也。」見漢・鄭玄注，唐・孔穎達正義：《禮記注疏》，頁790。

100 《漢書・王貢兩龔鮑傳》曰：「勿隨俗動吾冢，種柏，作祠堂。」見漢・班固著，唐・顏師古注：《漢書》，頁3085。

101 《毛詩・小雅・采菽》曰：「汎汎楊舟，紼纚維之。」鄭玄《箋》云：「楊木之舟，浮於水上，汎汎然東西無所定。」見漢・毛亨傳，漢・鄭玄注，唐・孔穎達正義：《毛詩注疏》，頁502。

102 《毛詩・鄘風・定之方中》曰：「樹之榛栗，椅桐梓漆，爰伐琴瑟。」鄭玄《箋》云：「樹此六木於宮者，日其長大，可伐以爲琴瑟。」見漢・毛亨傳，漢・鄭玄注，唐・孔穎達正義：《毛詩注疏》，頁115。

103 《公羊傳》文公二年曰：「作僖公主者何？爲僖公作主也。主者曷用？虞主用桑，練主用栗。用栗者，藏主也。」公羊壽《傳》云：「用桑者，取其名與其麤悧，所以副孝子之心。……夏后氏以松，殷人以柏，周人以栗。……栗猶戰栗，謹敬貌，主天正之意也。」見漢・公羊壽傳，漢・何休解詁，唐・徐彥疏：《春秋公羊傳注疏》（臺北：藝文印書館，1993年9月，據清嘉慶二十年（1815）江西南昌府學版影印），頁164。

關於矛之木柄尺寸，《周禮‧冬官考工記‧廬人》曰：「酋矛常有四尺，夷矛三尋。」《注》云：「八尺曰尋，倍尋曰常。酋、夷，長短名。」[104]知矛分短長，分別為酋矛與夷矛；前者長二十尺，後者長二十四尺。聞人軍謂戰國齊國尺長合今日 19.7 公分，若以此說換算，則酋矛長度約合今日 394 公分，夷矛長度約合今日 472.8 公分。湖北隨縣擂鼓墩戰國曾侯乙墓出土短桿粗矛，刃部加上木柄全長 225 公分，另有完整矛柄長 436、418、390 公分者。[105]又湖北襄陽陳坡戰國墓出土矛柄，復原後有 332 及 330 公分者。[106]雖〈廬人〉所載夷矛長度遠長於出土實物，但酋矛仍在合理範圍內。一般兵器木柄為圓柱體，故計算體積須知直徑長度。上文所引湖北江陵天星觀 1 號楚墓出土戟柄，直徑約為 3 公分；又湖北隨縣擂鼓墩曾侯乙墓出土六件殳，直徑為 2.6 至 3.2 公分；[107]又湖北襄陽陳坡出土殳之直徑亦約 3 公分。[108]為計算之便，仍以直徑 3 公分為估算基準，則酋矛與夷矛木柄體積分別為 3,711.48 立方公分與 4,453.78 立方公分。帶入上述板栗平均密度達 0.565 公克/立方公分，則酋矛木柄重 2,096.99 公克，夷矛木柄重 2,516.39 公克。再將矛之刃部重量 277.5 公克加入計算，則酋矛總重為 2,374.49 公克，夷矛總重為 2,793.89 公克。第四章已說明每輛兵車配置二矛，《毛詩‧鄭風‧清人》鄭玄《箋》認為酋矛、夷矛各一，則每輛兵車使用矛之總重為 5,168.38 公克。

---

104 漢‧鄭玄注，唐‧賈公彥疏：《周禮注疏》，頁 640。
105 湖北省博物館編：《曾侯乙墓》（北京：文物出版社，1989 年 7 月，1 版），頁 287-291。
106 湖北省文物考古研究所、襄陽市文物考古研究所、襄陽市襄州區文物管理處編：《襄陽陳坡》（北京：科學出版社，2013 年 9 月，1 版），頁 205。
107 湖北省博物館編：《曾侯乙墓》，頁 294。
108 湖北省文物考古研究所、襄陽市文物考古研究所、襄陽市襄州區文物管理處編：《襄陽陳坡》，頁 207。

四、戈、戟、殳、劍、甲、冑、盾、介重量

　　戈之重量據考古出土青銅戈著錄，有 340、385、[109]270、[110]300 公克，[111]《新干商代大墓》著錄有 360、330、320、310、280、270、250、240、235、230、220、210、200、170、160、100 公克等不同重量之青銅戈，[112]《靈石旌介商墓》著錄爲 395、400、381.3、415、425、400、600、395、395.3、410 公克。[113]上舉諸例皆是戈之刃部重量，知青銅戈出土實物重量落差頗大；重者可達 600 公克，輕者僅 100 公克，平均約 313.22 公克。《周禮・冬官考工記・冶氏》謂戈刃重量爲「三鋝」，上節已說明「三鋝」重量約合今日 277.5 公克。由於出土實物重量差異甚劇，故本文仍以〈冶氏〉所載重量計算。至於戈之木柄長度，《周禮・冬官考工記・廬人》曰：「戈柲六尺有六寸」；[114]知戈柄長度爲六尺六寸。戰國齊尺合今日 19.7 公分，六尺六寸合今日 130.02 公分。《曾侯乙墓》著錄出土戈全長在 127 至 133 公分間，與〈廬人〉記載甚爲接近。[115]湖南長沙瀏城橋戰國楚墓出土短柄戈全長 140 公分，與〈廬人〉記載尚相去不遠。然該墓亦出土尺寸較長之戈柄，積竹長柄二件長度分別 303 及 310 公分，長木柄二件長度爲 314 公分。此外，又見竹節形柄長度僅 91 公分，知戈柄長度應無定制。[116]本文爲求穩定計算，仍以〈廬人〉之說帶入

109　安陽市文物考古研究所：〈河南安陽市殷墟郭家莊東南五號商代墓葬〉，《考古》2008 年第 8 期，頁 22-33、圖版 3-5。

110　梁思永未完稿，高去尋輯補：《侯家莊第八本・1550 號大墓》（臺北：中央研究院歷史語言研究所，1976 年，1 版）。

111　中國社會科學院考古研究所安陽工作隊：〈安陽小屯村北的兩座殷代墓〉，《考古學報》1981 年第 4 期，頁 491-518、圖版 9-18。

112　江西省博物館、江西省文物考古研究所、新干縣博物館著：《新干商代大墓》（北京：文物出版社，1997 年 9 月，1 版），頁 94-99。

113　山西省考古研究所，海金樂、韓炳華編著：《靈石旌介商墓》，頁 127。

114　漢・鄭玄注，唐・賈公彥疏：《周禮注疏》，頁 640。

115　湖北省博物館編：《曾侯乙墓》，頁 253-260。

116　湖南省博物館著：〈長沙瀏城橋一號墓〉，《考古學報》1972 年第 1 期，頁 59-72、圖版 1-16。

計算。以戈柄 130.02 公分帶入直徑 3 公分計算，得體積 1,224.79 立方公分。再帶入板栗平均密度 0.565 公克/立方公分計算，則戈柄重量爲 692.01 公克。總合戈刃 277.5 公克及戈柄 692.01 公克，知戈之總重爲 969.51 公克。

　　關於戟之重量，《新干商代大墓》出土青銅戟刃部重 630 公克，[117]與《周禮・冬官考工記・冶氏》重「三鋝」之說頗有出入。上文已說明「三鋝」合今日約 277.5 公克，重量不足商代青銅戟實物一半。本文爲推論性質估算，爲統一計算標準，暫以〈冶氏〉之說爲準。至於戟柄長度，《周禮・冬官考工記・廬人》謂「戟常」。「常」者十六尺，以戰國齊尺合今日 19.7 公分計算，約爲 315.2 公分。長沙瀏城橋楚墓出土戟柄長 283.5 公分，[118]稍短於〈廬人〉所載。曾侯乙墓出土戟三十件，柄長約 320 至 340 公分，徑長約 2.3 至 2.8 公分，長度與〈廬人〉記載相近。[119]湖北荊門包山 2 號楚墓出土戟全長 370 公分，[120]又長於〈廬人〉之說。爲統一計算標準，戟柄暫以〈廬人〉之說爲推估基準。帶入柄長 315.2 公分與直徑 3 公分計算，得體積 2,969.18 立方公分。帶入板栗平均密度 0.565 公克/立方公分計算，則戟柄重量爲 1,677.59 公克。總合刃部 277.5 公克及柄重 1,677.59 公克，戟總重 1,955.09 公克。

　　殳之重量文獻無徵，僅《周禮・冬官考工記・廬人》記曰：「殳長尋有四尺」，[121]換算得二十尺。以戰國齊尺合今日 19.7 公分計算，合今日約 394 公分。《曾侯乙墓》著錄出土「晉殳」全長 321 公分，頂部直徑 2.5 公分，底部直徑 2.6 公分。[122]湖北襄陽陳坡出土「晉杸」柄長 346 公分，直徑約 3

[117]　江西省博物館、江西省文物考古研究所、新干縣博物館著：《新干商代大墓》，頁 99。

[118]　湖南省博物館著：〈長沙瀏城橋一號墓〉，《考古學報》1972 年第 1 期，頁 59-72、圖版 1-16。

[119]　湖北省博物館編：《曾侯乙墓》，頁 264-287。

[120]　湖北省荊沙鐵路考古隊著：《包山楚墓》（北京：文物出版社，1991 年 10 月，1 版），頁 205。

[121]　漢・鄭玄注，唐・賈公彥疏：《周禮注疏》，頁 640。

[122]　湖北省博物館編：《曾侯乙墓》，頁 295。

公分。[123]「殳」者，《說文》云：「軍中士所持殳也。」[124]知此「殳」即上文所言「晉殳」之「殳」。至於「晉」字之意，《周禮·冬官考工記·廬人》曰：「去一以為晉圍，五分其晉圍。」《注》：「鄭司農云：『晉謂矛戟下銅鐏也。』……玄謂晉讀如『王搢大圭』之搢，矜所捷也。首，殳上鐏也。」《疏》云：「後鄭云：『晉謂矜所捷也』，則殳於手把處亦有銅鐏。」[125]《說文》云：「鐏，柲下銅也。」[126]知「晉」即「鐏」，是殳柄上之銅製物。若以〈廬人〉所載殳之長度 394 公分，亦以直徑 3 公分計算，則殳柄體積為 3,711.48 立方公分。帶入板栗平均密度 0.565 公克/立方公分計算，推估殳之重量為 1,740.68 公克。

劍之尺寸與重量見《周禮·冬官考工記·桃氏》，文曰：「身長五其莖長，重九鋝，謂之上制，上士服之。身長四其莖長，重七鋝，謂之中制，中士服之。身長三其莖長，重五鋝，謂之下制，下士服之。」《注》云：「上制長三尺，重三斤十二兩。中制長二尺五寸，重二斤十四兩三分兩之二。下制長二尺，重二斤一兩三分兩之一。」[127]此處長度單位若以聞人軍所考戰國齊尺合今日 19.7 公分帶入計算，上制之劍合今日 59.1 公分，中制 49.25 公分，下制 39.4 公分。重量單位以東漢每斤約合今日 222 公克計算，則上制之劍重約 832.5 公克，中制約 647.5 公克，下制約 462.5 公克。至於出土實物部分，《新干商代大墓》著錄寬刃劍全長 35.7 公分，重 490 公克；[128]長度與重量皆近〈桃氏〉下制之劍。《襄陽陳坡》著錄戰國出土青銅劍十二把，長度最短者 44.7 公分，最長者 65.8 公分；重量最輕者約 300 公克，最重者約 950 公克。

---

123 湖北省文物考古研究所、襄陽市文物考古研究所、襄陽市襄州區文物管理處編：《襄陽陳坡》，頁 207。

124 漢·許慎著，清·段玉裁注：《說文解字注》，頁 120。

125 漢·鄭玄注，唐·賈公彥疏：《周禮注疏》，頁 641。

126 漢·許慎著，清·段玉裁注：《說文解字注》，頁 718。

127 漢·鄭玄注，唐·賈公彥疏：《周禮注疏》，頁 617。

128 江西省博物館、江西省文物考古研究所、新干縣博物館著：《新干商代大墓》，頁 107。

*129*以出土實物與〈桃氏〉記載對照，似乎文獻記載劍之長度與重量頗合實情，可爲估算依據。

　　冑之重量文獻無所徵，僅能就出土實物推估。*130*《商代新干大墓》出土青銅冑重 2,210 公克；*131*《侯家莊第五本‧1004 號大墓》著錄二件青銅冑，一者殘重 2,620 公克，另一殘重 2,970 公克；*132*今以 2,600 公克計算。甲之重量文獻亦無所據，湖南長沙瀏城橋出土皮甲一件，可惜已無法復原。*133*湖北江陵藤店 1 號墓亦出土皮甲一件，發掘報告指出，該皮甲「出土時已散亂，不知原形。皮塊有長方形、長弧形，用兩層皮合成，上有孔。少數皮塊上殘留有連皮甲的小皮條。」*134*曾侯乙墓出土甲之數量較多，經整理復原可知大致尺寸，但整理者卻未計算重量，*135*甚爲可惜。《左傳》成公十六年（575 B.C.）曰：「潘尪之黨與養由基蹲甲而射之，徹七札焉。」《集解》云：「黨，潘尪之子。蹲，聚也。一發達七札，言其能陷堅。」*136*前文曾引《呂氏春秋‧仲秋紀‧愛士》云：「晉惠公之右路石奮投而擊繆公之甲，中之者已六札矣。」《注》云：「甲，鎧也。陷之六札。」*137*謂秦穆公之甲已被擊穿六札，再一

---

129 湖北省文物考古研究所、襄陽市文物考古研究所、襄陽市襄州區文物管理處編：《襄陽陳坡》，頁 199。

130 王彤著：〈中國北方商周時期的銅冑〉，《中國國家博物館館刊》2011 年第 2 期，頁 95-98。

131 江西省博物館、江西省文物考古研究所、新干縣博物館著：《新干商代大墓》，頁 115。

132 梁思永未完稿，高去尋輯補：《侯家莊第八本‧1004 號大墓》（臺北：中央研究院歷史語言研究所，1970 年，1 版）。

133 湖南省博物館著：〈長沙瀏城橋一號墓〉，《考古學報》1972 年第 1 期，頁 59-72、圖版 1-16。

134 荊州地區博物館著：〈湖北江陵藤店一號墓發掘簡報〉，《文物》1973 年第 9 期，頁 7-17、圖版 2-5。

135 湖北省博物館編：《曾侯乙墓》，頁 332-342。

136 晉‧杜預集解，唐‧孔穎達正義：《春秋左傳注疏》，頁 476。

137 秦‧呂不韋編，漢‧高誘注，陳奇猷校釋：《呂氏春秋校釋》，頁 459、462。

札即穿透甲革。又《韓詩外傳》卷八云:「景公以為儀而射之,穿七札。」[138]
又《列女傳·辯通》云:「平公以其言而射穿七札。」[139]皆可證《傳》文所
謂「七札」者,謂甲一般有七層之厚,重量應當不輕。此外,《呂氏春秋·
開春·貴卒》云:「趙氏攻中山。中山之人多力者曰吾丘鳩,衣鐵甲,操鐵
杖以戰。」[140]《戰國策·韓策一·蘇秦為楚合從說韓王》云:「甲、盾、鞮、
鍪、鐵幕,革抉、呋芮,無不畢具。」[141]《史記·蘇秦列傳》亦云:「當敵
則斬堅甲鐵幕,革抉跋芮,無不畢具。」[142]晁福林《春秋戰國的社會變遷》
認為「鐵衣」、「鐵幕」為鐵製鎧甲,[143]謂其「出現可能是戰國時期的事情。」
[144]然山東省膠縣西菴遺址出土西周時期一套銅甲,寬 37 公分、長 28 公分,
知西周已有青銅製甲衣,可惜發掘報告未著錄重量。[145]由於暫無相關數字可
供參考,故僅能以冑之重量比附,姑將甲重量暫訂為 2,600 公克。

盾、楯、干等防禦武器重量,文獻亦無所徵引。曾侯乙墓雖出土四十九
件盾,然發掘報告未說明重量,[146]甚為可惜。其中編號 E.161 號盾雖略有殘

---

138 漢·韓嬰著:《韓詩外傳》,收入《四部叢刊初編》(臺北:臺灣商務印書館,1967
　　　年,影印上海涵芬樓藏明沈氏野竹齋刊本),卷 8,頁 16。

139 漢·劉向著:《列女傳》,卷 6,頁 4。

140 秦·呂不韋編,漢·高誘注,陳奇猷校釋:《呂氏春秋校釋》,頁 1473。

141 漢·劉向輯錄:《戰國策》,頁 930。

142 漢·司馬遷著,南朝宋·裴駰集解,唐·司馬貞索引,唐·張守節正義,日本·瀧
　　　川龜太郎考證:《史記會注考證》,頁 878。唐人司馬貞(生卒年不詳)《索隱》云:
　　　「劉云:謂以鐵為臂脛之衣。」唐人張守節(生卒年不詳)《正義》云:「幕者為
　　　鐵臂衣之屬。」瀧川龜太郎《考證》云:「中井積德曰:鐵幕即鐵盾,其排列如帳
　　　幕,故名焉。」若依司馬氏及張氏之見,鐵幕雖是衣蔽手臂與腳脛,仍屬甲之範圍。
　　　若如日人中井積德(1732-1817)之說,則鐵幕乃盾楯一類防具。今姑從前說,視為
　　　甲類器物。

143 王延棟釋「鐵幕」為「戰士臂膀和腿上用鐵片製成的護套。」廣義言之,亦是鎧甲。
　　　見王延棟編著:《戰國策詞典》,頁 442。

144 晁福林著:《春秋戰國的社會變遷》,頁 494。

145 山東省昌濰地區文物管理組著:〈膠縣西菴遺址調查試掘簡報〉,《文物》1977 年
　　　第 4 期,頁 63-70,圖版柒、捌。

146 湖北省博物館編:《曾侯乙墓》,頁 303-306。

缺，通高約 92.5 公分。該面盾牌有完整木質盾柄——置於盾牌後側，供人員握住盾牌——全長 94 公分，推測 E.161 號盾全長應爲 94 公分。至於 E.161 號盾之寬度，發掘報告未予說明。但若據《曾侯乙墓》圖 183 所繪 E.161 號盾描圖比例尺推測，其寬幅約爲 55 公分。盾牌厚度出土報告亦未載明，然《左傳》昭公二十六年（516 B.C.）有段文字可供推測，文曰：「齊子淵捷從洩聲子，射之，中楯瓦，繇胸汏輈，匕入者三寸。」《集解》云：「瓦，楯脊。」[147]楊伯峻謂「楯瓦」是楯面中間凸出者。[148]至於「繇胸汏輈，匕入者三寸」句，杜預云：「入盾瓦也。胸，車軛。輈，車轅。繇，過也。汏，矢激。匕，矢鏃也。」[149]楊氏釋云：「子淵捷弓強力猛，其矢由軛而上馳于轅，直入聲子擋箭之盾脊三寸。」[150]既然箭矢能入盾面凸出之脊部三寸，知脊部應凸出盾面至少三寸。上文已引丘光明、邱隆、楊平《中國科學技術史：度量衡卷》考定東周一寸合今日 2.31 公分，[151]三寸爲 6.93 公分。既然脊部至少爲三寸，則盾面厚度應大致與之相應。爲計算之便，今姑以 5 公分爲基準。至於盾牌材質爲何，曾侯乙墓出土報告亦未說明。《左傳》定公六年（504 B.C.）有段文字可供參考，文曰：「趙簡子逆，而飲之酒於綿上，獻楊楯六十於簡子。」《集解》云：「楊，木名。」[152]竹添光鴻云：

> 楯，干櫓，以楊木爲之。〈小雅·楊舟〉之楊，當非楊柳之楊。《埤雅》：楊今有黃、白、青、赤四種，黃楊性堅緻。白楊性勁直，堪爲屋材，[153]寧折終不曲撓。[154]

---

147 晉·杜預集解，唐·孔穎達正義：《春秋左傳注疏》，頁 901。

148 楊伯峻著：《春秋左傳注》，頁 1472。

149 晉·杜預集解，唐·孔穎達正義：《春秋左傳注疏》，頁 901。

150 楊伯峻著：《春秋左傳注》，頁 1472。

151 丘光明、邱隆、楊平著：《中國科學技術史：度量衡卷》，頁 156。

152 晉·杜預集解，唐·孔穎達正義：《春秋左傳注疏》，頁 961。

153 竹添光鴻所引《埤雅》見該書卷十三〈釋木〉，原文作「《爾雅》曰：『楊，蒲柳』，所謂『董澤之蒲』是也。今有黃、白、青、赤、四種。……黃柳性堅緻，難長。……《齊民要術》曰：白楊性勁直，堪爲屋材，寧折終不曲撓。」見宋·陸佃著：《埤

楊伯峻亦認爲「楊楯」之「楊」非水楊，認爲「此楊楯之楊或即黃楊，木材黃色，質堅緻，故以爲盾。」[155]若以曾侯乙墓出土 E.161 號盾爲例，盾之長、寬、厚爲 94、55 及 5 公分，[156]體積爲 25,850 立方公分。以劉一星、王逢瑚《木質建材手冊》記錄屬楊木類之毛白楊平均密度爲 0.442 公克/立方公分帶入計算，[157]一面盾楯重量約 11,426 公克。明代戚繼光（1528-1588）《練兵實紀》卷五〈雜集卷五・軍器解〉著錄藤牌，謂其「重不過九斤，圓徑三尺。」[158]依《中國科學技述史・度量衡卷》考證，明代每斤重量 596.8 公克。[159]若以此數字換算明代九斤重量，約合今日 5,371.2 公克，顯然較筆者推估重量爲輕。然須說明者，戚繼光之藤牌乃以藤草爲之，密度當然難與毛白楊比擬。日本市川定春《世界武器甲冑圖鑑》謂希臘重裝步兵所持大型圓盾重量約 8至 15 公斤，[160]《圖解古羅馬軍團武器、防具、戰術大全》謂古羅馬步兵使用長盾重 2 至 10 公斤。[161]筆者推算盾楯重量 11,426 公克，尚在希臘重裝步

雅》（北京：中華書局，1985 年，1 版），頁 337-338。《埤雅》所引《齊民要術》見該書卷 4〈種榆白楊〉，原文作「白楊性甚勁直，堪爲屋材，折則析矣，終不曲撓。」見《齊民要術》，卷 4，頁 11。

154　日本・竹添光鴻著：《左傳會箋》，頁 1818-1819。

155　楊伯峻著：《春秋左傳注》，頁 1558。

156　黃樸民云：「到了春秋（乃至戰國），盾仍然以木和皮革爲材料製作，但其形制卻有較大的變化，其上部大多作成稱的雙弧形，表面塗漆，並常繪有精美的花紋，盾高一般有 60 多釐米，寬約 45 釐米。」見黃樸民著：《中國軍事通史・春秋軍事史》，頁 117。黃氏引用數據未說明來源，故僅附於此，本文未予徵用。

157　劉一星、王逢瑚著：《木質建材手冊》，頁 101。

158　明・戚繼光著，邱心田校釋：《練兵實紀》（北京：中華書局，2001 年 6 月，1 版），頁 306。

159　丘光明、邱隆、楊平著：《中國科學技術史：度量衡卷》，頁 416。

160　日本・市川定春編著，林耿生譯：《世界武器甲冑圖鑑》（臺北：尖端科技・家庭傳媒城邦分公司，2006 年，1 版），頁 36-37。維基百科「希臘重裝部兵」，查詢日期 2015 年 2 月 2 日：http://zh.wikipedia.org/wiki/%E5%B8%8C%E8%87%98%E9%87%8D% E8%A3%9D%E6%AD%A5%E5%85%B5。

161　日本株式会社レッカ社著，陳聖怡譯：《圖解古羅馬軍團武器、防具、戰術大全》（臺北：楓樹林出版射業公司，2015 年 1 月，1 版），頁 66。

兵所持圓盾重量範圍內，亦與古羅馬步兵所用長盾重量相去不遠。

馬匹使用之介，傳世文獻未記載尺寸重量。湖北荊門包山 2 號楚墓出土馬冑與馬甲，馬甲由四十八塊甲片組成，復原後全長 130 公分、寬約 68 公分。三套馬冑皆由六塊甲片組成，可惜馬甲與馬冑皆未著錄重量。[162]考慮馬匹軀幹較人體龐大，所需護具面積更為寬廣，推測重量至少為人員甲具二倍以上。為估算之便，本文暫定馬匹所用之介為人員所用之甲重量二倍，以人員所用之甲重 2,600 公克計算，則每副介之重量約 5,200 公克。

五、車兵與徒兵使用武器重量

第四章已說明車兵使用武器有戈、殳、戟、酋矛、夷矛、弓矢、劍、甲、冑、盾，徒兵使用殳、酋矛、戈、戟、劍、甲、冑、盾。本章前文已分別推估各類型武器重量，本節嘗試以 100 輛兵車為基數，計算車兵與徒兵使用武器重量。必須說明者，第四章及本章雖以現有資料估算各類武器重量，但誤差實難避免。此外，上述各種武器是否必然使用於每場戰役，本文亦未能一一論證。故本節估算結果僅能呈現最大數值，或許實際情況較計算結果為低。以下先計算車兵使用武器，再加總徒兵使用武器，推求 100 輛兵車使用武器總重量。

春秋時代以車戰為主，此是治春秋史、先秦史學者熟知之事。戰鬥人員分車兵與徒兵——即後世所謂步兵[163]——是春秋時代軍隊基本編制單位。兵車之上一般有三位車兵。《毛詩・魯頌・閟宮》「公車千乘」句，《箋》云：

---

162 吳順青、徐夢林、王紅星著：〈荊門包山 2 號墓部分遺物的清理與復原〉，《文物》1988 年第 5 期，頁 15-24、圖版壹、貳。湖北省荊沙鐵路考古隊著：《包山楚墓》，頁 219-223。

163 步兵一詞於文獻首見《六韜・犬韜・戰步》，文云：「步兵與車騎戰奈何？」見題周・姜尚著：《六韜》，收入《子書二十八種》冊 6，頁 15。因後世通用此詞，故本文亦統一使用步兵。

「兵車之法：左人持弓，右人持茅，中人御。」¹⁶⁴居中者爲駕御戰車之人，《左傳》稱爲「御」；御者左側爲一車之長「車左」，¹⁶⁵御者右側稱「車右」，或稱「戎右」、「驂乘」。¹⁶⁶此外，每乘兵車配十位徒兵，是車兵之從屬。西周晚期之禹鼎（《集成》5.2833）¹⁶⁷銘云：「肄武公迺遣禹率公戎車百乘，斯馭二百，徒千。」¹⁶⁸公戎車百乘配以徒千，知每乘配予十位徒兵。此外，如閔公二年（660 B.C.）《傳》曰：「齊侯使公子無虧帥車三百乘、甲士三千人以戍曹。」又僖公二十八年（632 B.C.）《傳》曰：「丁未，獻楚俘于王：駟介百乘、徒兵千。」又襄公三年（570 B.C.）《傳》曰：「使鄧廖帥組甲三百、被練三千，以侵吳。」又昭公元年（541 B.C.）《傳》曰：「以什共車，必克。」又定公四年（506 B.C.）《傳》曰：「王於是乎殺管叔而蔡蔡叔，以車七乘、徒七十人。」¹⁶⁹針對昭公元年《傳》記載，竹添光鴻云：「什者，步卒之稱也。」¹⁷⁰陳恩林《先秦軍事制度史》亦云：「所謂『以什

---

164 漢・毛亨傳，漢・鄭玄注，唐・孔穎達正義：《毛詩注疏》，頁 780。

165 藍永蔚謂車左又稱甲首，見藍永蔚著：《春秋時代的步兵》，頁 61。《中國戰爭發展史》亦云：「車左甲士，主要司射，為一車之長，稱『車左』或『甲首』。」見中國人民革命軍事博物館編著：《中國戰爭發展史》（北京：人民出版社，2001 年12 月，1 版），頁 46。《春秋史與春秋文明》亦云：「左邊的甲士持弓，為一車之首，稱為『車左』，又叫『甲首』。」見李學勤主編、王美鳳、周蘇平、田旭東著：《春秋史與春秋文明》，頁 108。稱車左為甲首實誤，第三節引文第 1 條《集解》云：「甲首，被甲者首。」見晉・杜預集解，唐・孔穎達正義：《春秋左傳注疏》，頁112。楊伯峻《春秋左傳詞典》云：「著甲冑之頭顱。」見楊伯峻著：《春秋左傳詞典》，頁 217。陳克炯《左傳詳解詞典》亦云：「著甲軍人的腦袋。」見陳克炯：《左傳詳解詞典》，頁 835。知甲首乃指被梟首者，非兵車車左。

166 黃聖松著：《《左傳》軍事制度研究》（高雄：高雄復文圖書出版社，2009 年 2 月，1 版），頁 97-129。

167 中國社會科學院考古研究所編：《殷周金文集成》第 5 冊，編號 5.2833，頁 232。

168 銘文隸定參見張亞初著：《殷周金文集成引得》（北京：中華書局，2001 年 7 月，1版），頁 53。

169 晉・杜預集解，唐・孔穎達正義：《春秋左傳注疏》，頁 191、273、500、705、949。

170 日本・竹添光鴻著：《左傳會箋》，頁 1361。

共車」，就是說十人當一車。」[171]知每輛兵車配予十位徒兵。針對襄公三年《傳》所謂「組甲三百」及「被練三千」，楊伯峻認爲或許前者爲車士而後者爲徒兵。[172]學者或許質疑：若依楊氏之見，則「組甲三百」爲車士300人；以上文謂每乘兵車之上有三位車兵，則車士300人實爲兵車100乘，如此豈不符筆者之見？關於此問題，章炳麟《春秋左傳讀》已釋之甚詳：

> （組甲）三百但計車左，非兼及御與右也。車左三百，車亦三百乘，故步卒三千，即閔二年「公子無虧帥車三百乘、甲士三千人」之制也。彼之甲士，即此之被練步卒也。[173]

筆者承章氏之說，則「組甲三百」與「被練三千」仍爲每乘兵車配予十位步兵之例。清人王引之（1766-1834）《經義述聞・通說上》「虎賁」條云：「蓋一車十人，古人有此兵制。」[174]童書業《春秋左傳研究》認爲「似一車之甲士大致爲十人左右，此爲主力軍」；[175]晁福林《春秋戰國的社會變遷》亦主此見。[176]故春秋時代每輛兵車配以十位步兵，應可爲確論。[177]

然清人金鶚（1771-1819）《求古錄禮說・軍制車乘士卒考》云：「《左傳》言：獲其甲首三百者，甲士之首也。三百人，則三百乘也。餘甲士七人，

---

171 陳恩林著：《先秦軍事制度研究》，頁142。

172 楊伯峻著：《春秋左傳注》，頁925。

173 章炳麟著：《春秋左傳讀》，頁468-469。

174 清・王引之著：《經義述聞》（臺北：廣文書局，1979年2月，2版），頁752-753。

175 童書業著，童教英校訂：《春秋左傳研究（校訂本）》（北京：中華書局，2006年8月，1版），頁182。

176 晁福林著：《春秋戰國的社會變遷》，頁766。

177 黃樸民認爲一乘兵車配以十位甲士之說，乃因步兵身分低微，故未將徒兵列入計算，恐非權論。見黃樸民著：《中國軍事通史・春秋軍事史》，頁79。見黃樸民著：《夢殘干戈——春秋軍事歷史研究》，頁97。

蓋在車之左右。」[178]筆者上文已說明,「甲首」乃被梟首者,非指一車之長的車左。金氏誤解《左傳》之意,以為甲首為車左,故《傳》文謂「甲首三百」乃指甲車 300 乘。金氏又據此敷衍,謂甲士十人分三人在車上、七人在車下,其說不可信從。藍永蔚《春秋時代的步兵》云:「據王引之、[179]金鶚等研究,這十名甲士,古制是三名在車上,餘七名在車下。此說是正確的。」[180]又李零《兵以詐立》謂「『車兵』的泛稱是『士』,『士』還包括車下的 7 名甲士。甲士 10 人,包括帶甲的步兵。」[181]又張廣志《西周史與西周文明》云:「大體說,一乘有十個左右的甲士,三個在車上,餘在車下。」[182]藍氏、李氏及張氏又承金氏之見,亦將每車甲士十人合計為車兵三人與步兵七人。每乘兵車配合十位步兵之規制,在上引西周金文禹鼎即可得見此例,足知此制發展已久。下文將說明車兵身分遠高於步兵,故一般具有車兵身分者不願屈居為步兵,恐車兵、步兵不應混同計算,當各自統計。

　　學者或許質疑:《周禮・司徒・小司徒》賈公彥《疏》引《司馬法》云:「革車一乘,士十人,徒二十人」,或許與筆者之論相同。然《司馬法》又有「革車一乘,甲士三人,步卒七十二人」之說,[183]又當如何解釋?賈公彥認為前說是「天子畿內采地法」,後說是「畿外邦國法」。[184]清人江永、[185]金榜(1735-1801)、[186]孫詒讓[187]則有不同意見,認為前說是通制,後說是

178　清・金鶚著:《求古錄禮說》(上海:上海古籍出版社,1995 年據華東師範大學圖書館藏清光緒二年(1876)孫熹刻本影印)卷 15,頁 20。

179　藍氏謂王引之的研究,乃指上引《經義述聞・通說上》「虎賁」條,依原文內容,王氏並無此見,應是藍氏理解錯誤。

180　藍永蔚著:《春秋時代的步兵》,頁 63。

181　李零著:《兵以詐立》(北京:中華書局,2006 年 8 月,1 版),頁 93。

182　李學勤主編,張廣志著:《西周史與西周文明》(上海:上海科學技術文獻出版社,2012 年 3 月,1 版),頁 206。

183　漢・鄭玄注,唐・賈公彥疏:《周禮注疏》,頁 170-172。

184　漢・鄭玄注,唐・賈公彥疏:《周禮注疏》,頁 170-172。

185　清・江永著:《周禮疑義舉要》,卷 2,頁 11-12。

186　清・金榜著:《禮箋》(上海:上海古籍出版社,1995 年據華東師範大學圖書館藏清乾隆五十九年(1794)方起泰胡國輔刻後印本影印),卷 1,頁 3。

「丘乘」之本法。賈氏認為《司馬法》二說皆指軍賦，因天子與諸侯身分有別，故異地而有異制。江、金、孫三氏區分《司馬法》二說，前說是「軍賦」，後說是「田獵追胥」之徭役；二說皆是通制，無地區差別。[188]杜正勝先生認為《司馬法》二條記載應是不同時代材料，當分別審視與討論。杜先生認為配合兵車之徒兵數量隨時代演進而遞增，西周末年以前是每車配十位徒兵，至春秋中葉時增為每車配二十五位徒兵，春秋中葉以後終戰國之世則是每車配七十二位徒兵。[189]然上引《左傳》諸例，自春秋早期魯閔公二年（660 B.C.）至春秋晚年魯定公四年（506 B.C.）皆有相關記載，每乘兵車配合十位徒兵之說似為春秋時代通例。故本文仍以此說為據，用以計算相關數字。

第二節已說明每輛兵車配置一百支箭矢及二弓，箭矢重量合計約 5,000 公克，加上二弓重量 940 公克，弓矢合計 5,940 公克。依文獻記載，兵車之上配置二矛、一戈、一殳、一戟。第三節已謂酋矛及夷矛總重 5,168.38 公克，第四節計算戈重 969.51 公克、殳重 1,740.68 公克、戟重 1,955.09 公克。兵車上三位戰鬥人員各配一劍、一副甲冑。至於盾究竟是車左、車右各一，抑或僅車右配備，文獻無所徵引。秦始皇陵園出土 1 號銅馬車僅見一件銅盾，插於車輿右輪內側前段與擋板間。楊泓與李力《中國古兵二十講》認為，如此配置表示「車輿右部是格鬥武士活動之所。」[190]筆者認為若無文獻記載情況下，秦始皇陵園出土銅馬車將是最佳證明，故本文以兵車上配置一面盾牌計算。依第四節說明內容，車上三位戰鬥人員所配三劍皆以上制之劍計算，知劍之總重 2,497.5 公克。三副甲冑合計 15,600 公克，盾重 11,426 公克，四匹馬所用四副介合計 20,800 公克。將以上武器加總計算，每乘兵車配置武器最大重量為 60,157.16 公克。若以 100 乘兵車帶入計算，則總重為 6,015,716 公克，即 6,015.716 公斤。每乘兵車配合十位徒兵，每位徒兵配置一殳、一酋矛、一戈、一戟、一劍、一甲、一冑、一盾。殳重 1,740.68 公克、酋矛重 2,374.49

187　清‧孫詒讓正義，王文錦、陳玉霞點校：《周禮正義》，頁 806。

188　杜正勝著：《編戶齊民》，頁 63。

189　杜正勝著：《編戶齊民》，頁 72。

190　楊泓、李力著：《中國古兵二十講》，頁 122。

公克、戈重 969.51 公克、戟重 1,955.09 公克、上制之劍重 2,497.5 公克、甲胄合計 5,200 公克、盾重 11,426 公克，加總得 26,163.27 公克。若出兵 100 乘兵車則需 1,000 位徒兵，總計徒兵使用武器總重為 26,163,270 公克，即 26,163.27 公斤。最後加總車兵使用武器總重 6,015.716 公斤，及徒兵使用武器總重 26,163.27 公斤，則出兵 100 乘兵車所需武器重量最大值約 32,178.986 公斤。

六、小　結

　　總上所述，整理本章結論如下：（一）本文以清朝弓之重量為基礎，推估春秋時弓之重量為 470 公克，每乘兵車配置二弓，總重 940 公克。筆者依典籍記載，考證箭鏃重量為 19.98 公克；若加箭身重量，推估每支箭矢重量約 50 公克。每乘兵車配置一百支箭矢，箭矢總重量約 5,000 公克。加上二弓重量 940 公克，弓矢合計 5,940 公克。（二）矛之刃部重量依《周禮・多官考工記・冶氏》所載，約合今日 277.5 公克。矛之木柄材質依《左傳》所記，推測應是栗木一類樹種。屬於栗木類之板栗平均密度為 0.565 公克/立方公分，帶入出土實物相關數據，得出酋矛木柄重 2,096.99 公克，夷矛木柄重 2,516.39 公克。再將矛之刃部重量 277.5 公克加入計算，則酋矛總重 2,374.49 公克，夷矛總重 2,793.89 公克。每乘兵車配有酋矛與夷矛各一，則兵車配置二矛總重 5,168.38 公克。（三）戈之刃部重量亦以《周禮・多官考工記・冶氏》所載數字為據，約合今日 277.5 公克。文獻所記戈柄長度為六尺六寸，以戰國齊尺合今日 19.7 公分計算，六尺六寸合今日 130.02 公分。帶入木柄直徑 3 公分及板栗平均密度 0.565 公克/立方公分計算，則戈柄重量 692.01 公克。總合戈刃 277.5 公克及戈柄 692.01 公克，知戈之總重 969.51 公克。（四）戟之重量於文獻記載與出土實物落差頗大，今姑以《周禮・多官考工記・冶氏》為計算依據，刃部約合今日 277.5 公克。戟柄長度約 315.2 公分，帶入直徑 3 公分計算，知戟柄體積為 2,969.18 立方公分。再帶入板栗平均密度 0.565 公克/立方公分計算，則戟柄重量 1,677.59 公克。總合刃部 277.5 公克及柄重

1,677.59 公克，戟之總重爲 1,955.09 公克。（五）殳之重量以《周禮・冬官考工記・廬人》所載爲據，長度爲 394 公分。若以直徑 3 公分計算，則殳柄體積爲 3,711.48 立方公分。帶入板栗平均密度 0.565 公克/立方公分計算，推估殳之重量爲 1,740.68 公克。（六）劍之尺寸與重量，《周禮・冬官考工記・桃氏》謂劍分爲上制、中制與下制三等級。帶入數據計算後，知上制之劍約 59.1 公分、中制合 49.25 公分、下制爲 39.4 公分；重量依序爲 832.5、647.5 及 462.5 公克。（七）冑之重量文獻無所徵，今依《商代新干大墓》及《侯家莊第五本・1004 號大墓》著錄青銅冑重量求其數價，得 2,600 公克。甲之重量亦無記載，姑暫訂爲 2,600 公克。（八）盾、楯、干等防預武器之重量，文獻亦無所徵引。今以曾侯乙墓出土 E.161 號盾爲本，以長 94、寬 55、厚 5 公分計算，得體積 25,850 立方公分。帶入楊木類之毛白楊平均密度爲 0.442 公克/立方公分計算，則盾重量約 11.426 公斤。（九）馬匹所用之介，傳世文獻及出土實物皆無記載其重量，推測其重量爲人員甲具二倍，則每介重量約 5,200 公克。（十）春秋時代每乘兵車有三位車兵，每乘兵車又配以十位徒兵。若以出兵 100 乘兵車計算，車兵使用武器總重 6,015.716 公斤，徒兵使用武器總重 26,163.27 公斤，所需武器重量最大值約 32,178.986 公斤。

第六章 輜重負重及數量與役人數量

一、前 言

　　《左傳》襄公八年（565 B.C.）曰：「楚師遼遠，糧食將盡，必將速歸，何患焉？」[1]此段文字記載楚師伐鄭，鄭國諸大夫討論是否與楚國議和。大夫子展（？-544 B.C.）謂楚師襲遠而糧食將盡，必然無法久待而速歸，故無須顧慮；由此可見糧食轉運對軍事行動之重要。《孫子・作戰》云：「凡用兵之法，馳車千駟，革車千乘，帶甲十萬，千里饋糧。則內外之費，賓客之用，膠漆之材，車甲之奉，日費千金，然後十萬之師舉矣。」此段文字所言雖是戰國時事，然軍事動員耗費不貲由此可見一斑，春秋時代亦復如是。〈作戰〉又云：「國之貧於師者遠輸，遠輸則百姓貧。近於師者貴賣，貴賣則百姓財竭。」[2]孫武（545 B.C.-470 B.C.）強調度量後勤所需，少則不足軍隊開銷，多則增加人民負擔，故須精算以求平衡，尤以糧食更是重要。《管子・權修》云：「地之守在城，城之守在兵，兵之守在人，人之守在粟。」[3]其言雖是守城之事，然部隊征伐亦同此理，足見充沛糧食於戰時至關重要。《莊子・逍遙遊》云：「適百里者宿舂糧，適千里者三月聚糧。」[4]此言個人行旅須攜帶足購糧食，似沿途無法補充。個人行旅如此，部隊征伐當復如是。《孫子・形篇》又云：「兵法：一曰度，二曰量，三曰數，四曰稱，五曰勝。地生度，

1　晉・杜預集解，唐・孔穎達正義：《春秋左傳注疏》，頁521。

2　周・孫武著，漢・曹操等注，楊丙安校理：《十一家注孫子校理》，頁29-30、34。

3　題周・管仲著，黎翔鳳校注，梁運華整理：《管子校注》，頁52。

4　周・莊周著，清・郭慶藩集釋：《莊子集釋》，頁9。

度生量，量生數，數生稱，稱生勝。故勝兵若以鎰稱銖，敗兵若以銖稱鎰。」[5]齊振聾〈《孫子》的後勤思想〉解釋此段文字云：

> 由計算敵我雙方國土面積的「度」，產生出衡量全國物產和人口的「量」，也就產生出能夠動員和供應軍隊的「數」，由雙方物力的多少不同就產生出軍事力量對比的「稱」，由此構成了雙方勝負的物質基礎。[6]

勝負關鍵在後勤計量之鎰銖必較，不僅糧食如此，所用軍事相關物資與人員亦是如此。第二章及第三章爬疏《左傳》及相關文獻記載「輜重」所載物資內容與用途，本章延續上文所述，嘗試估算每輛「輜重」——即「重」、「大車」負載物資重量。由於此議題文獻無有明徵，故僅以推測估算方式討論。且每輛「輜重」亦未必皆負載相同重量，本文僅能嘗試計算最大數值。

二、輜重負重

　　牛隻拉引「輜重」之負重，《史記·越王句踐世家》有段文字可供參考。〈越王句踐世家〉記陶朱公（536 B.C.-448 B.C.）遣其少子，「乃裝黃金千溢，置褐器中，載以一牛車」至楚國。瀧川龜太郎《考證》云：「岡白駒曰：褐，毛布也，藏褐衣器。」[7]文中計算黃金單位「溢」，一般文獻作「鎰」。以牛車載運數量龐大之黃金，為避免引起側目，故裝載於粗糙褐布內。至於千鎰黃金重量為何？《國語·晉語二》云：「黃金四十鎰，白玉之珩六雙，不敢

5　周·孫武著，漢·曹操等注，楊丙安校理：《十一家注孫子校理》，頁77-79。

6　齊振聾著：〈《孫子》的後勤思想〉，收入軍事科學院戰略部、後勤學院學術部歷史室編：《先秦軍事研究》，頁115-119。

7　漢·司馬遷著，南朝宋·裴駰集解，唐·司馬貞索引，唐·張守節正義，日本·瀧川龜太郎考證：《史記會注考證》，頁657。

當公子，請納之左右。」《注》云：「二十兩為鎰。」[8]又《儀禮·既夕禮》曰：「歠粥，朝一溢米、夕一溢米，不食菜果。」《注》云：「二十兩曰溢。」[9]又《禮記·喪大記》曰：「朝一溢米，莫一溢米，食之無算。」《注》云：「二十兩曰溢。」[10]《孟子·梁惠王下》曰：「今有璞玉於此，雖萬鎰，必使玉人雕琢之。」《注》云：「二十兩為鎰。」《疏》云：「《國語》云：『二十四兩為鎰。』《禮》云『朝一鎰米』，注亦謂二十四兩。」然《孟子·公孫丑下》曰：「前日於齊，王餽兼金一百而不受；於宋，餽七十鎰而受；於薛，餽五十鎰而受。」《注》卻云：「一鎰是為二十四兩也。」[11]《史記·平準書》云：「黃金以溢名，為上幣。」《集解》引孟康之說云：「二十兩為溢。」[12]據上引《國語》及《儀禮》，知孫奭所云一鎰二十四兩可能是二十兩之誤，《中國科學技術史：度量衡卷》亦主此見。[13]若以一鎰二十兩計算，《史記·越王句踐世家》所謂「黃金千溢」是 20,000 兩；再以十六兩換算為一斤，則 20,000 兩為 1,250 斤。《中國科學技術史：度量衡卷》綜合敘述春秋、戰國時期各國重量換算云：

> 趙國的司馬禾石銅權，每斤合 253 克，秦國的高奴禾石銅權每斤合 256 克，趙國八件金飾件，每斤的平均值為 248 克，秦國製造的兩件金飾件，每斤量值也合 248 克。楚國單位名稱雖至今不能確定，但用斤兩銖制來折合，其中有倍比關係的環權和大小適中的金鈑，每斤也在 250 克左右。[14]

8　三國·韋昭注：《國語韋昭註》，頁 225。

9　漢·鄭玄注，唐·賈公彥疏：《儀禮注疏》，頁 482。

10　漢·鄭玄注，唐·孔穎達正義：《禮記注疏》，頁 771。

11　漢·趙岐注，題宋·孫奭疏：《孟子注疏》，頁 42-43、75。

12　漢·司馬遷著，南朝宋·裴駰集解，唐·司馬貞索引，唐·張守節正義，日本·瀧川龜太郎考證：《史記會注考證》，頁 521。

13　丘光明、邱隆、楊平著：《中國科學技術史：度量衡卷》，頁 172。

14　丘光明、邱隆、楊平著：《中國科學技術史：度量衡卷》，頁 172。

《史記‧平準書》又云：「漢興，……一黃金一斤。」司馬貞《索隱》引三國人臣瓚（生卒年不詳）《注》云：「秦以一鎰為一金，漢以一斤為一金，是其義也。」[15]若以漢時人言之，則「黃金千溢」即「黃金千斤」。《中國科學技術史：度量衡卷》依西漢出土實物考證，是時一斤介於今日 247.5 公克至 251.8 公克間，平均值為 249.65 公克；亦可暫定為西漢一斤換算今日 250 公克。即便將「黃金千溢」解讀為「黃金千斤」，重量僅合今日 250 公斤。

此外，《韓非子‧外儲說左上》云：「吾不如為車輗者巧也，用咫尺之木，不費一朝之事，而引三十石之任致遠，力多，久於歲數。」[16]前文已說明任有載重之意，「三十石之任」意指載重物資三十石。又《墨子‧魯問》云：「子之為鵲也，不如匠之為車轄。須臾劉三寸之木，而任五十石之重。」[17]此處更謂車乘可負載五十石。作為重量單位之「石」，《說文》作「秳」，文云：「百二十斤也」，[18]知「石」重 120 斤。三十石及五十石合 3,600 斤及 6,000 斤，帶入戰國及兩漢每斤約今日 250 公克計算，則三十石重 900 公斤，五十石重 1,500 公斤。無論是 900 公斤或 1,500 公斤，與上述《史記‧越王句踐世家》「黃金千溢」之 250 公斤差距頗鉅，知《史記‧越王句踐世家》所言非實指牛車最大負重，故此數字僅能參考。對上引《韓非子》及《墨子》之文，王子今《秦漢交通史稿》認為「諸子書中語多有誇張之辭，未可以為實證。」[19]若依王氏之見，則每車載重三十石或五十石之說亦復多方考慮。實則上引《韓非子》及《墨子》文字，旨在申言製作器物之能工巧匠有高明精妙手段，實非一般製車工匠所能比擬。故可載重三十石或五十石之車乘不必視為常態，一般車乘載重量當遠低於此才是。

15　漢‧司馬遷著，南朝宋‧裴駰集解，唐‧司馬貞索引，唐‧張守節正義，日本‧瀧川龜太郎考證：《史記會注考證》，頁 510。

16　周‧韓非著，清‧王先慎集解，鐘哲點校：《韓非子集釋》，頁 266。

17　周‧墨翟著，清‧孫詒讓詁，孫啟治點校：《墨子閒詁》，頁 481。

18　漢‧許慎著，清‧段玉裁注：《說文解字注》，頁 331。

19　王子今著：《秦漢交通史稿》（北京：中共中央黨校出版社，1994 年 7 月，1 版），頁 107。

　　成書於兩漢之《九章算數·均輸》云：[20]「凡四縣賦，當輸二十五萬斛，用車一萬乘。……以二十五斛乘車數，即粟數。」[21]且每車運輸二十五斛粟米屢屢出現該書，應是兩漢時期運輸之標準數字。裘錫圭〈漢簡零拾〉整理漢簡，每車輸送糧食為二十五石者多達十數例，認為「僱傭的僦人和服役的將車者輸送糧食的時候，大概一般比較嚴格地遵守二十五石一車的常規。」[22]然《居延新簡》E.P.T.14：5 有「入粟三十斛□車一兩」之記載，[23]《敦煌漢簡》802 有「☑車三兩載糒米百五石」之文，[24]予以換算則每車載運三十五石。《九章算術·方程》亦云：「今有武馬一匹，中馬二匹，下馬三匹，皆載四十石至阪，皆不能上。」[25]知亦有載重超過二十五斛或二十五石之記錄。然須說明者，《九章算術·均輸》又云：「六人共車，車載二十五斛，重車日行五十里，空車日行七十里，載輸之間各一日。」[26]知漢時運輸主要以人力拉牽，以六人共拉一車為基準。至於載運四十石之拉牽動力為馬匹，或許因此可載運較重物資。由於文獻及出土資料皆以二十五斛或二十五石為漢代運輸標準，王子今認為「是政府為保證車隊運行速度和交通道路暢通而統一限

20　陳直認為《九章算術》為西漢中期齊國人作品，見陳直著：〈《九章算術》著作的年代〉，《西北大學學報（自然科學版）》1957 年第 1 期，頁 95-97。王汝發、李德生認為該書成書於西漢末年王莽執政後，至東漢初期公元一世紀後半葉，見王汝發、李德生著：〈《九章算術》新論〉，《貴州文史叢刊》1993 年第 3 期，頁 54-56。

21　李繼閔著：《《九章算術》導讀與譯注》（西安：陝西科學技術出版社，1998 年 9 月，1 版），頁 496-497。

22　裘錫圭著：〈漢簡零拾〉，原載《文史》第 12 輯（北京：中華書局，1981 年，1 版）；收入氏著：《裘錫圭學術文集·簡牘帛書卷》（上海：復旦大學出版社，2012 年 6 月，1 版），頁 52-96。

23　甘肅省文物考古研究所、甘肅省博物館、中國文物研究所、中國社會科學院歷史研究所著：《居延新簡》（北京：中華書局，1994 年 12 月，1 版），冊 2，頁 49。

24　甘肅省文物考古研究所編：《敦煌漢簡》（北京：中華書局，1991 年 6 月，1 版），冊 2，頁 250。

25　李繼閔著：《《九章算術》導讀與譯注》，頁 657。

26　李繼閔著：《《九章算術》導讀與譯注》，頁 518。

定的定額。」[27]本文姑以此為據，換算為今日重量。

《中國科學技術史：度量衡卷》謂戰國魏人李悝（B.C.455-B.C.395）「盡地利之教」以「石斗」計算，其文云：

> 石與斛在秦漢時常常是同一級單位，故魏國容量單位用斛、斗、益的可能性是存在的。益的上一級單位是斗，按戰國後期一般慣例，斛、斗、升均為十進位，故折合安邑下官銅鐘每益合 225 毫升。[28]

依該書計算方式，「益」與「升」同級，十升為「斗」，十斗為「斛」、為「石」，二十五斛折合為 250 斗。《說文》「秅」字云：「百二十斤也。稻一秅為粟二十斗，禾黍一秅為粟十六大半斗。」《注》云：「古多假石為秅。……稻亦可稱粟，猶凡穀皆可稱米也。」[29]「秅」典籍多作「石」，一般作重量單位。此處謂稻 120 斤容量為二十斗，禾黍 120 斤容量為十六又三分之二斗。[30]《說文》又云：「稻，稌也。」《注》云：「古謂黏者為稻。……黏者以釀也。」知《說文》所言「稻」是具有黏性用以釀酒用之糯米，非一般食用糧食米。至於「禾黍」者，《說文》於「糲」字云：「粟重一秅為十六斗大半斗，舂為米一斛曰糲。」《注》云：「不言禾粟者，粟本禾黍實之名。稻呼粟，則借辭也。」[31]依段氏之意，禾粟為「米」，即一般食用米，故本文以禾粟數據作為計算標準。「糲」今日通寫為「糲」，指舂碾後食用米。《中國科學技術史：度量衡卷》認為，原糧（禾粟）與舂碾後食用米比例為十六又三分之二斗原糧，舂碾為米一斛；一斛又合為十斗，[32]二者比例

---

27 王子今著：《秦漢交通史稿》，頁 108。

28 丘光明、邱隆、楊平著：《中國科學技術史：度量衡卷》，頁 140。

29 漢·許慎著，清·段玉裁注：《說文解字注》，頁 331。

30 丘光明、邱隆、楊平著：《中國科學技術史：度量衡卷》，頁 262。

31 漢·許慎著，清·段玉裁注：《說文解字注》，頁 325、334。

32 見本章下文說明，於此不再贅述。

為五比三。[33]十六又三分之二斗禾粟舂碾為食用米十斗，知十斗食用米重約七十二斤。《中國科學技術史：度量衡卷》謂兩漢一升約合今日 200 毫升，[34]則十斗為 100 升，合今日約 20 公升。《中國科學技術史：度量衡卷》謂東漢一斤約合今日 220 公克，[35]則七十二斤合今日 15.84 公斤。知東漢時食用米二十公升重 15.84 公斤，換算後每公升食用米重 0.792 公斤。二十五斛折合為 250 斗粟米，總重為 1,800 斤。帶入東漢每斤折合今日 220 公克計算，1,800 斤粟米重約 396 公斤。

唐人張說（667-730）、張九齡（678-740）等編纂《唐六典》卷三云：「車載一千斤，九百文。」[36]此文雖是換算租賃所需費用，但亦可供為參考。《中國科學技術史：度量衡卷》謂唐代每斤合今日 662-672 公克，[37]取其平均值為 667 公克。以此為標準計算每車負重 1,000 斤，合今日約 667 公斤，可容括上述《史記・越王句踐世家》「黃金千溢」換算之 250 公斤，及《九章算術》二十五斛之 396 公斤。更重要者，《九章算術・均輸》又云：「六人共車，車載二十五斛，重車日行五十里，空車日行七十里，載輸之間各一日。」[38]易言之，依《九章算術》所載漢時運輸 396 公斤粟米，以人力六人拉率每日距離為五十里。《左傳》記載春秋時代部隊及後勤行進日程為每日三十里，[39]其動力來源主要為牛隻。若以《唐六典》所載每車 667 公斤帶入計算，重量約為 396 公斤之 1.68 倍。因載運重量愈重，行進距離亦復縮短。將五十里除以 1.68 得 29.76 里，與春秋時代日程三十里極為相近。知春秋時代「輜重」載運物資重量應可從《唐六典》之說，每車載運 667 公斤。

33　丘光明、邱隆、楊平著：《中國科學技術史：度量衡卷》，頁 262。

34　丘光明、邱隆、楊平著：《中國科學技術史：度量衡卷》，頁 253。

35　丘光明、邱隆、楊平著：《中國科學技術史：度量衡卷》，頁 303。

36　唐・張說、張九齡等編：《唐六典》（臺北：臺灣商務印書館，1986 年景印文淵閣四庫全書），卷 3，頁 24。

37　丘光明、邱隆、楊平著：《中國科學技術史：度量衡卷》，頁 347。

38　李繼閔著：《《九章算術》導讀與譯注》，頁 518。

39　此部分說明請見第十一章第二節，於此不再贅述。

　　依「台灣水牛役用能力調查」報告顯示，台灣水牛拉役不同負重之牛車，行進於碎石路及柏油路面的平均速度、啓動所需拉力、行進拉力、馬力及作功之調查結果如「表2」。「表2」中負重爲零之空車牛車重450公斤，結果顯示不同負重之牛車，其行進速度介於49.3-58.6公尺/分鐘之間。「表2」顯示，牛車行進速度在負重200至800公斤間差異不明顯，無論於碎石路或柏油路面，牛車在無負重狀況下，行進速度稍快於有負重者；且隨著牛車負重增加，所需動態拉力、馬力及作功亦隨之增加。[40]雖「表2」是以現代台灣水牛爲實驗對象，若姑且不論牛隻品種問題，推測春秋時牛隻役用能力或當相去不遠，顯示200至800公斤是牛隻可負擔重量範圍。知《唐六典》謂「輜重」負重1,000斤——即今日667公斤，此說應可信從。

表 2　台灣水牛役用能力調查表

分類 路況	負重 （kg）	速度 （km/h）	啟動拉力 （kg）	動態拉力 （kg）	馬力 （H.P.）	作功 （kg-m/h）
碎石路	0	3.19 ± 0.04	98.8 ± 9.5	30.9 ± 5.8	0.37 ± 0.02	$0.99 ± 0.11×105$
	200	2.99 ± 0.28	109 ± 6.5	35.4 ± 2.0	0.39 ± 0.03	$1.06 ± 0.10×105$
	400	3.06 ± 0.14	128 ± 4.0	42.2 ± 2.7	0.47 ± 0.02	$1.28 ± 0.09×105$
	600	3.15 ± 0.33	148 ± 10.7	54.3 ± 2.6	0.63 ± 0.04	$1.71 ± 0.12×105$
	800	3.16 ± 0.22	172 ± 18.7	63.3 ± 5.4	0.74 ± 0.02	$2.00 ± 0.18×105$
柏油路	0	3.52 ± 0.49	84.9 ± 5.5	27.5 ± 4.6	0.36 ± 0.03	$0.97 ± 0.09×105$
	200	3.22 ± 0.20	100 ± 12.1	33.3 ± 3.6	0.40 ± 0.04	$1.07 ± 0.09×105$
	400	2.96 ± 0.32	114 ± 7.6	41.7 ± 3.5	0.46 ± 0.01	$1.23 ± 0.10×105$
	600	3.09 ± 0.20	127 ± 8.2	48.0 ± 2.6	0.55 ± 0.02	$1.48 ± 0.12×105$
	800	3.07 ± 0.27	151 ± 18.3	56.3 ± 5.3	0.64 ± 0.03	$1.73 ± 0.13×105$

---

[40]　台灣畜產種源資訊網：搜索日期：2015年2月5日，網址：http://www.angrin.tlri.gov.tw/ Buffalo/Buffalo_5_7.htm。

三、人員、馬匹、工具重量

　　第二章及第三章所列「輜重」負載物資中，人員所需食用物資無疑是至爲關鍵之內容。關於中國古代每人每月口糧多寡，韓鐵錚〈歷代口糧、畝產量初探〉認爲在四十至六十斤之間。[41]吳慧《中國歷代糧食畝產研究》依《周禮・地官・廩人》記載，得出周代月口糧標準是大米三十六至七十二斤。[42]高銳《中國上古軍事史》認爲「當時軍隊人員的日糧當不下 1-1.5 市斤。」[43]劉興林〈論商代農業的發展〉認爲「人均 40 斤左右的月口糧標準是很低的。」[44]中國大陸所謂「斤」、「市斤」實爲公制 0.5 公斤，若以此數字帶入，以每月三十日計算，則韓氏計算結果爲每人每日平均 0.833 公斤，吳氏、高氏及劉氏平均分別爲 0.9、0.625 及 0.667 公斤。筆者認爲四氏之說雖各有依據亦言之有理，但計算過程未盡翔實。以下將透過《周禮・地官・廩人》、《墨子・襍守》、漢代及唐代等文獻資料計算，推估「輜重」負載糧食重量。

　　《周禮・地官・廩人》曰：「凡萬民之食食者，人四鬴，上也；人三鬴，中也；人二鬴，下也。若食不能人二鬴，則令邦移民就穀。」《注》云：「此皆謂一月食米也。六斗四升曰鬴。」[45]《疏》云：

> 人四鬴，上也，上謂大豐年也。人食三鬴，中也，謂中豐年。人食二鬴，下也，謂少儉年。此雖列三等之年，以中年是其常法。……六斗四升曰鬴，昭公《傳》晏子辭。[46]

41　韓鐵錚著：〈歷代口糧、畝產量初探〉，《歷史教學》1985 年第 2 期，頁 2-5。

42　吳慧著：《中國歷代糧食畝產研究》（北京：農業出版社，1985 年，1 版），頁 46-47。

43　高銳著：《中國上古軍事史》（北京：軍事科學出版社，1995 年 8 月，1 版），頁 102。

44　劉興林著：〈論商代農業的發展〉，原載《中國農史》1995 年第 4 期；收入氏著：《史前農業探研》，頁 142-156。

45　漢・鄭玄注，唐・賈公彥疏：《周禮注疏》，頁 252。

46　漢・鄭玄注，唐・賈公彥疏：《周禮注疏》，頁 252。

賈氏所謂「六斗四升曰鬴，昭公《傳》晏子辭」，乃指昭公三年（539 B.C.）《傳》文，曰：「齊舊四量，豆、區、釜、鍾。四升為豆，各自其四，以登於釜。釜十則鍾。陳氏三量皆登一焉，鍾乃大矣。」[47]《集解》云：

> 四豆為區；區，斗六升；四區為釜；釜，六斗四升。登，成也。……登，加也。加一，謂加舊量之一也。以五升為豆，五豆為區，五區為釜，則區二斗，釜八斗，鍾八斛。[48]

《說文》云：「鬴，鍑屬也」；又云：「釜，鬴或从金、父聲」；[49]知《周禮》之「鬴」即《左傳》之「釜」。上引《傳》文謂齊國大夫陳氏家量較公量為大，故春秋時齊國有二套標準，一為公量系統，另一為陳氏家量系統。然上引〈廩人〉之「鬴」是齊國公量抑或陳氏家量？又齊國公量與陳氏家量如何換算？又「鬴」換算為今日單位為何？近世學者多以為《周禮》編成年代當已至戰國，陳氏大夫代姜姓為戰國時齊國之主，推測〈廩人〉計算當以陳氏家量為準。[50]至於齊國公量與陳氏家量換算方式，杜預認為前者一釜為六斗四升，後者一釜為八斗，後者較前者多一斗六升。然孫詒讓〈《左傳》齊新舊量義〉以《管子·輕重丁》「今齊西之粟釜百泉，則鏂二十也。齊東之粟釜十泉，則鏂二錢也」與〈海王〉「鹽百升而釜」為據，[51]認為「陳氏新量之釜，蓋十斗非八斗也。」[52]依孫氏所釋，其公式是一釜為五區，一釜等於 100 升；莫枯〈齊量新議〉亦如是主張。[53]《中國科學技術史：度量衡

47 晉·杜預集解，唐·孔穎達正義：《春秋左傳注疏》，頁 722。

48 晉·杜預集解，唐·孔穎達正義：《春秋左傳注疏》，頁 722。

49 漢·許慎著，清·段玉裁注：《說文解字注》，頁 112。

50 閻人軍著：〈《考工記》齊尺考辨〉，《考古》1983 年第 1 期，頁 61-65。閻人軍著：〈《考工記》成書年代新考〉，《文史》第 23 輯。宣兆琦著：〈《考工記》的國別與成書年代〉，《自然科學史研究》1993 年第 4 期，頁 297-303。

51 清·孫詒讓著：《籀廎述林》（北京：中華書局，2010 年 4 月，1 版）述二，頁 30-31。

52 題周·管仲著，黎翔鳳校注，梁運華整理：《管子校注》，頁 1483、1246。

53 莫枯著：〈齊量新議〉，《上海博物館館刊》1986 年第 3 期，頁 62-63。

卷》以出土實物與文獻記載對照，知戰國齊國量制一升約合 205 毫升，十升為一斗，100 升為一釜，則一釜合今日 20,500 毫升，[54]意即 20.5 公升。若以賈氏之說為準，則每人每月所需糧食標準值為三鬴，以一鬴 20.5 公升計算，三鬴為 61.5 公升。若以相同換算標準計算齊國公量，則三鬴為六斗四升，合今日 39.36 公升。三鬴為容量單位，至於三鬴食用米重量為何？〈廩人〉所載三鬴若以陳氏家量換算，容量為 61.5 公升；若以齊國公量換算，則為 39.36 公升。帶入每公升食用米重 0.792 公斤計算，則陳氏家量裝盛食用米重 48.708 公斤，換算每人每日食用米重量為 1.624 公斤；若以齊國公量計算，則每人每日食用米重量為 1.039 公斤。兩者相差頗為懸殊，究竟以何者為確？筆者認為不妨參考後世相關記載以為佐證。

《墨子‧襍守》云：「斗食，終歲三十六石。……斗食食五升。」[55]知每人一年總糧食計三十六石，換算為每月為三石。上文已說明十升為一斗、十斗為一石，若以每月三十日計算，則每日糧食為十升。〈襍守〉所言「斗食食五升」者，乃謂每餐食五升。先秦一般每日二餐，[56]每餐食五升則一日糧食為十升。至於此處十升約合今日多少重量？此部分涉及墨子（生卒年不詳）活動年代與《墨子》成書時間。墨子生卒年代由於史料不足而難以精確，故學者僅能推定活動年代。如近人梁啓超（1873-1929）〈墨子年代考〉云：

> 墨子之生，最晚不能幼於公輸般三十歲（公輸般之生，最晚亦當在孔子卒前十年。）墨子之卒，最早不能早於鄭繻公被弒之後三年（前390），最晚不能晚於吳起遇難之年（前 318）。卒年既大略攷定，持以上推其生年；使墨子老壽如子夏者，則亦可上逮孔子也。[57]

---

54 丘光明、邱隆、楊平著：《中國科學技術史：度量衡卷》，頁 123。

55 周‧墨翟著，清‧孫詒讓詁，孫啟治點校：《墨子閒詁》，頁 626。

56 此部分說明請見本文第十一章第二節，於此不再贅述。

57 梁啟超著：〈墨子年代考〉，收入顧頡剛編：《古史辯》第 4 冊（臺北：藍燈文化事業公司，1993 年 8 月，2 版），頁 248-252。

若以近人錢穆（1895-1990）《先秦諸子繫年》之說，則墨子之生至遲在周元王（？-469 B.C.）之世，不出孔子（551 B.C.-479 B.C.）卒後十年；其卒當在周安王十年（B.C.392）左右，不出孟子（372 B.C.-289 B.C.）生前十年。[58]則墨子之生應在春秋晚期，卒於戰國初年。[59]一般認為《墨子》乃「墨子及其弟子和再傳弟子共同編輯而成」，[60]學者亦認為〈備城門〉以下諸篇乃墨子弟子禽子（生卒年不詳）門人記載墨子軍事思想之作，亦可能歸納後期墨家弟子守城思想與經驗。故諸篇應可視作是墨子、禽子思想為主，墨家後學根據守城經驗加以完善而成。[61]李學勤據出土秦簡內容與〈備城門〉比較研究，直云「城守各篇……很可能是（秦）惠文王及其以後秦國墨者的著作。」[62]若持此說界定上述〈雜守〉所載糧食容量，當以戰國時代容量換算。上文已說明齊國量制一升約合205毫升，其他諸國皆各有異。依《中國科學技術史：度量衡卷》研究，楚國每升約合今日224毫升，魏國每升為225毫升，趙國為175毫升，韓國合今日168毫升，東周王室為200毫升，燕國為177毫升，中山國為180毫升，秦國為200毫升；[63]相差頗為懸殊。為求與《周禮・地官・廩人》一致，今暫以每升205毫升計算，則〈雜守〉每日糧食十升合今

---

58 錢穆著：《先秦諸子繫年》（臺北：東大圖書公司，1999年6月，3版），頁89-90。

59 吳浩坤著：《古史探索與古籍研究》，頁119。徐希燕著：《墨學研究：墨子學說的現代詮釋》（北京：商務印書館，2001年2月，1版），頁20。楊釗著：《先秦諸子與古史散論》（北京：北京師範大學出版社，2003年4月，1版），頁15。

60 劉進國著：《中國上古圖書源流》（北京：新華出版社，2003年1月，1版），頁272。徐希燕云：「《墨子》書無論是墨子本人所寫的，或是弟子記載墨子思想的，或者是弟子根據墨子言論發揮的，基本上都是墨子思想的完整體現，其思想均為墨家祖師墨子所創。」見徐希燕著：《墨學研究：墨子學說的現代詮釋》，頁21。

61 楊寬著：《戰國史》（上海：上海人民出版社，1980年7月，2版），頁9。孫中原著：《墨學通論》（瀋陽：遼寧教育出版社，1995年6月，1版），頁254。徐希燕著：《墨學研究：墨子學說的現代詮釋》，頁26。

62 李學勤著：〈秦簡與《墨子》城守各篇〉，收入《雲夢秦簡研究》（北京：中華書局，1981年，1版），頁324-335。

63 丘光明、邱隆、楊平著：《中國科學技術史：度量衡卷》，頁135、140、143、151、152、159、160、169。

日約 2,050 毫升，即 2.05 公升。帶入每公升食用米重 0.792 公斤計算，〈襍守〉所載每日糧食重量爲 1.624 公斤，與齊國陳氏家量換算結果相同。但必須注意的是，〈襍守〉除「終歲三十六石」、「斗食食五升」外，另有其他狀況，其文云：「參食，終歲二十四石；四食，終歲十八食；五食，終歲十四石四斗；六食，終歲十二石。」孫詒讓引俞樾之說，認爲所謂「斗食」「是常數，下所說是圍城之中，民食不足，減去其半之數也。」[64] 由此可知，〈襍守〉所載「斗食」乃最大值糧食量，可視情況調整。

《睡虎地秦墓竹簡・秦律十八種・司空》云：「居官府公食者，男子參，女子駟（四）。」整理小組注釋云：「四，即四食，早晚兩餐各四分之一斗。」[65] 若以此說推之，則「男子參」者即指每餐三分之一斗，每日糧食爲三分之二斗，約莫爲 6.6 升。上文已說明戰國秦國每升爲今日 200 毫升，知每日糧食容量爲 1,320 毫升，即 1.32 公升。帶入每公升食用米重 0.792 公斤計算，則「居官府公食者」每日糧食爲 1.045 公斤。又《睡虎地秦墓竹簡・秦律十八種・倉律》云：「城旦之垣及它事而勞與垣等者，旦半夕參。」整理小組釋云：「半，量制單位，《史記・項羽本紀》集解引徐廣云：『五升器也。』[66] 參，量制單位，……三分之一斗。古時兩餐，旦半夕參即早飯半斗、晚飯三分之一斗。」[67] 知負責築城垣工作及其他勞務與其均等者，每日糧食爲早餐 0.5 斗、晚餐三分之一斗，合計約 8.3 升，換算今日容量爲 1.66 公升。帶入每公升食用米重 0.792 公斤計算，得每日糧食 1.315 公斤。《睡虎地秦墓竹簡》所見二處記載，前者數量較少且接近齊國公量；後者雖較多，然介於陳氏家量與齊國公量之間。

---

64 周・墨翟著，清・孫詒讓詁，孫啟治點校：《墨子閒詁》，頁 626。

65 睡虎地秦墓竹簡整理小組編：《睡虎地秦墓竹簡》（北京：文物出版社，1990 年 9 月，1 版），頁 51。

66 《史記・項羽本紀》云：「今歲饑民貧，士卒食芋菽。」裴駰《集解》云：「徐廣曰：芋，一作『半』。半，五升器也。」見漢・司馬遷著，南朝宋・裴駰集解，唐・司馬貞索引，唐・張守節正義，日本・瀧川龜太郎考證：《史記會注考證》，頁 138。

67 睡虎地秦墓竹簡整理小組編：《睡虎地秦墓竹簡》，頁 33。

　　《漢書・食貨志上》引李悝（455 B.C.-395 B.C.）之說，謂「食，人月一石半。」[68]則李悝謂「食，人月一石半」可計算爲 150 升，約合今日 33.75 公升。若以上引《說文》標準每公升食用米重 0.792 公斤換算，則 33.75 公升食用米合今日 26.73 公斤，換算爲每人每日重量爲 0.891 公斤。此外，《漢書・趙充國傳》云：「願罷騎兵，留弛刑應募，及淮陽、汝南步兵與吏士私從者，合凡萬二百八十一人，用穀月二萬七千三百六十三斛。」[69]以此換算，則每人每月米糧約爲 2.66 斛，意即 266 升。《中國科學技術史：度量衡卷》謂兩漢一升約合今日 200 毫升，則每人每月所需米糧約合今日 53.2 公升，每人每日所需爲 1.77 公升。若以上引《說文》公式換算，1.77 公升稻之重量爲 0.903 公斤。居延漢簡亦記載戍卒口糧資料，童超《中國軍事制度史・後勤制度卷》整理相關數據，知戍卒有每月二石六斗、二石、一石八斗等三種標準。[70]以上文所引數據換算，二石六斗、二石、一石八斗分別合今日 52、40 及 36 公升。以《說文》公式換算稻之重量，分別約爲 41.184、31.68 及 28.512 公斤，每人每日所需稻爲 1.373、1.056 及 0.95 公斤。此外，唐人李筌（生卒年不詳）《太白陰經》卷五〈預備・人糧馬料〉云：

　　　　經曰：一軍一萬二千五百人，人日支米二升，一月六斗，一年七石二
　　　　斗。……一馬日支粟一斗，一月三石，六箇月一十八石。……荌草，
　　　　一馬一日支荌草二圍，一月六十圍，六個月三百六十圍。[71]

宋人沈括（1031-1095）《夢溪筆談》卷十一「官政一」亦云：「人食日二升。」[72]《中國科學技術史：度量衡卷》謂唐代每升約爲今日 600 毫升，[73]則

---

68 漢・班固著，唐・顏師古注：《漢書》，頁 1125。

69 漢・班固著，唐・顏師古注：《漢書》，頁 2986。

70 陳高華、錢海皓總主編，童超分卷主編：《中國軍事制度史・後勤制度卷》，頁 85。

71 唐・李筌著：《太白陰經》（臺北：臺灣商務印書館，1986 年景印文淵閣四庫全書），卷 5，頁 12。

二升爲今日 1.2 公升。若以《說文》標準計算，則每人每日所需糧食重量 0.95 公斤。若將〈廩人〉二種說法與《墨子・襍守》、《睡虎地秦墓竹簡》、李悝、趙充國（137 B.C.-52 B.C.）、居延漢簡、李筌之說相較，顯然陳氏家量計算結果遠高於其他諸說。故筆者認爲〈廩人〉應以齊國公量計算爲確，即每人每日食用米重量爲 1.039 公斤，每人每月食用米重量爲 31.17 公斤。此外，居延漢簡最嚴標準數字與李筌之說相同，似乎並非巧合，此數字或許是漢代以降之估算標準。

　　至於馬匹所需糧草，《漢書・趙充國傳》云：「軍馬一月之食，度支田士一歲。」[74]知馬匹耗費糧草甚鉅。漢人桓寬（生卒年不詳）《鹽鐵論・散不足》云：「夫一馬伏櫪，當中家六口之食，亡丁男一人之事。」[75]知每馬所需糧食相當六位成年人。《漢書・趙充國傳》又云：「以一馬自佗負三十日食，爲米二斛四斗，麥八斛。」[76]知每馬每月需米二斛四斗，即 240 升。以兩漢一升約合今日 200 毫升計算，則每馬每月需米合今日約 48 公升。若以《說文》計算標準換算，48 公升食用米重 38.016 公斤。至於每馬每月所需麥八斛即 800 升，以兩漢一升約合今日 200 毫升計算，則爲 160 公升。以今日期貨計算方式，一蒲式耳小麥容量約爲 36.37 公升，重量爲 0.0272155 公噸，即 27.2155 公斤；[77]換算爲一公升重 0.7483 公斤，與上文《說文》換算一公升食用米重 0.792 公斤頗爲接近。將 160 公升小麥換算重量約爲 119.73 公斤，如此每匹馬每月所需「米二斛四斗，麥八斛」，總重爲 157.746 公斤，每日所需爲 5.258 公斤。此外，上引《太白陰經》謂「一馬日支粟一斗」，知每

72　宋・沈括著：《夢溪筆談》（臺北：臺灣商務印書館，1986 年景印文淵閣四庫全書），卷 11，頁 8。

73　丘光明、邱隆、楊平著：《中國科學技術史：度量衡卷》，頁 333。

74　漢・班固著，唐・顏師古注：《漢書》，頁 2987。

75　漢・桓寬著：《鹽鐵論》（臺北：臺灣商務印書館，1986 年景印文淵閣四庫全書），卷 7，頁 18。

76　漢・班固著，唐・顏師古注：《漢書》，頁 2978。

77　和訊期貨：搜尋日期：2015 年 2 月 10 日，網址：http://futures.hexun.com.tw/school/tool/wheat.html。

馬每日所需粟米爲人員五倍。上文已說明《太白陰經》謂每人每日所需糧食爲 0.95 公斤，乘以五倍爲 4.75 公斤，係每馬每日所需糧食。由於二項數據頗有落差，考量本文爲求最大值數量，且漢代畢竟較近春秋時代，姑以漢代數據爲準。上文以〈廩人〉資料爲據，則每人每日所需糧食重量爲 1.039 公斤。每馬每日需糧食 5.258 公斤，爲每人每日所需糧食之 5.06 倍。若概算爲五倍，極符合《太白陰經》謂每馬每日所食爲人員五倍之說。

除人員及馬牛糧食外，「輜重」亦載運第二章及第三章所討論之物資及工具。這些物資及工具之重量，先秦文獻亦付之闕如，僅可從後世記載推求。宋人司馬光（1019-1086）等編著《資治通鑑・隋紀五・煬皇帝上之下》云：「述等兵自瀘河、懷遠二鎮，人馬皆給百日糧，又給排甲、槍矟并衣資、戎具、火幕，人別三石已上，重莫能勝致。」[78]隋代每名士兵攜帶百日糧食及相關兵器、衣物及帳幕總重約三石，若以唐代糧食計算標準換算，每人每日糧食重量爲 0.95 公斤，100 日爲 95 公斤。《中國科學技術史：度量衡卷》謂隋代一升約合今日 600 毫升，一斤約合今日 660 公克。[79]雖一石爲 100 升，此爲容量單位，但顯然《資治通鑑》所謂「人別三石已上」爲重量單位，故此處以重量計算而不以容量計算。《漢書・律曆志》云：「權者，銖、兩、斤、鈞、石也。……三十斤爲鈞，四鈞爲石。」[80]上文所引《說文》亦謂一石爲 120 斤，則三石重 360 斤，換算爲今日單位則爲 237.6 公斤。本文第四章已說明春秋時代戰爭所使用武器類型，第五章進一步估算各式武器重量，且以出兵 100 乘兵車計算使用武器總重量爲 33,321.586 公斤。第五章第五節已說明春秋時代每乘兵車有三位車兵與十位徒兵，合計十三位戰鬥人員。出兵 100 乘兵車，合計戰鬥人員 1,300 位。以上述武器總重量 33,321.586 公斤平均 1,300 位戰鬥人員，每位戰鬥人員配置武器重量爲 25.632 公斤。237.6公斤扣除 100 日糧食 95 公斤，平均武器重量 25.632 公斤，剩餘 116.968 公斤

78　宋・司馬光等編著：《資治通鑑》（臺北：臺灣商務印書館，1986 年景印文淵閣四庫全書），卷 181，頁 33-34。

79　丘光明、邱隆、楊平著：《中國科學技術史：度量衡卷》，頁 304。

80　漢・班固著，唐・顏師古注：《漢書》，頁 969。

爲衣物、帳幕及第二、三章說明各種物資及工具之重量，或許尚合情理。

四、役人數量推估

　　第二章及第三章說明《左傳》及相關典籍所載「輜重」運送物資內容及其用途，至於負責「輜重」運輸及後勤工作者，主要由役人與奴隸擔綱。有關役人組成分子及擔任後勤人員工作內容，中編第七、八、九章將有專章討論，於此不再贅述，本章先說明征戰時動員役人數量。

　　《周禮・天官・鄉師》引《司馬法》之說，謂「夏后氏二十人而輦，殷十八人而輦，周十五人而輦。」[81]知夏朝時二十人、殷商十八人、周代十五人負責「輦」。「輦」是推輓車輛，即本文討論「輜重」——即「重」、「大車」。春秋屬周代，知《司馬法》謂春秋時每輛「輜重」配有十五人擔負推輓工作。至於此十五人身分爲何？《周禮・天官・鄉師》謂「大軍旅、會同，正治其徒役與其輂輦，戮其犯命者。」《疏》云：「六軍之外，別有民徒使役，皆出於鄉，故鄉師治其徒役。」[82]知所謂「徒役」即役人，是徵發自國人之庶人；因保有人身自由，其身分較奴隸爲高。又《周禮・司徒・小司徒》賈公彥《疏》引《司馬法》云：「革車一乘，士十人，徒二十人」；此外，《司馬法》又有「革車一乘，甲士三人，步卒七十二人」之記載。前者以「井、通、成、終、同、封畿」計算，賈氏認爲是「天子畿內采地法」；後者以「井、邑、丘、甸、縣、都」，賈氏謂其是「畿外邦國法」。[83]杜牧注《孫子》於《司馬法》第二種計算方式之後又云：「炊家子十人，固守衣裝五人，廄養

81　漢・鄭玄注，唐・賈公彥疏：《周禮注疏》，頁175。

82　漢・鄭玄注，唐・賈公彥疏：《周禮注疏》，頁175。

83　漢・鄭玄注，唐・賈公彥疏：《周禮注疏》，頁170-172。童超認爲，前者以十進制單位計賦，可能是針對宗族貴族之外的一般國人；後者按四進制單位計賦，可能是針對野人。童超又云：「兩種賦制具體施行於哪些國家和地區，則很難確定；如果說這兩種賦制都普遍施行於中原列國，恐難令人信服。」見陳高華、錢海皓總主編，童超分卷主編：《中國軍事制度史・後勤制度卷》，頁53-54。

五人，樵汲五人。」[84]至於「炊家子」、「固守衣裝」、「廐養」及「樵汲」
職務內容，藍永蔚《春秋時代的步兵》釋爲「炊事人員」、「固守衣物裝具
者」、「養馬人」、「打柴及割草兼供人員」、「馬匹飮水」者；[85]李零《兵
以詐立》釋爲「炊事員」、「衣物保管員」、「飼養員」及「打柴汲水的人」。
[86]顯然四者皆屬後勤人員，總計二十五人。此外，《毛詩・魯頌・閟宮》「詩
序」云：「頌僖公能復周公之宇也。」[87]知〈閟宮〉乃頌魯僖公之詩，知其
寫作年代爲春秋魯僖公時期。[88]〈閟宮〉曰：「公車千乘，朱英綠縢，二矛
重弓。公徒三萬，貝胄朱綬，烝徒增增。」《傳》云：「大國之賦千乘。」
《箋》云：「萬二千五百人爲軍，大國三軍，合三萬七千五百人。言三軍者，
舉成數也。」[89]鄭玄認爲詩中「公徒三萬」者，以一軍 12,500 人計算，故三
軍得 37,500 人；舉其成數而稱「公徒三萬」。依上述先秦文獻可知，明確記
載後勤人員數量者有二：《周禮》謂「輂」者十五人，《司馬法》謂「炊家
子」等二十五人。然究竟何者爲確？抑或兩說皆有商議之處？首先須說明《司
馬法》「革車一乘，士十人，徒二十人」與〈閟宮〉「公徒三萬」之「徒」，
其意義與身分爲何。

　　《左傳》記載兵車與步兵數字，如「車三百乘、甲士三千人」，「駟介
百乘、徒兵千」，「車七乘、徒七十人」，皆先云兵車若干，再云步兵人數。
若以此詞例釋《司馬法》「革車一乘，士十人，徒二十人」，「革車一乘」
如《左傳》「車三百乘」、「駟介百乘」、「車七乘」，記兵車之數；「士
十人」如《左傳》「甲士三千人」、「徒兵千」、「徒七十人」，載徒兵之

84　周・孫武著，三國・曹操等注，楊丙安校理：《十一家注孫子校理》，頁 29。

85　藍永蔚著：《春秋時代的步兵》，頁 109-110。

86　李零著：《兵以詐立》，頁 95。

87　漢・毛亨傳，漢・鄭玄注，唐・孔穎達正義：《毛詩注疏》，頁 776。

88　王長華認爲包括〈閟宮〉在內的〈魯頌〉四篇作品，皆產生於魯僖公時代，時間約在
　　西元前 7 世紀初葉與中葉之交。見王長華著：〈〈魯頌〉產生時代新考〉，收入中國
　　詩經學會編：《詩經研究叢刊》第 2 輯（北京：學苑出版社，2002 年 1 月，1 版），
　　頁 89-95。

89　漢・毛亨傳，漢・鄭玄注，唐・孔穎達正義：《毛詩注疏》，頁 780。

量。若「士十人」已指徒兵數量，至於其後的「徒二十人」所指又爲何？上引《司馬法》有另一套計算標準，謂「革車一乘，甲士三人，步卒七十二人」；其後又云：「炊家子十人，固守衣裝五人，廄養五人，樵汲五人。」「革車一乘，甲士三人」亦載兵車數量，「甲士三人」指兵車之上車兵人數三人；「步卒七十二人」謂步兵人數，其後「炊家子」、「固守衣裝」、「廄養」及「樵汲」是後勤人員役人數量。若將《司馬法》二處記載比對，知「徒二十人」當指後勤人員役人數量。上引《左傳》「徒兵千」、「徒七十人」皆謂此「徒」爲步兵，何以同是「徒」，而《司馬法》「徒二十人」之「徒」指後勤人員役人？筆者撰文討論《左傳》「徒」之身分與相關制度，認爲春秋時代「徒」之身分爲「國人」之庶人，即《左傳》所見「役徒」、「除徒」、「正徒」等。[90]庶人平時被徵發爲役徒、除徒、正徒，從事徭役工作；[91]戰時被徵發則擔任後勤人員，可統稱爲「役人」。[92]至於「徒兵千」、「徒七十人」之「徒」，實是徒兵、步兵之意，有時可省稱爲「徒」，《左傳》亦稱爲「公徒」。如宣公二年（607 B.C.）《傳》曰：「秋，九月，晉侯飲趙盾酒，伏甲，將攻之。……靈輒……與爲公介，倒戟以禦公徒而免之。」《集

---

[90] 李零謂「徒」是「賤役之稱……是勤務人員，專幹各種雜活，地位很低。」見李零著：《兵以詐立》，頁 93。稱「徒」是勤務人員則可，若謂「徒」是「賤役」，地位很低，似將「徒」視爲奴隸之流，此見筆者認爲有誤。詳論可參黃聖松著：〈《左傳》「徒」、「卒」考〉，《文與哲》第 11 期（高雄：國立中山大學中國文學系，2007年 12 月，1 版），頁 25-84。

[91] 黃聖松著：〈《左傳》「役人」考〉，《文與哲》第 18 期（高雄：國立中山大學中國文學系，2011 年 6 月，1 版），頁 81-104。黃聖松著：〈《左傳》「役人」續考〉，《文與哲》第 20 期（高雄：國立中山大學中國文學系，2012 年 6 月，1 版），頁 1-40。

[92] 施偉青云：「在西周春秋時期，『庶人』平時耕種，戰時執干戈以衛社稷，是爲軍隊的主體——步卒；中下級貴族平時執事奔走，戰時多披甲上陣，是爲軍隊的骨幹——甲士。」見施偉青著：〈「鬲」非奴隸辨〉，原載《廈門大學學報》1987 年第 3 期；收入氏著：《中國古代史論叢》（長沙：岳麓書社，2004 年 8 月，1 版），頁 12-20。施氏謂「庶人」於西周春秋擔任步卒，筆者認爲至少於春秋時代據《左傳》記載，庶人已擔任「役人」而非「步卒」，其說有待修正。

解》云:「靈輒為公甲士。」[93]《傳》文既稱靈輒（生卒年不詳）為「公介」，即晉靈公（624 B.C.-607 B.C.）之甲士，又謂其為「伏甲」而「倒戟以禦公徒」，顯然「公介」即「公徒」皆為甲士之意。楊伯峻直云:「公徒即伏甲，以其為徒兵（非車兵），故云『公徒』。」[94]又昭公二十五年（517 B.C.）《傳》曰:「帥徒以往，陷西北隅以入。公徒釋甲執冰而踞，遂逐之。……孟氏執郕昭伯，殺之于南門之西，遂伐公徒。」[95]陳恩林《先秦軍事制度史》云:

> 在這兩例中，「公徒」無疑都是指「甲士」而言的，所以一曰「伏甲」，一曰「釋甲」。……其實，「公徒」二字常被用來泛指公室軍隊，是既包括甲士，也包括徒卒的。[96]

可擔任徒兵、步兵者為「國人」之「士」，其職務是戰鬥人員，非擔任後勤工作之役人。[97]由於《司馬法》謂「革車一乘，士十人，徒二十人」，顯然「士十人」已指擔任戰鬥人員之徒兵，則「徒二十人」理應指擔任後勤人員之役徒。[98]

〈閟宮〉記載魯僖公時事，是時魯國是否有公車千乘？襄公十八年（555 B.C.）《傳》曰:「魯人、莒人皆請以車千乘自其鄉入，既許之矣。」[99]竹添光鴻云「出千乘，則莒亦大矣。」[100]莒國於春秋並非大國，仍有千乘實力

---

93 晉・杜預集解，唐・孔穎達正義:《春秋左傳注疏》，頁 364-365。

94 楊伯峻著:《春秋左傳注》，頁 662。

95 晉・杜預集解，唐・孔穎達正義:《春秋左傳注疏》，頁 849。

96 陳恩林著:《先秦軍事制度史》，頁 142。

97 黃聖松著:〈《左傳》「徒」、「卒」考〉，《文與哲》第 11 期（高雄:國立中山大學中國文學系，2007 年 12 月，1 版），頁 25-84。

98 劉昭祥認為此處「徒二十人」分為「隨車徒卒 15 人和雜役人員 5 人」，全然無論述或說明，未能據信。見陳高華、錢海皓總主編，劉昭祥著:《中國軍事制度史・軍事組織體制編制卷》，頁 79。

99 晉・杜預集解，唐・孔穎達正義:《春秋左傳注疏》，頁 577。

100 日本・竹添光鴻著:《左傳會箋》，頁 1112。

可出兵入齊，則國力盛於莒國之魯國可賦千乘當非虛言。又昭公八年（534
B.C.）《傳》曰：「秋，大蒐于紅，自根牟至于商、衛，革車千乘。」《集
解》云：「大蒐，數軍實，簡車馬也。根牟，魯東界。……商，宋地，魯西
竟，接宋、衛也。言千乘，明大蒐，且見魯眾之大數也。」又哀公十四年（481
B.C.）《傳》曰：「季康子使冉有謂之曰：『千乘之國，不信其盟，而信子
之言，子何辱焉？』」[101]清人馬宗璉（？-1802）《春秋左傳補注》云：「此
是諸侯遍境出車，始有千乘。自根牟至商、衛，正是盡魯東西之境。」[102]知
此年魯國乃動員全國軍力，於紅地舉行大蒐，亦可證魯國有千乘兵車。然何
以哀公七年（488 B.C.）《傳》又謂「且魯賦八百乘，君之貳也」；又哀公
十三年（482 B.C.）《傳》謂「魯賦於吳八百乘，若為子、男。」[103]魯國兵
車自 1,000 乘驟減為 800 乘，何以變化如此劇烈？關鍵在於魯昭公五年（537
B.C.）魯國「舍中軍」一事。筆者撰文討論春秋作為貢賦與軍事單位之「軍」，
一軍數量為兵車 300 乘。[104]魯國為減省一軍之賦，故於魯昭公五年宣布「舍
中軍」──由三軍降為二軍，故魯哀公（？-468 B.C.）時期魯國軍賦為二軍。
或有學者質疑，既然已謂一軍為 300 乘，何以魯國賦二軍而又云賦 800 乘？
筆者認為這是魯國因應大國脅迫之策略，因二軍 800 乘未足三軍 900 乘之數，
故僅須繳付二軍之賦。但魯國實力是否僅止 800 乘？上引昭公八年、哀公十
四年《傳》可明顯得知，其大蒐於紅時有革車千乘，冉有仍自稱魯為千乘之
國，推測 800 乘是迂迴逃避賦貢之帳面數字。以襄公十八年及昭公八年《傳》
文記載，知魯國真正實力仍有 1,000 乘之譜。周自強《中國經濟通史・先秦
經濟卷》云：「魯國在對晉、吳等霸主國家進貢時，故意少報數量，以減輕

101　晉・杜預集解，唐・孔穎達正義：《春秋左傳注疏》，頁 769、1031。

102　清・馬宗璉著：《春秋左傳補注》，收入清・阮元編：《皇清經解》（清咸豐庚申
　　　（1860）補刊本），卷 1178，頁 9。

103　晉・杜預集解，唐・孔穎達正義：《春秋左傳注疏》，頁 1010、1029。

104　黃聖松著：〈《左傳》「軍」考〉，《國立中山大學中文系研究生學術論文集》第 2
　　　期，頁 1-20。黃聖松著：〈童書業《春秋左傳研究》軍事類詞條考訂〉，《屏東教
　　　育大學學報（人文社會類）》第 33 期（屏東：國立屏東教育大學，2009 年 9 月），
　　　頁 67-88。

負擔，自稱『魯賦八百乘』，其實它隱瞞了二百乘，實有兵車數目是一千乘。」[105]其意大致亦如此。

《左傳》已明載襄、昭二公時魯國有 1,000 乘兵車，〈閟宮〉謂魯僖公有公車 1,000 乘，其說是否可信？《左傳》哀公八年（B.C.487）曰：「鮑牧又謂群公子曰：『使女有馬千乘乎？』公子慇之。」《集解》云：「有馬千乘，使為君也。」[106]《論語·學而》曰：「道千乘之國，敬事而信，節用而愛人，使民以時。」三國魏人何晏（195-249）《集解》云：「唯公侯之封乃能容之，雖大國之賦，亦不是過焉。」又〈先進〉曰：「千乘之國，攝乎大國之間。」《疏》云：「千乘之國，為公侯之大國也。」又〈季氏〉曰：「齊景公有馬千駟，死之日，民無德而稱焉。」《集解》云：「孔曰：『千駟，四千匹。』」《疏》云：「言齊君景公雖富有千駟，及其死也，無德可稱。」[107]知至少於春秋末年時，「千乘」、「千駟」已為大國或國君之代稱。況且《禮記·明堂位》曰：「成王以周公為有勳勞於天下，是以封周公於曲阜，地方七百里，革車千乘，命魯公世世祀周公天以子之禮樂。」《注》云：「革車，兵車也，兵車千乘，成國之賦也。《詩·魯頌》：……『公車千乘，朱英綠縢。』」《正義》云：「引《詩·魯頌》以下者，《詩·頌·閟宮》文也。引之者，證魯廣開土宇，兵車千乘之事。」[108]周公（生卒年不詳）封於魯即有革車千乘規模，而〈閟宮〉「詩序」謂魯僖公「能復周公之宇也」，[109]意指僖公能恢復周公開國時規模，則僖公時期當有革車千乘實力。此外，《國語·齊語》謂齊桓公初年時，「既反侵地，正封疆，地南至于陶陰，西至于濟，北至于河，東至于紀酅，有革車八百乘。」[110]齊、魯早期國力相當，齊

---

[105] 周自強主編：《中國經濟通史·先秦經濟卷》（北京：經濟日報出版社，2000 年 9 月，1 版），頁 1322。

[106] 晉·杜預集解，唐·孔穎達正義：《春秋左傳注疏》，頁 1013。

[107] 魏·何晏注，宋·邢昺疏：《論語注疏》，頁 6、100-101、150。

[108] 漢·鄭玄注，唐·孔穎達正義：《禮記注疏》，頁 576-577。

[109] 漢·毛亨傳，漢·鄭玄注，唐·孔穎達正義：《毛詩注疏》，頁 776。

[110] 三國·韋昭注：《國語韋昭註》，頁 174。

桓公元年為魯莊公九年（B.C.685），魯僖公元年（B.C.659）已是齊桓公二十七年。齊桓公初年齊國有革車 800 乘，推測魯國經二十餘年發展，至魯僖公即位時亦當有 1,000 乘之譜，推測〈閟宮〉謂魯僖公有公車 1,000 乘應大致可信。

〈閟宮〉謂魯僖公時有「公車千乘」與「公徒三萬」，又應如何解釋此「公徒三萬」？上文已謂《左傳》之「徒」可指被徵發為役徒、除徒、正徒之役人，但又可作徒兵、步兵之省稱。〈閟宮〉之「公徒三萬」，極可能是將擔任戰鬥人員之徒兵與擔任後勤工作之役徒、役人合稱。清人金榜《禮箋‧周官軍賦》已謂「《詩‧頌》魯僖曰『公車千乘，公徒三萬』，與《司馬法》『革車一乘，士十人，徒二十人』數合。」[111]陳恩林《先秦軍事制度史》云：「〈閟宮〉是詩，文句受字數限制，如遍舉甲士、徒卒、廝役則將不倫不類，這是人們所能理解的。所以詩人選用一個『徒』字來概括全部人員。」[112]陳氏之說大致無誤，唯「徒」字非概括全部人員，而是概括戰鬥人員之步兵與後勤人員之役人。雖兩者職務不同，地位亦有高下之分，但兩者身分皆為「國人」——前者為「國人」之「士」，後者為「國人」之庶人；故混同稱之為「徒」，於身分尚且合理，此其一也。上引《司馬法》「革車一乘，士十人，徒二十人」之說，謂革車一乘配合徒兵、步兵十人及後勤人員役徒、役人二十人。若以十人徒兵、步兵與二十人役徒、役人加總，則一輛兵車亦有徒三十人，正與〈閟宮〉相符，此其二也。上引《司馬法》謂後勤人員有「炊家子十人，固守衣裝五人，廝養五人，樵汲五人」等總計二十五人，第十章將說明廝養實由奴隸負擔，而非役人之事。若將廝養五人去之，則二十五人剩餘二十人，亦與上文所述數字相符，此其三也。1957 年出土於安徽壽縣的鄂君啟節分「舟節」、「車節」二部分，「車節」銘文云：「女（如）檐（擔）徒，屯廿檐（擔）台（以）堂（當）一車，台（以）毀於五十乘之中。」[113]

---

111 清‧金榜著：《禮箋》，卷 1，頁 3。

112 陳恩林著：《先秦軍事制度史》，頁 141。

113 馬承源主編：《商周青銅器銘文選》（北京：文物出版社，1990 年 4 月，1 版），冊 4，頁 432。

近人于省吾（1896-1984）〈「鄂君啓節」考釋〉將「檐」釋爲「擔」，認爲「檐爲擔的初文，古籍『擔荷』字本作『檐』或『儋』，擔爲後起的俗體字。」上引「車節」文句，于氏認爲乃謂「如果不用車載，而用擔挑，則集二十擔以抵一車」；「聚足二十擔則由五十乘中減去一車之數。」[114]《漢書・蒯伍江息夫傳》云：「守儋石之祿者，闕卿相之位。」《注》云：「或曰，儋者，一人之所負擔也。」[115]則「廿檐」指二十負擔之人，即隨同載重車輛之人員，其性質當與本文所討論役徒相類，此其四也。若以上推論無誤，筆者認爲一乘兵車當配有二十位役人。

　　學者或許質疑：昭公十年（532 B.C.）《傳》曰：「用幣必百兩，百兩必千人。」《集解》云：「載幣用車百乘。」《正義》云：「孔安國云：『兵車稱兩。』」[116]章炳麟《春秋左傳讀》云：「《賈子・大政下》：『官駕百乘而食食千人，政有命，國無人也。』[117]是百乘必從以千人，平時則養之，出行則從之。」[118]章氏認爲此條雖非軍事編制乃是賓嘉之禮，但其規制仍是一輛車乘配以十人。以《傳》文內容判斷，此「百兩之車」乃載運幣帛之用，亦是「重」、「大車」之屬。既言「百兩必千人」，如此則知一輛「重」、「大車」配屬十位人員運送，或可視爲春秋通例。此外，昭公十年《傳》所載畢竟是運送幣帛禮物，或許亦有武裝人員護送，但終究不是軍事行動，後勤人員擔負工作亦有輕重之別。至於後勤人員工作內容將留待後文說明，於此不再贅述。

---

114 于省吾著：〈「鄂君啟節」考釋〉，《考古》1963 年第 8 期，頁 442-447、圖版捌。

115 漢・班固著，唐・顏師古注：《漢書》，頁 2165。

116 晉・杜預集解，唐・孔穎達正義：《春秋左傳注疏》，頁 783。

117 《賈子・大政下》原文作：「官駕百乘而食食千人，政有命，國無人也。」見漢・賈誼著，清・王耕心詁：《賈子次詁》（上海：上海古籍出版社，1995 年影印光緒二十九年（1903）刊本，1 版）卷 9，頁 15。

118 章炳麟著：《春秋左傳讀》，頁 468。

五、軍事動員派遣輜重數量推估

考諸《左傳》內容，軍事動員少則 200 乘，如隱公元年（722 B.C.）《傳》「命子封帥車二百乘以伐京」；多者如 4,000 乘，見昭公十三年（529 B.C.）《傳》：「七月丙寅，治兵于邾南。甲車四千乘」；[119]大凡皆爲 100 乘之倍數。今以兵車 100 乘爲基數，以征期三個月爲期限，推估需派遣「輜重」數量。一乘兵車共計車兵、步兵十三人，100 乘兵車總計戰鬥人員爲 1,300 人。前文已謂每人每日食用米重量爲 1.039 公斤，三個月則需 93.51 公斤，1,300人總需 121,563 公斤。以每輛「重」、「大車」載運米糧重量爲 667 公斤計算，則運送戰鬥人員糧食需動用 182.25 輛，進位爲 183 輛「重」、「大車」。每馬每日食用糧草重 5.258 公斤，三個月則需 473.22 公斤。100 乘兵車以每乘四匹馬計算，總計有 400 匹馬。每匹馬三個月需糧草 473.22 公斤，400 匹馬總計需 189,288 公斤；運送馬匹糧食需動用 283.8 輛「重」、「大車」，進位爲 284 輛。第一章引用山東省淄博市臨淄區淄河店 2 號戰國墓出土車乘，考古人員認爲此車即文獻所謂「棧車」，即本文討論之「輜車」，是提供人員休息止宿之車乘。依該車復原圖，拉牽「輜車」的動力爲二馬，故尚須計算「輜車」馬匹之數量與糧食重量。「輜車」《左傳》記爲「輜」、「蔥靈」，《尚書大傳》稱爲「飛軨」，《史記》稱爲「轀輬」，是否人人皆能配給一輛「輜」、「蔥靈」、「飛軨」、「轀輬」？筆者認爲答案應是否定。《左傳》成公二年（589 B.C.）記載使用「輜」者爲齊國大夫逢丑父，漢代文獻如第二章所引《史記·孫子吳起列傳》「孫子爲師，居輜車中，坐爲計謀。」[120]《漢書·張良傳》「上雖疾，強載輜車，臥而護之。」[121]《後漢書·桓榮傳》「而以榮爲少傅，賜以輜車、乘馬。」《後漢書·禮儀下》「中二千石以上

---

119 晉·杜預集解，唐·孔穎達正義：《春秋左傳注疏》，頁 36、809。

120 漢·司馬遷著，南朝宋·裴駰集解，唐·司馬貞索引，唐·張守節正義，日本·瀧川龜太郎考證：《史記會注考證》，頁 844。

121 漢·班固著，唐·顏師古注：《漢書》，頁 2034。

有輈，左龍右虎，朱鳥玄武。」[122]知乘「輼車」者身分應當不低，才能配予可供止息之車乘。雖《尚書大傳》謂「士」以上者可配予「飛軨」，但未必每位「士」於出征時皆使用此車，或許仍取決於個人經濟條件。藍永蔚《春秋時代的步兵》謂「大概部隊宿營時，高級貴族可能有專用輼車」，[123]其說大致無誤。上文已說明兵車上乘員有三位，立於御者左側者爲車左，是一車之長。依《左傳》記載可知，車左身分大致是大夫以上。逢丑父雖是齊頃公車右，但其身分爲齊國大夫，故可配予一輛「輼」。既然兵車車左身分爲大夫，推測當配有「輼」才是。至於御者及車右是否配有臥車？上文曾說明擔任車右者身分高低頗爲懸殊，可上至國君、公子、大夫下至士；但國君或主帥之車右一般多爲大夫，若爲大夫之車右則爲士。同理，國君或主帥戎車之御者一般多爲大夫，若爲一般兵車則御者身分往往爲士。因此若爲一般兵車，御者及車右出征時未必人人皆有臥車。何則？誠如上文所言，「輼車」由二匹馬作爲動力來源，豢養與照料馬匹極費財力與心力，恐非士階級人員足以負擔。此處計算 100 乘兵車若皆爲一般兵車，不包括國君或主帥戎車，則有100 輛「輼車」隨軍出征。每輛「輼車」使用二馬，則另需 200 匹馬食用糧草。每匹馬三個月需糧草 473.22 公斤，200 匹馬三個月需 94,644 公斤，需動用 141,9 輛「重」、「大車」運送輛草，進位則爲 142 輛。每位戰鬥人員裝備及後勤工具重量爲 142.6 公斤，1,300 位裝備總重量爲 185,380 公斤。運送戰鬥人員裝備需動用 277.9 輛「重」、「大車」，進位爲 278 輛。目前運送戰鬥人員糧食、馬匹糧草、戰鬥人員裝備及後勤工具所需「重」、「大車」總計 887 輛，以每輛「重」、「大車」配給二頭牛隻計算，總計需 1,774 頭牛。以上數字僅計算戰鬥人員及兵車馬匹所需糧食及裝備，未列入後勤人員役人、奴隸及牛隻所需糧食，動員「輼車」與「重」、「大車」數量總計爲 887 輛，已達兵車數量 8.87 倍。若以每輛兵車配有二十名役人，每位役人每日所需糧食亦以〈廩人〉三鬴計算，每日需米糧 1.039 公斤，三個月需 93.51

<hr>

122　劉宋・范曄著，唐・李賢等注：《後漢書》，頁 333、809。
123　藍永蔚著：《春秋時代的步兵》，頁 97。

公斤。若以兵車 100 乘計算，需動員 2,000 位役人，三個月總需 187,020 公斤食用米。若以每輛「重」、「大車」負載 667 公斤計算，運輸役人米糧需 280.39 輛「重」、「大車」，進位為 281 輛。上文已說明，運送戰鬥人員糧食、馬匹糧草、戰鬥人員裝備之「重」、「大車」總計 887 輛，加上運送役人米糧之「重」、「大車」281 輛，總計 1,168 輛「重」、「大車」。再加 100 輛「輜車」，「輜」與「重」總計動員 1,268 輛，是 100 輛兵車 12.68 倍。

再者即須釐清一事：役人糧食是否由國家準備，抑或由役人自行攜帶？學者常舉《尚書‧費誓》為證，文曰：

> 善敹乃甲胄，敿乃干，無敢不弔。備乃弓矢，鍛乃戈矛，礪乃鋒刃，無敢不善。……峙乃糗糧，無敢不逮……。魯人三郊三遂，峙乃楨幹……。魯人三郊三遂，峙乃芻茭，無敢不多……。[124]

近人李亞農（1906-1962）《李亞農史論集》云：

> 〈費誓〉中的武士，他們的甲、胄、干楯是自備的，弓、矢、戈矛是自備的，行軍作戰的牛馬是自備的，軍糧草料是自備的，甚至連建築工事的器械也是自備的。[125]

言下之意，役人糧食應自行準備。近人瞿同祖（1910-2008）《中國封建社會》亦認為參與戰爭之農民「須自備兵甲，並且有供給兵車戰馬的義務。」[126]王貴民〈試論貢、賦、稅的早期歷程——先秦時期貢、賦、稅源流考〉、[127]侯

---

124 題漢‧孔安國傳，唐‧孔穎達正義：《尚書注疏》，頁 311-313。

125 李亞農著：《李亞農史論集》（上海：上海人民出版社，1962 年 9 月，1 版），頁 724。

126 瞿同祖著：《中國封建社會》（臺北：里仁書局，1997 年 4 月，1 版），頁 335。

127 王貴民認為，從〈費誓〉內容可知，「甲胄、弓矢、戈矛以及乾糧，由士兵自備、磨礪；戰爭需用的工事木材和芻茭，皆由三郊三遂地區人民供給。」見王貴民著：

志義《采邑考》、[128]李學勤主編、張廣志著《西周史與西周文明》等，[129]意見皆與李氏相類。龔書鐸主編，廖名春先生分冊主編《中國文化發展史・先秦卷》亦認為，春秋時代時：

> 隨著戰爭的日趨頻繁和大量會盟、觀兵等軍事活動的舉行，不僅使大量人員傷亡，而且常常使國人有田不能耕種，還需自備軍服、口糧等軍需物資，使國人逐漸負擔不起。[130]

陳高華、錢海皓總主編、童超分卷主編《中國軍事制度史：後勤制度卷》認為，戰國時代因「各國幾乎都掃地為兵，國家不可能負擔全部士兵的衣糧用費，士兵自備衣物用費和部分食糧，成為普遍現象。」[131]諸家學者之見皆認為無論春秋或戰國，被徵發擔任部隊後勤人員之役人須攜帶自己所需糧食服役，國家不予備置。

筆者意見適與諸家相左，認為出征期間役人等同戰鬥人員，所需糧食皆由國家一體準備。《左傳》宣公十一年（598 B.C.）記載楚國城沂之事，文曰：「使封人慮事，以授司徒。量功命日，分財用，平板榦，稱畚築，程土物，議遠邇，略基趾，具餱糧，度有司。」《集解》云：「餱，乾食也。」

〈試論貢、賦、稅的早期歷程——先秦時期貢、賦、稅源流考〉，《中國經濟史研究》1988 年第 1 期，頁 18-29。

128 侯志義認為「戰士用的武器——『甲冑』、『干』、『弓矢』、『戈矛』和吃的『糇糧』，都是自備的。修築工事的『楨榦』，供養牛馬的『芻茭』，全由並未參與作戰的『三郊三遂』的民眾來擔負。」見侯志義著：《采邑考》（西安：西北大學出版社，1989 年 12 月，1 版），頁 238。

129 《西周史與西周文明》認為，「遇有戰事，人們不僅要上前線，武器、盔甲、乾糧、草料甚至連築城工具都得自備。」見李學勤主編、張廣志著：《西周史與西周文明》，頁 209。

130 龔書鐸主編，廖名春分冊主編：《中國文化發展史・先秦卷》，頁 300。

131 陳高華、錢海皓總主編、童超分卷主編：《中國軍事制度史：後勤制度卷》，頁 58。

*132*竹添光鴻釋「具餱糧」云：「謂先辦其役夫之糧食。」*133*知築城之役人糧食乃由負責督建之「封人」置辦。又《韓非子‧外儲說右上》云：

> 季孫相魯，子路為郈令。魯以五月起眾為長溝，當此之時，子路以其私秩粟為漿飯，要作溝者於五父之衢而飡之。孔子聞之，使子貢往覆其飯，擊毀其器，曰：「魯君有民，子奚為乃飡之？」……孔子曰：「……今魯君有民而子擅愛之，是子侵也，不亦誣乎！」言未卒，而季孫使者至，讓曰：「肥也起民而使之，先生使弟子令徒役而飡之，將奪肥之民耶？」孔子駕而去魯。*134*

文中之「季孫」乃季孫肥（？-468 B.C.），《左傳》又稱「季康子」。「季孫相魯」意指季康子擔任魯卿主持國政事務，是「三桓」最具實力者。上引文字記載魯國徵發役人挖掘溝渠，是時擔任郈邑邑宰之子路（542 B.C.-480 B.C.）以其奉粟為漿飯，提供役人食用。孔子反對子路此舉，特遣子貢（520 B.C.-446 B.C.）至施食處「覆其飯，擊毀其器。」孔子所持理由是魯君徵發役人服役，當由國君供應糧食。子路之舉已為僭越，故孔子大動作毀壞子路辦置之餐食與器物，目的在保護子路。渠料季康子隨即遣人責讓孔子未能約束弟子，孔子只能去魯以避其鋒。可知國家徵發役人服徭役，當由國家準備役人所需糧食。此外，與《睡虎地秦簡》一同出土之二件木牘，內容是二名士兵之家書，被喻為中國最早家書實物。*135*士兵向家中發信，要求家裡寄錢與衣服至軍中，知秦國士兵須自備衣服。*136*由此反證，若戰國時代秦國士兵

---

132 晉‧杜預集解，唐‧孔穎達正義：《春秋左傳注疏》，頁 383。

133 日本‧竹添光鴻：《左傳會箋》，頁 732。

134 周‧韓非著，清‧王先慎集解，鐘哲點校：《韓非子集釋》，頁 314。

135 黃盛璋著：〈雲夢秦墓兩封家信中有關歷史地理的問題〉，《文物》1980 年第 8 期，頁 74-77。周鳳五著：〈從雲夢秦簡談秦代文學〉，收入中國古典文學研究會編：《古典文學》第 7 集（臺北：臺灣學生書局，1985 年 8 月，1 版），頁 152-153。

136 徐復昌著：《睡虎地秦簡研究》（臺北：文史哲出版社，1993 年 5 月，1 版），頁 586。

須自備糧食，何以在信中未提及酬糧運送至軍中之事？此外，《秦律十八種‧倉律》規定身分為奴隸之隸臣妾，每月皆發放固定口糧。[137]既然奴隸皆有固定口糧，身為戰鬥人員之士卒豈有自備糧食之理？身分高於奴隸之役人，豈能不配給口糧？據此可知，春秋時代擔任後勤人員之役人，因受國家徵發服役，理應由國家備置糧食才是。

再須進一步說明的是，既然役人糧食由國家籌措，〈費誓〉何以又謂戰鬥人員須自備甲冑、弓矢、戈矛等武器？《左傳》隱公十一年（712 B.C.）曰：「夏，公會鄭伯于郲，謀伐許也。鄭伯將伐許。五月甲辰，授兵於大宮。」《集解》云：「大宮，鄭祖廟。」[138]《周禮‧夏官‧司兵》曰：「掌五兵五盾，各辨其物與其等，以待軍事。及授兵，從司馬之灋以頒之。及其受兵輸，亦如之。及其用兵，亦如之。」《注》云：「兵輸，謂師還，有司還兵也。用兵，謂出給守衛。」[139]楊伯峻云：「古者兵器藏于國家，有兵事則頒發；事畢，仍須繳還。」[140]知古時兵器統一由國家收藏，出征時有授兵儀式，通常於祖廟舉行。待軍事行動結束後，各類兵器仍清點繳回武庫。故〈費誓〉所言實非謂戰鬥人員各自準備武器，乃指國家頒授兵器後，各自準備妥當。「敹乃甲冑」者，《正義》云：「鄭云：『敹，謂穿徹之。』謂甲繩有斷絕，當使敹理穿治之。」「敿乃干」者，《正義》云：「『干』是楯也。……但楯無施功之處，惟繫紛於楯。……紛如綬而小，繫於楯以持之。」是指繫「紛」於干楯，可為人員手持施力處。至如「備乃弓矢，鍛乃戈矛，礪乃鋒刃」者，《注》云：「備汝弓矢，弓調矢利。鍛鍊戈矛，磨礪鋒刃。皆使無敢不功善。」[141]知此段文字乃言戰鬥人員在上戰場前，將分配所得兵器各自打理妥善，實與自備兵器無涉。

---

137 徐復昌著：《睡虎地秦簡研究》，頁599。

138 晉‧杜預集解，唐‧孔穎達正義：《春秋左傳注疏》，頁79-80。

139 漢‧鄭玄注，唐‧賈公彥疏：《周禮注疏》，頁483-484。

140 楊伯峻著：《春秋左傳注》，頁72。

141 題漢‧孔安國傳，唐‧孔穎達正義：《尚書注疏》，頁313。

　　至於軍事動員時，後勤奴隸數量文獻亦付之闕如，僅能大致估算。奴隸有一部分負責照養馬匹，稱爲「圉」或「圉人」，相關說明請見第十章，於此不多贅述，僅說明養馬奴隸人數。《周禮・夏官・司馬》曰：「圉人：良馬匹一人，駑馬麗一人。」《注》云：「良，善也。麗，耦也。」[142]謂良馬每匹由一位奴隸參養照料，駑馬二匹由一位奴隸養護。若以每馬由一位奴隸養護計算，則 100 乘兵車計 400 匹馬，100 輛「輜車」計 200 匹馬，總需養馬奴隸 600 人。奴隸除養馬之「圉」外，另有專司照養牛隻之養牛奴隸，典籍稱爲「牧」，此部分亦留待第十章說明。第二章曾引《周禮・秋官・司隸》文，曰：「罪隸：……凡封國若家，牛助爲牽傍。」《正義》云：「今還遣二隸，前者牽前牛，傍者御當車之牛，故據人而言牽傍也。」[143]若以此數據計算，每輛「重」、「大車」配給二頭牛隻，有二位奴隸牽傍。上文已計算動用「重」、「大車」計 1,168 輛，需要 2,336 頭牛，理當需要 2,336 位奴隸。這些奴隸於「輜重」移動時牽傍牛隻，至駐紮地點時，推測也負責上述照料馬匹之事，此外也須兼顧清掃廁所等「辱事」。[144]若推測無誤，則每乘兵車約需 23.36 位奴隸，進位則爲二十四位。概言之，若征戰時動員兵車 100 乘，則每乘兵車需二十位役人及二十四位奴隸。至於奴隸所需糧食數量，考量其身分卑下，恐未能比照戰鬥人員及役人以〈廩人〉每人三鬴規格。由於文獻無所徵引，姑以〈廩人〉「人二鬴」計算，則每人每日需糧食約 0.693 公斤，每人三個月需 62.37 公斤；2,336 位奴隸則總計約 145,696 公斤。奴隸身分低下，恐怕此數字已是高估數量。且因其身分之故，其糧食未必可以「輜重」運輸，故不予計算「輜重」數量。

　　在此另須說明一事，《左傳》成公六年（585 B.C.）曰：

　　　三月，晉伯宗、夏陽說、衛孫良夫、甯相、鄭人、伊雒之戎、陸渾、

---

142 漢・鄭玄注，唐・賈公彥疏：《周禮注疏》，頁 435。
143 漢・鄭玄注，唐・賈公彥疏：《周禮注疏》，頁 546。
144 請見第十章第三節說明，於此不再贅述。

蠻氏侵宋，以其辭會也。師于鍼。衛人不保。說欲襲衛。……伯宗曰：「不可。衛唯信晉，故師在其郊而不設備。若襲之，是棄信也。……」乃止。

又成公八年（583 B.C.）《傳》曰：「是行也，鄭伯將會晉師，門于許東門，大獲焉。」《集解》云：「會伐蔡之師。過許，見其無備，因攻之。」[145]似乎春秋時代部隊出征常趁機掠奪，[146]或可補充所攜糧草。又或如桓公六年（706 B.C.）《傳》曰：「六月，大敗戎師，獲其二帥大良、少良，甲首三百，以獻於齊。於是諸侯之大夫戍齊，齊人饋之餼，使魯為其班。」[147]諸侯協助齊國抵禦戎人侵襲，齊國於是饋贈「餼」——尚未烹飪之食物——予諸侯之師。若部隊出征可有饋贈增補所需，當可不必載運如此龐大數量。固然《左傳》確有掠奪之事，但至少有文字記錄之例仍是少數。故本文推算乃以最大值推估，目的乃推測「輜重」車輛之多寡及其相關數據。雖未能確切計算，但求粗估數字以為研究依據。此外，《左傳》昭公元年（541 B.C.）有段記載可與本文計算結果參證，文曰：

秦后子有寵於桓，如二君於景。……癸卯，鍼適晉，其車千乘。……后子享晉侯，造舟于河，十里舍車，自雍及絳。歸取酬幣，終事八反。……子干奔晉，從車五乘，叔向使與秦公子同食，皆百人之餼。趙文子曰：「秦公子富。」[148]

秦后子（生卒年不詳）以千乘之車出奔晉國，歷來對秦后子千乘之車為何種車乘皆未予說明。《傳》文既云秦后子乃為「享晉侯」而「歸取酬幣，終事八反」，此千乘之車似非兵車而為「重」、「大車」一類車乘，方能載運「享

---

145 晉·杜預集解，唐·孔穎達正義：《春秋左傳注疏》，頁441、446。
146 呂思勉著：《呂思勉讀史札記》（臺北：木鐸出版社，1983年9月，1版），頁319-320。
147 晉·杜預集解，唐·孔穎達正義：《春秋左傳注疏》，頁112。
148 晉·杜預集解，唐·孔穎達正義：《春秋左傳注疏》，頁703-710。

晉侯」之酬幣。《毛詩‧召南‧鵲巢》曰：「維鵲有巢，維鳩居之。之子于
歸，百兩御之。」《注》云：「百兩，百乘也。諸侯之子嫁於諸侯，送御皆
百乘。」[149]知此「百兩」讀爲「百輛」，[150]指百輛車乘。又昭公十年（532 B.C.）
《傳》曰：「鄭子皮將以幣行，子產曰：『喪焉用幣？用幣必百兩，百兩必
千人。千人至，將不行。不行，必盡用之。幾千人而國不亡？』」《集解》
云：「載幣用車百乘。」[151]知鄭國饋贈晉國幣帛以 100 輛車運送，此車亦復
爲「重」、「大車」。鄭國以 100 輛車乘幣帛贈予晉國，既然趙文子謂秦后子
「富」，可能秦后子饋贈晉侯之酬幣數量相當驚人，大約在鄭國 100 乘幣
帛之上。秦后子出奔晉國同時，楚國右尹子干（？-529 B.C.）亦出奔至晉。
《傳》文謂「子干奔晉，從車五乘」，顯然是與秦后子「其車千乘」對舉。
但須注意者，「從車五乘」之「從車」乃「副車」，《左傳》又稱「貳車」、
「貳廣」、「佐車」，是爲預備副貳之兵車。[152]子干之「從車五乘」乃兵車
五乘，秦后子「其車千乘」乃「重」、「大車」一類「輜重」車乘，兩者實
不可對等比較。秦后子出奔晉國不可能僅以「重」、「大車」隨行，《左傳》
定公四年（506 B.C.）曰：「若嘉好之事，君行師從，卿行旅從。」《集解》
釋「嘉好之事」云：「謂朝會。」[153]國君或卿大夫朝會皆須武備而出國，遑
論秦后子乃出奔晉國且攜帶大量酬幣，更需武裝人員隨行保護才是。至於秦
后子究竟有多少兵車？若以本章推論，100 乘兵車出征需「重」、「大車」
約 1,168 輛；《傳》文既言秦后子有「重」、「大車」1,000 乘，與本文估算
數字相去不遠，預估應有兵車 100 乘之譜。哀公二年（493 B.C.）《傳》曰：
「畢萬，匹夫也，七戰皆獲，有馬百乘，死於牖下。」《正義》云：「〈坊

149　漢‧毛亨傳，漢‧鄭玄注，唐‧孔穎達正義：《毛詩注疏》，頁 46。
150　向熹編著：《詩經詞典（修訂版）》，頁 301。
151　晉‧杜預集解，唐‧孔穎達正義：《春秋左傳注疏》，頁 783-784。
152　黃聖松著：〈《左傳》副車考〉，收入氏著：《《左傳》軍事制度研究》（高雄：
　　　高雄復文圖書出版社，2009 年 2 月，1 版），頁 131-168。
153　晉‧杜預集解，唐‧孔穎達正義：《春秋左傳注疏》，頁 946。

記〉云：『家富不過百乘。』[154]百乘，卿之極制也。」[155]知畢萬（生卒年不詳）「有馬百乘」，意指私家財富有兵車 100 乘之多。此外，宣公二年（607 B.C.）《傳》曰：「宋人以兵車百乘、文馬百駟以贖華元于鄭。」[156]亦知宋國卿大夫華元（？-573 B.C.）身價有「兵車百乘」，故願以同等級之兵車贖回華元。以此二例檢視秦后子財富，知其當有兵車 100 乘規模。《左傳》哀公八年（487 B.C.）曰：「鮑牧又謂群公子曰：『使女有馬千乘乎？』公子愬之。」《集解》云：「『有馬千乘』，使為君也。」[157]謂國君擁有千乘兵車，故「千乘」為國君代稱。又《論語·季氏》曰：「齊景公有馬千駟。」[158]意指齊景公為齊君，故有千乘兵車。既然以「千乘」代指國君，則〈坊記〉所謂「家富不過百乘」，知 100 乘兵車乃指「卿」等級富貴之家。秦后子以兵車 100 乘出奔晉國，若以本文估算結果，謂其有「重」、「大車」1,000乘以載運酬幣以享晉侯，自然也合乎情理。若筆者論證無誤，以兵車 100 乘出征時，推估需動員 1,168 輛「重」、「大車」應是合理數字。

六、小　結

本章以《周禮·地官·廩人》記載為據，計算春秋時代戰鬥人員每人每日食用米為「人三鬴」，約合今日 1.039 公斤。若以 100 輛兵車出征，征期為三個月計算，則每位戰鬥人員三個月需 93.51 公斤；1,300 位戰鬥人員總需 121,563 公斤。以每輛「重」、「大車」載運米糧重量為 667 公斤計算，則運送戰鬥人員糧食需動用 183 輛「重」、「大車」。每馬每日食用糧草重 5.258 公斤，三個月需 473.22 公斤。100 乘兵車每乘四匹馬，總計 400 匹馬。此外，作為人員止宿休息之「輜車」亦需二匹馬拉牽，預估 100 乘「輜車」需 200

154　漢·鄭玄注，唐·孔穎達正義：《禮記注疏》，頁 864。
155　晉·杜預集解，唐·孔穎達正義：《春秋左傳注疏》，頁 996。
156　晉·杜預集解，唐·孔穎達正義：《春秋左傳注疏》，頁 363。
157　晉·杜預集解，唐·孔穎達正義：《春秋左傳注疏》，頁 1013。
158　魏·何晏注，宋·邢昺疏：《論語注疏》，頁 150。

匹馬。每馬三個月需糧草 473.22 公斤，600 匹馬三個月總計需 283,932 公斤，運送馬匹糧食需動用 426 輛「重」、「大車」。每位戰鬥人員裝備及後勤工具重量爲 142.6 公斤，1,300 位裝備總重量爲 185,380 公斤，運送戰鬥人員裝備及後勤工具需動用 278 輛「重」、「大車」。至於後勤人員數量，經本文討論可知，每乘兵車配有役人二十位、奴隸約二十四位。役人以每人每日「三鬴」計算，三個月需 93.51 公斤，2,000 位役人總需 187,020 公斤，運輸役人米糧需用 281 輛「重」、「大車」。奴隸若以每人每日「二鬴」計算，需糧食約 0.693 公斤，2,336 位奴隸三個月總計 145,696 公斤。若不計算載運奴隸糧食「重」、「大車」數目，動員 100 乘兵車總計需用 1,168 輛「重」、「大車」，是 100 乘兵車之 11.68 倍。此外，動員 100 乘兵車又需配給 100 輛臥車——即「輜重」之「輜車」，作爲兵車之長車左止息之用。1,168 輛「重」、「大車」及 100 輛「輜車」合計爲 1,268 輛，是 100 乘兵車之 12.68 倍。

參、中編：

役人來源與身分

第七章　役人考論之一：

《左傳》輿人考*

一、前　言

　　記載春秋時代史事之《左傳》，有數則關於「輿人」之記載。以往學者對「輿人」身分、地位探究不多，唯童書業《春秋左傳研究》稍有涉及，[1]單篇文章亦僅有憩之〈春秋時代奴隸階級最基層的「輿人」〉、束有春〈先秦輿人及御夫考述〉、周蘇平〈春秋「輿人」考辨〉等三篇，[2]國內學者杜正勝先生亦僅於《編戶齊民》以附錄形式簡單說明。[3]楊伯峻《春秋左傳詞典》釋

---

*　本章為拙文〈《左傳》輿人考〉潤飾文字，原載《文與哲》第 6 期（高雄：國立中山大學中國文學系，2005 年 6 月，1 版），頁 35-68。

1　童書業著，童教英校訂：《春秋左傳研究（校訂本）》，頁 131。

2　憩之著：〈春秋時代奴隸階層最基層的「輿人」〉，《光明日報》1956 年 11 月 8 日史學版。束有春著：〈先秦輿人及御夫考述〉，《江蘇社會科學》1997 年第 5 期，頁 116-121。周蘇平著：〈春秋「輿人」考辨〉，《人文雜志》1999 年第 3 期，頁 100-103。

3　杜正勝著：《編戶齊民》，頁 429-430。

「輿人」爲二義：（一）役卒，（二）賤吏。[4]依楊氏之見，則「輿人」地位並不崇高。晁福林《先秦社會形態研究》專立「周代的『輿』與『輿人』」一節討論「輿人」，[5]所得結論與楊伯峻差異甚大。雖晁氏對《左傳》「輿人」重新檢視，且提出與以往經師、學者不同看法，筆者亦認同其部分意見，但仍有一些問題晁氏未加注意而匆匆帶過，實屬可惜。本章針對《左傳》「輿人」身分、地位及職務等問題提出看法，說明「輿人」與後勤人員之關係。

二、前人之說法

「輿人」在《左傳》或省作「輿」，[6]共有十一例，爲行文論述之便，將各條資料加上序號，依時代先後逐錄於下：

> 1. 秋，秦、晉伐鄀。楚鬬克、屈禦寇以申、息之師戍商密。秦人過析，隈入而係輿人，以圍商密，昏而傅焉。宵，坎血加書，僞與子儀、子邊盟者。商密人懼，曰：「秦取析矣！戍人反矣！」乃降秦師。秦師囚申公子儀、息公子邊以歸。楚令尹子玉追秦師，弗及。遂圍陳，納頓子于頓。（僖公二十五年，635 B.C.）

4　楊伯峻著：《春秋左傳詞典》，頁 952。

5　晁福林著：《先秦社會形態研究》（北京：北京師範大學出版社，2003 年 3 月，1 版），頁 495-511。

6　晁福林云：「需要說明的是『輿人』與單稱『輿』者在身分上是有較大區別的。春秋時期的人們講社會等級地位時說『王臣公，公臣大夫，大夫臣士，士臣皂，皂臣輿，輿臣隸，隸臣僚，僚臣僕，僕臣台。』（《左傳·昭公七年》）『輿』明顯地已被歸於奴僕之列，所以當時有『輿臣』（《左傳·昭公十二年》）之稱。戰國時期，輿與廝連用，已成為貴族的僕役之稱，所以《管子·治國》篇將『廝輿之事』列為耗費糧食的四種行為之一。」見晁福林著：《先秦社會形態研究》，頁 511。然引文第 2 及第 3 條皆出自僖公二十八年《傳》記述晉、楚城濮之戰事，同年之同一件事出現「輿人」與「輿」，若謂兩者必然有別，恐難令人信服。故筆者以為此處「輿人」及「輿」其實無別，「輿」應是「輿人」省稱。

2.晉侯圍曹，門焉，多死。曹人尸諸城上，晉侯患之。聽輿人之謀，稱「舍於墓」。師遷焉。曹人兇懼，為其所得者，棺而出之。因其兇也而攻之。三月丙午，入曹，數之以其不用僖負羈，而乘軒者三百人也，且曰獻狀。令無入僖負羈之宮，而免其族，報施也。……夏四月戊辰，晉侯、宋公、齊國歸父、崔夭、秦小子憖次于城濮。楚師背鄴而舍，晉侯患之。聽輿人之誦曰：「原田每每，舍其舊而新是謀。」公疑焉。（僖公二十八年，632 B.C.）

3.狐毛設二斾而退之，欒枝使輿曳柴而偽遁，楚師馳之，原軫、郤溱以中軍公族橫擊之。（僖公二十八年，632 B.C.）

4.晉人使司馬斥山澤之險，雖所不至，必斾而疏陳之。使乘車者左實右偽，以斾先，輿曳柴而從之。（襄公十八年，555 B.C.）

5.二月癸未，晉悼夫人食輿人之城杞者，絳縣人或年長矣，無子而往，與於食。有與疑年，使之年。曰：「臣，小人也，不知紀年。臣生之歲，正月甲子朔，四百有四十五甲子矣，其季於今三之一也。」吏走問諸朝。師曠曰：「魯叔仲惠伯會郤成子于承匡之歲也。是歲也，狄伐魯，叔孫莊叔於是乎敗狄于鹹，獲長狄僑如及虺也、豹也，而皆以名其子。七十三年矣。」史趙曰：「亥有二首六身，下二如身，是其日數也。」士文伯曰：「然則二萬六千六百有六旬也。」趙孟問其縣大夫，則其屬也。召之而謝過焉，曰：「武不才，任君之大事，以晉國之多虞，不能由吾子，使吾子辱在泥塗久矣，武之罪也。敢謝不才。」遂仕之，使助為政。辭以老。與之田，使為君復陶，以為絳縣師，而廢其輿尉。（襄公三十年，543 B.C.）

6.從政一年，輿人誦之，曰：「取我衣冠而褚之，取我田疇而伍之。孰殺子產，吾其與之。」及三年，又誦之，曰：「我有子弟，子產誨之；我有田疇，子產殖之。子產而死，誰其嗣之？」（襄公三十年，543 B.C.）

7.大夫命婦喪浴用冰。祭寒而藏之，獻羔而啟之，公始用之，火出而畢賦，自命夫命婦至於老疾，無不受冰。山人取之，縣人傳之，輿

人納之，隸人藏之。（昭公四年，538 B.C.）

8.天有十日，人有十等。下所以事上，上所以共神也。故王臣公，公臣大夫，大夫臣士，士臣皁，皁臣輿，輿臣隸，隸臣僚，僚臣僕，僕臣臺。馬有圉，牛有牧，以待百事。（昭公七年，535 B.C.）

9.周原伯絞虐，其輿臣使曹逃。冬十月壬申朔，原輿人逐絞，而立公子跪尋。絞奔郊。（昭公十二年，530 B.C.）

10.鄭之未災也，里析告子產曰：「將有大祥，民震動，國幾亡。吾身泯焉，弗良及也。國遷，其可乎？」子產曰：「雖可，吾不足以定遷矣。」及火，里析死矣，未葬，子產使輿三十人遷其柩。（昭公十八年，524 B.C.）

11.二十三年春，宋景曹卒。季康子使冉有弔，且送葬，曰：「敝邑有社稷之事，使肥與有職競焉，是以不得助執紼，使求從輿人，曰：『以肥之得備彌甥也，有不腆先人之產馬，使求薦諸夫人之宰，其可以稱旌繁乎！』」（哀公二十三年，472 B.C.）[7]

《國語》亦見「輿人」記載二例，本文討論文本主要為《左傳》，但為求資料完整，亦將《國語》例證列舉於下：

12.惠公入而背外內之賂，輿人誦之曰：「佞之見佞，果喪其田。詐之見詐，果喪其賂。得之而狃，終逢其咎。喪田不懲，禍亂其興。」（〈晉語三〉）

13.齊桓、晉文皆非嗣也，還軫諸侯，不敢淫逸，心類德音，以德有國。近臣諫、遠臣謗、輿人誦，以自誥也。（〈楚語上〉）[8]

7　晉・杜預集解，唐・孔穎達正義：《春秋左傳注疏》，頁 263、270-272、273、577、679-681、684、729、759、791、841、1049。

8　三國・韋昭注：《國語韋昭註》，頁 229、398。

杜預對「輿人」身分或云「眾也」,[9]或釋爲「賤官」;[10]韋昭皆注爲「眾也。」[11]二家均提及「輿人」爲「眾」,但所謂「眾」之內容則未多作說解。

童書業《春秋左傳研究》對「輿人」身分多有闡發,其依引文第 6 條與第 12、13 條記載「輿人」有「誦」之事,認爲「『國人』亦常有『誦』,則『輿人』殆即『國人』中地位較低者乎?」[12]童氏又據引文第 6 條云:

> 子產使「都鄙有章,上下有服,田有封洫,廬井有伍」,則或「輿人」先前衣冠「逾制」,田疇「逾畔」。子產整頓「井田」、「封建」、「宗法」之制,抑制「僭越」,故「輿人」反對之。其後子產發展教育及生產,使「輿人」既富而又有文化,故「輿人」又歌頌之。若然,「輿人」必非奴隸或賤民,而爲國都中甲士一類人物也。[13]

依童氏之見,其所謂「國人」廣狹共有三義:

> 其一,國都城中之人。……其二,國都城內外之人。……其三,泛指本國疆域內之人。……要之,春秋以上之所謂國人,主要指國都之人,尤其是國都城內之人。[14]

童氏認爲由於「輿人」與「國人」相同,皆有「誦」之例;他們又擁有衣冠、田疇,故認爲「輿人」即「國人」;仔細地說,就是「國都中甲士一類人物」。杜正勝先生《編戶齊民》略論及「輿人」,認爲「輿人」是「軍隊士卒,在

9　晉‧杜預集解,唐‧孔穎達正義:《春秋左傳注疏》,頁 270、680、791、1049。

10　晉‧杜預集解,唐‧孔穎達正義:《春秋左傳注疏》,頁 729。

11　三國‧韋昭注:《國語韋昭註》,頁 229、398。

12　童書業著,童教英校訂:《春秋左傳研究(校訂本)》,頁 131。

13　童書業著,童教英校訂:《春秋左傳研究(校訂本)》,頁 131。

14　童書業著,童教英校訂:《春秋左傳研究(校訂本)》,頁 120-121。

城邦時代即是國人」；再深入言之，認為「輿人指以國人為主的庶眾。」[15]
但杜先生又特舉引文第 3、4 條為說，認為：

> 這兩處「輿曳柴」之「輿」可能是廝役，即執賤役的軍夫，城邦時代
> 的野人在軍隊中的角色也是廝役。唯野人既非刑徒，亦非奴隸，他們
> 還是屬於廣義的庶人。[16]

杜先生認為「輿」與「輿人」不同，但在文中卻未有任何說明，故不知其分
別標準何在。但杜先生謂「輿人」為「國人」之見則與童氏相同，唯杜先生
謂「輿人」指「國人」之眾庶，但童氏指「國人」之甲士，此處稍有差異。
關於二者區分下文將說明，此處不另贅述。

束有春〈先秦輿人及御夫考述〉專立「輿人的社會屬性分析」一節，認
為「輿人與當時的一般士大夫階層不同，他們是靠出賣自己的勞動力，同時
又憑著一定技術本領來求得生存，因此，他們的社會地位比一般奴隸要
高。」[17] 束氏分析上引《左傳》有關「輿人」文字後又云：

> 輿人在當時的社會歷史條件下，能享受到一定的言論自由，並且不少
> 人能言善譬，作詩吟誦，可以說是一群來自於社會底層的、有一定文
> 化知識的勞動群體。[18]

束氏雖用不少文字說明「輿人」社會屬性，但最後仍未說明「輿人」究竟是
何種身分。不過從字裡行間推敲，作者應認為「輿人」雖非奴隸，卻是身分
低下之自由民。筆者未見憨之〈春秋時代奴隸階級最基層的「輿人」〉，但
周蘇平〈春秋「輿人」考辨〉引述其說法。憨之認為「輿人」是奴隸，其理

15　杜正勝著：《編戶齊民》，頁 429-430。
16　杜正勝著：《編戶齊民》，頁 430。
17　束有春著：〈先秦輿人及御夫考述〉，《江蘇社會科學》1997 年第 5 期，頁 116-121。
18　束有春著：〈先秦輿人及御夫考述〉，《江蘇社會科學》1997 年第 5 期，頁 116-121。

由有四：「輿人在行軍時是執賤役的，是被迫而作無代價的勞役者，是農田的生產者，是殉葬的對象。」[19]憩之的意見周蘇平已於文中一一辯駁，[20]筆者同意周氏之見，在此無需贅述。至於周氏對「輿人」身分之見，認爲「輿人」既非漢、晉經師所謂「衆人」——泛指一般民衆，當然亦非奴隸，而是「國人」的一個階層。仔細言之，「春秋輿人的身分應是戰士，屬於國人中的士階層」，[21]與童氏看法相同。

晁福林亦承童氏之說，認爲「輿人」是「國人」，又補充幾點說明。首先，晁氏以爲「輿人」與軍職有關，故又稱「輿師」。[22]晁氏又謂：

---

19 周蘇平著：〈春秋「輿人」考辨〉，《人文雜志》1999 年第 3 期，頁 100-103。

20 周蘇平云：「第一條理由的根據是《左傳》僖公二十八年『樂枝使輿曳柴而僞遁』和僖公二十五年『秦人過析，隈入而係輿人』。……輿人的這兩次活動是爲了迷惑敵人而施展的計謀，是一種權宜之策，只能說明輿人具有軍事謀略，很難據此證明他們的地位是低賤的。第二條理由的根據是《左傳》裏公三十年記載的晉國輿人城杞一事。爲國家服役是古代人民的一項義務，據（筆者案：作者原作『根』字，今訂正之）《周禮‧地官‧鄉大夫》記載，不僅野人即奴隸要服役，國人也要服役，服役者的身份並非都是奴隸，還包括奴隸之外的其他階層。因此，僅據爲國家服役這一點是無法說明輿人身份的。實際上，輿人城杞歸來之後，受到了晉悼夫人的慰勞招待，一位年長的輿人還被執政卿趙武提拔重用。如果輿人是奴隸的話，晉國貴族對輿人的態度則是難以理解的。第三條理由的根據是，《左傳》裏公三十年記載的鄭國子產執政時輿人們的議論。從輿人的言論分析，他們有自己的田疇、衣冠，子弟有受教育的權利。這條材料說明了輿人的社會地位，與輿人是否參加農業生產毫無關聯。第四條理由的根據是《史記‧秦本紀》記載的秦穆公用 177 人殉葬，其中有『秦之良臣子輿氏三人』。認爲『子輿氏』即輿大夫，其餘殉葬者的身份是輿司馬和輿人。此說頗爲牽強，〈秦本紀〉根據的是《左傳》文公六年『秦伯任好卒，以子車氏之三子奄息、仲行、鍼虎爲殉』的記載，子輿氏本作『子車氏』，並非論及有輿人殉葬之事。此外，史籍中也沒有春秋秦國有輿大夫和輿司馬之官的記載。因此，釋子車氏爲輿大夫，並以此爲據進而論證有 24 個輿司空和 150 個輿人爲秦穆公殉葬的說法，甚難通達，有牽強附會之嫌。」見周蘇平著：〈春秋「輿人」考辨〉，《人文雜志》1999 年第 3 期，頁 100-103。

21 周蘇平著：〈春秋「輿人」考辨〉，《人文雜志》1999 年第 3 期，頁 100-103。

22 晁福林在文中自注云成公三年，實乃成公二年之誤。《左傳》成公二年有「輿師」一詞，文曰：「寡君使群臣爲魯、衛請，曰：『無令輿師陷入君地。』下臣不幸，屬當戎行，無所逃隱。」見晉‧杜預集解，唐‧孔穎達正義：《春秋左傳注疏》，頁 424。

輿人應當是社會上有田產並且專門從事某項徭役的平民群眾。⋯⋯輿
人對於君主也和國人一樣，可以直言不諱地進行批評。⋯⋯輿人應當
就是國人當中的一部分，具體說來，便是國人中擁有自己車輛的
人。⋯⋯總之，專家[23]認為輿人蓋國人中之從徵從役者耳，其主旨是
正確的，但是應當進一步指出的是輿人不僅指從徵從役的國人，而且
是有自己私有車輛的國人，並非是廣義的國人。[24]

晁氏《先秦社會形態研究》討論「國人」影響力，具體歸納為四方面：

一、國人是各諸侯國軍事力量的基礎。⋯⋯二、在各諸侯國內部的政
治生活中，國人有舉足輕重的作用，有些軍國大事，須得國人擁護，
才可以通暢地實行。⋯⋯三、有些國家君主的廢立，往往與國人有
關。⋯⋯四、春秋時期各諸侯國貴族間的鬥爭，常常以國人的意志為
轉移，符合國人願望者獲勝機會大增。[25]

依《左傳》記載，「國人」有驅逐或殺害大臣之例，如襄公十七年（556 B.C.）
《傳》曰：「十一月甲午，國人逐瘈狗。瘈狗入於華臣氏，國人從之。華臣
懼，遂奔陳。」又襄公十九年（554 B.C.）《傳》曰：「鄭子孔之為政也專，
國人患之。⋯⋯甲辰，子展、子西率國人伐之，殺子孔，而分其室。」又有
「國人」驅逐或殺害國君之例，如文公十八年（609 B.C.）《傳》曰：「莒
紀公生大子僕，又生季佗，愛季佗而黜僕，且多行無禮於國。僕因國人以弒
紀公，以其寶玉來奔，納諸宣公。」又有「國人」因不滿國君作為而導致國
家潰亡之例，如閔公二年（660 B.C.）《傳》曰：「冬十二月，狄如伐衛。
衛懿公好鶴，鶴有乘軒者。將戰，國人受甲者皆曰：『使鶴！鶴實有祿位，

23　晁氏此處所謂「專家」即指童書業。
24　晁福林著：《先秦社會形態研究》，頁 508-511。
25　晁福林著：《先秦社會形態研究》，頁 514-516。

余焉能戰？』」最後「衛師敗績，遂滅衛。」[26]知「國人」在春秋時代扮演關鍵角色，其力量可謂舉足輕重不容小覷。[27]從引文第 9 條記載原伯絞（生卒年不詳）暴虐，後原之「輿人」逐原君絞而迎立公子跪尋（生卒年不詳），正與《左傳》記載「國人」與統治者對立情況相同。知「輿人」政治影響力與《左傳》記述「國人」部分雷同，可確定「輿人」應是「國人」一部分。

　　總體而言，童、杜、周、晁四氏認為「輿人」為「國人」之看法應正確無誤，為後來研究者指引正確方向。學術界對「國人」組成分子的看法，大致可分三組說法：（一）「國人」由士、自由農民及工、商構成，持此說者如徐復觀、[28]任常泰、石光明、[29]蔡鋒、[30]童書業等。（二）「國人」由士、農、工、商、皂、輿、隸等人組成，較前說增加皂、輿、隸等，持此說者如錢宗范。[31]（三）除上述士、農、工、商等平民外，「國人」尚包括貴族，持此說者如林甘泉、[32]劉文強先生等。[33]故「國人」有身分高低之分和職業屬性之別，實不可一概言之。上引童氏及晁氏之說，固然整體結論正確，即證明「輿人」是「國人」；但究竟「輿人」屬「國人」何種身分或何種職業屬性，二氏未深入討論，僅童氏以一句「國都中甲士一類人物也」簡單帶過。下節針對童、晁二氏論證予以檢討，舉出論說模糊處，作為繼續討論之基礎。

26　晉・杜預集解，唐・孔穎達正義：《春秋左傳注疏》，頁 575、587、352、191。

27　以上例證參引自顧德融、朱順龍著：《春秋史》（上海：上海人民出版社，2001 年 6 月，1 版 1 刷），頁 354-355。

28　徐復觀著：〈西周政治社會的結構性格問題〉，《周秦漢政治社會結構之研究》（臺北：學生書局，1975 年 3 月，臺 2 版），頁 1-50。其說又見徐復觀著：《西漢思想史》（上海：華東師範大學出版社，2002 年 8 月，1 版），頁 24。

29　任常泰、石光明著：〈西周春秋時期的「國人」〉，《中國歷史博物館館刊》第 4 期，頁 19-28。

30　蔡鋒著：〈國人的屬性及其活動對春秋時期貴族政治的影響〉，《北京大學學報》哲社版 1997 年第 3 期，頁 113-121。

31　錢宗范著：〈「國人」試說〉，《第二次西周史學術研討會論文集》（上冊）（西安：陝西人民教育出版社，1993 年 6 月，1 版 1 刷），頁 584-596。

32　林甘泉著：〈中國封建土地所有制的形成〉，《歷史研究》1963 年第 1 期，頁 95-116。

33　劉文強著：〈論「作爰田」中的「國人」〉，《中山人文學報》第 1 期，頁 19-38。

三、前人說法之檢討

童氏認為《左傳》「國人」常「誦」，然考之《左傳》，僅見襄公四年（569 B.C.）《傳》記載「國人」「誦」，文曰：

> 冬十月，邾人、莒人伐鄫，臧紇救鄫，侵邾，敗於狐駘。國人逆喪者皆髽，魯於是乎始髽。國人誦之曰：「臧之狐裘，敗我於狐駘。我君小子，朱儒是使。朱儒朱儒，使我敗於邾。」[34]

又《國語·晉語三》云：「惠公即位，出共世子而改葬之，臭達於外。國人誦之曰……。」[35]從上引幾條關於「輿人」、「國人」「誦」之記載剖析，其所謂「誦」當如《說文》所釋，實為「諷也。」又「諷」字《說文》云：「誦也」，《注》云：

> 大司樂以樂語教國子興、道、諷、誦、言、語。注：倍文曰諷，以聲節之曰誦。倍同背，謂不開讀也。誦則非直背文，又為吟詠，以聲節之。《周禮》經、注析言之，諷、誦是二；許統言之，諷、誦是一也。[36]

據《周禮·春官·大司樂》鄭玄《注》之意，則「諷」與「誦」意義實有差異；以今日言語解釋，「諷」為背誦而「誦」為徒歌。

此外，《左傳》又有「謳」。《說文》云：「謳，齊歌也。」《注》云：「師古注〈高帝紀〉曰：『謳，齊歌也，謂齊聲而歌。』[37]」[38]《楚辭·大

---

34 晉·杜預集解，唐·孔穎達正義：《春秋左傳注疏》，頁 508-509。

35 三國·韋昭注：《國語韋昭註》，頁 230。

36 漢·許慎著，清·段玉裁注：《說文解字注》，頁 91。

37 原句出自《漢書·高帝紀上》，見漢·班固著，唐·顏師古注：《漢書》，頁 28。

38 漢·許慎著，清·段玉裁注：《說文解字注》，頁 95。

招》有「《謳和》、《揚阿》」，漢人王逸（89-158）《注》云：「徒歌曰謳。」[39]知「謳」實與「誦」意義相同，皆指無樂器伴奏而徒歌。《左傳》有二處「謳」之記載，一在宣公二年（608 B.C.）《傳》，文曰：

> 宋城，華元為植，巡功。城者謳曰：「睅其目，皤其腹，棄甲而復。于思于思，棄甲復來。」使其驂乘謂之曰：「牛則有皮，犀兕尚多，棄甲則那？」役人曰：「從其有皮，丹漆若何？」華元曰：「去之！夫其口眾我寡。」

另一則在襄公十七年（556 B.C.）《傳》，文曰：

> 宋皇國父為大宰，為平公築臺，妨於農功。子罕請俟農功之畢，公弗許。築者謳曰：「澤門之皙，實興我役。邑中之黔，實慰我心。」子罕聞之，親執扑，以行築者，而抶其不勉者，曰：「吾儕小人皆有闔廬以辟燥濕寒暑。今君為一臺，而不速成，何以為役？」謳者乃止。或問其故。子罕曰：「宋國區區，而有詛有祝，禍之本也。」[40]

則「謳」歌者皆為築城、築臺之人，亦即《左傳》所謂「役人」。「謳」歌者之例，童氏未予討論。而這些「役人」身分為何，又是另一問題。筆者認為「輿人」亦是行役之人的一部分，下文將有詳論，於此不再贅述。

童氏又以引文第6條「輿人」擁有衣冠及田疇為證，認為「輿人」即是「國人」。但衣冠之「冠」與「冕」、「弁」等首服，雖皆是當時社會上層服飾，[41]然庶人亦有御冠者。如《禮記・郊特牲》曰：「黃衣、黃冠而祭，息田夫也。」《注》云：「祭，謂既蜡臘，先祖五祀也，於是勞農以休息之。

---

39 周・屈原等著，漢・劉向集錄，漢・王逸章句，宋・洪興祖補注：《楚辭補注》，頁351。

40 晉・杜預集解，唐・孔穎達正義：《春秋左傳注疏》，頁363、575。

41 楊寬著：《西周史》（臺北：臺灣商務印書館，1999年4月，1版），頁623。

《論語》曰：『黃衣、狐裘。』」[42]因此許倬雲先生《西周史》據此認爲庶人亦可御「冠」。[43]但須說明的是，《禮記‧郊特牲》亦曰：「野夫黃冠，黃冠，草服也。」[44]清人孫希旦（1736-1784）《禮記集解》云：「黃冠，草服者，黃冠乃臺笠之屬，而其色黃也。」[45]田夫等庶人在蜡祭時所戴黃冠乃草製斗笠，實與衣冠無涉。雖擁有田疇者必非一般工、商、皁、隸之徒，然須在政府管理下登記入籍。不過後來鄭、宋國界間亦出現私人裒墾土田之例，《左傳》哀公十二年（498 B.C.）曰：

> 宋、鄭之間有隙地焉，曰彌作、頃丘、玉暢、嵒、戈、錫。子產與宋人爲成，曰，「勿有是」。及宋平、元之族自蕭奔鄭，鄭人爲之城嵒、戈、錫。九月，宋向巢伐鄭，取錫，殺元公之孫，遂圍嵒。十二月，鄭罕達救嵒。丙申，圍宋師。[46]

劉文強先生〈封與封人〉云：

> 這六邑顯然是逃亡的流民開墾出來的聚落，在法理上，不屬於任何一國，所以子產與宋人達成協議，都不將之列爲國土的一部分，因而二國向來相安無事。[47]

42　漢‧鄭玄注，唐‧孔穎達正義：《禮記注疏》，頁 501。

43　許倬雲著：《西周史》（增訂本），頁 260-261。陳紹棣著：《中國風俗通史‧兩周卷》，頁 66。

44　漢‧鄭玄注，唐‧孔穎達正義：《禮記注疏》，頁 501。

45　清‧孫希旦集解，沈嘯寰、王星賢點校：《禮記集解》（北京：中華書局，1995 年 5月，1 版），頁 697。

46　晉‧杜預集解，唐‧孔穎達正義：《春秋左傳注疏》，頁 1027。

47　劉文強著：〈封與封人〉，收入《慶祝龍宇純先生七秩晉五壽慶論文集》編輯委員會編：《慶祝龍宇純先生七秩晉五壽慶論文集》（臺北：學生書局，2002 年 11 月，1版），頁 121-150。

引文第 6 條與上引哀公十二年《傳》二條皆鄭國之事，又與土田開墾有關。依此條記載可知，私自畝田風氣後來十分興盛。由於土田未登入政府簿籍，人人為利益誘惑而私自開墾便成常事。既然如此，只要能力可及者皆能為之，似乎無階級之別。故童氏據此謂「輿人」擁有田疇便即「國人」之甲士，但未深入探討。

　　再者，童氏以引文第 6 條「子弟」一詞，亦可證明「輿人」為「國人」。《左傳》桓公二年（B.C.710）曰：「故天子建國，諸侯立家，卿置側室，大夫有貳宗，士有隸子弟，庶人、工、商，各有分親，皆有等衰。」《集解》云：「士卑，自以其子弟為僕隸。」[48]《左傳》其他提及「子弟」者，似指士以上身分之子弟。如成公十八年（573 B.C.）《傳》曰：「荀家、荀會、欒黶、韓無忌為公族大夫，使訓卿之子弟共儉孝弟。」襄公四年（569 B.C.）《傳》曰：「寒浞，伯明氏之讒子弟也，伯明后寒棄之。」襄公十四年（559 B.C.）《傳》曰：「自王以下各有父兄子弟以補察其政。」昭公五年（537 B.C.）《傳》曰：「季氏盡征之，叔孫氏臣其子弟，孟氏取其半焉。」昭公二十七年（515 B.C.）《傳》：「盡滅郤氏之族、黨，殺陽令終與其弟完及佗與晉陳及其子弟。」定公元年（509 B.C.）《傳》：「周鞏簡公棄其子弟而好用遠人。二年夏四月辛酉，鞏氏之群子弟賊簡公。」[49]然襄公八年（565 B.C.）《傳》曰：

> 焚我郊保，馮陵我城郭。敝邑之眾，夫婦男女，不遑啟處，以相救也。翦焉傾覆，無所控告。民死亡者，非其父兄，即其子弟。夫人愁痛，不知所庇。[50]

48　晉・杜預集解，唐・孔穎達正義：《春秋左傳注疏》，頁 96-97。

49　晉・杜預集解，唐・孔穎達正義：《春秋左傳注疏》，頁 486、507、562、743、909、942-943。

50　晉・杜預集解，唐・孔穎達正義：《春秋左傳注疏》，頁 521。

此處所指「子弟」為「民」之子弟，亦即「敝邑之眾」。楊伯峻《春秋左傳詞典》謂「民」為「人民，老百姓」，謂「眾」為「群眾」，[51]顯然「民」、「眾」不會指社會上階層貴族，甚至連「士」階層都不是。總合以上所述，童氏提出許多突破傳統之見，證明「輿人」是「國人」，此為筆者認同的部分。至於童氏謂「輿人」是「國人」之甲士，立論稍嫌薄弱，未能證明其說，尚有討論空間。周蘇平之見多與童氏相似，為節省篇幅則不再贅述。

筆者認同晁氏部分意見，至於所謂「輿人」是「國人中擁有自己車輛的人」之論，則與事實頗有落差。晁氏有五點證據試圖證成其說，文云：

> 首先，輿人的社會地位和影響與國人同。……其次，既然輿義為車，則輿人即有車之人，該是順理成章的事情。第三，從文獻有關記載看，輿人服役多從事與使用車輛有關的事項。……第四，各諸侯國軍隊裡面稱「輿」的職官皆為主持管理軍中車輛的官員。……第五，周代社會上車輛的製造，既是各類木工工藝的綜合產物，又是社會尊卑的一個標志，有了自己的車輛就是自己身分比較高貴的標志之一。[52]

晁氏所舉第二點證據，謂「輿人」一詞顧名思義、順理成章是有車之人，但未列舉任何相關記載以證其說，論證方法實不可取。第三點謂「輿人」服役多與車輛有關，筆者認同其觀點，下文將論述此事。但「輿人」服役與車輛有關，不代表必然擁有車輛，邏輯亦有問題。至於第四點有關「輿」之職官，據筆者統計《左傳》及《國語》記載，共有「輿帥」、「輿尉」、「輿司馬」、「七輿大夫」、「輿嬖」及「輿臣」等六種。[53]除「輿臣」有可能僅是籠統

---

51 楊伯峻著：《春秋左傳詞典》，頁 209。

52 晁福林著：《先秦社會形態研究》，頁 509-510。

53 「輿帥」見成公二年《傳》：「公會晉師于上鄍。賜三帥先路三命之服。司馬、司空、輿帥、候正、亞旅皆受一命之服。」見晉・杜預集解，唐・孔穎達正義：《春秋左傳注疏》，頁 426-427。「輿尉」見引文第 5 條，又見襄公十九年《傳》：「公享晉六卿于蒲圃，賜之三命之服；軍尉、司馬、司空、輿尉、候奄皆受一命之服。」及《國

泛稱外，其他四種皆是身分較高之職官，似乎亦非社會地位較低之「輿人」可以擔任，故與「輿人」是否有車之關係並不密切。[54]第五點謂擁有車輛是身分標誌，此乃治春秋史、先秦史學者所熟知，然不足以證明「輿人」和這些身分高貴者有任何關係。總而言之，晁氏對「輿人」之見，有部分內容與事實出入甚遠，恐不可盡信其說。

四、輿人為國人中服徭役之庶人

第二節最後提及學者對「國人」組成分析可分三組說法，然皆認為士、農、工、商是「國人」組成分子。論者主要依據《國語·齊語》一段記載，

語·晉語七》：「知鐸遏寇之恭敬而信彊也，使為輿尉。知籍偃之惇帥舊職而恭給也，使為輿司馬。」見晉·杜預集解，唐·孔穎達正義：《春秋左傳注疏》，頁584；三國·韋昭注：《國語韋昭註》，頁315。「輿司馬」見《國語·晉語七》：「知籍偃之惇帥舊職而恭給也，使為輿司馬。」見三國·韋昭注：《國語韋昭註》，頁315。「七輿大夫」見僖公十年《傳》：「郤芮曰：『幣重而言甘，誘我也。』遂殺丕鄭、祁舉及七輿大夫：左行共華、右行賈華、叔堅、騅歂、纍虎、特宮、山祁，皆里、丕之黨也。」又襄公二十三年《傳》：「初，欒盈佐魏莊子於下軍，獻子私焉，故因之。趙氏以原、屏之難怨欒氏。韓、趙方睦。中行氏以伐秦之役怨欒氏，而固與范氏和親。知悼子少，而聽於中行氏。程鄭嬖於公。唯魏氏及七輿大夫與之。」又《國語·晉語二》：「丕鄭曰：『子勉之。夫二國士之所圖，無不遂也。我為子行之，子帥七輿大夫以待我，我使狄以動之，援秦以搖之，立其薄者可以得重略，厚者可使無入。國，誰之國也？』」又〈晉語三〉：「冀芮曰：『鄭之使薄而報厚，其言我於秦也，必使誘我；弗殺，必作難。』是故殺丕鄭及七輿大夫：共華、賈華、叔堅、騅歂、纍虎、特宮、山祁，皆里、丕之黨也。……丕鄭之子曰：『豹出奔秦謂穆公曰：「晉君大失其眾，背君略殺里克而忌，處者眾，固不說。」今又殺臣之父及七輿大夫，此其黨半國矣。君若伐之，其君必出。』」見晉·杜預集解，唐·孔穎達正義：《春秋左傳注疏》，頁222、602；三國·韋昭注：《國語韋昭註》，頁218，232-233。「輿嬖」見昭公八年《傳》：「陳公子招歸罪於公子過而殺之。九月，楚公子棄疾帥師奉孫吳圍陳，宋戴惡會之。冬十一月壬午，滅陳。輿嬖袁克殺馬毀玉以葬。」見晉·杜預集解，唐·孔穎達正義：《春秋左傳注疏》，頁770。「輿臣」見引文第9條。

54 此議題已非本文討論重點，當另擬一題論證，在此不作細述。

文云：「管子於是制國以爲二十一鄉，工商之鄉六，士鄉十五。」《注》云：「唐尚書云：『士與農共十五鄉。』昭謂：此士，軍士也。十五鄉合三萬人，是爲三軍。農，野處而不暱，不在都邑之數，則下云五鄙是也。」[55]《管子·小匡》亦有相似記載，文云：「制國以爲二十一鄉，商工之鄉六，士農之鄉十五」；[56]卻將「士鄉十五」作「士農之鄉十五」。童氏認爲士與農關係密切，故應以〈小匡〉將士、農合爲十五鄉爲確。[57]趙世超《周代國野關係研究》亦列舉〈齊語〉記載疑點處，認爲〈齊語〉此處未必較〈小匡〉可信。[58]

---

55 三國·韋昭注：《國語韋昭註》，頁164。

56 題周·管仲著，黎翔鳳校注，梁運華整理：《管子校注》，頁400。

57 童書業著，童教英校訂：《春秋左傳研究（校訂本）》，頁121。李學勤〈〈齊語〉與〈小匡〉〉認爲〈小匡〉時代應晚於〈齊語〉，但在文中卻未提及此問題。見李學勤著：〈〈齊語〉與〈小匡〉〉，《清華大學學報》（哲學社會科學版）1986年第2期，頁49-53。

58 趙世超云：「《國語·齊語》與《管子·小匡》，內容多相合，兩者何前何後，究竟是〈齊語〉抄〈小匡〉，還是〈小匡〉抄〈齊語〉，素來就有爭論。僅就〈齊語〉本身而論，它的文章體裁風格多與戰國諸子書相類，而與《國語》的主體部分，即〈周語〉、〈魯語〉、〈晉語〉、〈鄭語〉、〈楚語〉等，卻有明顯差異，其中所提到的許多東西是否屬於春秋時期，也是值得斟酌的。試舉其最爲淺顯者。如〈齊語〉曰：『人與人相疇，家與家相疇，世同居，少同游，故夜戰聲相聞，足以不乖；晝戰目相見，足以相識。』實則春秋多車戰，且往往是速戰速決，并無晝夜廝殺之事。其謂管仲制鄙，曰：『三十家爲邑，邑有司；十邑爲卒，卒有卒帥；十卒爲鄉，鄉有鄉帥；三鄉爲縣，縣有縣師。』則一縣之人竟有九千家，近於萬家。而《叔夷鐘銘》記齊靈公賜叔夷萊邑，『其縣三百』，可知春秋齊縣甚小，〈齊語〉所言，必是後來制度的反映。在談到如何『從事於諸侯』時，說管仲曾建議：『爲游士八十人，奉之以車馬、衣裳，多其資幣，使周游於四方，以號召天下之賢士。皮幣玩好，使民鬻之四方，以監其上下之所好，擇其淫亂者先征之。』游士周流四方和國君招致天下賢士等，都是戰國的風氣，而使人監視各國行動，有淫亂者即征除之，則多類尉繚、李斯時代的詐術，與桓公、管仲『尊王攘夷』、『存亡繼絕』的基本行事并不相合。〈齊語〉後邊一部分歷數桓公征伐之跡，說他『即位數年，東南多有淫亂者，萊、莒、徐夷、吳、越，一戰帥服三十一國。』考之《左傳》，桓公期間，徐一直與齊結盟抗楚，而吳、越尚未興起，不能通於上國。至若『西征攘白狄之地，至於西河』，『西服沙、西吳』，『築葵茲、晏、負夏、領釜丘，以御戎狄之地』，『築五鹿、中牟、蓋輿、牡丘，以衛諸夏之地』等，也多不能證實其事。〈齊語〉既有這麼多的疑點，何以偏要

趙氏舉戰國諸子爲據,[59]證明〈齊語〉所謂「昔聖王之處士也,使就閒燕;處工,就官府;處商,就市井;處農,就田野」,四民分處之記載,[60]只在戰國時空背景下方能出現。

不可否認,一種制度或現象之存在,須經逐步形成及轉變方可達至。就四民職業分工而言,春秋中晚期已開始慢慢形成,此可從《左傳》找到蛛絲馬跡。閔公二年(660 B.C.)《傳》曰:「文公大布之衣、大帛之冠,務材、訓農、通商、惠工、敬教、勸學、授方、任能。元年,革車三十乘;季年,乃三百乘。」[61]在此農、工、商並列,然未明確指出士。但宣公十二年(597 B.C.)《傳》曰:「荊尸而舉,商、農、工、賈,不敗其業,而卒乘輯睦,事不奸矣。」乍見之下似乎未將士與農、工、商並舉,然《正義》云:「無士而有賈者,此武子意,言舉兵動眾,四者不敗其業。發兵則以士從征,不

相信它的『四民分處』之說,并將其看作西周以來的定制呢?」見趙世超著:《周代國野關係研究》(臺北:文津出版社,1993 年 10 月,1 版),頁 24-25。

59　趙世超云:「西周在國的範圍以內,是不會存在所謂『四民分處』之制的。彼時不僅士不能完全與其從事農耕的子弟相脫離,就是工商,除了一部分戰爭中俘擄或由失敗者獻納的技藝之人外,也大多保持族居,在不脫離農業的前提下,向貴族提供本族傳統的手工製品,或輪番到貴族的作坊中去服役。只是到了戰國,隨著生產力的提高,個體勞動和個體家庭大量出現,家族日益解體,士才可能從農業家族中游離出來,變成單純的文士、武士、游士、處士,而專事工商的階層也開始逐步形成。恰在戰國的諸子書中,反映『四民分處』現象的材料顯著地增多了。如《荀子·榮辱》篇曰:『仁人在上,則農以力盡田,賈以察盡財,百工以巧盡械器,士大夫以上至於公侯莫不以仁厚知能盡官職。』又曰:『可以為工匠,可以為農賈,在埶注錯習俗之所積耳。』其〈儒效〉篇曰:『人積耨耕而為農夫,積斲削而為工匠,積反(販)貨而為商賈,積禮義而為君子。工匠之子莫不繼事,而都國之民,安習其服。』《呂氏春秋·上農》篇曰:『凡民自七尺以上,屬諸三官,農收粟,工攻器,賈攻貨,時事不共,是謂大凶。』這與〈齊語〉所記的『四民分處』之制如此一致,除說明它們所反映的情況屬於同一時代外,難道還能作出別的解釋嗎?」見趙世超著:《周代國野關係研究》,頁 25。

60　三國·韋昭注:《國語韋昭註》,頁 161。

61　晉·杜預集解,唐·孔穎達正義:《春秋左傳注疏》,頁 194。

容復就閒燕,故不云士,而分商、賈為二。」[62]據孔氏之見,由於下文言「卒乘輯睦」,知士已徵發從軍,故不與農、工、商並列。又襄公九年(564 B.C.)《傳》曰:「其卿讓於善,其大夫不失守,其士競於教,其庶人力於農穡,商工皂隸不知遷業。」《集解》云:「四民不雜。」《正義》云:

> 〈齊語〉:「四民者,士、農、工、商。」此《傳》言其士競於教,是說士也。庶人力於農穡,是說農也。士、農已訖,唯有工、商在耳,故以皂隸賤官足成其句。杜言「四民不雜」,通上士、庶為四,非以皂、隸、工、商為四也。[63]

在此將四民分列,足見春秋中晚期時四民職業分工已然形成。

襄公九年(564 B.C.)《傳》謂「庶人力於農穡」,杜預、孔穎達皆認為庶人即四民之農,正如楊伯峻所言:「庶人當為農業生產之主要擔負者。」[64]楊氏又舉《國語》相關記載為例,如〈周語上〉云:「庶人終于千畝」,《注》云:「終,盡耕之也。」又〈魯語下〉云:「自庶人以下,明而動,晦而休,無日以息。」〈晉語四〉云:「庶人食力」,《注》云:「各由其力。」[65]知庶人職業主要是農桑之事。[66]至於這些農、庶民是否為「國人」?童氏以為國都近郊農民亦屬「國人」之列,可從《左傳》尋繹證據。如引文第6條記

---

62 晉・杜預集解,唐・孔穎達正義:《春秋左傳注疏》,頁390。

63 晉・杜預集解,唐・孔穎達正義:《春秋左傳注疏》,頁527。

64 楊伯峻著:《春秋左傳注》,頁966。

65 三國・韋昭注:《國語韋昭註》,頁18、147、271。

66 《左傳》庶人與士、農、工列舉之例亦有數則,如桓公二年《傳》曰:「故天子建國,諸侯立家,卿置側室,大夫有貳宗,士有隸子弟,庶人工商各有分親,皆有等衰。」又襄公十四年《傳》曰:「是故天子有公,諸侯有卿,卿置側室,大夫有貳,宗士有朋友,庶人、工、商、皂、隸、牧、圉皆有親暱,以相輔佐也。」又哀公二年《傳》曰:「克敵者,上大夫受縣,下大夫受郡,士田十萬,庶人、工、商遂,人臣隸圉免。」見晉・杜預集解,唐・孔穎達正義:《春秋左傳注疏》,頁97、562、995。此三條記載序列,與上文《左傳》記載農、工、商資料參看,明顯得知庶人即從事農耕之「農」。

鄭國「輿人」「誦」曰：「取我衣冠而褚之，取我田疇而伍之」；又曰：「我有田疇，子產殖之」；而「輿人」即「國人」一部分，自然「輿人」之田疇當在國都周邊地區。又哀公十一年（484 B.C.）《傳》曰：「夏，陳轅頗出奔鄭。初，轅頗為司徒，賦封田以嫁公女；有餘，以為己大器。國人逐之，故出。」《集解》云：「封內之田，悉賦稅之。」[67]所謂「封田」，劉文強先生曾有專文論述，認為「這裡所謂的封田，對照前述封疆的意義，當即杜預所謂封內之田，乃都城至封之間的田。封內之田屬於國人，故國人需承擔賦稅責任。」[68]既然國都周邊土田為「國人」所有，「國人」組成依劉先生之見，包括貴族及士、農、工、商。貴族屬上層階級，自然不會親自耕種。而士又有隸子弟為之效力，[69]故亦未必下田躬耕。工、商之徒有專門技藝，似與農事也無關。故「封田」自然是由農民、庶人耕種。[70]

了解農、庶人與「國人」之意義及彼此關係後，以下便可提出筆者對「輿人」身分之見。筆者承童、晁二氏之說，認為「輿人」是「國人」一部分。然可再進一步指出，「輿人」指「國人」中專門從事農業生產而被徵發服徭役之庶人，以下就《左傳》記載為證，論述筆者意見。

（一）引文第5條之年老「輿人」，依其自述內容推算，楊伯峻認為他應「生于公元前六一六年周正三月初一，至此年虛歲為七十四，古人歲盡年，七十三歲為實數。」[71]由於該位「輿人」年事已高，應已過除役年齡，絳縣

---

67 晉・杜預集解，唐・孔穎達正義：《春秋左傳注疏》，頁 1017。

68 劉文強著：〈封與封人〉，收入《慶祝龍宇純先生七秩晉五壽慶論文集》編輯委員會編：《慶祝龍宇純先生七秩晉五壽慶論文集》，頁 121-150。

69 桓公二年《傳》曰：「故天子建國，諸侯立家，卿置側室，大夫有貳宗，士有隸子弟，庶人工商各有分親，皆有等衰。」《集解》云：「士卑，自以其子弟為僕隸。」見晉・杜預集解，唐・孔穎達正義：《春秋左傳注疏》，頁 96-97。

70 彭邦炯云：「西周乃至於春秋，當時的農業勞動者主要有：『小人』、『庶人』、『庶民』、『小民』、『眾』、『眾人』、『農夫』、『農人』、『野人』等各種稱呼。」見彭邦炯著：〈西周主體農業生產者試探〉，《徐中舒先生百年誕辰紀念文集》（成都：巴蜀書社，1998 年 10 月，1 版 1 刷），頁 229-237。

71 楊伯峻著：《春秋左傳注》，頁 1171。

大夫卻仍徵調服役前往城杞。[72]晉國大夫趙武（？-541 B.C.）為此謝罪，故「與之田，使為君復陶，以為絳縣師。」《集解》云：「復陶，主衣服之官。」孔穎達《正義》云：「此言『君復陶』者，知是主君衣服之官也。衣服之名『復陶』，其義未聞。」[73]至於「縣師」一職，《集解》云：「縣師掌地域，辨其夫家人民。」[74]《周禮·地官·縣師》曰：

> 縣師掌邦國都鄙稍甸郊里之地域，而辨其夫家人民田萊之數，及其六畜車輦之稽。……若將有軍旅會同田役之戒，則受法于司馬，以作其眾庶及馬牛車輦，會其車人之卒伍，使皆備旗鼓兵器以帥而至。[75]

72　《周禮·地官·鄉大夫》曰：「以歲時登其夫家之眾寡，辨其可任者。國中自七尺以及六十，野自六尺以及六十有五，皆征之。其舍者，國中貴者、賢者、能者、服公事者、老者、疾者皆舍。以歲時入其書。」《注》云：「登，成也、定也。國中，城郭中也。……鄭司農云：『征之者，給公上事也。舍者，謂有復除舍不收役事也。貴者，謂若今宗室及關內侯皆復也。服公事者，謂若今吏有復除也。老者，謂若今八十、九十復羨卒也。疾者，謂若今癃不可事者，復之。』」《疏》云：「云『國中自七尺以及六十』者，七尺謂年二十。知者，案《韓詩外傳》：『二十行役』，與此國中七尺同，則知七尺謂年二十。云『野自六尺以及六十有五』者，六尺謂年十五，故《論語》云：『可以託六尺之孤』，鄭注云：『六尺之孤，年十五已下。』彼六尺亦謂十五。鄭言已下者，正謂十四已下亦可以寄託，非謂六尺可通十四已下。鄭必知六尺年十五者，以其國中七尺為二十對六十，野云六尺對六十五，晚校五年，明知六尺與七尺早校五年，故以六尺為十五也。」見漢·鄭玄注，唐·賈公彥疏：《周禮注疏》，頁180。《周禮》記載國都城中居民自二十歲起至六十歲止，城外鄙野居民自十五歲起至六十五歲止，皆是徵發服役對象。此外，《禮記·王制》曰：「五十不從力征，六十不與服戎。」《注》云：「力政，城道之役也。」《正義》云：「《易》孟氏、《韓詩》說『年二十行役，三十受兵，六十還兵。』」見漢·鄭玄注，唐·孔穎達正義：《禮記注疏》，頁265。是謂古者男子二十歲以上服力役，三十歲以上服兵役，至六十歲以上方可除役，知徵役依年齡多寡有嚴格規定。

73　晉·杜預集解，唐·孔穎達正義：《春秋左傳注疏》，頁680。

74　晉·杜預集解，唐·孔穎達正義：《春秋左傳注疏》，頁680。

75　漢·鄭玄注，唐·賈公彥疏：《周禮注疏》，頁204。

清人俞正燮（1775-1840）《癸巳存稿》認為《傳》文「使為君復陶」，應解釋為「使為君者，使人傳君命也。復者，賜復之復；陶為皋陶之繇，通陶為繇。言增其田，以君命復其縣役，而仕之為絳縣師。」[76]雖俞氏之說稍嫌迂曲，但其謂「陶」字應讀為「繇」確有見的。據此，楊伯峻以為「為君復陶者」，是指「為君辦理免役之事，因而為絳縣師。」[77]由於此「輿人」乃因「輿尉」不察其年齡而誤徵勞役，「縣師」又是管理徵役之事，故楊氏認為「輿人」擔任絳之「縣師」是專司「復陶」之事，辦理有關免役業務，其說可從。《傳》文記載這位「輿尉」因誤徵孤老而遭趙武撤職，顯然「輿尉」職務當如楊氏所言，是「主持徵役者」，[78]應是負責管理免役之事的「縣師」之上司。《國語・晉語七》云：「知鐸遏寇之恭敬而信彊也，使為輿尉。」《注》云：「遏寇，晉大夫。」[79]知「輿尉」屬大夫階層，依此推之，「縣師」為「輿尉」下屬，應是「士」階層職官。又《周禮・地官・司徒》云：「縣師，上士二人、中士四人、府二人、史四人、胥八人、徒八十人。」[80]更可證明「縣師」是由「士」擔任。這位「輿人」在擔任「縣師」後才有自屬之田，易言之，在此之前未有自屬田地。「縣師」為「士」階層職官，在「輿人」擔任「縣師」後才成為「士」，意即在此之前他不具「士」之身分。[81]

76　清・俞正燮著：《癸巳存稿》（臺北：世界書局，1977年4月，2版），卷1，頁29。

77　楊伯峻著：《春秋左傳注》，頁1172。

78　楊伯峻著：《春秋左傳注》，頁1172。

79　三國・韋昭注：《國語韋昭註》，頁315。

80　漢・鄭玄注，唐・賈公彥疏：《周禮注疏》，頁140。

81　《國語・晉語四》云：「公食貢，大夫食邑，士食田，庶人食力，工商食官，皂隸食職，官宰加食。」韋昭注「士食田」云：「食公田也。」見三國・韋昭注：《國語韋昭註》，頁271。此段文字是晉文公元年改革國政內容，須注意的是，自此之後晉國之士方有「食田」的記載；易言之，晉國之士在此之前未有「田」可「食」。劉文強先生云：「古代中國以宗族為單位，不論是生產勞動皆然。〈晉語四〉裡特別提出「士食田」，可見原來士並不食田。自新辦法實施後，如果這些士及所食之田仍附屬於宗族，那麼記載他們食田就沒有意義，所以晉文公應該提高他們的地位，並且給予最低的食祿之田。這些田本是文公私有的公田，由奴隸耕種，現在將田賞給士，若不同時將耕種的奴隸賞給他們，那麼這些士仍得自己親自下田種耕，與未食田之前有何不

（二）從引文第 5 條知「輿人」亦參與築城事務。襄公十三年（560 B.C.）《傳》提及築城之事，文曰：「冬，城防，書事，時也。於是將早城，臧武仲請俟畢農事，禮也。」[82] 又襄公十七年（556 B.C.）《傳》曰：

> 宋皇國父為大宰，為平公築臺，妨於農功。子罕請俟農功之畢，公弗許。築者謳曰：「澤門之晰，實興我役。邑中之黔，實慰我心。」子罕聞之，親執扑，以行築者，而抶其不勉者，曰：「吾儕小人皆有閨廬以辟燥濕寒暑。今君為一臺，而不速成，何以為役？」謳者乃止。或問其故。子罕曰：「宋國區區，而有詛有祝，禍之本也。」[83]

襄公十三年《傳》記臧武仲（生卒年不詳）請待農事完畢後築城，因此事合於禮而特別載入《左傳》，可見「俟畢農事」關乎民生經濟。襄公十七年《傳》謂宋平公（？-532 B.C.）欲築臺，然因妨於農功，故子罕代民請命。渠料未得宋平公允許，只能依既定計畫繼續築臺。何以築城、築臺須「俟畢農事」？正因築城、築臺者是徵發自民間之役夫，而「輿人」亦在役夫行列，此部分於下節有更詳細論述。由於役夫是務農庶人，故須配合時節徵役。又《毛詩·大雅·靈臺》曰：「經始靈臺，經之營之，庶民攻之，不日成之。」《傳》云：「經，度之也。攻，作也。不日有成也。」《箋》云：「文王應天命，度始靈臺之基趾，營表其位。眾民則築作，不設期日而成之。」[84]《周禮·

同？所以所謂「士食田」，不但是公田，連田上的隸農也一併賞給士，使他們無須為耕作煩惱。」見劉文強著：〈論「被廬之蒐」〉，原載《中山人文學報》第 2 期（高雄：國立中山大學文學院，1994 年 4 月，初版），頁 1-20；收入氏著：《晉國伯業研究》（臺北：臺灣學生書局，2004 年 7 月，1 版），頁 361-392。引文第 5 條的這位老輿人，在受縣師一職前未有田；反推之，在此之前亦不具士的身分，故無自屬之田。但老輿人若擔任縣師，其身分躍升為士階級，故能擁有自屬之田。

82 晉·杜預集解，唐·孔穎達正義：《春秋左傳注疏》，頁 556。
83 晉·杜預集解，唐·孔穎達正義：《春秋左傳注疏》，頁 575。
84 漢·毛亨傳，漢·鄭玄注，唐·孔穎達正義：《毛詩注疏》，頁 579。

冬官考工記》曰：「凡攻木之工七。」《注》云：「攻猶治也。」[85]知「攻」有治、製作之意。[86]明言以庶民構築靈臺，與《左傳》「興人」築城之例相同，亦可證「興人」即庶人徵發服徭役者。

（三）從引文第1、2、3、4條知「興人」亦出現於戰場。依《左傳》記載可知，「士」是軍隊主體。與「士」相關名詞繁多，如閔公二年（660 B.C.）《傳》曰：「齊侯使公子無虧帥車三百乘、甲士三千人以戍曹。」又僖公十五年（645 B.C.）《傳》曰：「師少於我，鬬士倍我。」又僖公二十四年（636 B.C.）《傳》曰：「遂奉大叔以狄師攻王。王御士將禦之。」又宣公十二年（597 B.C.）《傳》曰：「楚熊負羈囚知罃，知莊子以其族反之，廚武子御，下軍之士多從之。」同年《傳》又曰：「王巡三軍，拊而勉之，三軍之士皆如挾纊。」又成公二年（589 B.C.）《傳》曰：「臣辱戎士，敢告不敏。」[87]知士是戰場上執兵殺敵之主力，故稱為「甲士」、「鬬士」、「御士」；又士是軍旅主體，故有「下軍之士」、「三軍之士」之記述。至於「興人」在戰場之任務，將在下節詳述。但僅從引文第3條記載，《集解》云：「曳柴起塵，詐為眾走」；引文第4條杜預又云：「以揚塵。」[88]知「興人」偶爾會配合戰場需要，揚起塵灰以欺敵，此般工作內容明顯與士有別，推知「興人」不會由士充任。最後須對引文第6條稍作說明。《左傳》襄公十年（B.C.563）曰：「初，子駟為田洫，司氏、堵氏、侯氏、子師氏皆喪田焉。故五族聚群不逞之人，因公子之徒以作亂。」《集解》云：「洫，田畔溝也。子駟為田洫，以正封疆，而侵四族田。」[89]子駟（？-563 B.C.）之「為田洫」即是將私墾土田收歸國有，四族為此而喪田，最後子駟因阻力過大而作罷。然鄭國是時面臨晉、楚兩大勢力擠壓，國家財政十分困窘。子駟雖未能成功，但其

85　漢・鄭玄注，唐・賈公彥疏：《周禮注疏》，頁596。

86　向熹編著：《詩經詞典（修訂版）》，頁150。

87　晉・杜預集解，唐・孔穎達正義：《春秋左傳注疏》，頁191、231、257、397、399、424。

88　晉・杜預集解，唐・孔穎達正義：《春秋左傳注疏》，頁273、577。

89　晉・杜預集解，唐・孔穎達正義：《春秋左傳注疏》，頁541。

後繼者子產（？-522 B.C.）採較和緩方式，仍舊達成子駟之目標。依劉文強先生之見，子產雖將這些私墾土田收歸國有，但開墾者仍保有使用權。開墾者因失去土地所有權，心中難免忿恨，故謂「孰殺子產，吾其與之。」但經幾年推行後，發現這項政策對國家、對開墾者皆有利，最後子產亦獲肯定，「輿人」又紛紛歌頌云：「我有子弟，子產誨之。我有田疇，子產殖之。子產而死，誰其嗣之？」[90]由於私墾土田者未限定何種階層，凡有能力者皆可為之。況且庶人務農，本是土田直接經營者，更容易有私墾之事。何況《左傳》之「我」常作「我們」解釋，故引文第 6 條之「衣冠」、「田疇」、「子弟」應指「輿人」之宗族，非指私人擁有。春秋時代仍是宗法制度社會，庶人未有自屬土地，耕植收入皆屬宗族所有，故只有使用權而無所有權。他們私墾土地雖由他們使用，但名義上仍屬宗族。筆者認為引文第 6 條雖言「輿人」有「衣冠」、「田疇」，其實並不影響筆者「輿人」即「國人」中服徭役之庶人的看法。

總合以上論述，知「輿人」是專指自「國人」中徵服徭役之庶人，絕非童氏所謂「國都中甲士一類人物也。」但須注意者，「輿人」非指身分，而是專指群體，這些人是具備徵發服徭役資格之庶人。杜預釋「輿人」為「眾」，其實所指即庶人。殷商甲骨文之「眾人」、「眾」，學者對其身分雖意見紛陳，然皆肯定他們是商代農業生產者。至於西周時代之庶人，王貴民《商周制度考信》認為他們是「西周籍田上的生產者，有明確稱呼的是庶人、眾人，眾人可能還是沿襲商代的稱謂，更可能就是從商代籍田轉移過來的。」[91]故「庶人」又稱「眾人」，其實就歷史發展而言的確由來已久。吳榮曾《先秦兩漢史研究》云：

> 殷、西周至春秋，其社會經濟結構是屬於奴隸社會。由於生產力水平

---

90 劉文強著：〈論「以一軍為晉侯」（下）〉，原載《文與哲》第 3 期（高雄：國立中山大學中國文學系，2004 年 1 月，1 版）；收入氏著：《晉國伯業研究》，頁 99-137。

91 王貴民著：《商周制度考信》，頁 352。

很低下，故奴隸制不很發達，公社成員的勞動在生產中還起著很大的
作用，當時直接生產者之一的公社成員，被稱之為「眾人」。在周代
則稱作「庶人」和「輿人」的，名稱雖不同，但都屬於有自由身份的
農民。[92]

吳氏謂殷商至春秋時代為奴隸社會之說尚有爭議，但指出「眾人」、「庶人」、
「輿人」之關係無疑正確。須再次強調的是：「輿人」是庶人中的一群，庶
人是身分、階層，「輿人」則是被輪派、徵發以服徭役者。說明二者意義時
仍須區分，以免造成誤解。

五、輿人之工作內容

從上節討論得知，「輿人」是自「國人」中徵發服徭役的庶人，本節討
論其服徭役內容。引文第 11 條載季康子命其宰冉有代表前往弔唁宋景公，季
康子謂冉有「是以不得助執綍，使求從輿人。」「從輿人」雖是謙辭，但由
此可知「執綍」是「輿人」工作。《禮記‧曲禮》曰：「致葬必執綍。」《注》
云：「綍，引車索。」又《禮記‧檀弓》曰：「弔於葬者必執引，若從柩及
壙，皆執綍。」《注》云：「示助之以力。車曰引，棺曰綍。從柩，贏者。」
[93]據此楊伯峻認為，「此輿人蓋即輦柩車之者。」[94]竹添光鴻云：「輿人蓋
喪車之人。觀輿遷柩、輿役柴，似執推輓之役者。」[95]引文第 10 條記里析（？
-524 B.C.）在鄭國大火前曾警告執政大夫子產，此次火災帶來傷害極大，幾
乎將使鄭國滅亡，希望子產遷都以避亡國之災。但子產認為遷都茲事體大，
不是他個人可決定，因此對里析之建議不了了之。不久果如里析預言，鄭國
發生嚴重火災，里析也在火災喪生。子產有感里析善意提醒，雖未能避免災

---

92 吳榮曾著：《先秦兩漢史研究》（北京：中華書局，1995 年 6 月，1 版），頁 47-48。
93 漢‧鄭玄注，唐‧孔穎達正義：《禮記注疏》，頁 55、165。
94 楊伯峻著：《春秋左傳注》，頁 1702。
95 日本‧竹添光鴻著：《左傳會箋》，頁 2011。

害,但仍派遣「輿三十人」遷葬里析。**96**《傳》文「輿三十人」是由子產派遣遷葬里析之柩,亦與喪葬有關,據此知「輿人」似與喪葬工作相關。

《儀禮·士喪禮》曰:「棺入,主人不哭。升棺,用軸。蓋在下。」《注》云:「軸,輁軸也。輁狀如床,軸其輪,輓而行。」**97**又〈既夕禮〉曰:「遷于祖,用軸。」《注》云:「軸,輁軸也。軸狀如轉轔,刻兩頭為軹,輁狀如長床,穿程。前後著金而關軹焉。大夫、諸侯以上有四周,謂之輴。天子畫之以龍。」**98**知士之殯是以「輁軸」載柩,亦用「輁軸」遷至祖廟。**99**又《禮記·檀弓上》曰:「天子之殯也,菆塗龍輴以椁,加斧于椁上畢塗屋,天子之禮也。」《注》云:「菆木以周龍輴,加椁而塗之。天子殯以輴車,畫轅為龍。」又《禮記·喪大記》曰:「君殯用輴,欑至于上,畢塗屋。」《注》云:

> 欑,猶菆也。屋,殯上覆如屋者也。……此記參差,以〈檀弓〉參之,天子之殯,居棺以龍輴,欑木題湊象椁,上四注如屋以覆之,盡塗之。諸侯輴不畫龍,欑不題湊,象椁其他亦如之。**100**

是天子、諸侯之殯用「輴」,載柩至祖廟亦用「輴」。**101**又《儀禮·既夕禮·記》曰:「既正柩,賓出,遂、匠納車于階閒。」《注》云:

---

96 晁福林依引文第 8 條,認為「輿」及「輿人」有別,見晁福林著:《先秦社會形態研究》,頁 511。然兩者實無不同,此可從引文第 2、3 條見出。此二條文字均載僖公二十八年《傳》記述晉、楚城濮之戰,第 2 條稱「輿人」,第 3 條則省稱「輿」,知二者所指不應有別。此外,尚有其他材料證明輿人即是輿,詳論請見第四節。

97 漢·鄭玄注,唐·賈公彥疏:《儀禮注疏》,頁 433。

98 漢·鄭玄注,唐·賈公彥疏:《儀禮注疏》,頁 449。

99 錢玄云:「士之禮,將殯,以輁軸載柩,升西階,柩入西階上之殯坑,輁軸不入坑。將葬,啟殯,柩自坑中出,載於輁軸,挽至祖廟。」見錢玄著:《三禮通論》,頁 305。

100 漢·鄭玄注,唐·孔穎達正義:《禮記注疏》,頁 153、786。

101 錢玄著:《三禮通論》,頁 306。

車，載柩車。《周禮》謂之蜃車，〈雜記〉謂之團，或作輇，或作摶，聲讀皆相附耳，未聞孰正。其車之轝狀如床，中央有轅，前後出，設前後輅。轝上有四周，下則前後有軸，以輇為輪。[102]

錢玄《三禮通論》云：「載柩之車曰柩車，亦稱蜃車、輇、輲車。天子、諸侯、大夫、士皆用。」[103]此處述之「輁軸」、「輴」、「柩車」皆是載柩之車，但形制及使用場合有所不同。錢玄云：「輁軸如床，無輪，以軸代輪」；「輴如輁軸，但上有四周，有轅。」至於「柩車」則「車狀如床，有四周，下有前後軸，以無輻之輇為輪。輇徑三尺三寸。前有兩轅。轅上縛橫木曰輅，以繫引繩，人輓而行。」雖此三種載柩之車在形制及使用場合稍有不同，但「這三種車都不是駕馬，而是用人挽。」[104]至於以人力拉引載柩之車的記載，《周禮・地官・大司徒》曰：「大喪，帥六鄉之眾庶，屬其六引，而治其政令。」《集解》云：「眾庶，所喪役也。」《疏》云：「但六鄉七萬五千家，進取一千人致之使為挽柩之役。」[105]是為天子輓者1,000人。又《禮記・雜記下》曰：

> 升正柩，諸侯執綍五百人，四綍，皆銜枚；司馬執鐸，左八人，右八人；匠人執羽葆御柩。大夫之喪，其升正柩也，執引者三百人；執鐸者左右各四人，御柩以茅。[106]

是諸侯輓者500人，大夫輓者300人。又《禮記・檀弓下》曰：「弔於葬者必執引；若從柩，及壙，皆執綍。」《注》云：「示助之以力。車曰引，棺曰綍。」《正義》云：「何東山云：天子千人，諸侯五百人，大夫三百人，

---

102 漢・鄭玄注，唐・賈公彥疏：《儀禮注疏》，頁486。

103 錢玄著：《三禮通論》，頁307。

104 錢玄著：《三禮通論》，頁305-307。

105 漢・鄭玄注，唐・賈公彥疏：《周禮注疏》，頁162-163。

106 漢・鄭玄注，唐・孔穎達正義：《禮記注疏》，頁749。

士五十人。」*107*是士輓者或說爲五十人。據此可知，載柩之車由人力推輓而行，則引文第7條「輿人」及昭公十八年（524 B.C.）《傳》之「輿三十人」，皆是推輓柩車之人無疑。*108*

　　然《左傳》關於「輿人」記載並非全與推輓柩車有關，此種推輓之役不僅適用推輓柩車，從引文第7條尙可知「輿人」另有其他工作。《集解》云：「山人，虞官。縣人，遂屬。輿、隸，皆賤官。」《正義》云：「《周禮・山虞》：『掌山林之政令。』*109*知山人，虞官也。《周禮》：『五縣爲遂。』*110*是縣爲遂之屬也。」*111*此段文字記述取冰過程，由「山人」鑿取開採，「縣人」負責運輸，「輿人」交付收納，「隸人」收藏冰窖。*112*其間「縣人傳之，輿人納之」，若無車輛傳輸，恐難以人力從開採地搬運至國都，知「輿人」亦推輓車乘運載冰塊。

　　再如引文第5條記載，知「輿人」亦參與築城之事。*113*《左傳》與築城

107　漢・鄭玄注，唐・孔穎達正義：《禮記注疏》，頁164-165。

108　輿人是行推輓之役者，輿字作動詞時應即推輓之意。《左傳》有二條輿作動詞解，並與載柩之事相關。一在僖公六年《傳》，文曰：「冬，蔡穆侯將許僖公以見楚子於武城。許男面縛，銜璧，大夫衰絰，士輿櫬。楚子問諸逢伯，對曰：『昔武王克殷，微子啟如是。武王親釋其縛，受其璧而祓之。焚其櫬，禮而命之，使復其所。』楚子從之。」另一則在昭公四年《傳》，文曰：「（楚）遂以諸侯滅賴。賴子面縛銜璧，士袒，輿櫬從之，造於中軍。」見晉・杜預集解，唐・孔穎達正義：《春秋左傳注疏》，頁214、732。楊伯峻於僖公十四年《傳》云：「輿，舉而行之也。」見楊伯峻著：《春秋左傳注》，頁314。知楊氏將「輿」讀爲「舉」。筆者以爲若據上文討論，應將輿字直接解釋爲推輓，意即由士推輓國君柩櫬以投降。

109　原文出自《周禮・地官・山虞》，見漢・鄭玄注，唐・賈公彥疏：《周禮注疏》，頁247。

110　原句出自《周禮・地官・遂人》，見漢・鄭玄注，唐・賈公彥疏：《周禮注疏》，頁232。

111　晉・杜預集解，唐・孔穎達正義：《春秋左傳注疏》，頁729。

112　沈玉成著：《左傳譯文》（臺北：洪葉文化公司，1995年1月，1版），頁398。

113　《毛詩・小雅・黍苗》記載召伯營建謝邑之事，曰：「我任我輦，我車我牛。我行既集，蓋云歸哉。」見漢・毛亨傳，漢・鄭玄注，唐・孔穎達正義：《毛詩注疏》，頁514。此「輦」即本文所謂《左傳》之輿人，亦可證輿人參與築城之事。

相關記載可見「役人」一詞，如僖公十六年（644 B.C.）《傳》曰：「十二月，會于淮，謀鄫，且東略也。城鄫，役人病，有夜登丘而呼曰：『齊有亂！』不果城而還。」又上節所引《左傳》宣公二年（607 B.C.），「役人」是城宋都者。又襄公二十三年（550 B.C.）《傳》曰：「夏，屈建從陳侯圍陳。陳人城，板隊而殺人。役人相命，各殺其長，遂殺慶虎、慶寅。」[114]楊伯峻云：「板落于城下，慶氏因殺築城之役人。」[115]「役人」之意，顧名思義是從事徭役之人。築城徭役之役人基本可分二大類，即「板築役人」與引文第5條之「輿人」。《左傳》又稱「板築役人」爲「築者」或「城者」，如上節所引襄公十七年（556 B.C.）《傳》有「築者」，宣公二年（607 B.C.）《傳》有「城者」。「輿人」在築城時工作內容，即推挽載運築城所需工具，乃至築城所需土方等物品。此亦可從《周禮‧地官‧鄉師》得到證明，文曰：「大軍旅、會同，正治其徒役與其輂輦，戮其犯命者。」《注》云：「輂，駕馬；輦，人輓行，所以載任器也，止以為蓄營。」[116]《疏》云：

> 云「大軍旅」者，謂王行征伐。云「大會同」者，謂王於國外與諸侯行時會殷同也。云「正治其徒役」者，謂六軍之外別有民徒使役，皆出於鄉，故鄉師治其徒役。云「與其輂輦」者，輂，駕馬所以載輜重；輦，所以載任器。亦鄉師治之，故云「與其輂輦」也。[117]

《周禮》認爲軍旅會同之事，由鄉師治其徒役與其輂輦載運物資、工具之任務。但須注意者，「輂輦」僅是載運物品之交通工具，使用「輂輦」者應當亦在徒役中。《左傳》有二段文字可證筆者之見，昭公十三年（529 B.C.）《傳》曰：「及郊，陳、蔡欲爲名，故請爲武軍。蔡公知之，曰：『欲速，

---

114 晉‧杜預集解，唐‧孔穎達正義：《春秋左傳注疏》，頁 601-602。

115 楊伯峻著：《春秋左傳注》，頁 1073。

116 漢‧鄭玄注，唐‧賈公彥疏：《周禮注疏》，頁 175。

117 漢‧鄭玄注，唐‧賈公彥疏：《周禮注疏》，頁 175。

且役病矣，請藩而已。』」[118]楊伯峻云：「築壁壘須勞役，而役人已疲勞。……軍營以藩圍之。」[119]楚師原本欲築「武軍」，[120]但因役人已疲累，故僅以簡單的藩籬圍之。襄公十年（563 B.C.）《傳》曰：「孟氏之臣秦堇父輦重如役。」《集解》云：「堇父，孟獻子家臣，步挽重車以從師。」[121]《正義》

---

[118] 晉‧杜預集解，唐‧孔穎達正義：《春秋左傳注疏》，頁 806。

[119] 楊伯峻著：《春秋左傳注》，頁 1346。

[120] 關於「武軍」及構築營壘之事，後文將有論述，於此不再贅述。

[121] 《傳》文「孟氏之臣秦堇父」，楊伯峻云：「孟氏之臣，魯孟孫之家奴。」見楊伯峻著：《春秋左傳注》，頁 974。楊氏以為秦堇父是孟氏家奴，與杜預認為秦堇父是孟氏家臣意見相左，筆者認為二說皆有商榷處。此段記載隔年，即魯襄公十一年（B.C.562）時，魯國發生重大變革，《傳》文曰：「正月，作三軍，三分公室而各有其一。三子各毀其乘。季氏使其乘之人，以其役邑入者無征，不入者倍征。孟氏使半為臣，若子若弟。叔孫氏使盡為臣，然不不舍。」魯國三桓對「作三軍」的方式各有不同，杜預釋季氏之法云：「使軍乘之人率其邑役入季氏者，無公征」；注孟氏之法云：「取其子弟之半也，四分其乘之人，以三歸公而取其一」；解叔孫氏之法云：「盡取子弟，以其父兄歸公。」見晉‧杜預集解，唐‧孔穎達正義：《春秋左傳注疏》，頁 544-555。《傳》文記載孟氏及叔孫氏的文字皆有「臣」字，楊伯峻分別解釋云：「其入軍籍皆年青力壯，或自由民之子，或自由民之弟，而皆以奴隸待之，其父兄則為自由民。」又云：「叔孫氏則仍實行奴隸制，凡其私乘，本皆奴隸，今補入其軍中者亦皆奴隸。」見楊伯峻著：《春秋左傳注》，頁 987。劉文強先生針對楊氏注解作討論，文云：「我們推測，楊氏所以提出季氏釋奴隸為自由民，孟氏使半為奴隸的原因等等說法，關鍵可能在於『使盡為臣』的『臣』字。許多學者，包括楊氏在內，都認為古書中的『臣』字代表奴隸的意思，實則這是一種誤解。我們認為，這裡的『臣』字，只是代表隸屬關係。就是說，這些原來在軍、賦上必須向國君負責的國人，在『作三軍』後，改變為屬於三家的新的隸屬關係。也就是說這些魯國人在『作三軍』後，改變了原先的隸屬關係，但並未改變他們的身分。」見劉文強著：〈論魯國「作三軍」、「舍中軍」〉，原載第一屆《左傳》國際學術研討會（香港：香港大學，1997 年 7 月）；收入氏著：《魯國伯業研究》，頁 393-410，註 23。劉先生以為此處之「臣」與奴隸無關，僅是說明所謂軍乘之人的子或弟，其中一部份直接隸屬孟氏。據此則襄公十年《傳》「孟氏之臣秦堇父」的「臣」亦可如是解釋，知秦堇父是所謂軍乘之人的子或弟而直屬於孟氏者，其身分即是楊伯峻所謂「自由民」，亦即本文所謂庶人。又引文第 5 條的輿人自稱為「臣」，當與秦

曰：「重者，車名也；載物必重，謂之重。人挽以行，謂之輦。軍行以載器物，止則以為藩營。此人挽重車以從役也。」[122]知秦董父（生卒年不詳）亦是役人，其工作是推挽重車。從此二段記載可知，戰場之役人亦指被徵發服徭役之人，但其工作內容分為「板築」及「推挽重車」二大類，足見筆者論證應可信從。戰場上此二種不同工作內容之役人，在築城時分工亦同，即上文所言「築者」、「城者」與「輿人」。

「輿人」在戰場工作主要是推挽重車，由於「輿人」非戰鬥人員，故遇有機動情況時往往由其充任。如引文第1條秦人為誘詐商密楚人，綑綁本國「輿人」，假裝是攻佔楚國析邑所得俘虜。引文第3條《集解》云：「曳柴起塵，詐為眾走。」引文第4條《集解》又云：「以揚塵。」[123]知「輿人」亦配合戰場需要，揚起塵灰以欺敵。桓公十二年（700 B.C.）《傳》曰：

> 楚伐絞，軍其南門。莫敖屈瑕曰：「絞小而輕，輕則寡謀。請無扞采樵者以誘之。」從之。絞人獲三十人。明日，絞人爭出，驅楚役徒於山中。楚人坐其北門、而覆諸山下。大敗之。為城下之盟而還。[124]

知戰場上役徒亦須采集樵薪。引文第3、4條皆謂「輿人」曳柴薪以揚塵，采薪之徒者亦是「輿人」工作之一。關於役人於戰場工作內容，第八、九章有更深入說明，於此不再贅述。

六、小　結

　　《左傳》「輿人」身分，以往學者僅認為是「國人」，未更進一步指出

董父隸屬於孟氏而稱「臣」道理相同，即指輿人是隸屬絳縣之庶人，故在上屬官吏前自稱為臣。

122　晉・杜預集解，唐・孔穎達正義：《春秋左傳注疏》，頁538。

123　晉・杜預集解，唐・孔穎達正義：《春秋左傳注疏》，頁273、577。

124　晉・杜預集解，唐・孔穎達正義：《春秋左傳注疏》，頁124。

究竟是「國人」哪一部分。本章在前人基礎上更進一步，認爲「輿人」即「國人」中被徵發以服徭役之庶人。但須強調者，「輿人」非身分而是專指群體，這些人即是具備徵發服徭役資格之庶人。大陸學者晁福林於論證過程的某些錯誤，本章亦逐一討論。至於「輿人」工作內容，主要與推挽車輦有關，如推挽柩車、運載冰塊、築城時或戰場之物資、工具等物品。「輿人」有時在戰場亦擔任機動性質工作，如揚起灰塵以欺敵。

第八章　役人考論之二：
《左傳》役人考[*]

一、前　言

　　「役人」一詞楊伯峻《春秋左傳詞典》解釋云：「各種雜事之服役者」，陳克炯《左傳詳解詞典》則云：「服勞役的人。」除「役人」外，《左傳》另有「役徒」，楊氏認爲「義同役人」，陳氏則認爲是「服勞役者。」[1]另外，《左傳》關於「役」字記載數量頗豐，其意義據楊、陳二氏分析，可達八種之多。楊氏認爲「役」可釋爲「役徒，役夫」，陳氏亦認爲「役」可解爲「服勞役的人。」[2]知《左傳》「役人」、「役徒」及部分「役」字，皆指處理雜事之服役者。然《左傳》除上述詞彙，尚有「築者」、「城者」、「輿人」等，皆與「役人」、「役徒」息息相關。筆者已於前章說明「輿人」之意，本章進一步釐清「役人」、「役徒」與「築者」、「城者」、「輿人」關係。

---

[*]　本章爲拙文〈《左傳》「役人」考〉潤飾文字，原載《文與哲》第 18 期，頁 81-103。

[1]　楊伯峻著：《春秋左傳詞典》，頁 313。陳克炯著：《左傳詳解詞典》，頁 352。

[2]　楊氏將《左傳》「役」字意義分爲八種：1、動詞，服役；2、戰役；3、戰場；4、運輸線；5、名詞，役使；6、役徒，役夫；7、盟會；8、役屬國。見楊伯峻著：《春秋左傳詞典》，頁 312-313。陳氏亦將「役」字意義分爲八種：1、名詞，勞役；2、名詞，服勞役的人；3、名詞，供役使的僕人；4、名詞，事情；5、名詞，戰事；6、名詞，服役的地方；7、名詞，指屬國；8、動詞，服役效力。見陳克炯著：《左傳詳解詞典》，頁 351-352。

二、役人工作內容

　　《左傳》「役人」相關記載共三則，出現「役徒」二則，「役」字作「役人」、「役徒」解釋者四則。為行文及討論之便，將「役人」、「役徒」及「役」字作「役人」、「役徒」解釋者加上序號，依年代先後臚列於下：

（一）役人

1. 十二月，會于淮，謀鄫，且東略也。城鄫，役人病，有夜登丘而呼曰：「齊有亂！」不果城而還。（僖公十六年，644 B.C.）

2. 宋城，華元為植，巡功。城者謳曰：「睅其目，皤其腹，棄甲而復。于思于思，棄甲復來。」使其驂乘謂之曰：「牛則有皮，犀兕尚多，棄甲則那？」役人曰：「從其有皮，丹漆若何？」華元曰：「去之！夫其口眾我寡。」（宣公二年，607 B.C.）

3. 陳人城，板隊而殺人。役人相命，各殺其長，遂殺慶虎、慶寅。（襄公二十三年，550 B.C.）

（二）役徒

4. 楚伐絞，軍其南門。莫敖屈瑕曰：「絞小而輕，輕則寡謀。請無扞采樵者以誘之。」從之，絞人獲三十人。明日，絞人爭出，驅楚役徒於山中。楚人坐其北門，而覆諸山下。大敗之。為城下之盟而還。（桓公十二年，700 B.C.）

5. 楚師伐鄭，次於魚陵。右師城上棘，遂涉潁。次于旃然。蔿子馮、公子格率銳師侵費滑、胥靡、獻于、雍梁，右回梅山，侵鄭東北，至于蟲牢而反。子庚門于純門，信于城下而還，涉於魚齒之下。甚雨及之。楚師多凍，役徒幾盡。（襄公十八年，555 B.C.）

（三）役

6. 南遺為費宰。叔仲昭伯為隧正，欲善季氏，而求媚於南遺。謂遺：

「請城費,吾多與而役。」故季氏城費。(襄公七年,566 B.C.)

7. 楚公子比、公子黑肱、公子棄疾、蔓成然、蔡朝吳帥陳、蔡不羹、
　 許、葉之師,因四族之徒,以入楚。及郊,陳、蔡欲為名,故請為
　 武軍。蔡公知之,曰:「欲速,且役病矣,請藩而已。」乃藩為軍。
　 (昭公十三年,529 B.C.)

8. 元年春王正月辛巳,晉魏舒合諸侯之大夫于狄泉,將以城成周。……
　 是行也,魏獻子屬役於韓簡子及原壽過,而田於大陸,焚焉,還,
　 卒於甯。(定公元年,509 B.C.)

9. 六月癸亥,公之喪至自乾侯。戊辰,公即位。季孫使役如闞公氏,
　 將溝焉。(定公元年,509 B.C.)[3]

除以上九則記載,尚有一條資料需予說明。襄公三十年(543 B.C.)《傳》
曰:「豐卷將祭,請田焉。弗許,曰:『唯君用鮮,眾給而已。』子張怒,
退而徵役。子產奔晉,子皮止之,而逐豐卷。豐卷奔晉。」《集解》云:「召
兵欲攻子產。」[4]楊伯峻云:「徵召兵徒,欲攻子產。」[5]杜預將「役」解釋
範圍僅限於「兵」,楊氏則將「役」解讀為「兵徒」,亦即「兵」與「徒」,
筆者認為楊氏之說為確。拙文〈《左傳》「徒」、「卒」考〉討論「徒」之
身分,認為其身分為「庶人」,即典籍常見之「眾」,職業屬性為「農」。
春秋時代「徒」在戰場不負責戰鬥,而是負責後勤補給工作。[6]上引襄公三十
年《傳》文,子張(?-551 B.C.)徵役目的在攻擊子產,故此處之「役」除
「徒」外,更重要者為「兵」,意即戰鬥人員。此則之「役」不純粹作「役
人」、「役徒」解釋,故不列入上引條文中。《管子・輕重己》云:「處里

3　晉・杜預集解,唐・孔穎達正義:《春秋左傳注疏》,頁 236-237、363-364、602、
　　124、579、518、806、940-941、942。

4　晉・杜預集解,唐・孔穎達正義:《春秋左傳注疏》,頁 684。

5　楊伯峻著:《春秋左傳注》,頁 1181。

6　黃聖松著:〈《左傳》「徒」、「卒」考〉,原載《文與哲》第 11 期,頁 25-84;收
　　入氏著:《《左傳》軍事制度研究》,頁 205-273。

為下陳，處師為下通，謂之役夫。」清人何如璋（1838-1891）云：「陳，列也。通，行也。言處里中則為下列，在師中則為下行。」馬非百云：「謂在師里中從事賤役之人。」[7]亦可佐證「役人」、「役夫」之身分及屬性。

依楊伯峻意見，「役人」、「役徒」是「各種雜事之服役者」，至於工作內容所謂雜事為何，楊氏未予說明或舉例。從上引《左傳》記載可歸納「役人」、「役徒」工作內容，以下依引文先後分項說明。

（一）砍伐樹木、採拾柴薪

引文第4條楚國屈瑕（？-699 B.C.）建議「無扞采樵者」，目的是引誘絞人出城，再趁機攻擊絞國軍隊。第一天絞人俘虜楚國采樵者三十人，第二日楚軍故技重施，絞人因嚐到第一日甜頭而爭出，追逐楚軍「役徒」，希望獲得更多俘虜。從《傳》文上下可知，楚軍派出之「采樵者」實是下文之「役徒」，只是用詞不同。楊伯峻云：「行軍必有采樵之役徒，采樵之時又必有保衛之者。此則僅有采樵之人，而不設保衛，用以引誘敵軍。」[8]知「役徒」工作內容有采樵一事。《集解》云：「樵，薪也。」[9]所謂「采樵」即楊氏所言，是「軍隊中砍伐樹木等以為燃料者」，亦即陳克炯所釋「行軍中負責砍集柴火的役徒。」[10]知「役徒」工作內容之一是負責砍伐樹木、採拾柴薪。

（二）修築建造各類建物

從引文第1、2、3、6、8條，知「役人」、「役徒」工作內容與「城」字息息相關。莊公二十八年（666 B.C.）《傳》曰：「築郿，非都也。凡邑：有宗廟先君之主曰都，無曰邑。邑曰築，都曰城。」[11]知「築」與「城」可

---

7 題春秋・管仲著，馬非百注：《管子輕重篇新詮》（北京：中華書局，2004年1月，1版），頁731、733。

8 楊伯峻著：《春秋左傳注》，頁134。

9 晉・杜預集解，唐・孔穎達正義：《春秋左傳注疏》，頁124。

10 楊伯峻著：《春秋左傳詞典》，頁432。陳克炯著：《左傳詳解詞典》，頁1219。

11 晉・杜預集解，唐・孔穎達正義：《春秋左傳注疏》，頁178。

作動詞,依「邑」或「都」之差異而有所別稱。據楊伯峻所釋,「城」作動詞時爲「築城」之意,陳克炯則解釋爲「修築城郭」,[12]二氏意義相同;知「役人」、「役徒」工作內容尚包括修築城郭。《毛詩・小雅・出車》云:「天子命我,城彼朔方。赫赫南仲,獵狁于襄。」《正義》云:「春秋別大小之例,故城、築異文。散則城、築通。」[13]依孔氏之見,則《左傳》「城」與「築」作動詞時實無差別,皆有修築建造之意。[14]故竹添光鴻云:「蓋對舉則城、築有別,專用則兩字相通。」[15]因此《左傳》所見「築館」、「築臺」、「築室」、「築囿」、「築宮」等,[16]皆由「役人」、「役徒」負責建造。知「役人」、「役徒」修築建造之建物,包括城邑之城牆、館舍、臺觀、房室、苑囿及宮殿等,種類頗爲多樣。《墨子・七患》亦有「役徒」從事修築建物的記載,文云:「苦其役徒,以治宮室觀樂。」[17]又如《晏子春秋・內諫下・景公冬起大臺之役晏子諫》云:「景公使國人起大臺之役,歲寒不已,凍餒者鄉有焉。」又〈內諫下・景公春夏游獵興役晏子諫〉云:「景公春夏游獵,又起大臺之役。晏子諫曰:『春夏起役,且游獵,奪民農時,國家空虛,不可。』」[18]第一段引文之「大臺」,指「規模大的、高而平的

---

12 楊伯峻著:《春秋左傳詞典》,頁515。陳克炯著:《左傳詳解詞典》,頁377。

13 漢・毛亨傳,漢・鄭玄箋,唐・孔穎達正義:《毛詩正義》,頁339。

14 向熹編著:《詩經詞典(修訂版)》,頁54。

15 日本・竹添光鴻著:《左傳會箋》,頁278。

16 「築館」之例如莊公元年(693 B.C.)《傳》曰:「秋,築王姬之館于外。爲外,禮也。」「築臺」之例如莊公三十二年(662 B.C.)《傳》曰:「初,公築臺,臨黨氏,見孟任,從之。」「築室」之例如宣公十五年(594 B.C.)《傳》曰:「夏,五月,楚師將去宋,申犀稽首於王之馬前曰:『毋畏知死而不敢廢王命,王棄言焉。』王不能答。申叔時僕,曰:『築室,反耕者,宋必聽命。』從之。」「築囿」之例如成公十八年(573 B.C.)《傳》曰:「築鹿囿,書不時也。」「築宮」之例如昭公八年(534 B.C.)《傳》曰:「於是晉侯方築虒祁之宮。」見晉・杜預集解,唐・孔穎達正義:《春秋左傳注疏》,頁137、181、408、489、768。

17 周・墨翟著,清・孫詒讓詁,孫啟治點校:《墨子閒詁》,頁29。

18 題周・晏嬰著,張純一校注,梁運華點校:《晏子春秋校注》(北京:中華書局,2014年5月,1版),頁78、83。

建築物，供望遠或遊觀之用。」[19]修築大臺者，在第一段引文記載爲「國人」，但第二段引文謂「起大臺之役」，導致「奪民農時，國家空虛」，足知第一段引文之「國人」主要指從事農業之「庶人」。至於「庶人」之意則留待本章下文說明，於此不再贅述。

（三）戰場上修築營壘、籬笆

引文第 7 條記楚國群公子率軍欲攻入楚國國都，在郢都之郊原應築「武軍」，蔡公公子棄疾（？-516 B.C.）認爲「役病矣」，故僅「以藩爲軍。」「武軍」於《左傳》三見，除本條外尙有二處記載。宣公十二年（597 B.C.）《傳》曰：「潘黨曰：『君盍築武軍而收晉尸以爲京觀？臣聞克敵必示子孫，以無忘武功。』」《集解》云：「築武軍以彰武功。」襄公二十三年（550 B.C.）《傳》曰：「張武軍於熒庭，戌郫邵，封少水，以報平陰之役，乃還。」《集解》云：「張武軍，謂築壘壁。」[20]楊伯峻與陳克炯皆謂「武軍」之意有二，一指「收埋敵尸，築大墓，樹標木」、「收尸封土，築爲大墓，樹高木作爲標志」；另一是「築壁壘，樹旗幟」、「築堡壘，畜軍旗於其上。」[21]至於本條「武軍」之意，《集解》云：「欲築壘壁以示後人，爲復讎之名。」[22]是上述楊、陳二氏解釋「武軍」之第二義。《傳》文記載公子棄疾提出「役病矣」爲理由，故改「武軍」爲「藩」。《左傳》「病」字有疲憊意，[23]則此處「役」當是「役人」、「役徒」無疑。至於「藩」者，《集解》云：「藩，籬。」[24]簡言之，即後世所謂籬笆。[25]《左傳》除「武軍」外，戰場上更常

---

19 題周・晏嬰著，陶梅生注譯，葉國良校閱：《新譯晏子春秋》（臺北：三民書局，1998年 8 月，1 版），頁 81。

20 晉・杜預集解，唐・孔穎達正義：《春秋左傳注疏》，頁 396、604。

21 楊伯峻著：《春秋左傳詞典》，頁 414。陳克炯著：《左傳詳解詞典》，頁 718。

22 晉・杜預集解，唐・孔穎達正義：《春秋左傳注疏》，頁 806。

23 楊伯峻著：《春秋左傳詞典》，頁 556。陳克炯著：《左傳詳解詞典》，頁 848。

24 晉・杜預集解，唐・孔穎達正義：《春秋左傳注疏》，頁 806。

25 楊伯峻著：《左傳詳解詞典》，頁 1045。

見「壘」字。[26]文公十二年（625 B.C.）《傳》曰:「秦不能久,請深壘固軍以待之。」《集解》云:「壘,壁也。軍營所處,築土自衛,謂之為壘。深者,高也。高其壘,以為軍之阻固。」[27]知「壘」之作用是屏障軍隊,與「武軍」有相同功能。既然引文第 7 條記載築「武軍」者為「役人」、「役徒」,可推知戰場上築「壘」之人亦為「役人」、「役徒」。由上說明可知,「役人」、「役徒」在戰場上尚需擔負修築「武軍」、「壘」或「藩」之工作。

（四）挖掘溝渠

引文第 9 條謂魯國季孫氏「使役如闞公氏,將溝焉。」關於此句解讀,《集解》曰:「闞,魯群公墓所在也。季孫惡昭公,欲溝絕其兆域,不使與先君同。」[28]知句中「溝」字作動詞解。類似此處「溝」字用法者尚見《左傳》僖公十九年（641 B.C.）,文曰:「初,梁伯好土功,亟城而弗處。民罷而弗堪,則曰『某寇將至。』乃溝公宮,曰:『秦將襲我。』民懼而潰,秦遂取梁。」相同事件又記載於《左傳》昭公二十三年（519 B.C.）,文曰:「昔梁伯溝其公宮而民潰,民棄其上,不亡,何待?」[29]《集解》釋「溝」

26　「壘」字見《左傳》共計八處,僖公十九年（641 B.C.）《傳》曰:「文王聞崇德亂而伐之,軍三旬而不降。退修教而復伐之,因壘而降。」又文公十二年（615 B.C.）《傳》曰:「秦不能久,請深壘固軍以待之。」又宣公十二年（597 B.C.）《傳》曰:「吾聞致師者,右入壘,折馘、執俘而還。」又成公二年（589 B.C.）《傳》曰:「齊高固入晉師,桀石以投人,禽之而乘其車,繫桑本焉,以徇齊壘。」又成公十六年（575 B.C.）《傳》:「楚師輕窕,固壘而待之,三日必退。」又襄公二十四年（549 B.C.）《傳》曰:「皆取冑於櫜而冑,入壘,皆下,搏人以投,收禽挾囚。」又哀公九年（486 B.C.）《傳》曰:「宋皇瑗圍鄭師,每日遷舍,壘合。」又哀公二十三年（472 B.C.）《傳》:「知伯視齊師,馬駭,遂驅之,曰:『齊人知余旗,其謂余畏而反也。』及壘而還。」見晉‧杜預集解,唐‧孔穎達正義:《春秋左傳注疏》,頁 240、331、394、423、475、611、1013、1049。

27　晉‧杜預集解,唐‧孔穎達正義:《春秋左傳注疏》,頁 331。

28　晉‧杜預集解,唐‧孔穎達正義:《春秋左傳注疏》,頁 942。

29　晉‧杜預集解,唐‧孔穎達正義:《春秋左傳注疏》,頁 240、879。

字之意為「壅」，[30]楊伯峻解為「於公宮外為深溝。」[31]知此處「溝」字作動詞，楊伯峻解讀為「挖溝」，[32]有挖掘、深掘之意。關於引文第 9 條，在定公元年（509 B.C.）《傳》有後續記載，文曰：「秋，七月癸巳，葬昭公於墓道南。孔子之為司寇也，溝而合諸墓。」《正義》云：「孔子之為司寇，在定公十年以後，未知何年溝之。」[33]楊氏對此段《傳》文有一番解釋，云：「諸墓在北，季孫葬昭公於道南，則雖不溝而實與魯諸先公墓相隔較遠。……溝者，於昭公之墓外為溝，擴大墓域，表示昭公墓與魯群公之墓同一兆域。」[34]依楊氏說明，此段記載之「溝」亦作動詞，亦有挖掘、深掘之意。總合上述，則引文第 9 條季孫「使役如闞公氏」之目的是挖掘深溝。至於由何人挖掘？《傳》文謂「使役如闞公氏」，知負責此事者即句中之「役」。依上文楊氏看法，此條之「役」當釋為「役人」、「役徒」，亦是「各種雜事之服役者。」由此可知，「役人」、「役徒」工作內容亦包含挖掘溝渠。

關於挖掘溝渠之工作，上述內容皆是「役人」、「役徒」於非戰時情況下進行，筆者認為戰時「役人」、「役徒」亦於戰場擔任挖掘溝渠工作。哀公十一年（484 B.C.）《傳》曰：

> 孟孺子洩帥右師，顏羽御，邴洩為右。冉求帥左師，管周父御，樊遲為右。……季氏之甲七千，冉有以武城人三百為己徒卒，老幼守宮，次于雩門之外。五日，右師從之。……師及齊師戰于郊。齊師自稷曲，師不踰溝。樊遲曰：「非不能也，不信子也，請三刻而踰之。」如之，眾從之。師入齊軍。[35]

30　晉・杜預集解，唐・孔穎達正義：《春秋左傳注疏》，頁 240。

31　楊伯峻著：《春秋左傳注》，頁 384。

32　楊伯峻著：《春秋左傳詞典》，頁 756。

33　晉・杜預集解，唐・孔穎達正義：《春秋左傳注疏》，頁 942。

34　楊伯峻著：《春秋左傳注》，頁 1527。

35　晉・杜預集解，唐・孔穎達正義：《春秋左傳注疏》，頁 1016。

是時齊國興兵來犯，魯國季孫畏戰不出，故讓齊師長驅直入抵達曲阜近郊。
《傳》文謂當時魯師已「次于雩門之外」，所謂次者，依《左傳》莊公三年
（691 B.C.）「凡師，一宿為舍，再宿為信，過信為次」[36]之記載，係指軍隊
停留某地三宿以上。知《傳》文所載「次于雩門之外」，意指魯師已於雩門
外駐紮三宿以上。之後魯、齊二師戰于郊，表示魯師於曲阜之郊與齊師接觸、
準備交戰。《傳》文謂魯師「師不踰溝」，足見當時魯師於郊之駐紮地點必
已挖掘溝渠。

　　戰國諸子亦常見戰場有「溝」之記載，《孫子・虛實》云：「故我欲戰，
敵雖高壘深溝，不得不與我戰者，攻其所必救也。」[37]《韓非子・說林下》云：

> 荊王伐吳，吳使沮衛、蹶融犒於荊師，荊將軍曰：「縛之，殺以釁鼓。」
> 問之曰：「汝來卜乎？」答曰：「卜。」「卜吉乎？」曰：「吉。」
> 荊人曰：「今荊將與女釁鼓，其何也？」答曰：「是故其所以吉也。
> 吳使人來也，固視將軍怒。將軍怒，將深溝高壘；將軍不怒，將懈
> 怠。」[38]

《吳子・料敵》云：

> 敵人之來，蕩蕩無慮，旌旗煩亂，人馬數顧；一可擊十，必使無措。
> 諸侯大會，君臣未和，溝壘未成，禁令未施，三軍匈匈，欲前不能，
> 欲去不敢；以半擊倍，百戰不殆。[39]

《吳子・應變》又云：「有師甚眾，既武且勇，背大阻險，右山左水，深溝

36　晉・杜預集解，唐・孔穎達正義：《春秋左傳注疏》，頁139。
37　周・孫武著，漢・曹操等注，楊丙安校理：《十一家注孫子校理》，頁114。
38　周・韓非著，清・王先慎集解，鍾哲點校：《韓非子集釋》，頁192。
39　題周・吳起：《吳子》，收入《叢書集成初編》（北京：中華書局，1985年據景
　　宋本《武經七書》排印），頁4。

高壘，守以彊弩，退如山移，進如風雨，粮食又多，難與長守。」[40]由此可知戰場不僅常見「溝」，且皆與「壘」相提並論。《周禮·夏官·量人》曰：「量人：掌建國之法，以分國為九州。營國城郭，營后宮，量市朝、道巷、門渠，造都邑亦如之。營軍之壘舍，量其市朝、州涂、軍社之所里。」關於「營軍之壘舍」句，《注》云：「軍壁曰壘。」《疏》云：「『軍壁曰壘』者，軍行之所擬停之處，皆為壘壁，恐有非常，故云『軍壁曰壘』也。」[41]上引諸子之「壘」，即上文所論「役人」、「役徒」工作內容之一：戰場修築營壘之「營壘」。知「役人」、「役徒」不僅在非戰時負責挖掘溝渠之工作，在戰場亦肩負進行挖掘溝渠之事務。在戰場上「役人」、「役徒」進行挖掘溝渠及建築營壘，事實上是連貫進行之二項工作。戰場上挖掘溝渠及建築營壘，目的同是屏蔽駐紮軍隊。「役人」、「役徒」先向地下挖起溝渠，之後再將挖起土石堆疊而成營壘，是相互連貫之作業。關於此部分論述將於第十一章說明，於此不再贅述。

依《左傳》記載，「役人」、「役徒」工作內容有四項：（一）砍伐樹木、採拾柴薪，（二）修築建造各類建物，（三）戰場上修築營壘、籬笆，（四）挖掘溝渠。第（三）、（四）項雖看似不同內容，實則在戰場上互為關聯。「役人」、「役徒」先挖掘溝渠，再將掘起土石堆疊成營壘，用以保護溝壘內駐軍，使其有所屏障。

三、役人與城者、築者、輿人之關係及其身分

（一）役人與城者關係

引文第 3 條有「城者」一詞，顧名思義是築城之人。此條下文又出現「役人」，知「城者」與「役人」關係密切。何以見得？引文第 2 條謂「城鄆，役人病」，「役人」感到疲累勞苦是因城鄆所致。引文第 4 條謂「請城費，

40　題周·吳起著：《吳子》，收入《叢書集成初編》，頁8。
41　漢·鄭玄注，唐·賈公彥疏：《周禮注疏》，頁180。

吾多與而役。」此處之「役」於第一節已說明，實與「役人」意同，知「役人」被派遣前往城費。引文第6條云：「陳人城，板隊而殺人。役人相命，各殺其長。」亦是「役人」被派遣城陳都，後因失誤殺人而造反，最後導致各殺其長之後果。引文第8條云：「晉魏舒合諸侯之大夫于狄泉，將以城成周。……魏獻子屬役於韓簡子及原壽過。」知原本魏獻子（約565 B.C.-509 B.C.）率領所屬之「役」——即本章討論之「役人」——前往狄泉，讓這些「役」城成周。以上引述引文第2、4、6、8條，其「城」字皆作動詞，即築城、修築城郭之意。[42]既然引文第2、4、6、8條可確知修築城牆者皆是「役人」，則引文第3條所謂築城之人的「城者」，當然也可推知是「役人」。

（二）役人與築者關係

《左傳》另有「築者」，見《左傳》襄公十七年（556 B.C.），文曰：

> 宋皇國父為大宰，為平公築臺，妨於農收。[43]子罕請俟農功之畢，公弗許。築者謳曰：「澤門之皙，實興我役。邑中之黔，實慰我心。」子罕聞之，親執扑，以行築者，而抶其不勉者，曰：「吾儕小人皆有闔廬以辟燥濕寒暑。今君為一臺，而不速成，何以為役？」謳者乃止。

「澤門之皙」《集解》云：「皇國父白皙而居近澤門」；「邑中之黔」《集解》云：「子罕黑色而居邑中。」[44]知「澤門之皙」實指皇國父（生卒年不詳），而「邑中之黔」乃指子罕。「築者」不滿皇國父在農收時令其為宋平公築臺，而對子罕能為其建言「請俟農功之畢」予以贊許，故謳歌傳唱，給

---

42 楊伯峻著：《春秋左傳詞典》，頁515。陳克炯著：《左傳詳解詞典》，頁377。

43 楊伯峻云：「『收』，本作『功』。杜《注》云，『周十一月，今九月，收斂時』，則杜所據作『收』，今從《石經》、宋本、淳熙本、岳本、纂圖本、足利本以及《釋文》與金澤文庫本訂正。」見楊伯峻著：《春秋左傳注》，頁1032。本文依楊氏之說，亦改「功」為「收」。

44 晉·杜預集解，唐·孔穎達正義：《春秋左傳注疏》，頁575。

予兩人不同評價。子罕對「築者」之贊許感到畏懼，反而「親執扑，以行築者，而抶其不勉者」，並回答「今君為一臺，而不速成，何以為役？」子罕希望能制止「築者」對自己頌揚，避免惹禍上身。子罕之言提到「何以為役」，顯然這些「築者」是因「役」之緣故而被遣來築臺。第一節已說明「築」與「城」作動詞時意義無甚差別，皆為修築建造之意。這些築臺者又因「役」而被遣至此，結合上述「城者」、「役人」關係密切之觀點，此處「築者」亦當與「役人」有意義關聯。

（三）役人身分

在此須釐清一事：「城者」、「築者」可否等同「役人」？在討論此問題前，還須審視「役人」與「輿人」關係。筆者認為二者的工作內容的確有所差異。前章歸納「輿人」工作內容，主要是與推挽車輦有關事務，如推挽柩車、運載冰塊及築城時或戰場上之物資、工具等物品；有時在戰爭也擔任機動工作，如揚起灰塵以欺敵等。知「輿人」工作顯然與推挽車輦相關，而與上述「役人」負責修築城牆及各類建築物、建築營壘或籬笆、挖掘溝渠之工作內容確有差異。然兩者是否截然不同？欲解決此問題，須從「役人」身分談起。

楊伯峻認為《左傳》「役人」與「役徒」意義相同，皆是「各種雜事之服役者。」[45]關於「徒」之身分可透過記載稽考。《公羊傳》昭公八年（534 B.C.）曰：「簡車徒也。」漢人何休（129-182）《解詁》云：「徒，眾。」[46]《荀子・王霸》云：「人徒有數」，楊倞注云：「人徒，謂胥徒給繇役者也。」[47]《漢書・刑法志》云：「卒正三年簡徒。」《注》云：「徒，人眾。」[48]拙文〈《左傳》「徒」、「卒」考〉亦討論《左傳》「徒」之身分，認為

---

45 楊伯峻著：《春秋左傳詞典》，頁313。
46 漢・公羊壽傳，漢・何休解詁，唐・徐彥疏：《春秋公羊傳注疏》（臺北：藝文印書館，1993年9月，據清嘉慶二十年（1815）江西南昌府學版影印），頁279。
47 周・荀況著，清・王先謙集解，沈嘯寰、王星賢點校：《荀子集解》，頁221。
48 漢・班固著，唐・顏師古注：《漢書》，頁1083。

「徒」是具服徭役義務之「庶人」。[49]如此可知，「役人」、「役徒」身分即「庶人」。至於「庶人」職業屬性為何？前章已說明「庶人」即農業生產者，典籍中又稱「農」、「眾」、「眾人」等。先秦典籍亦有「庶人」與「役人」關聯之佐證資料，如《孟子‧萬章下》曰：「庶人，召之役，則往役。」《注》云：「庶人召使給役事，則往供役事。」[50]趙岐謂「庶人」被徵召「給役事」，所謂「給役事」即負擔「役人」之責。《荀子‧王霸》云：「縣鄙將輕田野之稅，省刀布之斂，罕舉力役，無奪農時，如是，則農夫莫不朴力而寡能矣。」[51]「罕舉力役」與「無奪農時」對舉，「農時」所指即從事農業生產之「庶人」，知「庶人」被徵召從事力役。至於「輿人」身分，應是「國人」中被徵發服徭役之「庶人」。如此來看，「役人」與「輿人」身分皆是「國人」之「庶人」，皆有被徵發服徭役之義務，然二者又有何別？

（四）役人與輿人關係

《左傳》襄公三十年（543 B.C.）曰：「二月癸未，晉悼夫人食輿人之城杞者，絳縣人或年長矣，無子而往，與於食。」[52]《傳》文記載晉悼公夫人（生卒年不詳）賜食給參與城杞之「輿人」，顯見「輿人」亦參與築城工作。此外，《左傳》亦有「輿人」出現戰場之記載，今臚列原文於下：

> 秋，秦、晉伐鄀。楚鬥克、屈禦寇以申、息之師戍商密。秦人過析，隈入而係輿人，以圍商密，昏而傅焉。（僖公二十五年，635 B.C.）
> 晉侯圍曹，門焉，多死。曹人尸諸城上，晉侯患之。聽輿人之謀，稱「舍於墓」。師遷焉。⋯⋯夏四月戊辰，晉侯、宋公、齊國歸父、崔

---

49 黃聖松著：〈《左傳》「徒」、「卒」考〉，原載《文與哲》第 11 期，頁 25-84；收入氏著：《《左傳》軍事制度研究》，頁 205-273。

50 漢‧趙岐注，題宋‧孫奭疏：《孟子注疏》，頁 187。

51 周‧荀況著，清‧王先謙集解，沈嘯寰、王星賢點校：《荀子集解》，頁 229。

52 晉‧杜預集解，唐‧孔穎達正義：《春秋左傳注疏》，頁 679。

天、秦小子憖次于城濮。楚師背酅而舍，晉侯患之。聽輿人之誦曰：「原田每每，舍其舊而新是謀。」公疑焉。（僖公二十八年，632 B.C.）

狐毛設二旆而退之，欒枝使輿曳柴而偽遁，楚師馳之，原軫、郤溱以中軍公族橫擊之。（僖公二十八年，632 B.C.）

晉人使司馬斥山澤之險，雖所不至，必旆而疏陳之。使乘車者左實右偽，以旆先，輿曳柴而從之。（襄公十八年，555 B.C.）[53]

上文已說明「役人」工作內容主要是築城及相關建築物之修建，此外亦負責戰場挖掘溝渠、建築營壘等工作，與「輿人」工作地點與環境相同，知兩者有密切關聯。

1.征夫即役人、役夫

　　除《左傳》記載外，《毛詩》亦見相關記錄。如〈小雅・杕杜〉曰：「王事靡盬，憂我父母。檀車幝幝，四牡痯痯，征夫不遠。」[54]「王事靡盬」之意，《傳》於〈唐風・鴇羽〉云：「盬，不攻致也」；《箋》云：「我迫王事無不攻致，故盡力焉。」[55]易言之，「王事靡盬」指王事不停，謂王事工作持續不停歇。[56]至於何謂「王事」？《毛詩・邶風・北門》曰：「王事適我，政事一埤益我。」《箋》云：「國有王命役使之事」；《正義》云：「王事不必天子事，直以戰伐、行役，皆王家之事。」[57]知「王事」即天子派命事務，[58]舉凡戰伐、行役等皆屬「王事」範圍。〈小雅・杕杜〉之「檀車幝幝」，《傳》云：「檀車，役車也。」[59]向熹《詩經詞典》認為，「古時車

53　晉・杜預集解，唐・孔穎達正義：《春秋左傳注疏》，頁 263、270-272、273、577。
54　漢・毛亨傳，漢・鄭玄箋，唐・孔穎達正義：《毛詩正義》，頁 340 。
55　漢・毛亨傳，漢・鄭玄箋，唐・孔穎達正義：《毛詩正義》，頁 225。
56　向熹編著：《詩經詞典（修訂版）》，頁 159。
57　漢・毛亨傳，漢・鄭玄箋，唐・孔穎達正義：《毛詩正義》，頁 103。
58　向熹編著：《詩經詞典（修訂版）》，頁 530。
59　漢・毛亨傳，漢・鄭玄箋，唐・孔穎達正義：《毛詩正義》，頁 340。

輪多以檀木製成，故泛稱兵車或役車為檀車。」[60]《毛詩》「征夫」有二義，一者見〈小雅・皇皇者華〉：「駪駪征夫，每懷靡及。」《傳》云：「征夫，行人也。」意即出使之大夫即現今所謂使節、外交官。「征夫」另一義見〈小雅・何草不黃〉，詩曰：「哀我征夫，獨為匪民。」《箋》云：「征夫，從役者也。」[61]易言之，即《左傳》之「役人」、「役徒」。[62]至於〈小雅・杕杜〉之「征夫」屬於何者？《正義》云：「役夫以從征之故，其甲士三人所乘之車而備四馬，故曰『四牡』；非庶人尋常得乘四馬也。」[63]知〈小雅・杕杜〉之「征夫」當屬第二義，身分亦即本章所探討的「役人」。

2.征夫工作內容與輿人相同

〈小雅・杕杜〉的「征夫」服役於外，詩中述及「檀車幝幝」之「檀車」是為「役車」。「役車」相關記載亦見《左傳》成公五年（586 B.C.），文曰：「梁山崩，晉侯以傳召伯宗。伯宗辟重，曰：『辟傳！』重人曰：『待我，不如捷之速也。』」《集解》謂「重」為「載重之車」，[64]楊伯峻云：「重，重車，裝載貨物之車。體形較大，故〈晉語〉謂之『大車』。以人力拉行，《穀梁》與《韓詩外傳》又謂之『輦』。」[65]關於「輦」、「重」、「大車」之關係，可以襄公十年（563 B.C.）《傳》記載為證，文曰：「孟氏之臣秦堇父輦重如役。偪陽人啟門，諸侯之士門焉。縣門發，郰人紇抉之。以出門者，狄虒彌建大車之輪，而蒙之以甲，以為櫓。」《集解》云：「堇父，孟獻子家臣，步挽重車以從師。」《正義》云：「重者，車名也。載物必重，謂之重。人挽以行，謂之輦。軍行以載器物，止則以為藩營。此人挽

60　向熹編著：《詩經詞典（修訂版）》，頁 500。

61　漢・毛亨傳，漢・鄭玄箋，唐・孔穎達正義：《毛詩正義》，頁 318、527。

62　向熹釋「征夫」為二義：（一）行人，旅人；（二）指從役的人，本文取第二義。見向熹編著：《詩經詞典（修訂版）》，頁 709。

63　漢・毛亨傳，漢・鄭玄箋，唐・孔穎達正義：《毛詩正義》，頁 341。

64　晉・杜預集解，唐・孔穎達正義：《春秋左傳注疏》，頁 440。

65　楊伯峻著：《春秋左傳注》，頁 822。

此重車，以從役也。」⁶⁶又宣公十二年（597 B.C.）《傳》曰：「丙辰，楚重至於邲。」《集解》云：「重，輜重也。」⁶⁷《正義》云：

> 輜重，載物之車也。《說文》云：「輜，一名軿，前後蔽也。」蔽前後以載物，謂之輜車。載物必重，謂之重車。人挽以行，謂之輦。輜、重、輦，一物也。〈襄十年〉《傳》稱「秦堇父輦重如役」，挽此車也。⁶⁸

據此二段《傳》文及《集解》、《正義》解說，知「輦」、「重」、「大車」實指一物，皆載運物資由人推挽之車輛。〈小雅・杕杜〉之「檀車」，筆者認為即「輦」、「重」、「大車」一類車乘，由詩中「征夫」推挽而行，與《左傳》「輿人」工作內容相同。第一章已說明「重」、「大車」形制，動力來源主要由牛隻拉牽。此處又謂「輦」、「重」、「大車」等載運物資之車乘由人推挽，如此豈非矛盾？筆者於第一章已說明，「重」、「大車」雖由牛隻拉引，仍須有人員從旁牽傍。且遇上坡與下坡路段時更須人員輔助，以減輕牛隻拉牽「重」、「大車」之重力。故謂「輿人」推挽車輛，實與牛隻拉引「重」、「大車」並存不悖。

3. 征夫工作內容與城者、築者相同

《毛詩・小雅・黍苗》曰：「我任我輦，我車我牛。我行既集，蓋云歸哉。……肅肅謝功，召伯營之。烈烈征師，召伯成之。」《箋》云：「集猶成也，蓋猶背也。營謝轉饟之役，有負任者，有輓輦者，有將車者，有牽傍牛者。其所為南行之事既成，召伯則皆告之云可歸哉。」《正義》云：「輦車，人輓以行，故云『輓輦』者。有將車者，此轉運載任，則是大車以牛駕

66　晉・杜預集解，唐・孔穎達正義：《春秋左傳注疏》，頁538。

67　晉・杜預集解，唐・孔穎達正義：《春秋左傳注疏》，頁397。

68　晉・杜預集解，唐・孔穎達正義：《春秋左傳注疏》，頁397。

者也。」69知詩中這些人是被召伯（生卒年不詳）徵役南行前往謝邑。詩中之「車」即上述「大車」，但無論是「輦」或「車」，無論是以人力推挽或以牛牽駕，70擔任此工作者皆與《左傳》之「輿人」工作內容相同。但這些人之工作似乎不限於此，他們亦須直接負擔營建謝邑之事。〈黍苗〉除提及上述「任者、輦者、車者、牛者」外，另外亦提及「我徒我御，我師我旅。」《傳》云：「徒行者，御車者，師者，旅者。」《箋》云：「步行曰徒。召伯營謝邑，以兵眾行。其士卒有步行者，有御兵車者。」71楊伯峻云：

> 古者謂戰器為兵，戰必令人執兵，執兵之人亦曰兵。徒兵即步卒，在車下作戰者亦曰徒。如《詩·魯頌·閟宮》：「公徒三萬。」禹鼎銘：「遣禹率公戎車百乘，斯馭二百，徒千」，則徒兵西周已有之。72

知〈黍苗〉之「徒」亦是披堅執銳的戰鬥人員，與「御者」之別是前者為現今所謂步兵，後者是立於兵車上之車兵。既然「徒者」、「御者」皆是戰鬥人員，身分必較「任者、輦者、車者、牛者」崇高，應是「士」以上貴族。如此說來，直接營建謝邑者似乎不會是「徒者」、「御者」，擔負此項工作者應是「任者、輦者、車者、牛者」。知〈黍苗〉之「任者、輦者、車者、牛者」不僅須負擔後勤運補，尚負責謝邑建築工作，此又與《左傳》「役人」工作相符。

《司馬法》云：「夏后氏謂輦曰余車，殷曰胡奴車，周曰輜輦。輦，一斧、一斤、一鑿、一㮷、一鋤，周輦加二版、二築。」又曰：「夏后氏二十人而輦，殷十八人而輦，周十五人而輦。說者以為：夏出師不踰時，殷踰時，周歷時，故前世輦少，而後世輦多。」73知「輦」上載負許多工具以供役時

69　漢·毛亨傳，漢·鄭玄箋，唐·孔穎達正義：《毛詩正義》，頁514。

70　向熹編著：《詩經詞典（修訂版）》，頁357。

71　漢·毛亨傳，漢·鄭玄箋，唐·孔穎達正義：《毛詩正義》，頁514。

72　楊伯峻著：《春秋左傳注》，頁37。

73　漢·鄭玄注，唐·賈公彥疏：《周禮注疏》，頁175。

使用，此部分已於第二章及第三章說明。上文引用〈小雅·黍苗〉，知這些
服徭役之「役人」不僅須推挽重車，重車上物資亦包含修築建物工具，表示
營建謝邑之事亦由其負責。知詩中服徭役之人，似乎結合《左傳》「役人」
及「輿人」工作內容。「詩序」云：「〈黍苗〉，刺幽王也。不能膏潤天下，
卿士不能行召伯之職焉。」[74]知〈黍苗〉著成時代應是周幽王（795 B.C.-771
B.C.）時期，屬西周末年作品。

（五）役人、城者、築者、輿人之分化

從以上說明可得一項推論：西周末年服徭役之人須同時執行《左傳》「役
人」及「輿人」工作，春秋時服徭役者工作內容方予以細分。或有學者認為，
應依「役人」與「輿人」工作內容，將兩者視為不同類群，筆者認為此說並
不正確。上文引述《左傳》襄公三十年記載，該次城杞任務，「輿人」亦參
與其中。既然是「城杞」，當然有上述「築者」、「城者」參與。筆者於上
文已說明，「築者」、「城者」與「役人」在意義上關係密切，但並不代表
「築者」、「城者」等同「役人」；相同地，「輿人」工作內容與「役人」
不同，但並不代表「輿人」與「役人」是二種不同類群。春秋時代「役人」
應是所有服徭役「庶人」之總稱，「役人」有部分主要執行修築建物及營壘、
挖掘溝渠等工作，此部分「役人」亦稱「築者」、「城者」。「役人」另有
工作內容為推挽車輦等相關事務者，如推挽柩車、運載冰塊、及運送築城或
戰場所需物資、工具，有時在戰爭時亦擔任機動工作，如揚起灰塵以欺敵等，
此部分「役人」在《左傳》稱為「輿人」。或有學者以《呂氏春秋·慎大覽》
質疑筆者推論，文云：

> 管子得於魯，魯束縛而檻之，使役人載而送之齊，其謳歌而引。管子
> 恐魯之止而殺己也，欲速至齊，因謂役人曰：「我為汝唱，汝為我和。」
> 其所唱適宜走，役人不倦，而取道甚速，管子可謂能因矣。役人得其

74　漢·毛亨傳，漢·鄭玄箋，唐·孔穎達正義：《毛詩正義》，頁513。

所欲，己亦得其所欲。以此術也，是用萬乘之國，其霸猶少，桓公則
難與往也。[75]

《呂氏春秋》所載「役人」的確與「輿人」相同，皆從事推挽車輦工作。但
筆者認爲，「役人」是「輿人」及「築者」、「城者」之總稱。《左傳》翔
實記錄「輿人」與「築者」、「城者」工作差異，讓後世可知至少在春秋時
期，「役人」已因工作內容差異分爲「輿人」與「築者」、「城者」二種類
群。但在《左傳》以外其他文獻，仍可能將二者混同而稱爲「役人」。如上
引《呂氏春秋・愼大覽》即未詳加區隔，仍舊統稱「役人」。

　　在此須進一步解釋的問題是：寫作於西周末年之〈黍苗〉中，這些服徭
役之「役人」似乎未必如此細分，何以至春秋時代「役人」又分「築者」、
「城者」及「輿人」？筆者認爲將「役人」依工作內容分配，應與春秋時代
人口增長有關。上文已說明「役人」、「輿人」身分是「庶人」，職業屬性
是「農」。依拙文〈《左傳》「徒」、「卒」考〉討論，春秋時代「庶人」
一般已不參與戰鬥任務，而是退居後方從事運輸補給工作。[76]在此情況下，
「庶人」人口因不易受戰爭因素折損，故人數逐年遞增。既然「庶人」人口
增加，在徵役時將其細分爲「築者」、「城者」及「輿人」，使其專司某部
分工作亦是情理中事。故《左傳》「役人」又分「築者」、「城者」及「輿
人」二種類群，以從事不同工作內容。

四、小　結

　　經上文討論，本章有三點結論：（一）由《左傳》記載可歸納「役人」、
「役徒」工作內容有四項：第一、砍伐樹木、採拾柴薪；第二、修築建造各

---

[75] 秦・呂不韋著，陳奇猷校釋：《呂氏春秋校釋》，頁 906。

[76] 黃聖松著：〈《左傳》「徒」、「卒」考〉，原載《文與哲》第 11 期，頁 25-84；收
　　入氏著：《《左傳》軍事制度研究》，頁 205-273。

類建物；第三、戰場上修築營壘、籬笆；第四、挖掘溝渠。（二）《左傳》「役人」是服徭役「庶人」總稱，「役人」有一部分主要執行修築建物及營壘、挖掘溝渠等工作，此部分「役人」稱「築者」、「城者」。「役人」有一部分主要從事與推挽車輦有關工作，此部分「役人」《左傳》又稱「輿人」。（三）《左傳》將「役人」分為「輿人」與「築者」、「城者」二種類群，應是「庶人」人口增多，因此徵役時將其細分，使其專司某部分工作。

第九章　役人考論之三：
《左傳》役人續考*

一、前　言

　　第八章討論「役人」之身分與工作內容，及其與「城者」、「築者」、「輿人」之關係。本章延續「役人」議題，再深入探究其服役之役期、家戶單位提供「役人」之數量、「役人」服役年齡與輪替制度，希冀更全面了解「役人」相關制度。

二、役人服役之役期

　　斯維至《中國古代社會文化論稿》有〈論庶人〉一文，其云：「『役人』不是奴隸，他們是平民臨時征調來的，因此有一定時間性的。」[1]春秋時代「役人」服役時間，具體於文獻有徵者可見《周禮・地官・均人》及《禮記・王制》。《周禮・地官・均人》曰：「凡均力政，以歲上下：豐年則公旬用三日焉，中年則公旬用二日焉，無年則公旬用一日焉。」《注》云：「公，事也。旬，均也。」[2]知豐年時可每年徵役三日，中年時每年徵役二日，欠收之年則每年徵役一日。《禮記・王制》曰：「用民之力，歲不過三日。」《注》

---

*　本章為拙文〈《左傳》「役人」續考〉潤飾文字，原載《文與哲》第 20 期，頁 1-40。

1　斯維至著：《中國古代社會文化論稿》（臺北：允晨文化有限公司，1997 年 4 月，1 版），頁 120。

2　漢・鄭玄注，唐・賈公彥疏：《周禮注疏》，頁 210。

云：「治宮室、城郭、道渠。」³然考諸《左傳》，似乎一年徵發三日之說不切合實際狀況。

　　《左傳》莊公八年（686 B.C.）曰：「齊侯使連稱、管至父戍葵丘，瓜時而往，曰：『及瓜而代。』期戍，公問不至。請代，弗許。故謀作亂。」⁴齊襄公（？-686 B.C.）派遣連稱（？-685 B.C.）、管至父（生卒年不詳）戍守葵丘，約定一年後派人輪替任務。但一年時至而齊襄公未遣人接替，連稱、管至父便計畫作亂。《尉繚子・兵令下》云：「兵戍邊一歲遂亡，不候代者，法比正軍。」⁵知春秋、戰國時代戍役時間一般是「一歲而代。」⁶或許有學者質疑，戍兵與「役人」有何關係？此問題可見《左傳》定公元年（509 B.C.）：

> 元年春王正月辛巳，晉魏舒合諸侯之大夫于狄泉，將以城成周……是行也，魏獻子屬役於韓簡子及原壽過，而田於大陸。……孟懿子會城成周，庚寅，栽。……城三旬而畢，乃歸諸侯之戍。⁷

從此可知，諸侯之大夫戍於成周之目的在「城成周」；「城」在《左傳》作動詞解釋時，其意為築城、修築城郭。⁸但晉國魏獻子將自己所應率領之「役人」交予韓簡子（生卒年不詳）及原壽過（生卒年不詳）指揮，自己卻「田於大陸」。「田」在《左傳》作動詞時，意為田獵、圍獵，⁹「田」須動員軍隊方能進行田獵、圍獵。知即使諸侯之大夫戍於成周之目的是「城成周」，但仍有軍隊一同前往，以保護「城成周」諸侯之大夫及「役人」。從另一角度切入，上引莊公八年《傳》所記「齊侯使連稱、管至父戍葵丘」，亦應有

3　漢・鄭玄注，唐・孔穎達正義：《禮記注疏》，頁 247。

4　晉・杜預集解，唐・孔穎達正義：《春秋左傳注疏》，頁 143。

5　題周・尉繚著：《尉繚子》，收入《子書二十八種》冊 4（臺北：廣文書局，1991 年 2 月，2 版），頁 7。

6　楊伯峻著：《春秋左傳注》，頁 174。

7　晉・杜預集解，唐・孔穎達正義：《春秋左傳注疏》，頁 940-941。

8　楊伯峻著：《春秋左傳詞典》，頁 515。陳克炯著：《左傳詳解詞典》，頁 377。

9　楊伯峻著：《春秋左傳詞典》，頁 215。陳克炯著：《左傳詳解詞典》，頁 833。

「役人」一同前往，方能處理建築營壘、挖掘溝渠、後勤補給等事務。從莊公八年《傳》「瓜時而往」、「及瓜而代」之敘可知，戍守時間確如《尉繚子》所言，大致以一年為期。「役人」隨軍隊戍守，知亦以一年為期。此外，《毛詩・小雅・采薇》「詩序」曰：「〈采薇〉，遣戍役也。」《正義》云：「作〈采薇〉詩者，遣戍役也。戍，守也，謂遣守衛中國之役人。」[10]依孔氏解釋，「戍役」是戍守之「役人」，亦可證戍守人員包含「役人」。

　　《毛詩》亦有關於徵役時間之記載，如〈小雅・采薇〉曰：「昔我往矣，楊柳依依；今我來思，雨雪霏霏。」《箋》云：「我來戍止，而謂始反時也。」《正義》云：

> 此遣戍役，豫敘得還之日，總述往反之辭。汝戍守役等，至歲暮還反之時，當云昔出家往矣之時，楊柳依依然。今我來思事得還返，又遇雨雪霏霏然。既許歲晚而歸，故豫言來將遇雨雪也。[11]

若依孔氏之見，此句乃敘述「役人」出發服役時是「楊柳依依」時節，「役人」預想自己服役完畢歸家則是「雨雪霏霏」之日。雖「雨雪霏霏」是「役人」預想歸家時景象，但也可知其離家時是春季，歸家時已進入冬季，服役時間已近一年。此外，〈小雅・出車〉曰：「昔我往矣，黍稷方華；今我來思，雨雪載塗。」《傳》云：「塗，凍釋也。」《箋》云：「黍稷方華，朔方之地六月時也。以此時始出壘征伐玁狁，因伐西戎，至春凍始釋而來反，其間非有休息。」[12]依鄭玄之見，六月時軍隊出壘攻擊玁狁及西戎，至隔年春天時始得歸返。在六月出壘前，軍隊早已屯戍邊陲，故須將前往邊陲時間納入徵役期程。雖不知戍守邊疆軍隊從何方而來，無法推知出發前往戍地時間。但僅就內容可知，六月出擊至隔年春天歸返，時間已逾半年，可推測〈出

10　漢・毛亨傳，漢・鄭玄箋，唐・孔穎達正義：《毛詩正義》，頁332。
11　漢・毛亨傳，漢・鄭玄箋，唐・孔穎達正義：《毛詩正義》，頁334。
12　漢・毛亨傳，漢・鄭玄箋，唐・孔穎達正義：《毛詩正義》，頁339。

車〉所載戍役時間約莫亦是一年。

服役逾一年時間者，《毛詩》亦可得見。〈小雅・何草不黃〉曰：「何草不黃？何日不行？何人不將？經營四方。何草不玄？何人不矜？哀我征夫，獨為匪民。」《箋》於「何草不黃」句云：「用兵不息，軍旅自歲始，草生而出，至歲晚矣，何草而不黃乎？言草皆黃也。」《箋》於「何草不玄」句云：「玄，赤黑色。始春之時，草牙蘗者將生，必玄於此時也，兵猶復行。」《箋》於「哀我征夫，獨為匪民」二句云：「征夫，從役者也。古者師出不逾時，所以厚民之性也。今則草玄至於黃，黃至於玄，此豈非民乎？」《正義》云：「今草玄至於黃，黃又至於玄，期年不歸，是為非民，言其不厚之也。」[13] 據孔氏之意，〈何草不黃〉所載服役時間已達「期年」，但詩中「征夫」——亦即本文所指「役人」——卻仍不得歸家，可證服役時間已逾一年。又如〈豳風・東山〉曰：「我徂東山，慆慆不歸。我來自東，零雨其濛。鸛鳴于垤，婦歎于室。洒掃穹窒，我征聿至。有敦瓜苦，烝在栗薪。自我不見，于今三年。」「詩序」曰：「〈東山〉，周公東征也。周公東征，三年而歸。勞歸士，大夫美之，故作是詩也。」[14] 知隨周公東征之士卒及「役人」，皆服役三年而後復歸故里。

《左傳》記載服役最久者為五年，昭公三十二年（510 B.C.）《傳》曰：「天降禍于周，俾我兄弟並有亂心，以為伯父憂。我一二親昵甥舅不遑啟處，於今十年。勤戍五年。余一人無日忘之，閔閔焉如農夫之望歲，懼以待時。」《集解》云：「謂二十八年晉籍秦致諸侯之戍至于今。」[15] 知春秋以前戍役雖以一年為原則，但可依實際情況需要超出時限，但也可能引發「役人」不滿與反彈。如上引《左傳》莊公八年記載，因齊襄公未能兌現「及瓜而代」之承諾，最後導致亂事爆發，此即最佳例證。至於昭公三十二年《傳》，戍成周五年之「役人」是否始終為同一批人？筆者認為可能性不大。從莊公八

---

13 漢・毛亨傳，漢・鄭玄箋，唐・孔穎達正義：《毛詩正義》，頁 527-528。

14 漢・毛亨傳，漢・鄭玄箋，唐・孔穎達正義：《毛詩正義》，頁 294-296。

15 晉・杜預集解，唐・孔穎達正義：《春秋左傳注疏》，頁 932。

年《傳》來看，「役人」戍役一年大概是通例，一年戍役期滿應當輪替。推測昭公三十二年《傳》戍成周之「役人」應不是同一批人戍役五年，當有輪替者輪流戍役才是。

徵發「役人」服役另有進行「土功」之事，《左傳》莊公二十九年（665 B.C.）有一則「凡例」記載，[16]說明進行「土功」適當時間，亦即徵發「役人」服役適當時節。文曰：「凡土功，龍見而畢務，戒事也；火見而致用，水昏正而栽，日至而畢。」《集解》云：「謂今九月，周十一月。龍星角、亢，晨見東方，三務始畢，戒民以土功事。」又云：「大火，心星，次角、亢，見者致築作之物。」又云：「謂今十月，定星昏而中，於是樹板榦而興作。」又云：「日南至，微陽始動，故土功息。」[17]楊伯峻針對此段文字云：

> 土功，土木工程。龍即蒼龍，東方七宿之總稱。……龍見者，謂夏正九月，周正十一月，蒼龍角、亢早晨出現於東方也。畢務，夏收、秋收俱已完畢。戒事之事指土功而言，謂土木之功必須準備矣。……火即心宿，夏正十月之初，次角、亢之後，晨出現於東方。致用，板、臿、畚、梮諸用具致之於場地。……水即昭十九年《傳》之大水，即定星，亦即營室，今飛馬座 α、β 二星，十月昏中（黃昏正見於南方）。栽，築牆立板。……日至，冬至。冬至以後不再施工。[18]

所謂「夏正」，一般而言即現今所謂農曆。從農曆十月開始進行土木工程，徵發「役人」服徭役。冬至時停止土木工程，「役人」方可停役歸家。

16　《左傳·隱公七年》曰：「七年春，滕侯卒。不書名，未同盟也。凡諸侯同盟，於是稱名，故薨則赴以名，告終嗣也，以繼好息民，謂之禮經。」《集解》云：「此言凡例，乃周公所制禮經也。十一年『不告之例』，又曰：『不書於策』，明禮經皆當書於策。仲尼脩《春秋》，皆承策為經。丘明之傳，博采眾記，故始開凡例，特顯此二句。他皆放此。」見晉·杜預集解，唐·孔穎達正義：《春秋左傳注疏》，頁72。

17　晉·杜預集解，唐·孔穎達正義：《春秋左傳注疏》，頁178-179。

18　楊伯峻著：《春秋左傳注》，頁244-245。

　　《左傳》常見「時」、「不時」的評議，如隱公七年（716 B.C.）《傳》曰：「夏，城中丘。書不時也。」又隱公九年（714 B.C.）《傳》曰：「夏，城郎。書不時也。」又桓公十六年（696 B.C.）《傳》曰：「冬，城向，書時也。」又莊公二十九年（665 B.C.）《傳》曰：「二十九年，春，新作延廄，書不時也。」又曰：「冬，十二月，城諸及防，書，時也。」又僖公六年（654 B.C.）《傳》曰：「夏，諸侯伐鄭，以其逃首止之盟故也。圍新密，鄭所以不時城也。」又僖公二十年（640 B.C.）《傳》曰：「二十年春，新作南門。書不時也。」又文公十二年（615 B.C.）《傳》曰：「城諸及鄆，書時也。」又宣公八年（601 B.C.）《傳》曰：「城平陽，書時也。」又成公九年（582 B.C.）《傳》曰：「城中城，書，時也。」又成公十八年（573 B.C.）《傳》曰：「築鹿囿，書不時也。」又襄公十三年（560 B.C.）《傳》曰：「冬，城防。書事，時也。」又昭公九年（533 B.C.）《傳》曰：「冬，築郎囿。書時也。」又定公十五年（495 B.C.）《傳》曰：「冬，城漆，書不時告也。」[19] 成公十八年（573 B.C.）《傳》記載築鹿囿時，《春秋經》置於「八月，邾子來朝」後，故《集解》云：「非土功時。」[20] 至於定公十五年（495 B.C.）《傳》記載城漆時為冬季，何以《左傳》仍評議為不時？《集解》云：「實以秋城，冬乃告廟。魯知其不時，故緩告。從而書之，以示譏。」[21] 文公十二年（615 B.C.）《傳》載城諸及鄆之事，《春秋經》記於「冬十有二月戊午，晉人、秦人戰于河曲」[22] 後，知城諸及鄆亦在當年冬季進行。宣公八年（601 B.C.）《傳》記城平陽事，《春秋經》列於「冬十月己丑，葬我小君敬嬴」後，[23] 知城平陽亦在冬季進行。成公九年（582 B.C.）《傳》城

19　晉・杜預集解，唐・孔穎達正義：《春秋左傳注疏》，頁 71、76、178、214、240、331、379、449、489、556、781、986。

20　晉・杜預集解，唐・孔穎達正義：《春秋左傳注疏》，頁 489。

21　晉・杜預集解，唐・孔穎達正義：《春秋左傳注疏》，頁 986。

22　晉・杜預集解，唐・孔穎達正義：《春秋左傳注疏》，頁 329-330。

23　晉・杜預集解，唐・孔穎達正義：《春秋左傳注疏》，頁 379。

中城之事，《春秋經》列於「冬十有一月，葬齊頃公」後，[24]亦可確定城中城在冬季進行。考察以上被評議爲時或不時之例，凡於春、夏、秋三季進行土木工程皆被評爲「不時」，於冬季進行土木工程則被評爲「時」。

　　除從上述「時」、「不時」評議考察徵役時節外，《左傳》亦有相關記載可供證明。《左傳》襄公十七年（556 B.C.）曰：「宋皇國父爲大宰，爲平公築臺，妨於農收。子罕請俟農功之畢，公弗許。」《集解》云：「周十一月，今九月。收，斂時。」[25]所謂「農收」指秋季時收成農作物。由於收成時需大量勞動人口，若此時徵役爲宋平公（？-532 B.C.）築臺，勢必致使收成進度落後，可能導致後續一連串問題。故子罕爲「役人」請命，希望待農收後再徵役。由此可知，徵役時節應儘量避免秋季農收時，以避免因徵役而引起損失及後續問題。上引襄公十三年《傳》「冬，城防。書事，時也。」下文尙有一段記載，文曰：「於是將早城，臧武仲請俟畢農事，禮也。」《集解》云：「土功雖有常節，通以事間爲時。」《正義》云：「此歲農收差早，雖天象未至，而民事已間，故云：『土功雖有常節，通以事間爲時。』言時節未是時，而事以得時，故言『書事，時也。』」[26]依孔氏說明可知，該年農事較早結束，「民事已間」，所以原本計畫要提早進行城防一事。不過臧武仲（生卒年不詳）認爲農事雖已得間，但「時節未是時」，意即時節尙未進入冬季，建議等時節已至、農事確定已畢再進行城防工程。依上文論述可知，春秋時代徵發「役人」進行「土功」——即所謂土木工程建設，一般只限冬季執行。若合於此原則，《左傳》皆評曰「時」；反之，《左傳》則給予「不時」之考評。

　　至於「土功」服役時間，宣公十一年（598 B.C.）及定公元年（509 B.C.）《傳》有確切記載可供參考，文曰：

24　晉‧杜預集解，唐‧孔穎達正義：《春秋左傳注疏》，頁447。
25　晉‧杜預集解，唐‧孔穎達正義：《春秋左傳注疏》，頁575。
26　晉‧杜預集解，唐‧孔穎達正義：《春秋左傳注疏》，頁556。

令尹蒍艾獵城沂，使封人慮事，以授司徒。量功命日，分財用，平板
榦，稱畚築，程土物，議遠邇，略基趾，具餱糧，度有司。事三旬而
成，不愆于素。（宣公十一年，598 B.C.）

孟懿子會城成周，庚寅，栽。……三月，歸諸京師。城三旬而畢，乃
歸諸侯之戍。（定公元年，509 B.C）[27]

《集解》云：「十日為旬」，又云：「不過素所慮之期也。」[28]楊伯峻云：
「素謂本來計劃。」[29]知令尹蒍艾獵（約 630 B.C-593 B.C.）規畫以「三旬」
——即三十日，完成城沂工作。又定公元年（509 B.C.）《傳》記載諸侯城
成周，亦以「三旬」完成工作。知「役人」從事「土功」服役時間，原則上
以「三旬」為期。

除上述「土功」外，《左傳》亦針對「狩」之時節作評議。桓公四年（708
B.C.）《傳》曰：「四年春正月，公狩于郎。書時，禮也。」《集解》云：
「冬獵曰狩，行三驅之禮，得田狩之時，故《傳》曰：『書時，禮也。』周
之春，夏之冬也，田獵從夏時。」《正義》云：「周之春正月建子，即是夏
之仲冬也。《周禮‧大司馬》：『中冬教大閱，遂以狩田。』是田狩從夏時
也。」[30]《左傳》記載魯桓公（約 731 B.C.-694 B.C.）狩獵於郎是春正月，
但依杜預及孔穎達解釋，《左傳》之春正月為「周正」，若依夏時——即上
文所述「夏正」——則是仲冬時節，亦即農曆十一月。楊伯峻云：「亦農閒
可以狩獵之時，故曰『時』。」[31]《左傳》隱公五年（718 B.C.）曰：「故春
蒐、夏苗、秋獮、冬狩，皆於農隙以講事也。」《集解》云：「蒐，索，擇
取不孕者。苗，為苗除害也。獮，殺也，以殺為名，順秋氣也。狩，圍守也。
冬物畢成，獲則取之，無所擇也。」《正義》云：「隙，訓間也。四仲之月，

27　晉‧杜預集解，唐‧孔穎達正義：《春秋左傳注疏》，頁 383、941。
28　晉‧杜預集解，唐‧孔穎達正義：《春秋左傳注疏》，頁 383。
29　楊伯峻著：《春秋左傳注》，頁 713。
30　晉‧杜預集解，唐‧孔穎達正義：《春秋左傳注疏》，頁 104。
31　楊伯峻著：《春秋左傳注》，頁 101。

自是常期。就其月中,簡選間日。雖則農月,必有間時,故曰『隨時事之間也。』仲冬,農之最隙,故大備禮也。」[32]楊伯峻云:「農隙謂農功空隙,即農閒之時。……講事,講習武事,所謂教民戰也。」[33]若依孔氏之釋,四季之「仲月」——即農曆二月「仲春」、五月「仲夏」、八月「仲秋」、十一月「仲冬」——皆須擇閒時以講事,即楊氏所言「講習武事,所謂教民戰也」,只是各季節名稱有所不同。

《國語・周語》亦曰:「蒐於農隙,……獮於既烝,狩於畢時。」《注》云:「春田曰蒐。蒐,擇也。禽獸懷妊未著,搜而取之也。農隙,仲春既耕之後。隙,閑也。」韋氏又云:「秋田曰獮。獮,殺也,順時始殺也。烝,升也。〈月令〉:『孟秋乃升穀,天子嘗新。』[34]既升,謂仲秋也。」又云:「冬田曰狩。狩,圍守而取之。畢時,時務畢也。」[35]《國語・周語》與《左傳》隱公五年(718 B.C.)之不同,僅於夏季時未有田獵活動,其餘則未有分別。知雖四季皆有農隙,但仲冬之狩因農事已畢,故規模最為盛大。

桓公四年《傳》記載魯桓公狩於冬季,徵發「庶人」服役時因農功已畢,故《左傳》考評為「禮也」。類似記載亦見襄公四年(569 B.C.)《傳》,文曰:「於是晉侯好田,故魏絳及之。……公說,使魏絳盟諸戎。修民事,田以時。」《集解》云:「魏絳本意主勸和戎,忽云『有窮后羿』,以開公問,遂說羿事以及〈虞箴〉。」[36]晉國魏絳(生卒年不詳)本欲勸諫晉悼公(586 B.C.-558 B.C.)與諸戎和盟,因論及后羿(生卒年不詳)事而晉悼公詳加追問,故魏絳藉后羿事勸說喜歡田獵的晉悼公。因魏絳能因勢利導,以后羿故事勸服晉悼公,進而促成晉國與諸戎和盟。晉悼公也因魏絳規諫,之後

---

32 晉・杜預集解,唐・孔穎達正義:《春秋左傳注疏》,頁59。

33 楊伯峻著:《春秋左傳注》,頁42。

34 此句出自《禮記・月令》,原句作「是月也,農乃登穀,天子嘗新。」見漢・鄭玄注,唐・孔穎達正義:《禮記注疏》,頁324。

35 三國・韋昭注:《國語韋昭註》,頁22。

36 晉・杜預集解,唐・孔穎達正義:《春秋左傳注疏》,頁59。

便「修民事，田以時。」由此推知，原本喜愛田獵的晉悼公經常田獵「不以時」，故魏絳曉以大義才知改進，而能「以時」安排田獵活動。

《禮記·月令》曰：「天子乃教於田獵，以習五戎。」《注》云：「教於田獵，因田獵之禮，教民以戰法也。五戎，謂五兵：弓矢、殳、矛、戈、戟也。」[37]依《禮記·月令》說法，田獵重點不僅在田獵本身，更重要者乃教民練習「五兵」。《周禮·夏官·大司馬》記載曰：

> 遂以狩田，以旌為左右和之門，群吏各帥其車徒以敘和出，左右陳車徒，有司平之；旗居卒間以分地，前後有屯百步，有司巡其前後，險野人為主，易野車為主。既陳，乃設驅逆之車，有司表貉于陳前。中軍以鼙令鼓，鼓人皆三鼓，群司馬振鐸，車徒皆作。遂鼓行，徒銜枚而進。[38]

知狩田時須謹守戰陣、各有法度，儼然即今日所謂演習。故藍永蔚《春秋時代的步兵》認為，「這種操演的目的，是在於戰，而不在於獵的。」[39]

既然上文說明「田」、「狩」皆須「以時」而講習武事，進行今日所謂演習，發動戰爭是否也須「以時」？《左傳》襄公十九年（554 B.C.）曰：

> 季武子以所得於齊之兵，作林鐘而銘魯功焉。臧武仲謂季孫曰：「非禮也。夫銘，天子令德，諸侯言時計功，大夫稱伐。今稱伐，則下等也；計功，則借人也；言時，則妨民多矣，何以為銘？」[40]

《傳》文所謂「所得於齊之兵」，乃指魯襄公十八年（555 B.C.）時，「冬十月，公會晉侯、宋公、衛侯、鄭伯、曹伯、莒子、邾子、滕子、薛伯、杞

---

37 漢·鄭玄注，唐·孔穎達正義：《禮記注疏》，頁338。

38 漢·鄭玄注，唐·賈公彥疏：《周禮注疏》，頁447-448。

39 藍永蔚著：《春秋時代的步兵》，頁22。

40 晉·杜預集解，唐·孔穎達正義：《春秋左傳注疏》，頁585。

伯、小邾子同圍齊」[41]之役所繳獲齊國兵器。季武子（？-535 B.C.）爲彰顯此次戰役魯國之功，欲製鐘銘以記之。然臧武仲認爲此事非禮，故勸諫季武子打消念頭。臧武仲認爲「銘」須「諸侯言時計功。」《集解》云：「舉得時，動有功，則可銘也。」[42]若謂「計功」，魯國此役是藉晉國之力獲勝；若謂「言時」，則「妨民多矣」，意即妨害民時甚劇。雖依《春秋經》記載，此次圍齊之役發生於「冬十月」，但「諸侯還自沂上，盟于督揚」[43]已是魯襄公十九年（554 B.C.）正月。魯國軍隊自督揚回國、「役人」得以歸家，時序可能已入二月。二月正是農作物播種時節，「役人」此時歸家早已延誤農時，故臧武仲謂此役「妨民多矣」，確有其理。依上文討論可知，《左傳》記載「狩」、「田」──即田獵活動時，原則上於冬季徵發「役人」，否則亦將獲得負面考評。

　　總合上述，《左傳》可考察「役人」服役情況有三種：第一是「戍役」，一般時間是一年，但可依情況不同而延長戍役時間。第二是「土功」，即所謂土木工程建設，一般以「三旬」爲期，原則上僅限冬季執行。第三是「狩」、「田」，即田獵活動，亦於冬季時徵發「役人」，一般也於冬季執行。

三、家戶提供役人的數量

　　《左傳》成公二年（589 B.C.）曰：「故楚令尹子重爲陽橋之役以救齊。將起師，子重……乃大戶，已責，逮鰥，救乏，赦罪。悉師，王卒盡行。」《集解》於「大戶」下云：「閱民戶口。」[44]楊伯峻云：「清理戶口。」[45]該文記載令尹子重（？-570 B.C.）「悉師」──即「國家軍士盡起」，[46]傾全國

41　晉・杜預集解，唐・孔穎達正義：《春秋左傳注疏》，頁576。

42　晉・杜預集解，唐・孔穎達正義：《春秋左傳注疏》，頁585。

43　晉・杜預集解，唐・孔穎達正義：《春秋左傳注疏》，頁584。

44　晉・杜預集解，唐・孔穎達正義：《春秋左傳注疏》，頁429。

45　楊伯峻著：《春秋左傳注》，頁807。

46　楊伯峻著：《春秋左傳注》，頁807。

軍力侵衛。楚軍出兵前，令尹子重先「大戶」，意即清理全國戶口，其原因必與「悉師」有關。故杜正勝先生《編戶齊民》云：「大戶……當是擴大征兵。也許凡能執干戈者皆著籍，同戶合籍，人口記錄自然比傳統只登錄正夫者大，故曰『大戶』。」[47]杜先生所謂「正夫」者，即《左傳》襄公二十三年（550 B.C.）「臧孫使正夫助之」之「正夫」。[48]楊伯峻云：「正夫，魯都三鄉中之正卒，即襄九年《傳》宋之正徒。」[49]簡言之，杜先生認為成公二年《傳》楚國「大戶」之目的在清查戶口，並將原本戶口登記只登錄「正夫」之慣例，改易為一戶中凡能執干戈之「羨卒」亦登記在列，作為擴大徵役範圍依據。由此可知，春秋時代徵發兵役是以「戶」為單位徵調。被徵發服役者除國家軍士，當然亦包括本文論述主角「役人」。此外，襄公二十九年（544 B.C.）《傳》記載亦值得注意，文曰：「鄭子展卒，子皮即位。於是鄭饑，而未及麥，民病。子皮以子展之命餼國人粟，戶一鍾，是以得鄭國之民，故罕氏常掌國政，以為上卿。」[50]鄭國上卿子展（？-544 B.C.）卒逝，其子子皮（？-529 B.C.）即將繼其父為鄭國上卿。適時鄭國饑荒，子皮以其父名義賑災，亦以「戶」為單位，每「戶」發給一鍾粟米。[51]知至少在春秋時代中期，以「戶」為家戶單位應是普遍現象。

杜正勝先生《古代社會與國家》云：

> 戶是行政術語，家才是社會概念，二者並不完全吻合。也就是說，政府的戶籍登記雖然同戶，實際上卻可過不同的家庭生活，如兩晉南北朝時期的蔭戶；元代法令不准別籍而准異財，也是異家同戶的例子。相反的，兩宋按戶等徵課賦役，人民為避免高戶，申報時往往不同戶，但仍過一家人的生活。然而這些情形都不是普遍和恆常的現象，所以

---

47 杜正勝著：《編戶齊民》，頁24。

48 晉・杜預集解，唐・孔穎達正義：《春秋左傳注疏》，頁606。

49 楊伯峻著：《春秋左傳注》，頁1081。

50 晉・杜預集解，唐・孔穎達正義：《春秋左傳注疏》，頁429。

51 李索著：《左傳正宗》（北京：華夏出版社，2011年1月，1版），頁437。

以「戶」作「家」來研究家庭人口,尚不太離譜。史籍有時家戶通用,
如《周書‧異域傳上》「蠻」條云:「大者萬家,小者千戶」,作者
顯然把戶當作家。**52**

雖杜先生認為「家」、「戶」指涉概念不同,但卻認同將「戶」作為單位以
研究「家」所代表之家庭。謝維揚《周代家庭形態》說明「家庭」、「家族」、
「家戶」之詞義,文云:

> 家庭這個概念在一般用法上可以有兩種不同的含義。第一種含義是就
> 某種血緣關係或親屬關係而言。……在中文文獻中,常常用「家族」
> 這個詞來表示按世系原則在血緣關係上最親近的一些人們的集合,而
> 不論他們之間有無經濟上的供養關係、是否同居在一處,或是否是同
> 時代的人。這時家族這個詞很顯然也是就某種血緣關係或親屬關係而
> 言的。……家庭概念的第二種含義是指由同居的和在經濟上有供養關
> 係的人們所組成的血緣單位。這時家庭指的不僅是關係,而且是實
> 體。對於這種含義上的家庭,人類學者為使它與表示關係的家庭或家
> 族相區別,有時使用「家戶」(household)這個詞來稱呼。**53**

本節討論「家庭」概念,係指謝氏所言第二種含義,故本文皆以「家戶」稱
之,藉此與「家族」區隔。

　　春秋時代家戶單位人口數量,《左傳》雖未明文記載,然《公羊傳》宣
公十五年(594 B.C.)曰:「什一者,天下之中正也。什一而行,頌聲作矣。」
《解詁》云:「一夫一婦受田百畝,以養父母妻子,五口為一家。」**54**《穀
梁傳》宣公十五年(594 B.C.)曰:「初稅畝。初者,始也。古者什一,藉

52　杜正勝著:《古代社會與國家》,頁784。

53　謝維揚著:《周代家庭形態》(哈爾濱:黑龍江人民出版社,2004年11月,1版),
　　頁251-252。

54　漢‧公羊壽傳,漢‧何休解詁,唐‧徐彥疏:《春秋公羊傳注疏》,頁208。

而不稅。」《集解》云：「一夫一婦佃田百畝，以共五口，父母妻子也。」[55]知當時家戶人口數量平均為五人。《管子・度地》曰：「常以秋歲末之時閱其民，案家人、比地、定什伍口數，別男女大小，其不為用者，輒免之。有錮病不可作者，疾之。可省作者，半事之。」[56]瞿同祖認為，據此資料可知，「除了婦孺老幼，和有錮疾者可以免役外，庶人是有應役義務的。」故每家戶單位皆應配有固定「役人」數量，「什麼時候需要民役，便須應召而往，不可違抗。」[57]《周禮・地官・小司徒》針對家戶所提供「役人」數量有具體記載，文曰：

> 上地家七人，可任也者家三人；中地家六人，可任也者二家五人；下地家五人，可任也者家二人。凡起徒役，毋過家一人，以其餘為羨，唯田與追、胥竭作。

《注》云：

> 一家男女七人以上，則授之以上地，所養者眾也。男女五人以下，則授之以下地，所養者寡也。……可任，謂丁強任力役之事者，出老者一人，其餘男女強弱相半，其大數。

鄭玄又云：「鄭司農云：羨，饒也。田，謂獵也。追，追寇賊也。竭作，盡行。」《疏》云：

> 一家兄弟雖多，除一人為正卒；正卒之外，其餘皆為羨卒。云「唯田

---

55 晉・范寧集解，唐・楊士勛疏：《春秋穀梁傳注疏》（臺北：藝文印書館，1993 年 9 月，據清嘉慶二十年（1815）江西南昌府學版影印），頁 122。

56 題周・管仲著，黎翔鳳校注，梁運華整理：《管子校注》，頁 1059。

57 瞿同祖著：《中國封建社會》，頁 271。

與追、胥竭作」者，田謂田獵，追謂追寇，胥謂伺捕盜賊。竭，盡也。
作，行也。非直正卒一人，羨卒盡行，以其田與追、胥之人多故也。[58]

孫詒讓《周禮正義》云：「『凡起徒役，毋過家一人』者，徒役謂大軍大役
士徒徵調之事。家一人者，正卒之數也。」[59]韓連琪依孫詒讓之見，認為「正
卒為正式兵役，羨卒則擔任田獵和保衛地方治安等工作」；[60]鄭學檬主編《中
國賦役制度史》亦從之。[61]簡言之，《周禮》認為一家男女七口以上者，因
家戶人口較多，故國家授以「上地」給養，要求提供三人作為起徒役時之「可
任者」，意即擔任本文所謂「役人」。一家男女六口者，國家授以「中地」，
要求提供每家二又二分之一為「役人」；一家男女五口者，國家授以「下
地」，要求提供二人為「役人」。依《周禮》記載，雖然每家戶有二至三人
具「役人」資格，但一般起徒役時「毋過家一人」，僅「田與追、胥竭作」
例外。此處之「田」指田獵，「追」與「胥」指追逐盜寇，若因此三項原因
而起徒役，則每家戶具有「役人」身分者皆須全部徵發。

　　行文至此便有另一問題須說明：春秋提供「役人」之所謂「國人」，其
家戶型式為何？是否如《周禮‧地官‧小司徒》所云，是七口、六口或五口
的小型家戶單位？眾所皆知，春秋時代以前宗法紐帶強韌，大夫以上所謂貴
族，皆以宗族為單位參與政治、經濟、社會活動；「宗子主管有本族的共同
財產，主要是土地和人民。」[62]吳浩坤《古史探索與古籍研究》云：

　　春秋以前由於舊的血緣團體長期存在，並且始終結成休戚相關、榮辱

58　漢‧鄭玄注，唐‧賈公彥疏：《周禮注疏》，頁169-170。

59　清‧孫詒讓著，王文錦、陳玉霞點校：《周禮正義》，頁781。

60　韓連琪著：〈周代的軍賦及其演變〉，原載於《文史哲》1980年第3期；收入氏著：
　　《先秦兩漢史論叢》（濟南：齊魯書社，1986年8月，1版），頁109-134。

61　鄭學檬主編：《中國賦役制度史》（上海：上海人民出版社，2000年9月，1版），
　　頁13-14。

62　楊寬著：《先秦史十講》（上海：復旦大學出版社，2006年6月，1版），頁208。

> 與共的政治經濟實體而不可分割，這便是當時普遍盛行宗法制度的社
> 會基礎。[63]

吳氏直接點出宗法制度是春秋以前宗族制度之原因，但究竟是因宗法制度之
故而形成宗族制，抑或有其他原由造成以宗族為單位的政治、經濟實體，吳
氏似未能詳盡論述。李修松《先秦史探研》云：

> 家族的生產和財富都由父系家長掌握，單個家庭尚未掙脫大家族的牢
> 籠。土地是整個宗族所有的，族長是所有權的代表、利益的集種體現
> 者。土地的一部分劃歸各家族自行耕種，以維繫生計；另一部分為公
> 田，由宗族族長親自經營或通過其臣下經營，役使各個家族耕種之，
> 收入屬於族長。[64]

此段文字可概略點出春秋以前家族經濟狀況。至於春秋提供「役人」之「國
人」，朱鳳瀚《商周家族形態研究》立有專節討論。朱氏認為：「春秋列國
中主要依靠從事農事為主的庶民至士下層家族，一般採取包含兩三代近親的
小型伸展家庭或核心家族形式存在。」[65]這裡所謂「庶民」即「國人」主體
成分，意即本文所指「役人」來源，相關論述請見第八章。朱氏指出，「直
至西周晚期，王畿地區庶民家族仍以一種不小於大型伸展家族的規模存在，
作為土地占有與生產單位。」袁祖亮主編、焦培民著《中國人口通史·先秦
卷》亦云：

> 如果形成八口之家，這可能是進一步分門立戶（有的是由較高的家庭

---

63 吳浩坤著：《古史探索與古籍研究》（臺北：貫雅文化出版公司，1990 年 12 月，1
版），頁 62。

64 李修松著：《先秦史探研》（合肥：安徽大學出版社，2006 年 3 月，1 版），頁 56。

65 朱鳳瀚著：《商周家族形態研究（增訂本）》（天津：天津古籍出版社，2004 年 7
月，2 版），頁 543。

人口死亡率）造成的，實為宗族公社解體階段出現的現象，這種八口之家的情況有可能出現在西周末年或春秋初期。[66]

關於上引論述，可在《詩經》及《左傳》找到佐證。如《毛詩・唐風・鴇羽》曰：「王事靡盬，不能蓺稷黍。父母何怙？悠悠蒼天，曷其有所！」〈鴇羽〉之「詩序」曰：「〈鴇羽〉，刺時也。昭公之後，大亂五世，君子下從征役，不得養其父母，而作是詩也。」[67]這裡所謂「昭公」即《左傳》桓公二年（B.C.710）「惠之三十年，晉潘父弒昭侯而納桓叔」[68]之晉昭侯（？-739 B.C.）。魯惠公（？-723 B.C.）在位四十六年，[69]「惠之三十年」即魯隱公（？-712 B.C.）即位前十七年。〈鴇羽〉作者因連年征役無法奉養雙親，內心痛苦萬分。試想：若春秋初期這位詩人之家庭組織爲朱鳳瀚所謂大型伸展家族，除作者自身外，定然有其他家族成員可照顧父母親，尚不致讓雙親「不能蓺稷黍。」此外，《左傳》僖公三十三年（627 B.C.）曰：「初，臼季使，過冀，見冀缺耨，其妻饁之。」《集解》云：「耨，鋤也。野饋曰饁。」[70]楊伯峻云：「冀缺之父冀芮爲惠公之黨，二十四年欲害文公，爲秦穆公所誘殺。」[71]因此之故，冀缺（生卒年不詳）被剝奪所屬封邑冀，從此降爲平民。此時冀缺於田野鋤草，並由其妻攜帶食物至田野饋食。何茲全認爲，文中冀缺「很有些小農形象。」何氏所謂「小農」即個體農民，[72]由此可推測冀缺家戶形態應是朱氏所謂「小型伸展家庭」或「核心家族」。周積明、宋德金主編《中

---

66 袁祖亮主編，焦培民著：《中國人口通史・先秦卷》（北京：人民出版社，2007 年 2 月，1 版），頁 138。

67 漢・毛亨傳，漢・鄭玄箋，唐・孔穎達正義：《毛詩正義》，頁 224-225。

68 晉・杜預集解，唐・孔穎達正義：《春秋左傳注疏》，頁 98。

69 楊伯峻著：《春秋左傳注》，頁 2。

70 晉・杜預集解，唐・孔穎達正義：《春秋左傳注疏》，頁 291。

71 楊伯峻著：《春秋左傳注》，頁 502。

72 何茲全著：《中國古代社會》（北京：北京師範大學出版社，2001 年 8 月，1 版），頁 48。

國社會史論》認爲，從上二例「證明他們都是以小家庭從事生產與生活。」[73]
何茲全又舉《左傳》昭公十三年（529 B.C.）記載爲證，文曰：「王聞群公
子之死也，自投于車下，曰：『人之愛其子也，亦如余乎？』侍者曰：『甚
焉，小人老而無子，知擠于溝壑矣。』」《集解》云：「擠，隊也。」[74]楊伯
峻云：「蓋老而無子，將勢窮受逼至溝壑。」[75]楊寬認爲，「宗子亦有庇護宗
族成員之責」；[76]史鳳儀《中國古代的家族與身分》亦云：「宗子則以祿田
上剝削得來的剩餘財富贍養族人」；[77]此即《儀禮‧喪服傳》所謂「大宗者，
收族者也。」[78]史鳳儀認爲「收族」有二層意思，其一即「出現鰥寡孤獨無
人扶養的情況，可以將這些人收歸宗族大家庭中扶養。」[79]但依上引《傳》
文內容，「老而無子，就有無人扶養死於溝壑的危險，這說明已是一家一戶
的個體民戶。因爲他們是一家一戶，無宗族公社可依靠，老來只有依靠兒
子。」[80]足知文中小人者，已然未有宗子及宗族可以庇護，所以一旦老而無
子，就只能「擠于溝壑」。以上舉例皆反映至少在春秋時代，一般庶民家戶
單位已是人口規模較少之「小型伸展家庭」或「核心家族」，見不到如《毛
詩‧周頌‧噫嘻》所載，西周初年時「率時農夫，播厥百穀。駿發爾私，終
三十里。亦服爾耕，十千維耦」之場面。[81]楊寬謂〈噫嘻〉「是歌頌成千的
農民在三十里廣闊的大田上，集體配耦而耕作，場面很大。『十千維耦』是

73　周積明、宋德金主編：《中國社會史論》（武漢：湖北教育出版社，2000 年 12 月，
　　1 版），頁 301。

74　晉‧杜預集解，唐‧孔穎達正義：《春秋左傳注疏》，頁 806。

75　楊伯峻著：《春秋左傳注》，頁 1346。

76　楊寬著：《先秦史十講》，頁 213。

77　史鳳儀著：《中國古代的家族與身分》（北京：社會科學文獻出版社，1999 年 9 月，
　　1 版），頁 13。

78　漢‧鄭玄注，唐‧賈公彥疏：《儀禮注疏》，頁 358。

79　史鳳儀著：《中國古代的家族與身分》，頁 34。

80　何茲全著：《中國古代社會》，頁 48。

81　漢‧毛亨傳，漢‧鄭玄箋，唐‧孔穎達正義：《毛詩正義》，頁 724-725。

形容成千農民配耦而耕作，並非實數。」[82]縱然「十千維耦」是虛數而非實數，但西周初期這種以眾多人力實施「耦耕」之情況，[83]春秋時已然不可復見。當然，貴族宗族結構或許未必盡然如此，此問題已非本文討論範圍，故不再贅述。

何以從西周晚期至春秋時期，庶民家族由「大型伸展家族」轉為「小型伸展家庭」或「核心家族」？朱鳳瀚提出二點可能：

> 其一，是農業生產力的提高使農業生產組織的規模有可能縮小。……其二，一方面，含兩三代人的小型伸展家族即已可以成為獨立的生產組織與土地占有單位，不受過去那種血緣聚居形式的束縛，則此種小規模的家族在政治動亂或受到過重經濟壓迫的情況下，即有可能從故土遷徙呈流動狀態。另一方面，伴隨著稅畝制的實行與農業生產形式的變革，過去公、私家為保證藉耕公田時必要的勞動力而限制農業生產者自由遷徙的制度亦相應有所鬆懈。庶民階級的此種流動，勢必造成非血緣雜居局面，從而進一步加速其傳統血緣組織的瓦解，削弱了這一社會階層中血緣關係的影響。[84]

---

[82] 楊寬著：《先秦史十講》，頁 140。

[83] 「耦耕」之意，徐中舒云：「古代耦耕兩人共持耒耜各舉一足，利用兩人身的重量蹻之入土，入土之後，再用手抑柄使倒，讓土墳起，這種動作和現在用鐵鍤市一樣的。古代叫這種動作就言之叫做推，就起土言之教做發（字又作墢）。……古代耦耕就是這樣一發一墢地至于終畝。這是效力很小而又是極端勞苦的事。」見徐中舒著：〈論東亞大陸牛耕的起原〉，原載成都《工商導報學林》副刊第 24 期（1951 年 12 月 23 日），收入氏著：《徐中舒歷史論文選輯》（北京：中華書局，1998 年 9 月，1 版 1 刷），頁 814-828。陳文華則認為，「『耦耕』就是兩人執二耜（耒、耜）同時並耕，一人向右翻土，一人向左翻土。它是適應當時實行的壟作制和後來代田法的農藝要求的。」見陳文華著：〈試論我國農具史上的幾個問題〉，原載《考古學報》1981 年第 4 期；收入華世出版社編：《中國社會經濟史參考資料》（臺北：華世出版社，1984 年 10 月，1 版），頁 29-57。「耦耕」之意非本文討論重點，於此僅陳二家之說，提供讀者參考。

[84] 朱鳳瀚著：《商周家族形態研究（增訂本）》，頁 544。

朱氏所謂「農業生產力的提高」，陳長琦《中國古代國家與政治》云：「以鐵器和牛耕代表的農業生產力有了長足的發展，同時，水利灌溉工程的大量興修、農業耕作技術的提高，促進了農業經濟的進步。」[85]具體可歸納為下列三項原因：

（一）鐵器之使用。先秦文獻記載使用鐵器始見春秋時期，《左傳》昭公二十九年（513 B.C.）曰：「冬，晉趙鞅、荀寅帥師城汝濱，遂賦晉國一鼓鐵，以鑄刑鼎，著范宣子所為刑書焉。」[86]楊伯峻云：「鼓為衡名，亦為量名。」[87]是以「鼓」為容量單位，賦繳鐵於晉國。此外，《國語·齊語》有「美金以鑄劍戟，試諸狗馬；惡金以鑄鉏、夷、斤、斸，試諸壞土」之記載，[88]學者皆謂「惡金」即是鐵。又《墨子·備城門》有「沙礫鐵」、「鍱之以鐵」、「鐵鐕」、「鐵纂」、「鐵什」，〈備蛾傳〉有「鐵璞」，〈備穴〉有「鐵鎖」、「鐵鈇」、「鐵鉤」、「鐵校」，〈旗幟〉有「鐵甕」，〈襍守〉有「鐵錍」等；[89]足見使用鐵器之頻繁。迄今為止，出土春秋時期鐵器地點已有十餘處，分布於現今甘肅、山東、河南、湖南等地。[90]出土鐵器中，農具有鍤、鋤、鑱、耙、钁等，手工業工具有錛、削、鑿、斧等，用具有鼎，以及刀、劍等兵器。[91]李則鳴《先秦·秦漢經濟文化史略》則直言：「從冶鍛技術本身的成熟程度，即可推斷冶鐵技術發明於春秋中期以前，即

[85]　陳長琦著：《中國古代國家與政治》（北京：文物出版社，2002 年 1 月，1 版），頁 7。

[86]　晉·杜預集解，唐·孔穎達正義：《春秋左傳注疏》，頁 926。

[87]　楊伯峻著：《春秋左傳注》，頁 1504。

[88]　三國·韋昭注：《國語韋昭註》，頁 173。

[89]　周·墨翟著，清·孫詒讓閒詁，孫啟治點校：《墨子閒詁》，頁 490-536、564-573、579-586、619-636。

[90]　計有甘肅靈台景家莊、陝西鳳翔秦公墓、陝西寶雞市益門村、山東青島嶗山東古鎮、山東臨淄朗家莊、江蘇六合程橋、江西九江磨盤墩、河南新鄭唐戶、河南洛陽水泥製品廠、湖南長沙龍坡澗、湖南長沙識字嶺、湖南長沙楊家山等。見周自強主編：《中國經濟通史·先秦經濟卷》，頁 1120-1121。

[91]　張長壽、殷瑋璋主編，中國社會科學院考古研究所編著：《中國考古史·兩周卷》（北京：中國社會學出版社，2004 年 12 月，1 版），頁 406-407。

春秋初期。」[92]由李學勤主編，孟世凱副主編，王美鳳、周蘇平、田旭東撰著《中國古代歷史與文明》云：

> 由於鐵工具的堅固銳利遠遠超過了石、木、骨、蚌和青銅器，鐵農具的逐步使用和迅速推廣，提高了開墾荒地的能力，便於深耕細作，推動了農業生產的迅猛發展。[93]

學者們普遍認為鐵器之使用，正是加速農業生產力提升的關鍵因素之一，此論已為研究上古史者之共識。翦伯贊（1898-1968）《先秦史》更云：「由於鐵器之普遍運用於生產，才一般地提高了社會的生產力，因而引起社會生產組織的改變。」[94]直接點名鐵器之使用，讓春秋社會生產組織有轉換動力。至於中國鐵器之詳盡論述，讀者可參見楊寬《中國古代冶鐵技術發展史》，[95]於此不再贅述。

（二）牛耕之興起。齊思和〈牛耕之起源〉從文獻爬疏牛耕起源時間，認為牛耕當不晚於春秋時代。[96]《國語・晉語九》曰：「夫范、中行氏不恤庶難，欲擅晉國，今其子孫將耕於齊，宗廟之犧為畎畝之勤。」[97]《注》云：「純色為犧」，指純色之牛當為犧牲之用。然當為「宗廟之犧」之純牛，卻流落畎畝成為耕牛，以此諷喻范氏、中行氏。許倬雲〈兩周農業技術〉云：

---

[92] 李則鳴著：《先秦・秦漢經濟文化史略》（武漢：長江文藝出版社，2004 年 4 月，1 版），頁 48。

[93] 李學勤主編，孟世凱副主編，王美鳳、周蘇平、田旭東著：《中國古代歷史與文明》（上海：上海科學技術文獻出版社，2007 年 4 月，1 版），頁 140。

[94] 翦伯贊著：《先秦史》（北京：北京大學出版社，1999 年 5 月，2 版），頁 304。

[95] 楊寬著：《中國古代冶鐵技術發展史》（上海：上海人民出版社，2004 年 9 月，1 版）。

[96] 齊思和著：〈牛耕之起源〉，原載天津達仁學院經濟研究所《經濟研究季刊》1941 年第 1 卷、第 1 期；收入氏著：《中國史探研》（石家莊：河北教育出版社，2000 年 7 月，1 版），頁 163-180。

[97] 三國・韋昭注：《國語韋昭註》，頁 359。

「此處宗廟犧牲變成在畎畝之間工作，自非指牛耕不可。」[98]又《論語·顏淵》曰：「司馬牛問仁。」《注》云：「牛，宋人，弟子司馬耕。」[99]《史記·仲尼弟子列傳》曰：「冉耕，字伯牛」；「司馬耕，字子牛。」[100]《韓非子·外儲說左下》亦記一名力士名爲牛子耕（生卒年不詳）。[101]命名取字以「牛」、「耕」相聯，反映春秋時牛耕已普遍實行。此外，《左傳》宣公十一年（598 B.C.）有「牽牛以蹊人之田，而奪之牛」[102]之喻，周自強《中國經濟通史·先秦經濟卷》云：

> 這裡所說的牛不是放牧的牛，牧人放牛不是在前面牽，而是在牛群後面用鞭子趕；也不可能是駕車的牛，車在路上走，不在田間行。牛用人牽著，在田間行走，並踐踏了他人的田苗，最大可能是犁田的耕牛。[103]

其說當可參酌，作爲春秋已實施牛耕之補充論據。

（三）水利設施之普及。《左傳》襄公十年（563 B.C.）曰：「初，子駟爲田洫，司氏、堵氏、侯氏、子師氏皆喪田焉。」《集解》云：「洫，田畔溝也。子駟爲田洫，以正封疆，而侵四族田。」[104]竹添光鴻云：

> 春秋時大水屢見，溝洫淤塞，經界不明，則豪強可以兼并，又或以既

98　許倬雲著：〈兩周農業技術〉，原載《中央研究院歷史語言研究所集刊》42 本第 4 分，收入氏著：《求古編》（臺北：聯經出版事業公司，1983 年 10 月，1 版 4 刷），頁 151-186。

99　魏·何晏注、宋·邢昺疏：《論語注疏》，頁 106。

100　漢·司馬遷著，南朝宋·裴駰集解，唐·司馬貞索引，唐·張守節正義，日本·瀧川龜太郎考證：《史記會注考證》，頁 3746、3780。

101　周·韓非著，清·王先慎集釋，鍾哲點校：《韓非子集釋》，頁 295。

102　晉·杜預集解，唐·孔穎達正義：《春秋左傳注疏》，頁 384。

103　周自強主編：《中國經濟通史·先秦經濟卷》，頁 1123。

104　晉·杜預集解，唐·孔穎達正義：《春秋左傳注疏》，頁 541。

埲之溝洫為田，事理之所有。今子駟清理經界，應於有溝洫之地仍復
為洫。四氏所喪，或係兼并之田復歸他人，或係所開淤洫之田仍復為
洫，其為溝、為畛、為涂亦同。此以久屬己分之田，而忽然喪之，所
為洩怨於子駟之為洫者也。[105]

知子駟因「為田洫」而徵收土地，開罪司氏、堵氏、侯氏、子師氏四族。又
襄公十六年（557 B.C.）《經》曰：「三月，公會晉侯、宋公、衛侯、鄭伯、
曹伯、莒子、邾子、薛伯、杞伯、小邾子于湨梁。」[106]竹添光鴻云：「孫氏
云：梁，水橋也。」[107]楊伯峻云：「湨梁，湨水之堤梁。」[108]李學勤主編、
孟世凱副主編《春秋史與春秋文明》云：「湨梁，即湨水之堤梁。……說明
當時的一些重要河流上已經有了堤防的修築。」[109]又襄公三十年（543 B.C.）
《傳》曰：「子產使都鄙有章，上下有服；田有封洫，廬井有伍。」《集解》
云：「封，疆也。洫，溝也。」初時雖受「輿人」抨擊，揚言「孰殺子產，
吾其與之」；但三年後廣收成效，「輿人」盛讚子產曰：「我有田疇，子產
殖之。子產而死，誰其嗣之？」[110]由此足見興設水利設施，為農業生產帶廣
大效益。襄公二十五年（548 B.C.）《傳》曰：

甲午，蒍掩書土田，度山林，鳩藪澤，辨京陵，表淳鹵，數疆潦，規
偃豬，町原防，牧隰皋，井衍沃，量入修賦，賦車籍馬，賦車兵、徒
兵、甲楯之數。既成，以授子木，禮也。[111]

---

[105] 日本・竹添光鴻著：《左傳會箋》，頁 1038。

[106] 晉・杜預集解，唐・孔穎達正義：《春秋左傳注疏》，頁 572。

[107] 日本・竹添光鴻著：《左傳會箋》，頁 1097。

[108] 楊伯峻著：《春秋左傳注》，頁 1025。

[109] 李學勤主編，王美鳳、周蘇平、田旭東著：《春秋史與春秋文明》，頁 143。

[110] 晉・杜預集解，唐・孔穎達正義：《春秋左傳注疏》，頁 684。

[111] 晉・杜預集解，唐・孔穎達正義：《春秋左傳注疏》，頁 623-624。

徐中舒《先秦史十講》云：

> 蒍掩把田土分為九類進行革新整頓，其中有兩項措施都是關於水利方
> 面的，足見楚國時對於水利事業的重視。「偃」通「堰」，「豬」通
> 「瀦」，堰瀦就是今日的水庫或蓄水池塘；「防」也就是水利建設的
> 堤防。[112]

此外，《漢書·地理志》廬江郡之灊縣，《注》云：「天柱山在南。有祠。
沘山，沘水所出，北至壽春入芍陂。」[113]芍陂位於今安徽省壽城縣南六十里
處，相傳是楚莊王時令尹孫叔敖初建。[114]依《淮南子·人間》「孫叔敖決期
思之水，而灌雩婁之野」之記載，[115]孫叔敖另有期思陂之建設，是一項「陂
塘蓄水工程。」[116]至於吳國邗溝則是春秋末年長江流域重要水利工程，不僅
溝通長江與淮河，[117]便於運輸及灌溉，也間接成就吳王夫差（約 528 B.C.-473
B.C.）之霸業。[118]

顧德融、朱順龍《春秋史》云：

> 從春秋至戰國，這種以宗教為主體的公社開始逐漸瓦解。……西周後

---

[112] 徐中舒著：《先秦史十講》（北京：中華書局，2009 年 7 月，1 版 1 刷），頁 105。

[113] 漢·班固著，唐·顏師古注：《漢書》，頁 399。

[114] 陳振中著：《青銅生產工具與中國奴隸制社會經濟》，頁 431-432。韓巍編著：《黃土與青銅·先秦的物質文明》（北京：北京大學出版社，2009 年 1 月，1 版），頁 88。

[115] 漢·劉安編，何寧集釋：《淮南子集釋》，頁 1301。

[116] 陳振中著：《青銅生產工具與中國奴隸制社會經濟》，頁 433。

[117] 劉義華主編，劉澤華本卷主編：《中國通史教程·第 1 卷·先秦兩漢時期》（上海：復旦大學出版社，2005 年 11 月，1 版），頁 237。

[118] 「春秋五霸」內容計有 6 種之多，其中有以「齊文公、宋襄公、晉文公、秦穆公、吳夫差」為五霸者。此說見《漢書·諸侯王表》顏師古注，見漢·班固著，唐·顏師古注：《漢書》，頁 110。

期出現了人工鐵器，春秋時代逐步進入鐵器時代，鐵和青銅農具逐漸替代以石、木器為主體的農具，牛耕開始使用，農業技術全面發展，整個社會生產力有了較大提高，原來因生產力低下所需的大集體生產已不再需要，小家庭或個體生產已成為可能，勢必導致公社中家庭的貧富分化，隨著剝削關係的發展和個體農民的出現，這種公社組織就必然走向解體。*119*

李則鳴《先秦・秦漢經濟文化史略》亦有類似論點，文云：「鐵農具的廣泛使用，牛耕的推廣，農業生產技術的進步與農田水利工程的興修，為提高土地利用率和普遍實行個體生產經營奠定了堅實的基礎。」*120*由於春秋初期農業生產力有顯著提升，「小型伸展家庭」或「核心家族」才得以發展，形成如上引《周禮・地官・小司徒》所載，發展為一家七人、六人、五人之家戶單位。除上述三項原因外，楊師群提出另一項觀點，文云：

春秋時期……生產關係進一步發展的結果便是公田消失，履畝而稅開始。……在剝削日益加重，貧富分化激烈，各種矛盾鬥爭尖銳的同時，隨著土地稅制改革，平民家族組織開始走向瓦解，小家庭逐步成為獨立的基本單位。*121*

若依楊氏之見，則是因土地稅制改革迫使庶民家族崩解，似乎有倒果為因之嫌。何則？因為當生產力條件提升後，改革土地稅制才能應運而生，如此國家才能從庶民取得更多利益。否則一味調高賦稅條件而生產條件無法配合，如此無異於殺雞取卵，絕非長久之計。李學勤主編、孟世凱副主編《春秋史與春秋文明》云：

---

119 顧德融、朱順龍著：《春秋史》，頁 229-230。
120 李則鳴著：《先秦・秦漢經濟文化史略》，頁 56。
121 楊師群著：《東周秦漢社會轉型研究》（上海：上海古籍出版社，2003 年 4 月，1 版），頁 24。

由於生產力的不斷提高，春秋時的農業生產已經開始從大集體勞動向
小集體勞動甚至個體勞動轉化，這就必然使父權制的大家庭成為一個
具有相對獨立性的生產、生活單位，並且逐步取代了過去的大家族的
地位。這樣，以整個家族或包含幾個家族的村社作為納貢、服役單位
的情況就不能持續下去了。……公元前594年魯國實行「初稅畝」，
開始按照每個大家庭實耕土大的多少徵收賦稅，說明魯國已將剝削的
對象落實到了每戶。*122*

雖然作者所云「大家庭」用詞不甚精準，但據其文意，即是朱鳳瀚所謂「小
型伸展家庭」或「核心家族」。其內容適能反駁上引楊善群之見，而與筆者
看法相符，楊氏之見不可信從。

　　《左傳》亦有二段文字，可為上引《周禮·地官·小司徒》之參佐，襄
公三十年《傳》曰：

二月癸未，晉悼夫人食輿人之城杞者，絳縣人或年長矣，無子而往，
與於食，有與疑年，使之年。曰：「臣，小人也，不知紀年。臣生之
歲，正月甲子朔，四百有四十五甲子矣，其季於今三之一也。」吏走
問諸朝。師曠曰：「魯叔仲惠伯會郤成子于承匡之歲也。是歲也，狄
伐魯，叔孫莊叔於是乎敗狄于鹹，獲長狄僑如及虺也、豹也，而皆以
名其子。七十三年矣。」史趙曰：「亥有二首六身，下二如身，是其
日數也。」士文伯曰：「然則二萬六千六百有六旬也。」趙孟問其縣
大夫，則其屬也。召之而謝過焉，曰：「武不才，任君之大事，以晉
國之多虞，不能由吾子，使吾子辱在泥塗久矣，武之罪也。敢謝不才。」
遂仕之，使助為政。辭以老。與之田，使為君復陶，以為絳縣師，而
廢其輿尉。*123*

---

122 李學勤主編，王美鳳、周蘇平、田旭東著：《春秋史與春秋文明》，頁136。
123 晉·杜預集解，唐·孔穎達正義：《春秋左傳注疏》，頁680-681。

文中絳縣「輿人」被徵發前往杞國「城」——即本章所指「土功」,為杞國築城——事後趙孟發現這位老「輿人」已高齡七十三歲。何以如此高齡尚被徵發服役?原因是這位「輿人」「年長矣,無子而往。」當時徭役勢必是以家戶為單位徵發,若這位「輿人」因無子而被要求服役,推測其家戶人口必然單薄。雖未知曉其家戶究竟有多少人口,但極可能如上引《周禮·地官·小司徒》所載,是七口、六口或五口之「小型伸展家庭」或「核心家族」。又如襄公二十六年(547 B.C.)《傳》曰:「彭城之役,晉、楚遇於靡角之谷。晉將遁矣,雍子發命於軍曰:『歸老幼,反孤疾,二人役,歸一人。簡兵蒐乘,秣馬蓐食,師陳焚次,明日將戰。』」[124]此段是蔡國聲子(生卒年不詳)與楚國令尹子木(?-545 B.C.)對答內容,述及魯成公十八年(573 B.C.)晉、楚彭城之役。是時新附晉國之楚大夫雍子(生卒年不詳),建議晉悼公「歸老幼,反孤疾,二人役,歸一人」,並營造「簡兵蒐乘,秣馬蓐食,師陳焚次,明日將戰」之氣氛以欺敵,實則是「晉將遁矣」。楊伯峻認為,「歸老幼,反孤疾,二人役,歸一人」,即「老者、幼者及孤兒、病人,與兄弟二人同役者之一人皆回家。」[125]又如《國語·吳語》曰:

> 王乃命有司大徇於軍曰:「有父母者老而無昆弟者以告。」王親命之曰:「我有大事,子有父母者老,而子為我死,子之父母將轉於溝壑。子為我禮已重矣,子歸歿而父母之世。後若有事,吳與子圖之。」明日徇於軍曰:「有兄弟四、五人皆在此者以告。」王親命之曰:「我有大事,子有昆弟四、五人皆在此。事若不捷,則是盡也。擇子之所欲歸者一人。」

《注》云:「六十曰耆,七十曰老。轉,入也。重矣,去父母而來也。歿,

124　晉·杜預集解,唐·孔穎達正義:《春秋左傳注疏》,頁636。

125　楊伯峻著:《春秋左傳注》,頁1121。

終也。捷，勝也。」[126]此段記載是吳王夫差與越王句踐（約 520 B.C.-465 B.C.）交戰前，親命三軍將士之詞。夫差先要求部隊中有父母親六十歲以上，且家中無其他兄弟者，可離開戰場歸養父母。再要求部隊中有兄弟四、五人同在戰場者，可選擇一人回家奉養父母。這裡出現「二人役，歸一人」、「昆弟四、五人皆在此……擇子之所欲歸者一人」，似與《周禮·地官·小司徒》記載不同。因為若依〈小司徒〉，「凡起徒役，毋過家一人」；況且以戰爭為目的之徵發，不在「唯田與追、胥竭作」之列。但若以上引襄公三十年《傳》記載，七十三歲高齡老「輿人」必要時亦須服役，若遇戰事緊急而擴大徵發對象時，或許也不必遵守「凡起徒役，毋過家一人」之限制。

此外，考古遺址亦可證實「小型伸展家庭」或「核心家族」，或許在春秋前即已形成。依《灃西發掘報告：1955-1957 年陝西長安縣灃西鄉考古發掘資料》，在西周王都豐鎬地區陝西長安張家坡西周遺址發現十五座西周早期小型房屋基址，面積大多在十平方公尺以下。[127]1960 年又於該處再發現三座房屋基址，面積亦在十平方公尺左右。[128]雖然二處皆為西周初年遺址，但謝維揚《周代家庭形態》認為：

> 從這種房屋的簡陋程度，及其伴隨有農業和手工業生產工具出土來看，它們應當是當時農業和手工業勞動者的居址。而根據張家坡的地理位置，它們作為當時六鄉庶人居處的可能性並不是不存在的。[129]

謝氏所謂「六鄉庶人」即其所云「居住在國中，從事農業生產和負擔兵役」者，[130]意即一般所謂「國人」。再如山西省侯馬北西莊東周遺址發現二座小

---

[126] 三國·韋昭注：《國語韋昭註》，頁 446-447。

[127] 中國科學院考古研究所編著：《灃西發掘報告：1955-1957 年陝西長安縣灃西鄉考古發掘資料》（北京：文物出版社，1963 年，1 版），頁 75-77。

[128] 中國科學院考古研究所灃西發掘隊著：〈1960 年秋陝西長安張家坡發掘簡報〉，《考古》1962 年第 1 期，頁 20-22、圖版捌。

[129] 謝維揚著：《周代家庭形態》，頁 258。

型房屋基址,面積亦在十平方公尺左右。[131]同樣在山西省侯馬地區的牛村古城之南,亦發現十七座東周時期房屋基址,面積皆小於十平方公尺。[132]上述二處遺址皆在山西省侯馬地區,該處正是春秋晚期晉國都城新田所在地。因此謝維揚認為,「這些房屋基址也有可能是晉國六鄉庶人的居處。」[133]透過這些考古發掘實況,謝氏云:「這些材料都有力地說明兩周代底層人民(主要是農業和手工業勞動者)的家戶規模的普遍小型化。」[134]

本文重點不在討論兩周家戶規模變化,可知至少在春秋時期,家戶規模已普遍趨向朱鳳瀚所謂「小型伸展家庭」或「核心家族」。因此無論從文獻記載或考古實證,都可證明朱鳳瀚、謝維揚及筆者觀點,知《周禮・地官・小司徒》一家戶單位為七口、六口、五口之家之記載,於春秋時期絕對存在。至於每家戶單位應提供多少人從事徭役工作?若依《周禮・地官・小司徒》記載,則是據家戶單位人口多寡,提供二至三人具有「役人」資格;且有「凡起徒役,毋過家一人」之限制。不過從《左傳》相關記載,「凡起徒役,毋過家一人」只是原則如此;若遇戰事緊急而擴大徵發範圍時,或許也就不能過於拘執之說。

四、役人服役年齡

「役人」服役年齡範圍,《周禮・地官・鄉大夫》曰:

> 以歲時登其夫家之眾寡,辨其可任者。國中自七尺以及六十,野自六

---

130 謝維揚著:《周代家庭形態》,頁 256。
131 山西省文管會侯馬工作站著:〈侯馬北西莊東周遺址的清理〉,《文物》1959 年第 6 期,頁 42-44。
132 山西省文管會侯馬工作站著:〈1959 年侯馬「牛村古城」南東周遺址發掘簡報〉,《文物》1960 年 Z1 期,頁 10-14。
133 謝維揚著:《周代家庭形態》,頁 258。
134 謝維揚著:《周代家庭形態》,頁 259。

尺以及六十有五，皆征之。其舍者，國中貴者、賢者、能者、服公事者、老者、疾者皆舍。以歲時入其書。

《注》云：

登，成也，定也。國中，城郭中也。……鄭司農云：征之者，給公上事也。舍者，謂有復除舍不收役事也。貴者，謂若今宗室及關內侯皆復也。服公事者，謂若今吏有復除也。老者，謂若今八十、九十復羨卒也。疾者，謂若今癃不可事者，復之。

《疏》云：

云「國中自七尺以及六十」者，七尺謂年二十。知者，案《韓詩外傳》「二十行役」，與此國中七尺同，則知七尺謂年二十。云「野自六尺以及六十有五」者，六尺謂年十五，故《論語》云：「可以託六尺之孤。」鄭注云：「六尺之孤，年十五已下。」彼六尺亦謂十五。鄭言已下者，正謂十四已下亦可以寄託，非謂六尺可通十四已下。鄭必知六尺年十五者，以其國中七尺為二十對六十，野云六尺對十五，晚校五年，明知六尺與七尺早校五年，故以六尺為十五也。[135]

知《周禮》記載國都城中居民自二十歲起至六十歲止，城外鄙野居民自十五歲起至六十五歲止，皆是徵發服役對象。此外，《禮記・王制》曰：「五十不從力政，六十不與服戎。」《注》云：「力政，城道之役也。」《正義》云：「《易》孟氏、《韓詩》說：年二十行役，三十受兵，六十還兵。」[136]是謂古者男子二十歲以上服力役，三十歲以上服兵役，至六十歲以上方可除

135　漢・鄭玄注，唐・賈公彥疏：《周禮注疏》，頁180。
136　漢・鄭玄注，唐・孔穎達正義：《禮記注疏》，頁265。

役。又《禮記・祭義》云：「古之道，五十不為甸徒。」《注》云：「五十始衰，不從力役之事也。」[137]又謂五十歲以上可免除徵發力役。李修松《先秦史探研》云：「當時服役的年齡一般在 20～60 歲之間，其中屬於徭役的『力征』一般不超過 50 歲。」[138]姑且不論年齡是否正確，但從此可知徵役是依年齡多寡而有所規範。至於《左傳》能考證「役人」服役年齡之資料，僅見上引襄公三十年《傳》所載，這位絳縣老「輿人」高齡七十三歲尚被徵發至杞築城，趙孟為此感到歉咎而邀請老「輿人」「與之田，使為君復陶，以為絳縣師」，並「廢其輿尉。」七十三歲應已達免役年齡，絳縣「輿尉」仍徵發這位老「輿人」服役，故遭免職處分。

在此須釐清一事：上引襄公二十六年《傳》雍子之言曰：「歸老幼，反孤疾，二人役，歸一人。」楊伯峻解釋為「老者、幼者及孤兒、病人，與兄弟二人同役者之一人皆回家。」[139]知彭城之戰時，晉軍仍有老幼被徵發服役，此又如何解釋？事實上除上引襄公二十六年《傳》外，《左傳》類似記載尚有二條，分別為襄公九年（564 B.C.）及哀公十一年（484 B.C.），文曰：

> 冬十月，諸侯伐鄭。……甲戌，師于氾。令於諸侯曰：「修器備，盛餱糧，歸老幼，居疾于虎牢，肆眚，圍鄭。」鄭人恐，乃行成。（襄公九年，564 B.C.）
> 十一年，春，齊為鄎故，國書、高無丕帥師伐我，及清。……季氏之甲七千，冉有以武城人三百為己徒卒，老幼守宮，次于雩門之外。（哀公十一年，484 B.C.）[140]

在此須先說明文獻對「老」、「幼」年齡相關記載。《禮記・曲禮》曰：「七十曰老，而傳。」[141]《黃帝內經・衛氣失常》曰：「黃帝問於伯高曰：『人

137　漢・鄭玄注，唐・孔穎達正義：《禮記注疏》，頁 824。

138　李修松著：《先秦史探研》，頁 56。

139　楊伯峻著：《春秋左傳注》，頁 1121。

140　晉・杜預集解，唐・孔穎達正義：《春秋左傳注疏》，頁 527、1015-1016。

之肥瘦大小溫寒，有老壯少小，別之奈何？』伯高對曰：『人年五十已上為老，二十已上為壯，十八已上為少，六歲已上為小。』」[142]《黃帝內經》依人之身理機能而論，謂五十歲以上進入老年期，體能及器官機能將逐漸衰退。劉文強先生〈再論晉獻公〉云：「至於稱老的年歲，若對比二十為少，四十為壯，將之定在六十左右，應該是十分合理的。」[143]至於「幼」者，《禮記·曲禮上》曰：「人生十年曰幼，學。」又《禮記·曲禮下》曰：「問國君之年：長，曰能從宗廟社稷之事矣；幼，曰未能從宗廟社稷之事也。」《正義》云：「人君十五有養子之禮，長則能主國。聞其能主國，則知十五以上為長也。若聞未能主國，則知十四以下是為幼也。」又《禮記·文王世子》曰：「成王幼，不能蒞阼，周公相，踐阼而治。」《正義》云：「鄭《注》〈金縢〉云：文王崩後，明年生成王。則武王崩時，成王年十歲；服喪三年畢，成王年十二；明年將踐阼，周公欲代之攝政，群叔流言，周公辟之，居東都；時成王年十三也。」[144]是文獻關於「幼」之年齡有十歲、十三歲及十四歲之說，意見並不一致。若回歸上引《周禮·地官·鄉大夫》記載，國都城中居民自二十歲起至六十歲止，城外鄙野居民自十五歲起至六十五歲止，皆是徵發服役對象。但若考察其他文獻關於「老」、「幼」年齡數字之說，「老」者尚且符合徵役年齡限制，然「幼」者似乎無法通釋。

　　「老幼」一詞於《周禮》數見，如〈地官·小司徒〉曰：「小司徒之職，掌建邦之教法，以稽國中及四郊、都鄙之夫家、九比之數，以辨其貴賤、老幼、廢疾，凡征役之施舍，與其祭祀、飲食、喪紀之禁令。」《注》云：「施，當為弛。」《疏》云：

　　　云「辨其貴賤、老幼、廢疾」者，辨猶別也。謂別其貴賤、老幼、廢

141　漢·鄭玄注，唐·孔穎達正義：《禮記注疏》，頁 16。

142　楊維傑著：《黃帝內經素問譯解》（臺北：志遠書局，1983 年，13 版），頁 415。

143　劉文強著：〈再論晉獻公〉，《文與哲》第 7 期（高雄：國立中山大學中國文學系，2005 年 12 月），頁 33-70。

144　漢·鄭玄注，唐·孔穎達正義：《禮記注疏》，頁 16、96、392。

疾，合科役者科役之。云「凡征役之施舍」者，征謂稅之，役則繇役。
施舍者，貴與老幼、廢疾不科役，故言弛也。[145]

又〈地官‧鄉師〉曰：

> 鄉師之職，各掌其所治鄉之教而聽其治。以國比之法，以時稽其夫家
> 眾寡，辨其老幼、貴賤、廢疾、馬牛之物，辨其可任者與其施舍者。
> 掌其戒令糾禁，聽其獄訟。

《注》云：「施舍，謂應復免不給繇役。」《疏》云：「云『與其施舍』者，
鄭云謂應復免不給繇役，即上云廢疾、老幼者是也。」[146]又〈地官‧族師〉
曰：「以邦比之法，帥四閭之吏，以時屬民而校，登其族之夫家眾寡，辨其
貴賤、老幼、廢疾、可任者，及其六畜、車輦。」又〈地官‧遂人〉曰：「以
歲時登其夫家之眾寡及其六畜、車輦，辨其老幼、廢疾與其施舍者，以頒職
作事，以令貢賦，以令師田，以起政役。」[147]從上引《周禮》可知，「小司
徒」、「鄉師」、「族師」、「遂人」等皆是徵發役政之相關職官，須辨別
徵發對象之「老幼」，避免誤徵符合「老幼」規範者。如此看來若依《周禮》
規定，凡屬「老幼」者皆應免徵。然何以上引《左傳》三條記載，「老幼」
仍被徵發服役？

　　對此可有三個角度思考。（一）「老幼」僅是泛稱，意指年紀較長者及
較幼者，未必實指某個年齡。上引襄公九年（564 B.C.）《傳》杜預《集解》
於「歸老幼」句云：「示將久師。」[148]楊伯峻於該句下云：「老者幼者無能
作戰，故送還。」[149]依杜預之解，諸侯聯軍為表示將久駐鄭國包圍鄭都，故

145　漢‧鄭玄注，唐‧賈公彥疏：《周禮注疏》，頁 168。
146　漢‧鄭玄注，唐‧賈公彥疏：《周禮注疏》，頁 174。
147　漢‧鄭玄注，唐‧賈公彥疏：《周禮注疏》，頁 186、234。
148　晉‧杜預集解，唐‧孔穎達正義：《春秋左傳注疏》，頁 527。
149　楊伯峻著：《春秋左傳注》，頁 967-968。

命令諸軍「歸老幼。」因為這些老者、幼者體能恐無法負荷長期駐軍之疲困，故皆送還國內。（二）《周禮》記載屬理想擘畫，可能與《左傳》所見春秋時代實際狀況稍有出入。正如上文所言，《周禮·地官·小司徒》謂「凡起徒役，毋過家一人」，然《左傳》襄公三十年卻明言「二人役，歸一人」，顯然一個家戶單位有二人同役情況。故雖《周禮·地官·鄉大夫》明載服役年齡範圍，但可能僅是原則上條件，或許未能徹底施行於春秋時代。（三）《周禮·秋官·大司寇》曰：「以肺石達窮民，凡遠近惸獨老幼之欲有復於上，而其長弗達者，立於肺石，三日，士聽其辭，以告于上而罪其長。」《疏》云：「老幼者，老則無夫、無妻，幼則無父。」[150]賈公彥認為「老」指無夫或無妻之老人，「幼」指無父之孤兒。若以上引《左傳》襄公三十年內容，則老「輿人」被徵發城杞，乃因其「無子而往」，故被絳邑「輿尉」徵役。故若依〈秋官·大司寇〉記載，因《左傳》「老幼」之家戶單位已無符合徵役年齡範圍之其他正卒，故這些「老幼」被要求徵發服役。

五、役人之輪替

《毛詩》有許多詩篇均與服役有關，除上文徵引〈小雅·采薇〉、〈小雅·出車〉、〈豳風·東山〉外，尚有其他諸篇，詩中表現情緒大多偏向負面。如〈王風·揚之水〉「詩序」曰：「〈揚之水〉，刺平王也。不撫其民，而遠屯戍于母家，周人怨思焉。」詩曰：「懷哉懷哉！曷月予還歸哉？」《箋》云：「懷，安也，思鄉里處者，故曰今亦安不哉、安不哉！何月我得歸還見之哉！思之甚。」又如〈魏風·陟岵〉「詩序」曰：「〈陟岵〉，孝子行役，思念父母也。國迫而數侵削，役乎大國，父母兄弟離散，而作是詩也。」又如〈唐風·鴇羽〉「詩序」曰：「〈鴇羽〉，刺時也。昭公之後，大亂五世。君子下從征役，不得養其父母，而作是詩也。」又如〈小雅·北山〉「詩序」曰：「〈北山〉，大夫刺幽王也。役使不均，己勞於從事，而不得養其父母

150　漢·鄭玄注，唐·賈公彥疏：《周禮注疏》，頁518。

焉。」又如〈小雅・漸漸之石〉「詩序」曰:「〈漸漸之石〉,下國刺幽王也。戎狄叛之,荊舒不至,乃命將率東征。役久病於外,故作是詩也。」又如〈小雅・何草不黃〉曰:「何草不玄?何人不矜?哀我征夫,獨為匪民。匪兕匪虎,率彼曠野。哀我征夫,朝夕不暇!有芃者狐,率彼幽草。有棧之車,行彼周道。」《箋》云:「征夫,從役者也。古者師出不逾時,所以厚民之性也。今則草玄至於黃,黃至於玄,此豈非民乎?」《正義》云:「哀我此征行之夫,朝夕常行而不得閑暇。」[151]徵役之勞苦,從字裡行間可領略一二。《左傳》成公十三年(578 B.C.)有段記載亦可體現徵役之辛勞:

> 曹人使公子負芻守,使公子欣時逆曹伯之喪。秋,負芻殺其太子而自立也。諸侯乃請討之。晉人以其役之勞,請俟他年。冬,葬曹宣公。既葬,子臧將亡,國人皆將從之。成公乃懼,告罪,且請焉。乃反,而致其邑。[152]

竹添光鴻、楊伯峻皆謂《傳》文的「其役之勞」指同年「伐秦之役」。[153]成公十三年(578 B.C.)《春秋經》曰:「夏五月,公自京師,遂會晉侯、齊侯、宋公、衛侯、鄭伯、曹伯、邾人、滕人伐秦。」[154]雖不知「諸侯乃請討」曹國公子負芻(?-555 B.C.)在秋幾月,但對五月剛結束伐秦之役的晉國而言,晉人「以其役之勞」為推辭討伐曹國之由,可想見徵役之疲勞苦辛。

　　一般而言,派軍出征皆有留守慣例。童書業《春秋左傳研究》「春秋時出征兵數與全國兵數比例」條云:

151　漢・毛亨傳,漢・鄭玄箋,唐・孔穎達正義:《毛詩正義》,頁 150、209、224、444、523、527-528。

152　晉・杜預集解,唐・孔穎達正義:《春秋左傳注疏》,頁 464。

153　日本・竹添光鴻著:《左傳會箋》,頁 896。楊伯峻著:《春秋左傳注》,頁 867。

154　晉・杜預集解,唐・孔穎達正義:《春秋左傳注疏》,頁 460。

春秋時列國出征兵數與全國兵數之比例若何？或舉昭五年《傳》：「因其十家九縣，長轂九百，其餘四十縣，遺守四千。」[155]以為出征兵數約當全國兵數五分之一，其實此非常例也。齊桓公時齊為千乘之國（或八百乘），士三萬人，而《呂氏春秋·簡選》：「齊桓公良車三百乘，教卒萬人，以為兵首。」[156]則三之一也。魯亦千乘之國，而定十年夾谷之會齊人曰：「齊師出境，而不以甲車三百乘從我者，有如此盟。」[157]則亦三之一也，蓋三之一最為常見。亦有逾於此者，如昭十三年平丘之會晉用車四千乘，此自為傾國之師，留守者度僅千乘左右，故「鮮虞人聞晉師之悉起也，而不警邊，且不修備」。[158]又如襄二十五年《傳》：「鄭子展、子產帥車七百乘伐陳。」[159]亦未必為三分之一，以鄭國雖強，度此時其全國兵車未必至二千乘也。要之，征伐之事，自不能傾國以出，而不留守備，一般戰役，不動大眾，約出全國兵數三分之一已足，其有特殊原因必須多用者，自不在此限。[160]

童氏認為春秋時代出征兵車數量，一般為該國全國兵車數量三分之一。筆者認為童氏所提比例，未必是通行春秋時代之常制。拙文〈童書業《春秋左傳研究》軍事類詞條考訂〉認為，「出征與守備國內的兵車數量及比例，當因時、因地、因事而有所不同，未能如童先生所提出的意見，謂有固定的比例。」[161]《左傳》閔公二年（660 B.C.）曰：「冬十二月，狄人伐衛。……公與石祁子玦，與甯莊子矢，使守。」文公七年（620 B.C.）《傳》記載晉國「箕鄭居守。趙盾將中軍，先克佐之；荀林父佐上軍；先蔑將下軍，先都

---

155 晉·杜預集解，唐·孔穎達正義：《春秋左傳注疏》，頁747。

156 秦·呂不韋編，陳奇猷校釋：《呂氏春秋校釋》，頁441。

157 晉·杜預集解，唐·孔穎達正義：《春秋左傳注疏》，頁976。

158 晉·杜預集解，唐·孔穎達正義：《春秋左傳注疏》，頁814。

159 晉·杜預集解，唐·孔穎達正義：《春秋左傳注疏》，頁621。

160 童書業著，童教英校訂：《春秋左傳研究（校訂本）》，頁329-330。

161 黃聖松著：〈童書業《春秋左傳研究》軍事類詞條考訂〉，《屏東教育大學學報（人文社會類）》第33期，頁67-88。

佐之。步招御戎，戎津為右。」《左傳》成公十六年（575 B.C.）曰：「晉
侯將伐鄭。……欒書將中軍，士燮佐之；郤錡將上軍，荀偃佐之；韓厥將下
軍，郤至佐新軍。荀罃居守。」昭公五年（537 B.C.）《傳》曰：「晉人若
喪韓起、楊肸，五卿、八大夫輔韓須、楊石，因其十家九縣，長轂九百，其
餘四十縣，遺守四千，奮其武怒，以報其大恥。」哀公十一年（484 B.C.）
《傳》曰：「齊為鄎故，國書、高無㔻帥師伐我，及清。……求曰：『一子
守，二子從公禦諸竟。』」[162]雖《傳》文記載留守者多指卿大夫，但可推知
留守卿大夫必然掌握國家軍隊；如昭公五年（537 B.C.）《傳》之記載，確
實說明晉國「遺守四千」之後備實力。留守目的不外乎鞏固國家，以防有心
鄰國藉出兵之際趁隙襲擊。留守另一目的即作輪替之預備，讓軍事調遣更符
實際需求。反觀上舉成公十三年《傳》記載，「晉人以其役之勞」，正因同
年稍早晉國伐秦。依《傳》文記載曰：「晉欒書將中軍，荀庚佐之；士燮將
上軍，郤錡佐之；韓厥將下軍，荀罃佐之；趙旃將新軍，郤至佐之。郤毅御
戎，欒鍼為右。」[163]《傳》文未記何位軍帥或軍佐留守，可能是傾全國之力
伐秦，當然也直接導致「晉人以其役之勞，請俟他年」之結果。

　　另有一事須予說明：成公三年（588 B.C.）《傳》曰：「十二月甲戌，
晉作六軍。韓厥、趙括、鞏朔、韓穿、荀騅、趙旃皆為卿，賞鞍之功也。」
《集解》云：「韓厥為新中軍，趙括佐之。鞏朔為新上軍，韓穿佐之。荀騅
為新下軍，趙旃佐之。晉舊自有三軍，今增此，故為六軍。」[164]且成公六年
（585 B.C.）《傳》曰：「韓獻子將新中軍，且為僕大夫。」[165]知至少在魯
成公六年時韓厥尚任「新中軍帥」，則魯成公十三年晉國伐秦之役，除《傳》
文所載「中軍」、「上軍」、「下軍」、「新軍」外，尚有「新上軍」及「新
下軍」未出征，應當留守國內才是。成公十三年《傳》直接記為「新軍」而

162　晉・杜預集解，唐・孔穎達正義：《春秋左傳注疏》，頁 190-191、317、473、747、
　　 1015-1016。

163　晉・杜預集解，唐・孔穎達正義：《春秋左傳注疏》，頁 463。

164　晉・杜預集解，唐・孔穎達正義：《春秋左傳注疏》，頁 438。

165　晉・杜預集解，唐・孔穎達正義：《春秋左傳注疏》，頁 441。

非載為「新中軍」，可證此時應已取銷「新上軍」及「新下軍」，故直稱「新軍」。若此時「新上軍」及「新下軍」尚在，《傳》文應將「新軍」記為「新中軍」而非直云「新軍」。清人齊召南（1703-1768）《左傳注疏考證》云：「按：十三年，晉及秦戰於麻隧，將佐八人欒書、荀庚、士燮、郤錡、韓厥、荀罃為三軍將佐；趙旃將新軍，郤至佐之；似上、下二軍已罷，不始於是年鄢陵之戰。」[166]依齊氏之見，魯成公十三年晉國已罷「新上軍」、「新下軍」，存「中軍」、「上軍」、「下軍」、「新軍」等四軍，故《傳》文記晉國帥佐八人。楊伯峻亦持此說，[167]則筆者謂魯成公十三年晉國伐齊，幾乎是舉全國之兵。

　　《左傳》亦有記載證明「役」有輪替狀況，昭公二十年（522 B.C.）《傳》曰：「衛公孟縶狎齊豹，奪之司寇與鄆。有役則反之，無則取之。」《集解》云：「鄆，豹邑。……縶足不良，故有役則以官邑還豹使行。」[168]依《集解》，公孟（?-522 B.C.）是衛靈公（540 B.C.-493 B.C.）兄長，齊豹（?-522 B.C.）是齊惡（生卒年不詳）之子，時任衛國司寇。[169]公孟因與齊豹狎昵，不僅奪取齊豹司寇一職，亦奪取其鄆邑。《傳》文記載公孟奪齊豹之邑，「有役則反之，無則取之」；意指輪替至鄆邑有「役」時，公孟便還諸齊豹，由齊豹執行；若無「役」時，又奪鄆邑而歸己。由此可知，「邑」須輪流執行國家之「役」。雖《傳》文未明言「役」之內容為何，又由何人從事「役」之工作；若依前章及本章論述，「役」之內容當不外乎是征伐與土功，「役人」必參與其中。

　　又上引莊公八年《傳》曰：「齊侯使連稱、管至父戍葵丘，瓜時而往，曰：『及瓜而代。』期戍，公問不至。請代，弗許。故謀作亂。」[170]齊襄公

166　清・齊召南著：《左傳注疏考證》（臺北：復興書局，據清咸豐十一年（1861）補刊道光九年（1829）刊本影印，1972 年），卷 28，頁 23。

167　楊伯峻著：《春秋左傳注》，頁 865。

168　晉・杜預集解，唐・孔穎達正義：《春秋左傳注疏》，頁 854。

169　晉・杜預集解，唐・孔穎達正義：《春秋左傳注疏》，頁 854。

170　晉・杜預集解，唐・孔穎達正義：《春秋左傳注疏》，頁 143。

原以一年為期，派任連稱、管至父戍於葵丘，時限已至而未能輪替，故二人密謀作亂。上文已說明「役人」亦參與戍役工作，知「役人」亦有輪替。類似記載又見閔公二年（660 B.C.）《傳》，文曰：「鄭人惡高克，使帥師次于河上，久而弗召，師潰而歸，高克奔陳。鄭人為之賦〈清人〉。」《集解》云：「高克，鄭大夫也，好利而不顧其君，文公惡之而不能遠，故使帥師而不召。」[171]《毛詩·鄭風·清人》「詩序」曰：「〈清人〉，刺文公也。高克好利而不顧其君，文公惡而欲遠之。不能，使高克將兵而禦狄于竟。陳其師旅，翱翔河上，久而不召，眾散而歸。高克奔陳。」《正義》云：

> 適值有狄侵衛，鄭與衛鄰國，恐其來侵，文公乃使高克將兵禦狄於竟。狄人雖去，高克未還，乃陳其師旅，翱翔於河上。日月經久，而文公不召，軍眾自散而歸，高克懼而奔陳。[172]

《箋》於「清人在彭，駟介旁旁」句云：「清者，高克所帥眾之邑也。」《正義》云：「言高克所率清邑之人，今在於彭地。」[173]鄭大夫高克（生卒年不詳）率清邑部隊駐守彭地——即《左傳》所言「河上」之地，以防禦狄人南侵鄭國。鄭文公（？-628 B.C.）因厭惡高克，故意不召回高克駐守部隊，久而「軍眾自散而歸」，高克因畏懼鄭文公究責而出奔陳國。這裡所謂「召」當指召回，謂解除駐守任務。由此亦可證駐守部隊當有任期限制，一旦超過時限而未予輪替或解除駐守任務，將引發從役者不滿。

六、小　結

本章探討「役人」服役時間、家戶單位提供「役人」數量、「役人」服

171　晉·杜預集解，唐·孔穎達正義：《春秋左傳注疏》，頁 192。
172　漢·毛亨傳，漢·鄭玄箋，唐·孔穎達正義：《毛詩正義》，頁 164。
173　漢·毛亨傳，漢·鄭玄箋，唐·孔穎達正義：《毛詩正義》，頁 165。

役年齡範圍及「役人」輪替現象，以下依序說明。（一）「役人」服役時間。依「役人」服役性質，可分「戍役」、「土功」及「狩」、「田」等三種。戍役服役時間一般為一年，但可依實際需求延長戍役時間。「土功」指土木工程建設，一般以「三旬」為期，原則上僅限冬季執行。「狩」、「田」指田獵活動，亦於冬季時徵發「役人」，一般於冬季執行。（二）家戶單位提供「役人」數量。春秋時代家戶單位應屬「小型伸展家庭」或「核心家族」，依《周禮・地官・小司徒》記載，家戶人口數量為五人至七人。《周禮・地官・小司徒》曰：「凡起徒役，毋過家一人。」然《左傳》見同一家戶單位二人服役之情況。筆者認為可能是遭遇戰事緊急而擴大徵發對象，或許不必拘執「凡起徒役，毋過家一人」之限制。（三）「役人」服役年齡範圍。《周禮・地官・鄉大夫》記載男子二十歲以上服力役，三十歲以上服兵役，至六十歲以上方可除役。不過《左傳》仍見「老幼」服役之記錄。針對「老幼」之解釋，筆者認為可從三個角度思考：第一、「老幼」僅是泛稱，意指年紀較長者及較幼者，未必實指某個年齡。第二、《周禮》屬理想性擘畫，可能與《左傳》所見春秋實際狀況稍有出入。正如上文所言，一個家戶單位仍有二人同役情況，故未能拘泥《周禮》記載。因此雖然《周禮・地官・鄉大夫》記載服役年齡範圍，但可能僅是原則上條件，亦或許未能於春秋時代徹底施行。第三、「老」指無夫或無妻之老人，「幼」指無父之孤兒。徵發「老幼」服役乃因家戶單位已無符合徵役年齡範圍之其他正卒，故這些「老幼」被要求徵發服役。（四）「役人」之輪替。依文獻記載，「役人」服役極其勞苦，常理而言必有輪替制度。雖目前無法明確了解輪替制度細節，但常態性輪替制度應該存在。

肆、下編：
後勤人員工作內容與指揮系統

第十章　役人與奴隸之任務及其分工

一、前　言

　　《左傳》所載後勤人員，除上述總稱為「役人」——徵發自「國人」之庶人及工、商外，另有奴隸列屬其中。哀公二年（493 B.C.）《傳》曰：「克敵者，上大夫受縣，下大夫受郡，士田十萬，庶人、工商遂，人臣、隸圉免。」《集解》於「庶人、工商遂」句云：「得遂進仕」；於「人臣、隸圉免」句云：「去廝役。」《經典釋文》云：

　　廝役，如字。廝，又作斯，音同。何休注《公羊》云：「艾草為防者曰廝，汲水漿者曰役。」蘇林注《漢書》云：「廝，取薪者。」[1]韋昭云：「析薪曰廝。」[2]

1　《漢書・張耳陳餘傳》云：「有廝養卒謝其舍。」漢人蘇林（生卒年不詳）注云：「廝，取薪者也。養，養人者也。」見漢・班固著，唐・顏師古注：《漢書》，頁 1834。蘇林所謂「養，養人者」，意即何休《解詁》「炊烹者曰養」，皆指烹煮食物者，類似後世所謂伙夫、炊事兵。

2　晉・杜預集解，唐・孔穎達正義：《春秋左傳注疏》，頁 994-995。

杜預以「去廝役」釋「人臣隸圉免」,陸氏引宣公十二年(597 B.C.)《公羊傳》文釋之。《公羊傳》原文曰:「諸大夫死者數人,廝役扈養,死者數百人。」《解詁》云:「艾草為防者曰廝,汲水漿者曰役,養馬者曰扈,炊烹者曰養。」[3]竹添光鴻謂「人臣」之「臣」是「臣妾」之「臣」;[4]楊伯峻亦謂「人臣」為「男為人臣」之「人臣」,意指奴隸。至於「隸圉」,楊氏認為「亦奴隸,隸服雜役,圉養馬。」[5]則「圉」即《公羊傳》「廝役扈養」之「扈」,兩者意義相同,知「扈」亦為奴隸。[6]「圉」之事本章下文將再深入說明,於此不贅述。既然趙簡子於鐵之戰前宣誓克敵者可得獎賞,「庶人、工商」得遂進仕,知「庶人、工商」乃為上文所言役、役人、役徒。趙簡子又謂「人臣、隸圉」得以「去廝役」,知「人臣、隸圉」等奴隸亦參與此戰役。奴隸顯然無法成為戰鬥人員,則奴隸當負責後勤工作,與役、役人、役徒皆為負責「輜重」之人員。此外,第二章曾引《周禮·秋官·司隸》,提及「罪隸」「凡封國若家,牛助為牽徬。」關於「罪隸」來源,《周禮·秋官·司厲》曰:「其奴,男子入于罪隸,女子入于舂、槁。」《注》云:

> 鄭司農云:謂坐為盜賊而為奴者,輸於罪隸、舂人、槁人之官也。由是觀之,今之為奴婢,古之罪人也。……玄謂:奴從坐而沒入縣官者,男女同名。[7]

知「罪隸」是犯盜賊之罪而沒為奴隸者。依經文內容,司隸派遣「罪隸」協助諸侯或大夫之家載運物資。《周禮》雖僅記載「罪隸」於平時「牛助為牽徬」,但極可能戰時亦如是,須協助「輜重」運送工作。在此須釐清的是,

---

3　漢·公羊壽傳,漢·何休解詁,唐·徐彥疏:《春秋公羊傳注疏》,頁204。
4　日本·竹添光鴻著:《左傳會箋》,頁1889。
5　楊伯峻著:《春秋左傳注》,頁1614。
6　「扈」疑是「圉」的通假,「扈」上古音為匣母疑部而「圉」為疑母魚部,二字聲母皆屬喉音且韻部相同,故可通假。見郭錫良著:《漢字古音手冊》,頁94、112。
7　漢·鄭玄注,唐·賈公彥疏:《周禮注疏》,頁543。

既言役、役人、役徒負責後勤及「輜重」工作，何以奴隸又參與其中？兩種身分當如何區隔？工作內容是否重疊？[8]上述問題即本章欲探究內容，首先從上引杜預「廝役」及何休「廝役扈養」是否為奴隸工作內容談起。

二、役人工作內容

第三章曾引桓公十三年（699 B.C.）《傳》文，記載楚軍利用采樵之役徒為餌，引誘絞人出城而敗之。筆者前章已說明，《左傳》役、役人、役徒身分主要為「國人」之庶人，亦包括「工」、「商」在內。役、役人、役徒身分既為「國人」，絕非無人身自由之奴隸。諸家釋「廝」字之意，竹添氏認為韋昭之說為長。[9]陸德明已謂「廝」又作「斯」，《說文》謂「斯，析也」，又云「析，破木也」，[10]則「廝」確為「破木析薪」之意。「破木析薪」是否與桓公十三年（699 B.C.）《傳》「采樵」為一事？「破木析薪」與「采樵」者身分為何？可從《毛詩·王風·揚之水》切入討論。詩曰：

> 揚之水，不流束薪。彼其之子，不與我戍申。懷哉懷哉！曷月予還歸哉？揚之水，不流束楚。彼其之子，不與我戍甫。懷哉懷哉！曷月予還歸哉？揚之水，不流束蒲。彼其之子，不與我戍許。懷哉懷哉！曷月予還歸哉？

〈揚之水〉「詩序」云：「〈揚之水〉，刺平王也，不撫其民，而遠屯戍于母家，周人怨思焉。」《傳》云：「興也。揚，激揚也。……戍，守也。申，姜姓之國。……楚，木也。甫，諸姜也。蒲，草也。許，諸姜也。」《箋》

8　例如張廣志認為擔任後勤運輸及諸多軍中雜役之「徒」，工作內容包括輜重運輸、飼牛養馬、樵汲、炊爨等，未能將「徒」與「奴隸」工作予以區分。見李學勤主編，張廣志著：《西周史與西周文明》，頁 207。

9　日本·竹添光鴻著：《左傳會箋》，頁 1890。

10　漢·許慎著，清·段玉裁注：《說文解字注》，頁 724、271。

云：「蒲，蒲柳。」《正義》云：「役人所思，當思其家，但既怨王政不均，
羨其在家處者。雖託辭於處者，願早歸而見之，其實所思之甚，在於父母妻
子耳。」[11]知此詩是以役人身分諷刺周平王（？-720 B.C.）徵役遠戍諸姜之
國，使役人長期屯駐他鄉而難與家人團聚。詩中「束薪」、「束楚」、「束
蒲」分指捆束柴薪、楚木及蒲柳，乃詩中役人所做之事，故以此諷刺周平王。
役人已於前章說明，乃「國人」服徭役者之統稱。〈揚之水〉謂役人遠戍他
國而擔負「束薪」、「束楚」、「束蒲」等工作，知此乃其份內之事。采樵
必以斧斤砍伐，再以斧斤破木析薪，最後再捆束取回，三者乃一事先後次序，
理應由同一群人負責。既然《左傳》已載采樵之事由役徒擔綱，〈揚之水〉
亦云由役人「束薪」、「束楚」、「束蒲」，負責此事者應是役徒、役人。
此外，筆者認爲亦可從另一角度判斷采樵、析薪之事不可委於奴隸。第三章
曾引哀公十七年（478 B.C.）及哀公二十五年（470 B.C.）《傳》，二段記載
皆述衛君役使匠人日久，故匠人執斧斤以爲兵器作亂。若奴隸執斧斤於采樵、
析薪時作亂，豈非造成內部譁變？故以此視之，大凡所執工具可能成變亂器
械之事，理當不由奴隸負責，以避免奴隸趁機作亂。以此觀點引申，則杜預
所釋「去廝役」內容及何休「廝役扈養」之釋，破木析薪之「廝」非由奴隸
擔任，當由役徒、役人負責。

　　《周禮・地官・師氏》曰：「凡祭祀、賓客、會同、喪紀、軍旅，王舉
則從；聽治亦如之。使其屬帥四夷之隸，各以其兵服守王之門外，且蹕。朝
在野外，則守內列。」《注》云：「兵服，旌布、弓隸不同也。門外，中門
之外。蹕，止行人不得迫王宮也。」又〈秋官・司隸〉曰：「掌帥四翟之隸，
使之皆服其邦之服，執其邦之兵，守王宮與野舍之屬禁。」[12]這些「四夷之
隸」、「四翟之隸」除擔任「百官雜役、養畜牛馬之常備人員」外，[13]又能
執干戈以爲王之衛士，豈不懼其叛亂？呂思勉認爲「以四夷之隸充之者，古

11　漢・毛亨傳，漢・鄭玄注，唐・孔穎達正義：《毛詩注疏》，頁150。

12　漢・鄭玄注，唐・賈公彥疏：《周禮注疏》，頁212、546。

13　金春峯著：《周官之成書及其反映的文化與時代新考》（臺北：東大圖書有限公司，
　　1993年11月，1版），頁152。

同族人不甚肯相殘，夷隸則於吾族之人無所愛，且除豢養之者無所依，故肯為之致死。執其兵，服其服，已足震懾本族人矣。」[14]呂氏之說或可解釋其義。此外，《周禮》所記禁衛之事恐非僅仰仗「四夷之隸」、「四翟之隸」為之，〈夏官・虎賁氏〉曰：「掌先後王而趨以卒伍。軍旅、會同，亦如之。舍則守王閑。王在國，則守王宮。國有大故，則守王門；大喪，亦如之，及葬，從遣車而哭。」[15]知另有「虎賁氏」駐守王門，可與「四夷之隸」、「四翟之隸」彼此監視，非僅由奴隸獨立守衛。在此情況下，「四夷之隸」、「四翟之隸」即便披堅執銳，應無作亂機會才是。

先秦文獻雖未具載汲水漿之事由何人司理，但由襄公九年（564 B.C.）《傳》一段文字可供推測，文曰：「九年春，宋災，樂喜為司城以為政，使伯氏司里。火所未至，徹小屋，塗大屋，陳畚挶；具綆缶，備水器。」《集解》云：「伯氏，宋大夫。司里，里宰。……畚，簣籠。挶，土轝。綆，汲索。缶，汲器。盆罌之屬。」《正義》云：

> 此言司里，謂司城內之民，若今城內之坊里也。……此伯氏司此城內諸里之長，令各率里內之民，表火道以來，皆使此伯氏率里民為之。……畚是盛土之器，則挶是轝土之物也。……罌是盛水之器，知備水器者，備盆罌之屬。[16]

竹添光鴻云：

> 此司里亦指其事言之，非官名也。司，主也。……使伯氏主帥里民以防其居，故謂之司里。下文徹小屋、塗大屋之屬，即其事也。……凡救火之事，伯氏掌之。[17]

14　呂思勉著：《呂思勉讀史札記》，頁247。
15　漢・鄭玄注，唐・賈公彥疏：《周禮注疏》，頁474。
16　晉・杜預集解，唐・孔穎達正義：《春秋左傳注疏》，頁522-523。
17　日本・竹添光鴻著：《左傳會箋》，頁1008。

楊伯峻亦認爲此處「司里非官名。里即里巷,城內居民點。司里者,管轄城內街巷。」[18]知《傳》文「司里」非官名,乃謂伯氏掌理城中諸里,率諸里之民操辦救火之事。既然《傳》文謂伯氏司掌城內里民,知此里民身分當爲「國人」。「陳畚挶」是列治盛土之畚挶等工具,「具綆缶」爲具足汲水繩索與汲水盛器,「備水器」謂準備盛水之盆罌一類器物,此皆由伯氏所率「國人」負責。第二章已說明「輜重」載運「畚築」等建構營壘所需工具,與此處「陳畚挶」之事相類。前章已說明負責「輜重」人員爲役人,其身分爲「國人」,與此處負責救火之城中里民相同。此處又謂「國人」於救火時須「具綆缶,備水器」,乃汲水、備水事務。以類相推,戰場上汲水漿之事似應由「國人」服徭役之役人負責才是。又《儀禮·士喪禮》曰:「管人汲,不說繘,屈之。祝淅米于堂,南面,用盆。管人盡階不升堂,受潘,煮于垼,用重鬲。」《注》云:「管人,有司主館舍者。」《疏》云:「士既無臣,所行事者是府史,故知管人是有司也。」[19]依《注》可知「管人」當是「館人」,是掌理館舍之有司。賈氏謂「管人」「士既無臣」,可知「管人」身分爲士,亦屬「國人」階層。類似記載又見《禮記·喪大記》,文曰:「管人汲,不說繘,屈之,盡階不升堂,授御者。」[20]雖兩處文字皆記喪禮之儀,但由身分爲士、爲「國人」之「管人」親自汲水,知此事當非賤隸之事,可由「國人」爲之,亦可視爲汲水漿由役人負責之旁證。

何休《解詁》所謂「炊烹」,其意爲烹煮食物。先秦文獻雖未具載戰場上「炊烹」之事是否由奴隸擔綱,但《左傳》二條資料可提供討論。昭公二十一年(521 B.C.)《傳》曰:

> 十一月癸未,公子城以晉師至。……大敗華氏,圍諸南里。……使華登如楚乞師,華貙以車十五乘、徒七十人犯師而出,食於睢上,哭而

18　楊伯峻著:《春秋左傳注》,頁961。

19　漢·鄭玄注,唐·賈公彥疏:《儀禮注疏》,頁420。

20　漢·鄭玄注,唐·孔穎達正義:《禮記注疏》,頁770。

送之，乃復入。

《集解》云：「城以前年奔晉，今還救宋。……犯公師出送華登。入南里。」[21]
魯昭公二十一年宋國發生內亂，原本出奔晉國之公子城（生卒年不詳）以晉
師介入宋國紛爭。華氏遭宋、晉聯軍圍困南里，為求脫困，遣華登（生卒年
不詳）至楚國乞師。華貙（生卒年不詳）「以車十五乘、徒七十人」犯宋師
突圍，護送華登出南里。「食於睢上」後，華登南行至楚國，華貙復入南里
繼續抵抗宋、晉聯軍。此處謂華貙「以車十五乘、徒七十人」出南里，於睢
上進食後雙方分道揚鑣，顯然炊烹者當由此「以車十五乘、徒七十人」負責。
上文已謂春秋時兵車上有三位乘員，一般而言車兵身分高於步兵，可從昭公
元年（541 B.C.）《傳》推知。文曰：「晉中行穆子敗無終及群狄于大原，
崇卒也。將戰，魏舒……乃毀車以為行，五乘為三伍。荀吳之嬖人不肯即卒，
斬以徇。」《集解》云：「魏舒先自毀其屬車為步陳。乘車者，車三人；五
乘十五人。今改去車，更以五人為伍，分為三伍。」[22]魏舒用中行穆子（？
-519 B.C.）之法，以純步陣應敵。晉國大夫荀吳之嬖人不願即卒——楊伯峻
謂其不肯「就步兵行列」，[23]故魏舒將其斬殺以儆效尤。《論語・先進》載
顏淵（521 B.C.-481 B.C.）卒後，其父顏路（545 B.C.-？）請求孔子以其車乘
為顏淵之槨。孔子答曰：「以吾從大夫之後，不可徒行也。」《集解》云：
「孔子時為大夫，言『從大夫之後，不可以徒行』，謙辭也。」《疏》云：
「時孔子蓋年七十左右，皆非在大夫位時。而此注云『時為大夫』，未知
有何所據也。杜預曰：『嘗為大夫而去，故言後也。』」[24]」[25]本文重點不在

21 晉・杜預集解，唐・孔穎達正義：《春秋左傳注疏》，頁870-871。

22 晉・杜預集解，唐・孔穎達正義：《春秋左傳注疏》，頁704-705。

23 楊伯峻著：《春秋左傳注》，頁1216。

24 原句見《左傳》哀公十四年（481 B.C.）曰：「孔子辭，退而告人曰：『吾以從大夫
   之後也，故不敢不言。』」《集解》云：「嘗為大夫而去，故後。」見晉・杜預集
   解，唐・孔穎達正義：《春秋左傳注疏》，頁1034。

25 魏・何晏注，宋・邢昺疏：《論語注疏》，頁97。

討論顏淵卒時孔子是否仍為大夫，即便孔子已不在大夫之位，仍認為以其身分不可徒行，由此亦凸顯乘車乃表示身分尊榮之象徵。[26]劉文強先生〈再論鄭莊公──補《左傳微》〉云：

> 在國小車少的情況下，能夠在車上作戰，尤其能滿足虛榮感，這是貴族都極力爭取的權力。到了春秋晚期，還有人因為不願被編入步卒抗命被殺，可見貴族保守心態之一般。車上、車下的地位，有車、無車的重要，在春秋時代觀念傳統且保守的貴族們，是分得很清楚的。[27]

荀吳之嬖人不肯即卒，即不願紆尊降貴與步兵共同作戰，顯然車兵與步兵身分與觀感差距頗大。[28]至於何人有資格擔任車兵？隱公十一年（712 B.C.）《傳》透露一些訊息，文曰：「夏，公會鄭伯于郲，謀伐許也。鄭伯將伐許。五月甲辰，授兵於大宮。公孫閼與潁考叔爭車，潁考叔挾輈以走，子都拔棘以逐之。及大逵，弗及，子都怒。」[29]公孫閼（生卒年不詳）與潁考叔（生卒年不詳）爭車，劉先生認為此凸顯鄭國於春秋初期時兵車甚寡，也點出潁考叔得受鄭莊公（757 B.C.-701 B.C.）寵幸，以致恃寵而驕。劉先生又云：「潁考叔與公孫閼的身分孰親孰疏，只要看誰是『公孫』，就一目了然。鄭國的車乘既不足，再加上以親疏的排序而言，潁考叔應該是排在公孫閼的後面。」[30]若由親疏遠近判斷，公孫閼為鄭莊公近親，理當在出征時配給兵車。然潁考

26　周自強主編：《中國經濟通史・先秦經濟卷》，頁 1147。

27　劉文強著：〈再論鄭莊公──補《左傳微》〉，《文與哲》第 9 期（高雄：國立中山大學中國文學系，2006 年 12 月），頁 17-47。

28　許進雄先生云：「車子的造價高，非一般人所能擁有。尤其是著重能快速奔跑的馬車，由於馬的性格不羈，需要專門人才經過精選良種及長期訓練才能勝任，要高級貴族才能有此財力。故馬及馬車一直是有權勢者的寵物及表徵，倒不必使用於軍事及田獵的用途。」許氏之言雖以常理推測，亦可備一說。見許進雄著：《中國古代社會──文字與人類學的透視》，頁 377。

29　晉・杜預集解，唐・孔穎達正義：《春秋左傳注疏》，頁 80。

30　劉文強著：〈再論鄭莊公──補《左傳微》〉，《文與哲》第 9 期，頁 17-47。

叔憑藉與鄭莊公親暱，竟與公孫閼爭車。上引昭公元年《傳》荀吳之嬖人亦受寵於荀吳，故得以立於兵車之上，與潁考叔情況近似。若以此二條記載爲證，可推斷立於兵車者，應與兵車擁有者有血緣親近或親暱得寵關係，其身分遠較步兵崇高。當然除上述情況外，身爲大夫以上貴族必然立於兵車，此乃無庸置疑之常識，不再徵引證明。所以就身分而言，華貙所率領「車十五乘、徒七十人」，兵車三名乘員應不可能紆尊降貴做炊烹之事，推知炊烹當由「徒七十人」所爲。至於華貙是否僅率領「車十五乘、徒七十人」而已？有無奴隸同行之可能？就當時華貙護送華登突圍之狀況，隨行者皆應是戰鬥人員，故此「徒七十人」實非役徒、役人而是「徒兵」——即今日所謂步兵。徒兵配合車兵作戰之例《左傳》俯拾皆是，於此不作舉證。此次突圍行動已不見華貙攜帶非戰鬥人員役人隨行，與役人同爲後勤人員而負責「輜重」運輸，但身分更爲低下之奴隸，似乎華貙也不可能攜之同往，知於睢上炊烹者當由「徒七十人」負責。徒兵雖是戰鬥人員，身分爲「國人」之「士」，[31]炊烹之事理應不由其負責。但在此特殊情況下，這些「徒」仍須負擔此事。不僅是因爲「車十五乘、徒七十人」中，「徒」之身分較低，筆者推測主要原因是他們仍是「國人」，與庶人、工、商充任之役人屬同一階層，由其負責此事尚合情理。

另一記載見定公八年（502 B.C.）《傳》，文曰：

> 陽虎欲去三桓，……壬辰，將享季氏于蒲圃而殺之；戒都車，曰「癸巳至」。……陽虎劫公與武叔，以伐孟氏。公斂處父帥成人自上東門入，與陽氏戰于南門之內，弗勝；又戰于棘下，陽氏敗。陽虎說甲如公宮，取寶玉、大弓以出，舍于五父之衢，寢而爲食。其徒曰：「追其將至。」

《集解》於「上東門入」注云：「魯東城之北門」，於「棘下」注云：「城

---

31 黃聖松著：《《左傳》國人研究》，頁51。

內地名」，[32]知此戰事發生於魯都曲阜城內。「舍于五父之衢」句杜預無注，竹添光鴻謂「命炊而寢，將以明旦去也」；[33]楊伯峻謂「己寢而命人為食也。」[34]陽虎（生卒年不詳）身為季氏家宰，欲藉祭祀時殺其家主季氏。由《傳》文可知，參與陽虎叛亂者為「其徒曰：『追其將至』」之「徒」。此「徒」不僅為戰鬥人員，由於其與陽虎關係親暱而願與陽虎叛亂，故筆者推測這些「徒」應是陽虎私屬。[35]陽虎率其私屬叛亂而「舍于五父之衢」，依莊公三年（691 B.C.）《傳》「凡師，一宿為舍，再宿為信，過信為次」記載，《正義》云：「舍者，軍行一日，止而舍息也」，[36]竹添氏謂陽虎等人於五父之衢「炊而寢」，其說可從。炊烹之事當由陽虎私屬為之，即《傳》中之「徒」負責。至於這些私屬之徒從何而來？身分為何？昭公二十五年（517 B.C.）《傳》曰：

> 九月戊戌，伐季氏，殺公之于門，遂入之。平子登臺而請，曰：「……臣請待於沂上以察罪。」弗許。請囚于費，弗許。請以五乘亡，弗許。子家子曰：「君其許之！政自之出久矣，隱民多取食焉，為之徒者眾矣。」

子家子（生卒年不詳）謂季氏門中有許多「隱民」，這些「隱民」擔任季平子（？-505 B.C.）之徒者為數眾多。《集解》云：「隱，約，窮困。」[37]竹添氏云：「《荀子‧宥坐篇》：『奚居之隱也。』楊倞注：『隱，窮約也。』[38]」[39]楊氏即認為「隱民」是「貧民之投靠季氏者。」[40]「民」，《說文》云：

32　晉‧杜預集解，唐‧孔穎達正義：《春秋左傳注疏》，頁 965-966。

33　日本‧竹添光鴻著：《左傳會箋》，頁 1832。

34　楊伯峻著：《春秋左傳注》，頁 1569。

35　黃聖松著：〈《左傳》「徒」、「卒」考〉，《文與哲》第 11 期，頁 25-84。

36　晉‧杜預集解，唐‧孔穎達正義：《春秋左傳注疏》，頁 139。

37　晉‧杜預集解，唐‧孔穎達正義：《春秋左傳注疏》，頁 893。

38　周‧荀況著，清，王先謙集解，沈嘯寰、王星賢點校：《荀子集解》，頁 526。

39　日本‧竹添光鴻著：《左傳會箋》，頁 1685。

「眾萌也」；[41]即人民、百姓，這些「民」當然包括庶人在內。這些「隱民」因窮困無法獨立生活，於是投入季氏門下謀生，且許多「隱民」擔任季氏之徒。從此可知，至少在春秋中晚期，已有許多「民」因無法生存而寄食卿大夫之家，有能力之卿大夫藉吸納「隱民」壯大聲勢、收買人心。「民」在《左傳》、《國語》又稱「庶人」，職業屬性爲農，原屬「國人」階層，此部分論述可參看前章。這些「民」投入卿大夫之家成爲「隱民」，身分是否因此貶低？筆者認爲應仍保留其原本職業，只是人身隸屬由原本的國君轉換爲卿大夫，身分當不致改易，更不可能因此貶爲奴隸。[42]這些投入卿大夫之門的「隱民」若能加以戰技訓練，自可成爲卿大夫私人戰鬥人員，即《左傳》所稱「屬」、「私屬」。陽虎所率「徒」原屬季氏所有，然因陽虎身爲季氏家宰，自然有機會聚攏一批效忠自己之「徒」，且願意隨其叛亂。《傳》載陽虎「舍于五父之衢，寢而爲食」，下文又謂「其徒曰」云云，推測此時或僅只陽虎之私屬隨其駐紮於五父之衢。若上文說明無誤，此時「寢而爲食」負責炊烹者，當即陽虎之「徒」。上文已說明私屬原是「國人」身分，雖投入卿大夫之門成爲私屬，但仍保留身分與職業屬性。既然陽虎之「徒」負責炊烹，此事原屬「國人」工作，非由奴隸負擔才是。

學者或舉《韓非子‧說疑》記載反駁，文云：

> 觀其所舉，或在山林藪澤巖穴之間，或在囹圄緤絏纏索之中，或在割烹芻牧飯牛之事。然明主不羞其卑賤也，以其能，爲可以明法，便國利民，從而舉之，身安名尊。[43]

---

40 楊伯峻著：《春秋左傳注》，頁1464。

41 漢‧許慎著，清‧段玉裁注：《說文解字注》，頁633。

42 周人滅商仍保存其宗族及身分，《左傳》亦有相關記載可供證明，知一國被滅時，戰勝國願意保留戰敗國「國人」身分。見黃聖松著：《《左傳》國人研究》，頁83-105。戰勝國對戰敗國之「國人」皆願意接受歸服，推測卿、大夫對投入其門下的「民」亦當願意保留其身分及職業屬性。

43 周‧韓非著，清‧王先慎集解，鐘哲點校：《韓非子集釋》，頁405。

「割烹」與「芻牧飯牛」之事同列，如此豈非證實「割烹」與「芻牧飯牛」皆奴隸之事？「芻牧飯牛」確是奴隸工作，本章下文將說明。至於是否因韓非將「割烹」與「芻牧飯牛」同列，據此認定「割烹」亦是奴隸所爲？筆者持否定立場。何以言之？上引《韓非子》文字前，作者列舉十五位所謂明主推舉之人臣，文云：「若夫后稷、皋陶、伊尹、周公旦、太公望、管仲、隰朋、百里奚、蹇叔、舅犯、趙衰、范蠡、大夫種、逢同、華登，此十五人者爲其臣也。」以此十五人事蹟對照，顯然「割烹」謂庖廚之事，所指乃伊尹。關於伊尹來歷與身分，《史記‧殷本記》云：

> 伊尹名阿衡，阿衡欲奸湯而無由，乃爲有莘氏媵臣，負鼎俎，以滋味說湯，致于王道。或曰伊尹，處士，湯使人聘迎之，五反然後肯往從湯，言素王及九主之事，湯舉任以國政。[44]

依《史記》所載，伊尹是學識豐富之能者，非奴隸之倫可爲比擬。至謂伊尹爲「有莘氏媵臣」，是伊尹爲干謁商湯而故意爲之，知其身分本非奴隸。

　　若上文論述無誤，知杜預《集解》及何休《解詁》以「廝役」——即「析薪爲廝」、「汲水漿爲役」解釋「人臣、隸圉」，恐有誤解。「析薪」、「汲水漿」及「炊烹」三項工作非奴隸所爲，應是身分爲「國人」之役人負責。前章已歸納役人工作內容有四項：（一）砍伐樹木、採拾柴薪；（二）修築建造各類建物；（三）戰場上修築營壘、籬笆；（四）挖掘溝渠。其中第（一）項與本章所論「析薪」同義，第（二）項與第（四）項乃役人平時徭役工作。役人隨軍出征須負責工作爲第（三）項與第（四）項——所挖掘溝渠非一般渠道，而是營壘前側壕溝。關於役人挖掘壕溝與修築營壘之細節，將於第十一章說明，於此不再贅述。總結上述，可知役人後勤工作有：（一）砍伐樹

---

44 漢‧司馬遷著，南朝宋‧裴駰集解，唐‧司馬貞索引，唐‧張守節正義，日本‧瀧川龜太郎考證：《史記會注考證》，頁50。

木、採拾柴薪；（二）汲水漿；（三）炊烹；（四）挖掘壕溝；（五）修築營壘或籬笆等五項工作。

三、奴隸工作內容

至於奴隸工作內容，僅何休《解詁》「厮役扈養」之「扈」一項。然奴隸工作是否僅此一事？眾所皆知奴隸身分最爲低賤，理當較役人負擔更重，且從事更爲卑下之工作。《左傳》、《國語》、《周禮》提供一些材料，可資了解奴隸工作內容。

襄公三十一年（542 B.C.）《傳》曰：「隸人、牧、圉各瞻其事。」「牧」、「圉」與「隸人」同列，知「牧」、「圉」當是奴隸之屬。又昭公七年（535 B.C.）《傳》曰：「馬有圉，牛有牧。」《集解》云：「養馬曰圉，養牛曰牧。」[45]知「圉」爲養馬奴隸，「牧」爲養牛奴隸。《國語・周語下》云：「絶後無主，湮替隸圉。」《注》云：「隸，役也。圉，養馬者。」[46]亦將「圉」與「隸」同列，證「圉」爲養馬奴隸。又《周禮・秋官・司隸》掌「五隸」，除上文曾說明之「罪隸」外，另有「蠻隸」、「閩隸」、「夷隸」及「貉隸」。鄭玄謂「五隸，謂罪隸、四翟之隸也」，知「蠻隸」、「閩隸」、「夷隸」及「貉隸」即「四翟之隸」。「蠻隸」工作是「掌役校人，養馬。」《疏》云：「云『掌役校人』者，爲校人所役使以養馬。按：〈校人〉，良馬乘一師四圉，不見隸者，蓋是雜役之中。」又有「夷隸」，其司是「掌役牧人，養牛馬。」[47]「蠻隸」、「夷隸」皆爲「隸」，意即奴隸；二者又協助「校人」、「牧人」等職官養牛馬，可證奴隸負責豢養牛馬之事。張蔭麟（1905-1942）《中國上古史綱》認爲奴隸來源主要有二處：一者爲罪犯，二者爲戰爭。[48]瞿同祖《中國封建社會》謂奴隸來源有五處：（一）戰敗的俘虜；（二）兩國

45　晉・杜預集解，唐・孔穎達正義：《春秋左傳注疏》，頁 687、759。

46　三國・韋昭注：《國語韋昭註》，頁 78。

47　漢・鄭玄注，唐・賈公彥疏：《周禮注疏》，頁 546。

48　張蔭麟著：《中國上古史綱》（臺北：里仁書局，1995 年 10 月，6 版），頁 52。

相盟，常以子弟爲質；爲質者，多半淪爲奴隸；（三）以罪沒爲奴隸；（四）自賣爲奴；（五）奴隸的子孫。[49]何茲全（1911-2011）《中國古代社會》亦認爲奴隸來原主要爲戰爭之俘虜及罪犯，更進一步指出「俘虜多是少數民族，華夏人只有犯罪，才作奴隸。」[50]罪犯沒爲奴隸者，即上文《周禮》所謂「罪隸」。李學勤《東周與秦代文明》以秦簡隸臣妾爲考察對象，認爲隸臣妾來源有三處：「一是本人犯罪而被判處爲隸臣妾，二是因親屬犯罪而被籍沒爲隸臣妾，三是敵人投降而爲隸臣妾。」[51]大致與瞿氏之說相符。施偉青〈「隸臣妾」的身份復議〉則將秦簡隸臣妾分爲「刑徒隸臣妾」與「官奴隸隸臣妾」二種。前者有一定刑期，刑滿可恢復自由身；後者則世代爲奴。[52]許進雄先生謂甲骨文「圉」字「作手被梏著的罪犯被關在牢中之狀」，[53]「圉」既是養馬奴隸，知充任爲「圉」者應如許先生所言，是因犯罪而沒爲奴隸者。至於「四翟之隸」之來源，可能如瞿、張、何三氏所言，因與少數民族發生戰爭而俘虜其人民爲奴隸。

先秦時期黃河中下游地區對馬匹之飼養與管理，採放牧與圈養結合方式。[54]《周禮‧夏官‧圉人》曰：「圉人：掌養馬芻牧之事，以役圉師。」此處「芻牧」皆作動詞，第二章曾引《說文》之釋，謂「芻」爲刈艸、割草。襄公二十五年（548 B.C.）《傳》有「牧隰臯」句，《集解》云：「隰臯，水岸下濕，爲芻牧之地。」《正義》云：「下溼與水岸不任耕作，故使牧牛馬於中，以爲芻牧之地。」知「牧」可作動詞，意指放牧，且不限對象是牛或馬。據〈圉人〉可知，「圉」主要工作內容爲割草、放牧。《說文》云：「廏，馬舍也。」[55]《周禮‧夏官‧校人》曰：「天子十有二閑，馬六種。」

49　瞿同祖著：《中國封建社會》（臺北：里仁書局，1997 年 4 月，1 版），頁 231-236。

50　何茲全著：《中國古代社會》，頁 56-58。

51　李學勤著：《東周與秦代文明》，頁 221。

52　施偉青著：〈「隸臣妾」的身份復議〉，原載《中國社會經濟史研究》1984 年第 1 期；收入氏著：《中國古代史論叢》，頁 32-41。

53　許進雄著：《中國古代社會——文字與人類學的透視》，頁 538。

54　陳紹棣著：《中國風俗通史‧兩周卷》，頁 429。

55　漢‧許慎著，清‧段玉裁注：《說文解字注》，頁 448。

《注》云：「每廄為一閑。」[56]知馬匹居住處曰「廄」、曰「閑」。《管子·
小問》云：

> 桓公觀於廄，問廄吏曰：「廄何事最難？」廄吏未對。管仲對曰：「夷
> 吾嘗為圉人矣。傅馬棧最難：先傅曲木，曲木又求曲木；曲木已傅，
> 直木無所施矣。先傅直木，直木又求直木，直木已傅，曲木亦無所施
> 矣。」[57]

管仲自云曾擔任「圉人」，了解管理馬廄何者最為困難。管仲謂「傅馬棧最
難」，「傅馬棧」者，黎翔鳳云：「謂編次之棧馬所立木也」，[58]指鋪設馬
匹柵欄。若先鋪曲木，待其鋪設完畢則直木難以繼之；反之亦然。據此可知
「圉人」須負責馬廄相關設備之製作與維護，此其一也。莊公二十九年（665
B.C.）《經》曰：「二十有九年春，新延廄。」同年《傳》曰：「二十九年
春，新作延廄。書，不時也。凡馬日中而出，日中而入。」《集解》云：「言
新者，皆舊物不可用，更造之辭。……日中，春秋分也。治廄當以秋分，因
馬向入而脩之。今以春作，故曰不時。」《正義》云：「延是廄之名。…凡
馬，春分百草始繁，則牧於坰野。秋分農功始藏，水寒草枯，則皆還廄。」[59]魯
國於春季翻新延廄，《左傳》作者雖譏其不時，但從凡例可知，馬匹於春分
時節放牧於坰野遼遠之地，[60]任憑其自由活動；待秋分時節天氣寒涼草木枯
竭時，則將馬匹圈養於馬廄。馬匹放牧郊野當有人管理，圈養馬廄亦須割草

56　漢·鄭玄注，唐·賈公彥疏：《周禮注疏》，頁 495。
57　題周·管仲著，黎翔鳳校注，梁運華整理：《管子校注》，頁 966。
58　題周·管仲著，黎翔鳳校注，梁運華整理：《管子校注》，頁 966。
59　晉·杜預集解，唐·孔穎達正義：《春秋左傳注疏》，頁 178。
60　《爾雅·釋地》曰：「邑外謂之郊，郊外謂之牧，牧外謂之野，野外謂之林，林外謂
之坰。」由「牧外謂之野，野外謂之林，林外謂之坰」可知，「坰」當泛指野地。《說
文》謂「坰」一作「冂」，「象遠介也。」「遠介」即「遠界」，亦指「坰」為遼遠
之地。見晉·郭璞傳，宋·邢昺疏：《爾雅注疏》，頁 112。見漢·許慎著，清·段
玉裁注：《說文解字注》，頁 230。

餵養，皆為「圉」之工作，此其二與三也。此外，襄公二十六年（547 B.C.）
《傳》曰：「左師見夫人之步馬者，問之。……圉人歸，以告夫人。」《集
解》云：「步馬，習馬。」[61]竹添氏云：「馬行曰步，徒行而人牽步之之謂
也。……今俗謂之溜馬，亦曰壓馬。」[62]楊氏謂後文之「圉人」即前文之「步
馬者」，[63]其說可從。知「圉」另有溜馬一項工作，此其四也。上述是典籍
所見奴隸養馬的工作內容，然豢養馬匹非如此簡易。戰國人吳起（440 B.C.-381
B.C.）《吳子・治兵》謂保養馬匹須「刻剔毛鬣，謹落四下」，前句謂整理
全身馬毛及修剪馬頸項上鬣毛，後句謂修理蹄甲、更換鐵蹄，[64]為每日須備
事務，此其五與六也。出征時保養馬匹之法，晉人葛洪（284-363）《肘後備
急方》卷八云：「馬遠行到歇處，良久，與空草，熟刷。刷罷，飲。飲竟，
當飼。困時與料必病，及水穀。……飲馬以寅、午二時，晚少飲之。」[65]謝成
俠（1914-1996）《中國養馬史》解釋上引文字，謂馬匹至宿營地休息後，先
給予些芻草，經仔細刷拭後才使飲水，飲水完畢後再餵予草料。若馬匹困乏
時餵以精料，消化器官容易生病。馬匹飲水時間亦須控制於寅時及午時，夜
晚則少飲水。[66]知照料馬匹有其繁複細膩處，需投入大量人力、物力方能完
善。張蔭麟《中國上古史綱》謂「養馬和管廄又是奴隸的事」，[67]透過上文
討論可知，養馬奴隸工作內容遠較張氏所言繁重許多。總上所論，知養馬奴
隸「圉」、「圉人」工作內容有：（一）負責馬廄相關設備之製作與維護、
（二）管理放牧之馬匹、（三）割草餵養馬匹、（四）溜馬訓練馬匹、（五）
整理及修剪馬毛、（六）修理蹄甲與更換鐵蹄六項。依下文奴隸尚須擔負「涅
廁」之事，知養馬奴隸亦須清理馬匹糞便，此為第七項工作。可知照料馬匹

61　晉・杜預集解，唐・孔穎達正義：《春秋左傳注疏》，頁634。

62　日本・竹添光鴻著：《左傳會箋》，頁1219。

63　楊伯峻著：《春秋左傳注》，頁1119。

64　題周・吳起著：《吳子》，收入《叢書集成初編》，頁6。

65　晉・葛洪著：《肘後備急方》（臺北：臺灣商務印書館，1986年景印文淵閣四庫全
　　書），卷8，頁15-16。

66　謝成俠著：《中國養馬史》（北京：科學出版社，1959年4月，1版），頁39。

67　張蔭麟著：《中國上古史綱》，頁53。

是繁重工作，耗費大量體力與時間，又須接觸污穢之物，故交予奴隸承擔而不由役人負責。

　　除「圉」外，依《左傳》、《周禮》記載，負責豢養及照料牛隻之「牧」，身分亦是奴隸。文獻記載牛與羊常一同牧養，如《毛詩・王風・君子于役》及〈小雅・無羊〉皆以牛、羊並稱。〈君子于役〉曰：「雞棲于塒，日之夕矣，羊牛下來。」《箋》云：「雞之將棲，日則夕矣。羊牛從下牧地而來。言畜產出入，尚有期節。」〈無羊〉曰：「誰謂爾無羊？三百維群。誰謂爾無牛？九十其犉。……爾牧來思，何蓑何笠，或負其餱。……麾之以肱，畢來既升。」《傳》云：「黃牛黑脣曰犉。……何，揭也。蓑，所以備雨。笠，所以禦暑。……肱，臂也。升，升入牢也。」《箋》云：「此言擾訓從人意也。」[68]由〈君子于役〉可知，豢養牛羊以放牧為主，日夕時牛羊自放牧地回來，清晨時則予以放牧，此其一也。鄭玄既謂「羊牛從下牧地而來」，知另有圈養牛羊之所。〈無羊〉「畢來既升」句，毛亨謂「升，升入牢也」，知牛羊圈養處稱「牢」。《周禮・地官・充人》曰：「充人掌繫祭祀之牲牷。祀五帝，則繫于牢，芻之三月。」《注》云：「牢，閑也。必有閑者，防禽獸觸齧。」《疏》云：「校人養馬謂之閑，此養牛羊謂之牢。言閑，見其閑衛。言牢，是其牢固。所從言之異，其實一物也。」前文雖言「閑」是圈養馬匹之所，鄭氏又以「閑」釋「牢」，知「牢」、「閑」相類而無別。《說文》云：「閑，闌也」，[69]知「閑」又作「闌」。《墨子・非攻上》云：「至入人欄廄，取人馬牛者。」孫詒讓云：「欄，即闌之借字。」[70]《廣雅》云：「欄，……牢也。」[71]知「闌」又作「欄」，則「牢」、「閑」、「闌」、「欄」皆指圈養牛羊之所。〈無羊〉謂牧人準備蓑、笠，知無論晴雨皆須放牧牛羊；又須有「餱」——即乾食、乾糧，作為放牧時果腹之食。〈無羊〉謂牧人「麾之以肱」，牛羊則「畢來既升」，知牧人有時還需訓練牛羊以從

68　漢・毛亨傳，漢・鄭玄注，唐・孔穎達正義：《毛詩注疏》，頁149、388-389。

69　漢・許慎著，清・段玉裁注：《說文解字注》，頁595。

70　周・墨翟著，清・孫詒讓詁，孫啟治點校：《墨子閒詁》，頁128。

71　魏・張揖著，清・王念孫疏證，鍾宇訊點校：《廣雅疏證》，卷7上，頁9。

人意，此其二也。雖然〈無羊〉未言牧者身分，若依上引《左傳》、《周禮》之文，推測應由奴隸擔任。《孟子·公孫丑下》曰：「今有受人之牛羊而為之牧之者，則必為之求牧與芻矣。」《注》云：「牧，牧地。」題宋人孫奭（962-1033）《疏》云：「言今有受人之牛羊而為牧養者，則必於牛羊之主求其牧養之芻草矣。求牧養與芻草而不得，則歸反還於其主乎？」[72]知牧養牛除放牧之牧地外，另需有芻以餵養牛隻。前文已說明「芻」指新割之草，故割草以餵牛亦是「牧」之工作內容，此其三也。何時以芻餵牛？征戰時牛隻須拉引「重」、「大車」，推測至宿營地時由人力餵以草料，不可放牧山林以防失散，此時割草餵牛須由奴隸負責。

　　上文曾引《韓非子·說疑》十五位大臣，其中有春秋時代曾「飯牛」之賢士百里奚（約 700 B.C.-621 B.C.）。[73]《孟子·告子下》曰：「百里奚舉於市。」《注》云：「百里奚亡虞適秦，隱於都市，穆公舉之於市，而以為相也。」[74]又《莊子·田子方》云：「百里奚爵祿不入於心，故飯牛而牛肥，使秦穆公忘其賤，與之政也。」[75]又《管子·小問》云：「百里徯，秦國之飯牛者也，穆公舉而相之，遂霸諸侯。」[76]又《呂氏春秋·孝行覽·慎人》云：「百里奚之未遇時也，亡虢而虜晉，飯牛於秦，傳鬻以五羊之皮。」[77]孟子謂秦穆公舉百里奚於「市」，此「市」指今日所謂市場。《孟子·公孫丑上》記載萬章（生卒年不詳）詢問孟子關於百里奚身世：「或曰：『百里奚自鬻於秦養牲者，五羊之皮。食牛，以要秦繆公。』信乎？」孟子回答曰：「否然，好事者為之也。」孟子又申言曰：

72　漢·趙岐注，題宋·孫奭疏：《孟子注疏》，頁 76。

73　關於百里奚身世另有一說，謂其為「乞人」，即今日所謂乞丐。《戰國策·秦策五·四國為一將以攻秦》云：「百里奚，虞之乞人，傳賣以五羊之皮，穆公相之而朝西戎。」又《史記·魯仲連鄒陽列傳》云：「故百里奚乞食於路，繆公委之以政。」附記於此，以備一說。

74　漢·趙岐注，題宋·孫奭疏：《孟子注疏》，頁 223。

75　周·莊周著，清·郭慶藩集釋：《莊子集釋》，頁 719。

76　題周·管仲著，黎翔鳳校注，梁運華整理：《管子校注》，頁 975。

77　秦·呂不韋編，漢·高誘注，陳奇猷校釋：《呂氏春秋校釋》，頁 803。

（百里奚）之秦，年已七十矣，曾不知以食牛干秦繆公之爲汙也，可
謂智乎？不可諫而不諫，可謂不智乎？知虞公之將亡而先去之，不可
謂不智也。時舉於秦，知繆公之可與有行也而相之，可謂不智乎？相
秦而顯其君於天下，可傳於後世，不賢而能之乎？自鬻以成其君，鄉
黨自好者不爲，而謂賢者爲之乎？[78]

孟子之意簡言之，謂萬章所言百里奚爲求干謁秦穆公而自賣於秦國養牲者，
此乃好事者編造，絕非事實。孟子認爲以百里奚之智，不可能行此汙濁之事。
若眞如好事者所言，則百里奚豈能稱賢者？孟子反駁淺人所稱百里奚自鬻以
干穆公之說，但此間亦提供一些線索。孟子謂「百里奚舉於市」，百里奚或
眞於秦都市場爲養牲者畜養牛隻──此即上引文獻「飯牛」之意。因緣際會
下，百里奚得穆公賞識而舉爲卿相。百里奚飯牛時身分爲何？《史記・老子
韓非列傳》云：「伊尹爲庖，百里奚爲虜。」瀧川龜太郎《考證》云：「虜，
奴也，謂食牛以干穆公。」[79]「虜」雖有俘虜之意，然亦可如瀧川氏所言，
釋爲奴隸。依上文討論可知，此時百里奚應爲奴隸，故須擔負飯牛之事。與
飯牛有關者另有甯戚（生卒年不詳），《後漢書・馬融傳》注引《說苑》佚
文云：「甯戚飯牛於康衢，擊車輻而歌〈碩鼠〉。」[80]又《管子・小稱》：
「使甯戚毋忘飯牛車下也。」[81]又《呂氏春秋・離俗覽・舉難》云：「甯戚
飯牛居車下，望桓公而悲，擊牛角疾歌。」又〈貴直論・直諫〉云：「使甯
戚毋忘其飯牛而居於車下。」[82]又《楚辭・九章・昔往日》云：「呂望屠於
朝歌兮，甯戚歌而飯牛。」[83]又《史記・魯仲連鄒陽列傳》云：「甯戚飯牛

78　漢・趙岐注，題宋・孫奭疏：《孟子注疏》，頁172-173。

79　漢・司馬遷著，南朝宋・裴駰集解，唐・司馬貞索引，唐・張守節正義，日本・瀧川
　　　龜太郎考證：《史記會注考證》，頁837。

80　劉宋・范曄著，唐・李賢等注：《後漢書》，頁1970。

81　題周・管仲著，黎翔鳳校注，梁運華整理：《管子校注》，頁613。

82　秦・呂不韋編，漢・高誘注，陳奇猷校釋：《呂氏春秋校釋》，頁1311、1545。

83　周・屈原等著，漢・劉向集錄，漢・王逸章句，宋・洪興祖補注：《楚辭補注》，頁
　　　225。

車下,而桓公任之以國。」[84]關於甯戚身世,典籍無更具體記載,只知甯戚曾飯牛車下,得遇齊桓公而選拔為臣。或有文獻謂甯戚是刻意為飯牛者,藉此干謁齊桓公。[85]但無論其動機為何,知甯戚飯牛車下時身分亦為奴隸。劉向《說苑‧尊賢》云:「甯戚,故將車人也。叩轅行歌於康之衢,桓公任以國。」[86]所謂「將車人」者,綜合上引甯戚飯牛車下之說,推測乃指上文曾引《周禮‧秋官‧司隸》「凡封國若家,牛助為牽徬」之「牽徬」,是在「重」、「大車」之旁或之前牽車之奴隸。[87]總而言之,餵養牛隻及牽引由牛為動力之「重」、「大車」是奴隸工作內容,此其四也。

上述乃典籍所見奴隸養牛工作內容,然豢養牛隻非如此簡易。《漢書‧趙尹韓張兩王傳》云:「(王)章疾病,無被,臥牛衣中,與妻決,涕泣。」《注》云:「牛衣,編亂麻為之,即今俗呼為龍具者。」[88]為防止冬日冷冽氣候使牛隻罹病,故製成牛衣披於牛身以禦寒。上引王章(生卒年不詳)因家境貧苦且疾病在身,在無有棉被情況下,僅以牛衣裹體臥榻。元代司農司編《農桑輯要》細述飼牛之方云:

> 餵養牛法:農隙時,入暖屋,用場上諸糠穰,鋪牛腳下,謂之牛鋪,牛糞其上。次日又覆糠穰。每日一覆,十日除一次。牛一具三隻,每日前後餉,約飼草三束,豆料八升。或用蠶沙、乾桑葉,水三桶浸之。

---

84 漢‧司馬遷著,南朝宋‧裴駰集解,唐‧司馬貞索引,唐‧張守節正義,日本‧瀧川龜太郎考證:《史記會注考證》,頁 979。

85 《呂氏春秋‧離俗覽‧舉難》云:「甯戚欲干齊桓公,窮困無以自進,於是為商旅將任車以至齊,暮宿於郭門之外。」見秦‧呂不韋編,漢‧高誘注,陳奇猷校釋:《呂氏春秋校釋》,頁 1311。《風俗通義‧十反》云:「甯戚商歌以干祿。」見漢‧應劭著:《風俗通義》(臺北:臺灣商務印書館,1986 年景印文淵閣四庫全書),卷 5,頁 1。

86 漢‧劉向著:《說苑》(臺北:臺灣商務印書館,1986 年景印文淵閣四庫全書),卷 8,頁 4。

87 金春峯著:《周官之成書及其反映的文化與時代新考》,頁 152。

88 漢‧班固著,唐‧顏師古注:《漢書》,頁 3238-3239。

牛下餇，嘰透，刷鉋、飲畢，辰巳時間上槽。一頓可分三和，皆水拌。第一和，草多料少；第二，比前草減半，少加料；第三，草比第二又減半，所有料全繳拌。食盡即往使耕；嘰了，牛無力。夜喂牛，各帶一鈴，草盡，牛不食，則鈴無聲，即拌之。飽，使耕。俗諺云：「三和一繳，須管要飽；不要嘰了，使去最好。」[89]

旮林森、李斌成《中華牛文化》認爲《農桑輯要》有三點養牛經驗值得注意：「一是舍飼具有積肥目的；二是飼料精粗搭配，……先粗後精，可使牛吃飽，又不浪費草料；三是牛在飼餵結束即可使役，不要等到反芻完了以後。」[90]此外，《農桑輯要》謂牛隻亦須刷鉋，知牛隻與馬匹相同，皆須刷理皮毛，此其五也。雖然上引文獻是後世牛隻飼養經驗，但由此可知豢養牛隻亦有其細膩處；與照料馬匹相同，亦需投入大量人力、物力始能完備。由上文討論可知，養牛奴隸工作內容有：（一）管理放牧之牛隻、（二）訓練牛隻以從人意、（三）割草餵養牛隻、（四）牽傍牛隻拉引「重」、「大車」、（五）刷理皮毛等五項。依下文奴隸尙須擔負「涅廁」之事，推測養牛奴隸亦須清理牛隻糞便，此爲其第六項工作內容。由於此事耗費大量體力與時間，又須接觸污穢之物，故不委役人擔綱而由奴隸負責。

奴隸除照料馬牛外，上引《周禮·夏官·司隸》又云：「帥其民而搏盜賊，役國中之辱事。」《注》云：「民，五隸之民也。煩，猶劇也。〈士喪禮〉下篇曰：『隸人涅廁。』」[91]鄭玄所云〈士喪禮〉下篇者，實是《儀禮·既夕禮》。鄭玄於彼《注》云：「隸人，罪人也，今之徒邑役作者也。涅，塞也，爲人復往褻之，又亦鬼神不用。」[92]鄭玄謂「隸人」爲罪人，乃因〈司

89　元·司農司編：《農桑輯要》（臺北：臺灣商務印書館，1986 年景印文淵閣四庫全書）卷7，頁 7-8。

90　旮林森、李斌成著：《中華牛文化》（北京：中國農業出版社，2012 年 7 月，1 版），頁 15。

91　漢·鄭玄注，唐·賈公彥疏：《周禮注疏》，頁 546。

92　漢·鄭玄注，唐·賈公彥疏：《儀禮注疏》，頁 476。

隸〉所屬「五隸」有「罪隸」，是犯盜賊之罪而沒爲奴隸者。知奴隸須擔負
「涅廁」之辱事，即今日清掃廁所。《戰國策・趙策一・晉畢陽之孫豫讓》
云：「晉畢陽之孫豫讓，……乃變姓名，爲刑人，入宮塗廁，欲以刺襄子。」
[93]此載豫讓（生卒年不詳）僞爲刑人，於宮中掃除廁所，欲藉機刺殺趙襄子
（？-425 B.C.），亦證奴隸須負此塗廁之事。古時廁所須定時清除，否則糞
便堆積將惡臭難聞。出征時人員眾多，駐紮休止所關廁所爲數應當不少。《墨
子・備城門》云：「城上千步一表，……五十步一廁，與下同圂。」又〈號
令〉云：「城下五十步一廁，廁與上同圂。」孫詒讓云：「上廁爲城上之廁，
圂則城下積不潔之處。」[94]文中之「圂」亦指廁所。《墨子》此處所記雖是
守城之規畫，但以「五十步一廁」、「五十步一圂」言之，不難推測廁所設
置密度頗高。以此類推於野地駐紮之營壘，「五十步一廁」定然需要許多奴
隸負責定時清掃廁所。此外，第一章述及牛隻牽引「重」、「大車」，上坡
時需人員協助壓制前輈，下坡時需人員於大車後輈協助向後援引車箱。《周
禮・秋官・司隸》曰：「罪隸：……凡封國若家，牛助爲牽徬。」《正義》
云：「今還遣二隸，前者牽前牛，徬者御當車之牛，故據人而言牽徬也。」[95]
知負責牽徬動力來源爲牛隻之「重」、「大車」亦是奴隸工作。

　　值得注意的是，《左傳》三見「扞牧圉」之詞，僖公二十八年（632 B.C.）
《傳》曰：「不有居者，誰守社稷？不有行者，誰扞牧圉？」又襄公二十六
年（547 B.C.）《傳》曰：「臣不佞，不能負羈絏以從扞牧圉，臣之罪也。」
又昭公二十年（522 B.C.）《傳》曰：「寡君之下臣，君之牧圉也。若不獲
扞外役，是不有寡君也。」[96]楊伯峻於僖公二十八年《傳》注云：「扞者，
保護捍衛之也。牧圉可爲牧牛馬之奴隸，亦可引申指外出諸侯所帶之財
產。」[97]雖三處引文皆是外交場合辭令，但也透露「牧圉」之身分即使是奴

93　漢・劉向輯錄：《戰國策》，頁597。
94　周・墨翟著，清・孫詒讓詁，孫啟治點校：《墨子閒詁》，頁521、619。
95　漢・鄭玄注，唐・賈公彥疏：《周禮注疏》，頁546。
96　晉・杜預集解，唐・孔穎達正義：《春秋左傳注疏》，頁275、631、855。
97　楊伯峻著：《春秋左傳注》，頁469。

隸，也須予以「扞」——意即捍衛、保護。[98]究其原由，乃因「牧圉」於行軍征戰時擔任照料馬牛工作，雖此業務繁重而卑下，但若缺乏足夠「牧圉」負責此事，恐將影響戰爭勝敗及後勤補給。故即便「牧圉」身分低下，仍須予以捍衛保護。此外，《尚書・費誓》曰：「馬牛其風，臣妾逋逃，勿敢越逐。……無敢寇攘：踰垣牆，竊馬牛，誘臣妾，汝則有常刑。」[99]既然〈費誓〉乃征戰誓詞，文中又有「臣妾」，知部隊後勤除男性奴隸外亦有女性奴隸。女性奴隸或許不適合從事粗重勞務，簡易工作或可由其擔綱。至於哪些工作可由女性奴隸負責？因文獻不足徵，目前僅能闕而不論以待來者。

四、小　結

春秋時代後勤人員可概分為役人與奴隸二類，關於役人身分、來源、職業屬性、服役時間及工作內容等，已於本文第七、八、九章說明。至於奴隸來源，依《周禮・夏官・司隸》記載，分為「罪隸」、「蠻隸」、「閩隸」、「夷隸」及「貉隸」等「五隸」。其中「罪隸」是犯盜賊之罪而沒為奴隸者，後四者是「四翟之隸」——與「四翟」作戰所擄奴隸。奴隸於後勤工作內容，《集解》稱為「廝役」，《解詁》則有「廝役扈養」等。然依本文考證，杜、何二氏所指「析薪」、「汲水漿」及「炊烹」實非奴隸之事，乃由役人負責。整體而言，役人隨部隊出征擔任後勤人員時有五項工作：（一）砍伐樹木、採拾柴薪、（二）汲水漿、（三）炊烹、（四）挖掘壕溝、（五）修築營壘或籬笆等。至於奴隸工作，其中一項為何休《解詁》所云「廝役扈養」之「扈」——即㧥養馬匹。養馬奴隸於典籍稱「圉」、「圉人」，工作內容有：（一）負責馬廄相關設備之製作與維護、（二）管理放牧之馬匹、（三）割草餵養

---

[98] 趙生群認為「扞牧圉」「三字平列，皆為動詞，意謂隨行護衛執役。」然若依趙氏之見，「牧」、「圉」若作動詞，應釋為養牛與養馬。然㧥養牛馬乃平日所為，非戰時從軍而任之，本文不取趙氏之見。見趙生群著：《《左傳》疑義新證》（北京：人民文學出版社，2013年1月，1版），頁119。

[99] 題漢・孔安國傳，唐・孔穎達正義：《尚書注疏》，頁312-313。

馬匹、（四）溜馬訓練馬匹、（五）整理及修剪馬毛、（六）修理蹄甲與更換鐵蹄、（七）理馬匹糞便等七項。除養馬之「圉」外，另有部分奴隸從事養牛工作，典籍稱爲「牧」。養牛奴隸工作內容有：（一）管理放牧之牛隻、（二）訓練牛隻以從人意、（三）割草餵養牛隻、（四）牽傍牛隻拉引「重」、「大車」、（五）刷理皮毛、（六）清理牛隻糞便等六項。此外，奴隸亦負擔掃除廁所、清理人員糞便，此爲最卑下之辱事，故由奴隸承擔。牽傍動力來源爲牛隻之「重」、「大車」，亦是奴隸工作內容。

第十一章　後勤運輸與駐紮營壘推估

一、前　言

「輜重」運輸日程與建構營壘有何關聯？初見之下似乎兩者不相干涉。後勤人員除運輸工作，另項重責大任是軍隊駐紮時負責住宿、炊食等相關工作。若「輜重」運輸時間過長，勢必壓縮後續駐紮工作時間，如此則部隊前往戰場或自戰場返國期程又將延長。故二項主要工作時間調配，將左右部隊行進效率。至於部隊駐紮時是否定然挖掘壕溝、建築營壘，亦是本章論述重點。今將《左傳》相關記載依年代先後加上序號逐錄於下，以利後文引述：

1. 楚武王侵隨，使薳章求成焉，軍於瑕以待之。（桓公六年，706 B.C.）

2. 夏，楚子合諸侯于沈鹿。黃、隨不會。使薳章讓黃。楚子伐隨。軍於漢、淮之間。（桓公八年，704 B.C.）

3. 楚屈瑕將盟貳、軫。鄖人軍於蒲騷，將與隨、絞、州、蓼伐楚師。莫敖患之。鬥廉曰：「鄖人軍其郊，必不誡。且日虞四邑之至也。君次於郊郢，以禦四邑，我以銳師宵加於鄖。鄖有虞心而恃其城，莫有鬥志。若敗鄖師，四邑必離。」……遂敗鄖師於蒲騷，卒盟而還。（桓公十一年，701 B.C.）

4. 楚伐絞，軍其南門。莫敖屈瑕曰：「絞小而輕，輕則寡謀。謀無扞采樵者以誘之。」從之。絞人獲三十人。明日，絞人爭出，驅楚役徒於山中。楚人坐其北門，而覆諸山下。大敗之。為城下之盟而還。（桓公十二年，700 B.C.）

5. 冬，公次于滑，將會鄭伯，謀紀故也。鄭伯辭以難。凡師，一宿為

舍，再宿為信，過信為次。（莊公三年，691 B.C.）

6. 令尹鬬祁、莫敖屈重除道梁溠，營軍臨隨，隨人懼，行成。（莊公四年，690 B.C.）

7. 文王聞崇德亂而伐之，軍三旬而不降。退修教而復伐之，因壘而降。（僖公十九年，641 B.C.）

8. 晉、楚治兵，遇於中原，其辟君三舍。（僖公二十三年，637 B.C.）

9. 濟河，圍令狐，入桑泉，取臼衰。二月甲午，晉師軍于廬柳，秦伯使公子縶如晉師。師退，軍于郇。辛丑，狐偃及秦、晉之大夫盟于郇。壬寅，公子入于晉師。丙午，入于曲沃。丁未，朝于武宮。戊申，使殺懷公于高梁。（僖公二十四年，636 B.C.）

10. 冬，晉侯圍原，命三日之糧。原不降，命去之。……退一舍而原降。（僖公二十五年，635 B.C.）

11. 子犯曰：「……微楚之惠不及此，退三舍辟之，所以報也。」（僖公二十八年，632 B.C.）

12. 晉師三日館、穀，及癸酉而還。（僖公二十八年，632 B.C.）

13. 九月甲午，晉侯、秦伯圍鄭，以其無禮於晉，且貳於楚也。晉軍函陵，秦軍汜南。佚之狐言於鄭伯曰：「國危矣，若使燭之武見秦君，師必退。」公從之。（僖公三十年，630 B.C.）

14. 秦不能久，請深壘固軍以待之。（文公十二年，615 B.C.）

15. 胥甲、趙穿當軍門呼曰：「死傷未收而棄之，不惠也；不待期而薄人於險，無勇也。」乃止。（文公十二年，615 B.C.）

16. 十二年春，楚子圍鄭，旬有七日。……退三十里而許之平。（宣公十二年，597 B.C.）

17. 潘黨既逐魏錡，趙旃夜至於楚軍，席於軍門之外，使其徒入之。（宣公十二年，597 B.C.）

18. 城濮之役，晉師三日穀，文公猶有憂色。（宣公十二年，597 B.C.）

19. 夏五月，楚師將去宋，……申叔時僕，曰：「築室，反耕者，宋必聽命。」從之。宋人懼，使華元夜入楚師，登子反之床，起之曰：

「……去我三十里，唯命是聽。」子反懼，與之盟，而告王。退三
十里，宋及楚平。（宣公十五年，594 B.C.）

20.司馬、司空、輿帥、候正、亞旅皆受一命之服。（成公二年，B.C.589）

21.王聞之，召子反謀。穀陽豎獻飲於子反，子反醉而不能見。……乃
宵遁。晉入楚軍，三日穀。（成公十六年，575 B.C.）

22.甲午晦，楚晨壓晉軍而陳。軍吏患之。范匄趨進，曰：「塞井夷灶，
陳於軍中，而疏行首。」（成公十六年，575 B.C.）

23.祁奚為中軍尉，羊舌職佐之；魏絳為司馬，張老為候奄。（成公十
八年，573 B.C.）

24.冬十月丁亥，鄭子展出盟晉侯。十二月戊寅，會于蕭魚。庚辰，赦
鄭囚，皆禮而歸之；納斥候；禁侵掠。（襄公十一年，562 B.C.）

25.冬十月，會于魯濟，尋湨梁之言，同伐齊。齊侯禦諸平陰，塹防門
而守之，廣里。（襄公十八年，555 B.C.）

26.宋皇瑗圍鄭師，每日遷舍，壘合。鄭師哭。（哀公九年，486 B.C.）

27.齊人弒悼公，赴于師。吳子三日哭于軍門之外。徐承帥舟師將自海
入齊，齊人敗之，吳師乃還。（哀公十年，485 B.C.）[1]

以下分「輜重運輸日程與行進時間」、「駐紮營地面積推估」、「建築營壘
所需土方及時間推估」及「以『重』、『大車』為屏障」等四節論述。

二、輜重運輸日程與行進時間

引文第 5 條《集解》云：「為經書『次』例也。舍、宿不書，輕也。言
凡師，通君臣。」[2]《正義》云：「舍者，軍行一日，止而舍息也。」[2]知部隊

1　晉·杜預集解，唐·孔穎達正義：《春秋左傳注疏》，頁 109、119、122、124、139、
　　140、240、252、253、263、271、273、284-285、331、388-389、395、399、408、427、
　　475、478、487、546、577、1013、1015。

2　晉·杜預集解，唐·孔穎達正義：《春秋左傳注疏》，頁 139。

行軍每日休息駐紮,《春秋》經、傳稱爲「舍」。又引文第 11 條《集解》云:「一舍,三十里。初,楚子云:『若反國,何以報我?』[3]故以退三舍爲報。」[4]杜預所言「以退三舍爲報」,實是引文第 8 所載,乃晉文公回覆楚成王(?-626 B.C.)之言;承諾一旦晉、楚兵戎相見,晉軍將退避「三舍」,不與楚軍正面交鋒,作爲楚成王支持自己回國繼承君位之回報。杜預明言「一舍,三十里」;結合引文第 5 條,知部隊行進每三十里須駐紮止息。若以此數字檢視引文第 16 條及第 19 條,雖謂「退三十里」與交戰國議和,實是退避「一舍」之意。既言軍隊行軍每三十里須駐紮宿息,知後勤「輜重」亦復如是。此外,《毛詩・小雅・六月》曰:「我服既成,于三十里。」《傳》云:「師行三十里。」《箋》云:「日行三十里可以舍息。」[5]又《周禮・地官・遺人》曰:「三十里有宿,宿有路室,路室有委。」[6]《管子・大匡》云:「工賈近市,三十里置遽,委焉,有司職之。」《注》云:「遽,今之郵驛也。委,謂當有儲擬,以供過者。」[7]皆載明行三十里休息止宿,可與《左傳》參看。[8]

《穀梁傳》宣公十五年(594 B.C.)曰:「古者三百步爲里,名曰井田。井田者,九百畝,公田居一。」[9]知「方一里」即一平方里,是面積單位;「方一里」長寬皆三百步。《漢書・食貨志上》亦云:「理民之道,地著爲本。故必建步立畮,正其經界。六尺爲步,步百爲畮,畮百爲夫,夫三爲屋,屋三爲井,井方一里,是爲九夫。」[10]知一步爲六尺,則三百步一里爲 1,800 尺。

3　原句見《左傳》僖公二十八年(632 B.C.),見晉・杜預集解,唐・孔穎達正義:《春秋左傳注疏》,頁 272。

4　晉・杜預集解,唐・孔穎達正義:《春秋左傳注疏》,頁 271-272。

5　漢・毛亨傳,漢・鄭玄注,唐・孔穎達正義:《毛詩注疏》,頁 358。

6　漢・鄭玄注,唐・賈公彥疏:《周禮注疏》,頁 205。

7　題周・管仲著,黎翔鳳校注,梁運華整理:《管子校注》,頁 368。

8　《中國戰爭發展史》認爲「西周時行軍每日 30 里(一舍),春秋時一般已提高到每日 90 里(三舍)。」然該書僅作說明而無論證,春秋時行軍每日 90 里之見恐不可信從。見中國人民革命軍事博物館著:《中國戰爭發展史》,頁 63。

9　晉・范甯集解,唐・楊士勛疏:《穀梁傳注疏》,頁 122。

10　漢・班固著,唐・顏師古注:《漢書》,頁 1119。

梁方仲（1908-1970）《中國歷代戶口、田地、田賦統計》依《續文獻通考》卷 108《樂八》所載「周以八尺為步」、「秦以六尺為步」，又引《律學新說》，知周、秦之步長度相等。故《漢書・食貨志上》所謂步尺，係以秦朝步尺代替周朝步尺。但無論秦朝或周朝步尺制度，兩者長度實同。秦、漢尺長度，如商鞅量尺、[11]新莽銅斛尺、後漢建武銅尺皆合今 0.231 公尺。以此計算，知周朝一步為 1.386 公尺，一里合今 415.8 公尺。[12]丘光明《中國古代計量史》謂東周、秦、漢、新莽之一尺皆合今 0.231 公尺，[13]與梁方仲看法一致，確定周朝一里合今 415.8 公尺，即 0.4158 公里。以此數字帶入「一舍，三十里」計算，知「輜重」每日行進距離約 12.474 公里。

第六章引用「表 2、台灣水牛役用能力調查表」，該表依牛車負重多寡與碎石路、柏油路二種路況交互實驗，得出牛隻行進速度。第六章已推測「重」、「大車」負重約合今日 667 公斤，「表 2」所載牛車牽引 600 公斤負重而行走於碎石路，速度為 3.15 ± 0.33km/h，牛車牽引 800 公斤負重行走碎石路為 3.16 ± 0.22km/h。由於負重 667 公斤介於「表 2」所載 600 公斤及 800 公斤級距之間，故以最大值 3.38km/h 與最小值 2.82km/h 求其平均，得出結果為 3.1km/h，意即推估牛隻牽引「重」、「大車」平均速度為每小時 3.1 公里。上段已說明「一舍，三十里」合今日 12.474 公里，帶入「重」、「大車」平均速度每小時 3.1 公里計算，行進全程約 4.024 小時。考量部隊征途可能有上坡與下坡路段，有時又須渡過溪河，推測三十里路程大約需五至六小時方能走完行程。

至於部隊及後勤「輜重」行進時間，應在「饗」、「飧」之間——即「朝

11　唐蘭著：〈商鞅量與商鞅量尺〉，原載國立北京大學《國學季刊》第 5 卷第 4 期（1936）；收入氏著，故宮博物院編：《唐蘭先生金文論集》（北京：紫禁城出版社，1995 年 10 月，1 版），頁 25-30。

12　梁方仲著：《中國歷代戶口、田地、田賦統計》，頁 540。

13　丘光明著，張延明譯：《中國古代計量史》，頁 190。

食」與「夕食」間約八小時之時段。[14]《說文》云：「饔，熟食」；「飧，餔也。」[15]《注》云：

> 〈小雅〉《傳》曰：「孰食曰饔」，[16]〈魏風〉《傳》曰：「孰食曰飧」；[17]然則饔、飧皆謂孰食，分別之，則謂朝食、夕食。許於饔不言朝，於飧不言孰，互文錯見也。趙注《孟子》曰：「朝食曰饔，夕食曰飧」，[18]此析言之。[19]

14　劉興運以《毛詩·魏風·伐檀》「彼君子兮，不素餐兮。……彼君子兮，不素食兮。……彼君子兮，不素飧兮」為證，認為「舊說泛訓餐與食、飧，而不知其實指一日三餐之餐制。」劉氏又言：「先民每日午晚兩正餐，非晨早不食也，所食即過夜食餘之『餐』耳。……飧為晚餐，餐為早餐，其義既明，則『食』之必指午餐也無疑。」見劉興運著：《詩義新知》（濟南：山東教育出版社，1998年3月，1版），頁136。又孟慶茹亦舉《毛詩·魏風·伐檀》為證云：「我國是個農業古國，隨著農事季節的變化，餐制也有所不同。一般是農閒時一日兩餐，農忙時增至早、午、晚三餐。後來，社會生產不斷發展，人們的生活領域擴大，三餐制便固定下來。」見孟慶茹著：〈《詩經》與飲食文化〉，收入中國詩經學會編：《詩經研究叢刊》第2輯，頁219-232。又莊華峰舉《周禮·天官冢宰·膳夫》為證，文曰：「王燕食，則奉膳贊祭。」《注》云：「燕食，謂日中與夕食。」《疏》云：「案上『王日一舉』，鄭云：『謂朝食。』則此云『燕食』者，謂日中與夕，相接為三時。……天子與諸侯相互為三時食，故燕食以為日中與夕。」見漢·鄭玄注，唐·賈公彥疏：《周禮注疏》，頁58。莊氏云：「一日三餐的食制在當時並不流行，絕大多數的下層人民實行的仍是一日兩餐。」見莊華峰著：《中國社會生活史》（合肥：中國科學技術大學出版社，2014年2月，2版），頁24。三家之見可備一說，且不影響本文論證，故本文仍以一日二食為說。
15　漢·許慎著，清·段玉裁注：《說文解字注》，頁221、222。
16　《毛詩·小雅·祈父》曰：「胡轉予于恤？有母之尸饔。」《傳》云：「熟食曰饔。」見漢·毛亨傳，漢·鄭玄注，唐·孔穎達正義：《毛詩注疏》，頁378。
17　《毛詩·魏風·伐檀》曰：「彼君子兮，不素飧兮？」《傳》云：「熟食曰飧。」見漢·毛亨傳，漢·鄭玄注，唐·孔穎達正義：《毛詩注疏》，頁211。
18　《孟子·滕文公上》曰：「賢者與民並耕而食，饔飧而治。」《注》云：「朝曰饔，夕曰飧。」見漢·趙岐注，題宋·孫奭疏：《孟子注疏》，頁97。
19　漢·許慎著，清·段玉裁注：《說文解字注》，頁222。

依段氏所引內容，知「饔」、「飧」可釋爲熟食，析言之則前者爲「朝食」而後者爲「夕食」。[20]《說文》云：「餔，申時食也。」[21]「飧」又稱「餔」，於申時進餐，即下午三時至五時之間。至於朝食之「饔」於何時進餐？《毛詩・鄘風・蝃蝀》曰：「朝隮于西，崇朝其雨。」《傳》曰：「從旦至食時爲終朝。」《正義》云：「以朝者早旦之名，……今言終朝，故至食時矣。」[22]古人時間名詞有「食時」，當是「朝食」時間。孔氏已謂「朝」爲早旦之名，即太陽初升之時，知「朝」至「食時」尚隔一段時間。王逸《九思・守志》云：「朝晨發兮鄡郢，食時至兮增泉。」[23]謂「朝」自鄡郢出發，「食時」至增泉，亦可證「食時」在「平旦」之後。《左傳》昭公五年（537 B.C.）曰：「日之數十，故有十時，亦當十位。自王已下，其二爲公、其三爲卿。」《集解》云：「日中當王，食時當公，平旦爲卿，雞鳴當士，夜半爲皁，人定爲輿，黃昏爲隸，日入爲僚，晡食爲僕，日昳爲臺。隅中、日出，闕不在第。」《正義》云：

七年《傳》曰：「王有十日，人有十等。」彼即歷言從王至臺十等之目。此《傳》既云「十時」、「十位」，位以王、公、卿爲三，日以中、食、旦爲三。「日上其中」，知從中而右旋配之也。晡，謂食也。晡時，謂日西食時也。日昳，謂蹉跌而下也。隅，謂東南隅也。過隅未中，故爲隅中也。[24]

杜預將一日時間分十二時段，試與「日之數十，故有十時」配對，謂某時段

20　《戰國策・齊策一・靖郭君善齊貌辨》云：「於是舍之上舍，令長子御，旦暮進食。」宋人姚宏《注》云：「旦暮，朝夕也。」見漢・劉向輯錄：《戰國策》，頁 307、309。

21　漢・許慎著，清・段玉裁注：《說文解字注》，頁 223。

22　漢・毛亨傳，漢・鄭玄注，唐・孔穎達正義：《毛詩注疏》，頁 122。

23　周・屈原等著，漢・劉向集錄，漢・王逸章句，宋・洪興祖補注：《楚辭補注》，頁 545。

24　晉・杜預集解，唐・孔穎達正義：《春秋左傳注疏》，頁 744。

對應某身分；但仍有「隅中」及「日出」無法與身分對應，故杜預乃言此二
者「闕不在第」。若僅以時段先後次序為第而不論其對應身分，十二時段為
「夜半」、「雞鳴」、「平旦」、「日出」、「食時」、「隅中」、「日中」、
「日昳」、「晡食」、「日入」、「黃昏」、「人定」。鄭天杰（1912-1994）
《曆法叢談》述及董作賓先生（1895-1963）考訂甲骨文及傳世文獻資料，將
時段名稱與現代時間整理如「表 3、董作賓先生考定時段對照表」：[25]

表 3 董作賓先生考定時段對照表

	晝						夜				
殷（武丁）	明	大采	大食	中日	昃	小食	小采	夕			
殷（祖甲）	明	朝	大食	中日	昃	小時	暮	昏	妹（昧）		兮（曦）
周	日出	食時	隅中	日中	日昳	晡食	日入	黃昏	人定	夜半	雞鳴	平旦
漢	卯	辰	巳	午	未	辛	酉	戌	亥	子	丑	寅
現代（時）	5-7	7-9	9-11	11-13	13-15	15-17	17-19	19-21	21-23	23-1	1-3	3-5

依董先生之見，「食時」乃後世辰時，即上午七時至九時之間。許嘉璐《中
國古代衣食住行》謂「饔」在上午九時左右進餐，「飧」在申時——即下午
四時左右進餐；[26]王鈣鎂《秦漢時分紀時名稱研究》亦同許氏之見。[27]莊華

---

25 鄭天杰著：《曆法叢談》（臺北：中國文化大學出版社，1985 年 7 月，增訂版），
頁 162。

26 許嘉璐著：《中國古代衣食住行》（北京：北京出版社，1988 年 8 月，1 版），頁
82。許嘉璐著：〈古代的衣食住行〉，收入王力等著：《中國古代文化史講座》，頁
134-184。

27 王鈣鎂著：《秦漢時分紀時名稱研究》（長春：東北師範大學碩士論文，2014 年 5
月），頁 45。

峰《中國社會生活史》謂「饔」於上午十時至十一時進餐，[28]其說不同諸家，恐不可從。以董先生之見，「饔」應在上午七時至九時之間，「飧」在下午三時至五時之間；若取中間值，則「饔」在上午八時而「飧」在下午四時，兩餐間隔約八小時。

　　《毛詩・小雅・大東》亦可為證，曰：「跂彼織女，終日七襄。雖則七襄，不成報章。」《傳》云：「跂，隅貌。襄，反也。」《箋》云：「襄，駕也，駕謂更其肆也。從旦至暮七辰，辰一移，因謂之七襄。」《正義》云：

　　　「襄，駕」，[29]〈釋言〉文，言更其肆者。《周禮》有市廛之肆，謂止舍處也。而天有十二次，日月所止舍也。舍即肆矣。在天為次，在地為辰。每辰為肆，是歷其肆舍，有七也。星之行天，無有舍息，亦不駕車，以人事言之耳。晝夜雖各六辰，數者舉其終始，故七即自卯至酉也，言終日，是晝也。[30]

「襄」有「反復移動，變更位置」之意。[31]本段文字言織女星自卯時至酉時等七個時辰不斷位移，依孔氏之見，此是以人事為喻之比法。孔氏之說固然無誤，既然〈大東〉「詩序」謂此詩是「刺亂也，東國困於役而傷於財，譚大夫作是詩以告病焉。」[32]或許是以織女星為喻，傳達行役之勞苦。若筆者推測無誤，詩中所謂「終日七襄」，乃謂每日行役須七個時辰方得休息止宿。若以孔氏之說，行役時間為卯時——即上午五時至七時開始，至酉時——即下午五時至七時為止，歷時約十二小時。

28　莊華峰著：《中國社會生活史》，頁 23。

29　晉・郭璞注，宋・邢昺疏：《爾雅注疏》，頁 45。《疏》云：「乘，駕也」；知襄、駕、乘，其義一也。

30　漢・毛亨傳，漢・鄭玄注，唐・孔穎達正義：《毛詩注疏》，頁 440。

31　向熹編著：《詩經詞典（修訂版）》，頁 566。

32　漢・毛亨傳，漢・鄭玄注，唐・孔穎達正義：《毛詩注疏》，頁 437。

　　必須釐清的是，若以〈東山〉之時證明筆者所言，後勤行進時間為「饗」、「飧」之間，豈非自相矛盾？二說看似相差數小時，實則並無衝突。何則？部隊及「輜重」實際行進時間為五至六小時，另外六至七小時乃部隊及後勤人員完成駐紮所需時間。成公二年（589 B.C.）《傳》記載晉、齊鞌之戰，齊頃公信心滿滿謂「余姑翦滅此而朝食。」[33]知在「朝食」──即「饗」之前，雙方已擺開陣仗完成對戰準備。雖不知此役於何時準備開戰，但從成公十六年（575 B.C.）《傳》「補卒乘，繕甲兵，展車馬，雞鳴而食，唯命是聽」；與襄公十四年（559 B.C.）《傳》「雞鳴而駕，塞井夷灶，唯余馬首是瞻」；[34]推測鞌之戰時，晉、齊雙方或許亦在「雞鳴」時完成備戰。一般而言，交戰前須讓戰鬥人員「蓐食」，文公七年（620 B.C.）《傳》曰：「訓卒，利兵，秣馬，蓐食，潛師夜起。」《集解》云：「蓐食，早食於寢蓐也。」又成公七年（584 B.C.）《傳》曰：「蒐乘、補卒，秣馬、利兵，修陳、固列，蓐食、申禱，明日復戰。」又襄公二十六年（547 B.C.）《傳》曰：「簡兵蒐乘，秣馬蓐食，師陳焚次，明日將戰。」[35]若依杜預之見，「蓐食」指於臥寢之草蓆上進食。[36]竹添光鴻引《漢書·韓信傳》：「亭長妻苦之，乃晨炊蓐食。」《注》引東漢人張晏（生卒年不詳）語云：「未起而牀蓐中食。」[37]又引《後漢書·廉范傳》：「范乃令軍中蓐食，晨往赴之。」《注》云：「蓐食，早起食於寢蓐中也。」[38]知竹添氏贊同杜預之說。[39]然成公七年《傳》文既言「修陳、固列」，知戰鬥人員已列陣完畢，又如何於臥寢之草蓆上進食？王念孫《讀書雜志·漢書第八》「蓐食」條云：「《方言》曰：『蓐，

33　晉·杜預集解，唐·孔穎達正義：《春秋左傳注疏》，頁423。

34　晉·杜預集解，唐·孔穎達正義：《春秋左傳注疏》，頁478、559。

35　晉·杜預集解，唐·孔穎達正義：《春秋左傳注疏》，頁317、478、636。

36　《爾雅·釋器》曰：「蓐謂之茲。」《注》云：「蓐，席也。」晉·郭璞注，宋·邢昺疏：《爾雅注疏》，頁81。

37　漢·班固著，唐·顏師古注：《漢書》，頁1861-1862。

38　劉宋·范曄著，唐·李賢等注：《後漢書》，頁1103。

39　日本·竹添光鴻著：《左傳會箋》，頁610。

厚也。』厚食,猶言多食。」⁴⁰王引之《經義述聞》卷十七云:「《方言》
曰:『蘼,厚也。』食之豐厚於常,因謂之蘼食。……兩軍相攻,或竟日未
已,故必厚食乃不飢。」⁴¹楊伯峻謂「蘼食謂厚食,戰前必令士卒飽餐。」⁴²
楊氏引《商君書‧兵守》云:「壯男之軍,使盛食屬兵,陳而待敵。壯女之
軍,使盛食負壘,陳而待令。」⁴³又引《史記‧項羽本紀》云:「項羽大怒,
曰:『旦日饗士卒,為擊破沛公軍!』」⁴⁴以證「蘼食」即厚食、盛食。⁴⁵王、
楊二氏之說較合情理,亦符《傳》文所述,其說可從。鞌之戰時齊頃公原應
讓將士「蘼食」,爾後方列陣準備與晉軍交鋒。然齊頃公因過於自信,揚言
「翦滅此而朝食」,竟使戰鬥人員空腹上陣。⁴⁶部隊與「輜重」行進雖非戰
鬥狀態,但大軍開拔前亦須讓後勤人員析柴生火、埋鍋造飯,準備「饔」提

---

40 清王念孫著:《讀書雜志‧漢書第八》,頁281。

41 清‧王引之著:《經義述聞》,頁423。

42 楊伯峻著:《春秋左傳注》,頁560。

43 周‧商鞅著,蔣鴻禮注:《商軍書指錐》(北京:中華書局,2001年8月,1版),頁74。

44 漢‧司馬遷著,南朝宋‧裴駰集解,唐‧司馬貞索引,唐‧張守節正義,日本‧瀧川龜太郎考證:《史記會注考證》,頁140。

45 宣公二年《傳》曰:「將戰,華元殺羊食士。」見晉‧杜預集解,唐‧孔穎達正義:《春秋左傳注疏》,頁363。《傳》文雖未言「蘼食」,然從「將戰」可推測,應是兩軍交戰前讓士卒飽食。宋軍主帥華元「殺羊食士」,《左傳》特記此事,可推知所謂「蘼食」非僅飽食而已,或應有豐富、豐盛之意。

46 此段記載亦見《史記‧齊太公世家》,文云:「頃公曰:『馳之!破晉軍會食!』」見漢‧司馬遷著,南朝宋‧裴駰集解,唐‧司馬貞索引,唐‧張守節正義,日本‧瀧川龜太郎考證:《史記會注考證》,頁544。章炳麟云:「史公以會食釋朝食,則朝不讀朝夕之朝,而讀朝宗之朝。……史公必知非謂朝食之食者,以破晉非頃刻事,會朝清明惟殷、周之不敵耳。魯陽麾戈,苦于酣戰,日落則破晉,而食必非朝時。即謂朝時未食,彼破晉始食,以補前缺,然其食時,固在午餔以後,終不得傭朝食也。」見章炳麟著:《春秋左傳讀》,頁426。趙生群亦主章氏之見,認為「朝」有會合之意,即齊滅晉軍會會合以食。見趙生群著:《《左傳》疑義新證》,頁183。筆者認為將「朝」釋為會合亦可,若如章氏所言,謂齊滅晉於日落云云,恐推測成分過高,未必可信。

供人員進食。此外,武器及各式裝備亦需時間安置「重」、「大車」上,皆是開拔啓行前準備工作。待下午到達駐紮地點時,後勤人員又須安頓「輜重」車輛,卸下相關裝備後,又須準備「飧」供人員進餐。諸多後勤事務須在數小時內進行,方能在日暮天黑前完成。故筆者推測部隊及後勤人員每日行進五至六小時,另外六至七小時爲大軍駐紮相關勤務時間,應在情理之中。

　　最後說明戰鬥部隊攜糧三日之狀況,以結束本節討論。《孫子‧軍爭》云:「舉軍而爭利,則不及;委軍而爭利,則輜重捐。」[47]意指若顧及「輜重」運輸,有時將拖緩部隊行進速度而延誤軍機。反之,若置「輜重」於後方而銳兵進擊,又恐「輜重」遭致掠奪。如何拿捏尺度,指揮作戰者須審度衡量。引文第10條載晉軍攜三日之糧包圍原邑,《傳》文謂「原不降,命去之。」後文又引晉文公所言「信,國之寶也,民之所庇也。得原失信,何以庇之」云云;[48]應是預計包圍原邑三日,若三日原邑不降則退兵。引文第12條及第18條皆述晉、楚城濮之戰事,引文第12條《集解》云:「館,舍也,食楚軍穀三日。」[49]晉、楚城濮之戰結果是「楚軍敗績」,且依《傳》文所載,楚軍右師所屬陳國與蔡國部隊先奔,而後「楚右師潰」;晉軍「狐毛、狐偃以上軍夾攻子西,楚左師潰。」[50]楚軍左右師皆潰逃,推測楚軍將士所攜糧食未能徹離,故杜預謂晉軍「食楚軍之穀三日。」引文第21條述晉、楚鄢陵之戰事,《集解》云:「食楚粟三日也。」[51]除《左傳》外,《孫臏兵法‧延氣》亦云:「將軍令,令軍人人爲三日糧。」[52]何以上述記載謂戰鬥部隊攜三日之糧,或就食敵軍糧食三日?《孫子‧作戰》云:「故智將務食於敵,食敵一鍾,當吾二十鍾。」東漢人曹操(155-220)《注》云:「轉輸之法,費二十石得一石。」李筌亦云:「將之智也,務食於敵,以省己之費

47　周‧孫武著,三國‧曹操等注,楊丙安校理:《十一家注孫子校理》,頁137。

48　晉‧杜預集解,唐‧孔穎達正義:《春秋左傳注疏》,頁263。

49　晉‧杜預集解,唐‧孔穎達正義:《春秋左傳注疏》,頁273。

50　晉‧杜預集解,唐‧孔穎達正義:《春秋左傳注疏》,頁272-273。

51　晉‧杜預集解,唐‧孔穎達正義:《春秋左傳注疏》,頁478。

52　銀雀山漢墓竹簡整理小組編:《孫臏兵法》,頁72。

也。」[53]《孫子》謂後勤轉輸困難，若能就食敵人糧草，不僅可損敵人積粟，亦可減輕我方運送糧食壓力，是一石二鳥之法。引文第 12 條與第 21 條看似乃《孫子》所言「務食於敵」，實則非此之因。雖「輜重」與部隊行進皆三十里駐紮，蔡鋒《中國手工業經濟通史・先秦秦漢卷》認為，「作戰時，因戰車為馬駕，速度較快，而輜重車卻為牛拉或人力推引之車，故輜重車有時稍落後一些。」[54]蔡氏之見當然可從，但有時部隊為作戰需要，常見較「輜重」快三日路程，故《左傳》數見部隊攜三日糧食之記載。

三、駐紮營地面積推估

　　上節說明春秋時部隊與後勤人員每行三十里即駐紮止息，本節將依文獻材料與考古出土資料，推估動員 100 輛兵車時，所有人員——包括戰鬥人員、役人與奴隸等後勤人員——兵車、「輜重」車輛及馬匹、牛隻所需營地面積。

　　第六章已推估春秋時代動員 100 輛兵車，需 1,168 輛「重」、「大車」運送物資。至於「重」、「大車」尺寸如何？第一章曾引用出土牛車相關資料，可惜未有精確尺寸以供計算。《周禮・冬官考工記・車人》有段文字值得參考，文曰：

> 車人為車，柯長三尺，博三寸，厚一寸有半。……大車崇三柯，綆寸，牝服二柯有參分柯之二。……凡為轅，三其輪崇。參分其長，二在前，一在後，以鑿其鉤。徹廣六尺，鬲長六尺。[55]

文中之「柯」曾於第三章說明，是「剛頭斧」或稱「獨頭斧」之斧柄。《注》引鄭眾語云：「柯長三尺謂斧柯，因以為度。」[56]知此段文字以「柯」為丈

53　周・孫武著，三國・曹操等注，楊丙安校理：《十一家注孫子校理》，頁 36。

54　魏明孔主編，蔡鋒著：《中國手工業經濟通史・先秦秦漢卷》（福州：福建人民出版社，2005 年 5 月，1 版），頁 322。

55　漢・鄭玄注，唐・賈公彥疏：《周禮注疏》，頁 656。

量基數，每「柯」長度實爲三尺。聞人軍〈《考工記》齊尺考辨〉認爲《周禮・多官考工記》尺寸乃戰國齊國尺度，一尺約合今日 19.7 公分。[57]本章仍以聞氏之說爲據，用以計算相關數字。「牝服二柯有參分柯之二」句，《注》云：「牝服長八尺，謂較也。鄭司農云：牝服，謂連箱。服讀爲負。」《疏》云：「先鄭云：『牝服，謂連箱。服讀爲負。』以眾輻所依負然也。」[58]知「牝服」即「重」、「大車」之車箱，長度爲八尺。以聞氏考證齊尺長 19.7 公分帶入計算，車箱長度爲 157.6 公分。至於車箱寬度，〈車人〉云：「徹廣六尺，鬲長六尺。」《注》云：「鬲，謂轅端，厭牛領者。」《疏》云：「『徹廣六尺』者，不與四馬車八尺者同徹。『鬲長六尺』者，以其兩轅，一牛在轅內，故狹。」江永《周禮疑義舉要》云：「大車之輪，必出於箱外，其間又須有空處容輪轉，徹廣安能與鬲長同數？後文『徹廣六尺』，當是八尺之誤。」[59]清人戴震（1724-1777）《考工記圖》云：「大車轂長尺五寸，中其轂置輻，輻內六寸，輻廣三寸，綆寸，凡一尺。六尺之箱旁加一尺，徹廣八尺明矣。古者涂度以軌，軌皆宜八尺。……〈車人〉『徹廣六尺』，字之誤也。」[60]知「徹廣六尺」應是八尺之誤。「鬲」是「重」、「大車」前轅扼住牛領之橫木，因「重」、「大車」是雙轅式車輛，牛隻在兩轅間拉牽，故「鬲」之寬度即車箱寬度。江永又云：「牝服惟柏車，方；大車、羊車皆長方。」[61]故孫詒讓《周禮正義》謂「三車箱廣同，鬲長六尺。」[62]既言車箱廣六尺，帶入每尺 19.7 公分計算，知車箱寬度爲 118.2 公分。

至於車轅長度，〈車人〉謂「三其輪崇，參分其長，二在前，一在後。」

56　漢・鄭玄注，唐・賈公彥疏：《周禮注疏》，頁 656。

57　聞人軍著：〈《考工記》齊尺考辨〉，《考古》1983 年第 1 期，頁 61-65。

58　漢・鄭玄注，唐・賈公彥疏：《周禮注疏》，頁 656。

59　清・江永著：《周禮疑義舉要》，卷 7，頁 15。

60　清・戴震著：《考工記圖》，收入《續修四庫全書》編纂委員會、復旦大學圖書館古籍部編：《續修四庫全書》（上海：上海古籍出版社，2003 年，1 版），卷下，頁 54。

61　清・江永著：《周禮疑義舉要》，卷 7，頁 16。

62　清・孫詒讓正義，王文錦、陳玉霞點校：《周禮正義》，頁 3527-3528。

《疏》云：「大車輪崇九尺，三之，為轅二丈七尺。」[63]意指車轅總長度為車輪三倍，其中前轅又占三分之二，後轅為三分之一。「重」、「大車」之輪高〈車人〉已謂「崇三柯」，若以一「柯」為三尺，每尺 19.7 公分帶入計算，每「柯」為 59.1 公分，知車輪高度為 177.3 公分。檢視此數字乍見頗不合理，然第一章引用「圖 1」陝西鳳翔八旗屯 BM103 號秦國墓出土陶牛及車輪，該模型車輪高度較牛隻高度更高，知此說應有所本。〈車人〉已謂「輈」是「轅端，壓牛領者」，知「重」、「大車」前轅是扼住牛隻領部。第一章曾引《周禮・冬官考工記・輈人》曰：「今夫大車之轅摯，其登又難；既克其登，其覆車也必易。此無故，唯轅直且無楑也。」[64]可證「重」、「大車」前轅乃直轅而非曲轅。[65]若車輪過低，前轅向上仰角必大，車箱內載運物資向後傾斜，將造成牛隻領部壓力過大，上坡時可能導致牛隻窒息。為防止此事發生，則須提高車輪高度；不僅可使車箱保持水平，亦可減輕牛隻負擔。至於古代牛隻高度，昝林森、李斌成《中華牛文化》云：「根據河南安陽小屯出土的 35 片牛肩胛骨做的刻字甲骨的長、上緣寬、平均長寬率推測，當時牛的肩高在 140-155 釐米之間。」[66]牛隻領部位置低於肩高，再配合「圖 1」模型比例參看，車輪高度 177.3 公分的確在情理之中。〈車人〉既謂「大車」車轅長度為輪高三倍，帶入計算後，合今日約 531.9 公分。然此長度是否為前轅與後轅長度？江永云：「牛車轅長者，牝服之後猶有轅，轅尾亦可載物，今車亦如此。以上下文，可推知其長短。大車尾轅四尺，……其前轅出牝服之外者，大車一丈四尺。」[67]依江永之意，〈車人〉所謂車轅長度除前轅及後轅，亦包括車箱長度，總長度 531.9 公分，故謂前轅一丈四尺、後轅四尺。若以江永之見帶入計算，則「大車」前轅長 275.8 公分、後轅長 78.8 公分。以「大車」總長 531.9 公分、車箱寬度 118.2 公分帶入計算，每輛「重」、「大

63　漢・鄭玄注，唐・賈公彥疏：《周禮注疏》，頁 657。

64　漢・鄭玄注，唐・賈公彥疏：《周禮注疏》，頁 612。

65　王學理、尚志儒、呼林貴等著：《秦物質文明史》，頁 219。

66　昝林森、李斌成著：《中華牛文化》，頁 10。

67　清・江永著：《周禮疑義舉要》，卷 7，頁 16。

車」面積 62,870.58 平方公分，換算為 6.287 平方公尺。以動員 100 輛兵車所需 1,168 輛「重」、「大車」計算，停置全部「重」、「大車」需面積 7,343.22 平方公尺。

　　除「重」、「大車」外，兵車面積可參照出土實物相關數據推估。計算兵車面積之法，長度為車轅及車輿進深總合，寬度是車軸長度及車轂長度總合。不以車輿寬度計算之由，乃因車軸與車轂總合長度較車輿為寬，故面積寬度以車軸與車轂總合長度為計算依據。劉永華《中國古代車輿馬具》附錄「歷代出土車輿尺寸統計表」，內載「三門峽虢國墓車馬坑出土各車尺寸統計表」、「上村嶺虢國車馬坑出土各車尺寸統計表」、「上馬墓地車馬坑出土各車尺寸統計表」、「太原金勝村晉國趙卿墓陪葬車馬坑車輛尺寸統計表」等四處考古出土車乘數據。[68]由於上述四處統計表仍有不確定數據，本文整理時皆予以剔除，僅保留較完整項目。以下將上述四處車乘數據製成「表 4、春秋出土車乘尺寸整理表」：

表 4　春秋出土車乘尺寸整理表

出土地點	編號	車衡長（公分）	車轅長（公分）	車輿長（公分）	車輿寬（公分）	車軸長（公分）	車轂長（公分）
三門峽虢國墓	M2001CHMK1・CH2 號車	120	248	96	120	248	無記載
三門峽虢國墓	M2001CHMK2・CH11 號車	無記載	300	82	108	246	無記載
上村嶺虢國墓	1727 號坑 2 號車	140	296	90	123	236	無記載
上村嶺虢國墓	1051 號坑 2 號車	無記載	300	100	130	200	無記載
上馬墓地	1 號坑 1 號車	120	360	100	112-118	275	無記載

---

[68] 劉永華著：《中國古代車輿馬具》，頁 198-199。

出土地點	編號	車衡長（公分）	車轅長（公分）	車輿長（公分）	車輿寬（公分）	車軸長（公分）	車轂長（公分）
上馬墓地	1 號坑 2 號車	124	340	104	114	244	無記載
上馬墓地	3 號坑 1 號車	104	320	83	110-117	252	無記載
上馬墓地	3 號坑 2 號車	112	314	95	82-120	258	無記載
上馬墓地	3 號坑 3 號車	124	275	95	100-106	240	無記載
太原趙卿墓	9 號車	無記載	328	97	120	188	50
太原趙卿墓	12 號車	無記載	320	106	146	190	58

依上表資料計算，兵車長度分別為 344、382、386、400、460、444、403、409、370、425、426 公分，平均長度 404.45 公分；平均寬度為 234.27 公分。由「表 4」數據不難見出兵車尺度落差頗大，最長者 460 公分、最短者 344 公分，相差 116 公分；最寬者 275 公分、最窄者 188 公分，差距 87 公分。導致尺度落差之因素有數種，如不同車軌寬窄之差異、時代早晚之影響、兵車種類之規格等，皆可能造成兵車規制有明顯落差。

傳世文獻亦載兵車尺度，《周禮‧冬官考工記‧輿人》曰：「輿人為車。輪崇，車廣，衡長，參如一，謂之參稱。參分車廣，去一以為隧。」《注》云：「稱，猶等也。車，輿也。衡亦長容兩服。兵車之隧四尺四寸，鄭司農云：隧謂車輿深也。」《疏》云：

> 云「參如一」者，謂俱六尺六寸也。云「容兩服」者，服馬也。……隧，謂車輿之縱，凡人所乘車，皆取橫闊，以或參乘，或四乘，故橫則六尺六寸。此隧輿之縱；三分六尺六寸，取二分，以四尺四寸為之。[69]

---

69 漢‧鄭玄注，唐‧賈公彥疏：《周禮注疏》，頁 657。

知兵車車輪高度、車輿寬度皆為六尺六寸，車輿長度為四尺四寸。依聞氏考證齊國一尺為今日 19.7 公分帶入計算，六尺六寸為 130.02 公分，四尺四寸為 86.68 公分。「表 4」整理十一筆出土車乘，車輿平均寬度為 117.68 公分，平均長度為 95.27 公分。文獻資料與出土實物比較，知文獻所載車輿寬度較出土實物寬，長度則短於出土實物。但若以車輿面積比較，文獻所載車輿面積為 11,270.13 平方公分，出土實物平均面積為 11,211.37 平分公分，差距僅 58.76 平方公分。《周禮・冬官考工記・輈人》稱車轅為「輈」，[70]文曰：

> 凡任木、任正者，十分其輈之長，以其一為之圍。衡任者，五分其長，以其一為之圍。小於度，謂之無任。五分其軫間，以其一為之軸圍。十分其輈之長，以其一為之當兔之圍。參分其兔圍，去一以為頸圍。五分其頸圍，去一以為踵圍。[71]

上引文字乃細述車轅構造尺寸，至於總長度，《疏》云：「國馬之輈深四尺七寸，與二不相當者，通計一丈四尺四寸。」[72]知一丈四尺四寸為車轅總長，帶入齊國每尺 19.7 公分計算，約合今日 283.68 公分。上表所列車輿、車轅平均長度 309.18 公分，較《周禮・冬官考工記》所載數據長約 25.5 公分。至於車軸長度，上文討論「重」、「大車」時已說明，文獻所載車軸長度不分車種皆為八尺八寸，合今日 157.6 公分，明顯短於上表所列數據。考慮本文乃推估性質之討論，上文「重」、「大車」乃以文獻記載為基準，故推算兵車面積仍以文獻之說為據。依《周禮・冬官考工記》所載，兵車車轅長度 283.68 公分，車輿長度 86.68 公分，合計總長度 370.36 公分。帶入車軸 157.6 公分

70 　《周禮・冬官考工記・輈人》曰：「輈人為輈。」鄭玄《注》云：「輈，車轅也。」見漢・鄭玄注，唐・賈公彥疏：《周禮注疏》，頁 611。
71 　漢・鄭玄注，唐・賈公彥疏：《周禮注疏》，頁 612。
72 　漢・鄭玄注，唐・賈公彥疏：《周禮注疏》，頁 612。

計算，得每乘兵車面積 58,368.74 平方公分，換算爲 5.84 平方公尺。[73]以動員 100 乘兵車計算，停置所有兵車約需 584 平方公尺。

至於人員休息住宿面積，可分「舍」與「臥車」二部分計算。第一章引用山東長清崗辛戰國墓出土帳篷復原圖，考古人員計算其尺寸爲長 264 公分、進深 200 公分，此即《左傳》所載人員住宿使用之「舍」，即今日所謂帳篷。若依復原尺寸計算，每「舍」面積爲 52,800 平方公分，換算爲 5.28 平方公尺。筆者推估每「舍」供五人住宿，動員 100 乘兵車總計爲 1,300 位戰鬥人員。其中擔任兵車車左者，推測可配置一輛臥車；剩餘 1,200 位戰鬥人員則分配於 240「舍」住宿。每「舍」面積 5.28 平方公尺，帶入 240「舍」計算，得「舍」之總面積 1,267.2 平方公尺。至於臥車面積，姑以第一章所引山東淄博市臨淄區淄河店 2 號戰國墓 11 號車爲計算標準。考古人員測量該車輛車轅長 400 公分、車箱長 210 公分、車軸長 270 公分，[74]今以車轅及車箱長度爲面積之長，車軸長度爲面積之寬，得一輛「輜車」面積 164,700 平方公分，換算爲平方公尺爲 16.47 平方公尺。第六章已說明動員 100 輛兵車估計需 100 輛「輜車」，帶入 100 輛「輜車」計算，停置所有「輜車」需面積 1,647 平方公尺。

除車乘與人員住宿所需面積，尚須計算餵養馬匹與牛隻之空間。《周禮・冬官考工記・輈人》曰：「國馬之輈深四尺有七寸。」《注》云：「國馬，謂種馬、戎馬、齊馬、道馬，高八尺。」[75]此處僅提供馬匹高八尺之資訊，[76]

---

[73] 《兵器史話》云：「一輛戰車寬約三米，駕上馬匹後全長也是三米左右，一輛駕馬戰車面積達九平方米。」見楊毅、楊泓著：《兵器史話》（臺北：國家出版社，2003 年 12 月，1 版），頁 41。《中國古兵二十講》云：「兩馬雙轅戰車頗爲笨重，一乘車的總寬度超過 3 米，駕上轅馬以後，全長也有 3 米左右，也就是說一乘晚商戰車，至少要占 9 平方米的面積。」見楊泓、李力著：《中國古兵二十講》，頁 60。二書計算方式過於粗疏，故推估兵車面積遠高於筆者計算，本文不取其說。

[74] 山東省文物考古研究所著：〈山東淄博市臨淄區淄河店二號戰國墓〉，《考古》2000 年第 10 期，頁 46-65、圖版伍、陸。

[75] 漢・鄭玄注，唐・賈公彥疏：《周禮注疏》，頁 611

至於其長寬數據則未明言。牛隻情況亦復如是，上引昝林森、李斌成《中華牛文化》，謂牛隻肩高在 140 至 155 公分間，亦未知其體型身寬。牛隻須於前輈牽引「重」、「大車」，可計算前輈長度與車箱寬度面積，視爲每隻牛所需活動空間。上文已說明「重」、「大車」前輈長度與車箱寬度分別爲 275.8 公分及 118.2 公分，計算其面積爲 32,599.56 平方公分，換算約爲 3.26 平方公尺。第六章已說明動員 100 輛兵車需 1,168 輛「重」、「大車」，需用牛隻 2,336 隻。以此數量帶入每隻牛活動空間 3.26 平方公尺計算，總計安置全部牛隻需面積 7,615.36 平方公尺。馬匹所需空間亦可如計算牛隻之法，馬匹長度可以兵車車輈長度爲據。至於馬匹寬度，筆者認爲可從車衡估算。上文所引《周禮·冬官考工記·輿人》言「輪崇，車廣，衡長，參如一。」所謂「衡」者，即鄭、賈所言，用以繫縛二匹服馬之橫木，讀者可參第三章「圖 11」。「表 4」所列出土車乘記載車衡長度者有七件，求其平均值爲 120.57 公分。《周禮·冬官考工記·輈人》已謂車輈長度與車輿寬度相等，皆爲六尺六寸，換算今日單位爲 130.02 公分，稍長於出土實物平均值。由於上文計算兵車面積採文獻記載數據，故馬匹活動空間亦以〈輈人〉之說爲準。〈輈人〉謂車衡長 130.02 公分，然此長度繫縛二馬，可得每匹馬寬度約 65.01 公分。以兵車車輈長 283.68 公分視爲馬匹長度，馬匹寬度以 65.01 公分計算，得每匹馬活動空間爲 18,442.04 平方公分，換算約爲 1.84 平方公尺。動員 100 輛兵乘需 400 匹馬，100 輛「輜車」需 200 匹馬，合計爲 600 匹馬。以每匹馬活動空間約 1.84 平方公尺帶入計算，600 匹馬總計需面積 1,104 平方公尺。至於人員活動空間姑以每人一平方公尺計算，前文已說明動員 100 輛兵車需戰鬥人員 1,300 人、役人 2,000 人、奴隸約 2,336 人，合計 5,636 人，知人員活動

---

76 《睡虎地秦墓竹簡·秦律雜抄》云：「駑馬五尺八寸以上，不勝任。」整理小組云：「駑馬，供乘騎的軍馬。」見睡虎地秦墓竹簡整理小組編：《睡虎地秦墓竹簡》，頁 81。依丘光明、邱隆、楊平著《中國科學技術史：度量衡卷》之見，秦朝 1 尺合今日 23.1 公分。見丘光明、邱隆、楊平著：《中國科學技術史：度量衡卷》，頁 168。將此數字帶入計算，五尺八寸合今日 133.98 公分，較《周禮》記載爲低。考慮〈秦廄雜抄〉乃謂「五尺八寸以上」，知 133.98 公分應是最低限度。

空間為 5,636 平方公尺。

上文計算動員 100 輛兵車需 1,168 輛「重」、「大車」,停置這些「重」、「大車」面積 7,343.22 平方公尺,100 輛兵車停置面積 584 平方公尺,提供戰鬥人員住宿之 240「舍」面積 1,267.2 平方公尺,100 輛「輜車」面積 1,647 平方公尺,牛隻活動空間 7,615.36 平方公尺,馬匹活動空間 1,104 平方公尺,所有人員活動空間 5,636 平方公尺,總面積達 23,549.78 平方公尺。若為四方形營地,則每邊長度約 153.46 公尺;若為圓形營地,直徑約 173.2 公尺。

四、建築營壘所需土方及時間推估

春秋時代以車戰為主要作戰模式,戰車衝擊力強大,為防止敵軍兵車攻擊,部隊駐紮須於營地四周建築堅實軍營,用以屏蔽部隊及後勤「輜重」。《說文》云:「軍,圜圍也,四千人為軍。从包省、从車。車,兵車也。」[77]王筠《說文釋例》云:

> 軍之所以从勹、車者,古者車戰,故从車。以《左傳》「以藩為軍」推之,知軍者即今之所謂營盤,必有營壘周乎其外,故从勹。說解曰:「圜圍也」,即此意。[78]

王筠謂「軍」為「營盤」之見無疑正確,但謂「軍」字从勹,即《說文》所云「包省」則不可從。「軍」字東周金文可見,依容庚(1894-1983)《金文編》所載,庚壺、鄿右軍矛、鄿侯載矛、中山侯鉞及中山王𧻋鼎「軍」字均从旬聲;[79]若以六書歸類,「軍」應屬形聲字。

77　漢・許慎著,清・段玉裁注:《說文解字注》,頁 734。

78　清・王筠著:《說文釋例》,卷 9,頁 33。

79　容庚編著,張振林、馬國權摹補:《金文編》(北京:中華書局,1985 年 7 月,1 版),頁 933。

引文第 14 條《正義》云:「壘,壁也。軍營所處,築土自衛,謂之為壘。深者,高也;高其壘以為軍之阻固。」[80]又《說文》云:「壘,軍壁也。」《注》云:「行軍所駐為垣曰軍壁。」[81]「深壘」指高築由土石堆垛而成之營壘,以此鞏固「軍」——即王筠所言「營盤」,即部隊駐紮之營地。又引文第 6 條謂楚軍「營軍臨隨」,「營」於此作動詞,為營建之意;「軍」乃指部隊所建築,具有營壘屏蔽之軍營。又引文第 22 條《集解》云:「疏行首者,當陳前決開營壘為戰道。」[82]王引之《經義述聞》則認為:

> 案下文曰:「將塞井夷灶而為行也」,則塞井夷灶正所以疏行首,非決開營壘之謂也。首,當讀為道。疏,通也;謂通陳列隊伍之道也。井灶已除,則隊伍之道疏通,無所窒礙矣。[83]

據王氏之見,「塞井夷灶」後軍營開闊平坦足以列陣,但在軍營中列陣仍須將軍隊移出軍營之外方能作戰,故此時須決開營壘能讓軍陣出營,故杜預謂「決開營壘為戰道」之說仍舊不誤。出入軍營自有其門,《左傳》記為「軍門」,可見引文第 15 條、17 條及 27 條。軍營雖以「軍門」為出入門戶,但軍陣規模盛大,若皆由「軍門」出入則行列必然破壞。故唯有決開軍壘成陣而出,方能維持行列完整。至於「軍門」寬度為何,文獻未予記載,僅能闕而不論。引文第 7 條《經典釋文》釋「壘」字之意云:「軍壘。」[84]又引文第 14 條孔氏釋「壘」字為「軍營所處,築土自衛。」又《周禮・夏官・量人》曰:「量人:掌建國之灋,以分國為九州。……營軍之壘舍,量其市朝、州涂、軍社之所里。」《注》云:「軍壁曰壘。」《疏》云:「軍行之所擬停

80　晉・杜預集解,唐・孔穎達正義:《春秋左傳注疏》,頁 331。
81　漢・許慎著,清・段玉裁注:《說文解字注》,頁 697。
82　晉・杜預集解,唐・孔穎達正義:《春秋左傳注疏》,頁 475。
83　清・王引之著:《經義述聞》,頁 434。
84　晉・杜預集解,唐・孔穎達正義:《春秋左傳注疏》,頁 240。

之處，皆為壘壁，恐有非常。」[85]知軍營四周以土石堆垛而成之工事稱「壘」，功能是屏蔽軍營以防敵軍襲擊。既然「壘」需土石方能建構，土石自何而來？引文第 26 條《集解》云：「作壘塹成，輒徙舍合其圍。」[86]知築「壘」更須有「塹」。《說文》云：「塹，坑也。」[87]知築「壘」前先掘坑為「塹」，不僅取其土石以夯築成「壘」，其坑塹亦是「壘」前防禦工事，即今日所謂壕溝。引文第 25 條記齊靈公率軍於防門守禦，《集解》云：「平陰，城在濟北盧縣東北，其城南有防，防有門，於門外作塹，橫行廣一里。」[88]此處謂防門外之「塹」廣一里，但未具體申言「塹」之形制尺寸。先人挖掘壕溝歷史頗早，距今 5,000 至 7,000 年前仰韶文化遺址已發現類似壕溝之防禦工事。如陝西西安半坡遺址 30,000 平方公尺居住區四周，圍繞深、寬各約五至六公尺壕溝。[89]陝西臨潼姜寨遺址亦發現建築三段壕溝，[90]河北磁縣下潘汪龍山遺址更出現二道平行壕溝工事。[91]壕溝除用以築城，亦廣泛用於戰場，其規制可見《墨子・備城門》記載，文云：「塹中深丈五，廣比扇。」孫詒讓於「廣比扇」云：「亦八尺而兩之。」[92]知守備之「塹」寬十六尺、深一丈五尺，換算尺度則為十五尺。[93]此說近於《周禮・冬官考工記・匠人》所云：「匠人為溝洫。……方百里為同，同間廣二尋、深二仞謂之澮。」《疏》云：

85　漢・鄭玄注，唐・賈公彥疏：《周禮注疏》，頁 456。

86　晉・杜預集解，唐・孔穎達正義：《春秋左傳注疏》，頁 1013。

87　東・許慎著，清・段玉裁注：《說文解字注》，頁 697。

88　晉・杜預集解，唐・孔穎達正義：《春秋左傳注疏》，頁 577。

89　中國科學院考古研究所、陝西省西安半坡博物館著：《西安半坡》，頁 9。

90　西安半坡博物館、陝西省考古研究所、臨潼縣博物館著：《姜寨——新石器時代遺址發掘報告》（北京：文物出版社，1988 年，1 版），頁 350。

91　河北省文物管理處著：〈磁縣下潘汪遺址發掘報告〉，《考古報告》1975 年第 1 期，頁 73-116、圖版壹至拾貳。

92　周・墨翟著，清・孫詒讓詁，孫啟治點校：《墨子閒詁》，頁 496。

93　《墨子・備城門》又云：「去城門五步大塹之，高地三丈，下地至。」似與正文所引說法不同。王念孫《讀書雜志・墨子第五》「三丈，下地至」條云：「『高地三丈，下地至。』引之曰：此本作『高地丈五尺，下地至泉三尺而止。』〈備穴篇〉曰：『高地丈五尺，下地得泉三尺而止』，是其證。今本『丈五尺』誤作『三丈』，『至』下

自畎、遂、溝、洫，皆廣深等，其澮廣二尋、深二仞，若以孔安國「八尺為仞」，則澮亦廣深等。但廣度以尋，深度以仞，故別言之。若王肅依《爾雅》「四尺曰仞」，深二仞，八尺，與廣二尋不類。鄭以仞七尺淺於廣二尋二尺者，以涂為大，故宜淺校二尺，與溝、洫不得相類也。[94]

若依鄭玄之意，田間灌溉之澮廣度為二尋、深度為二仞，[95]換算為尺度則是廣十六尺、深十四尺，與〈備城門〉寬十六尺、深十五尺之說接近，《墨子》之說理當可信。至於〈備城門〉所指「塹」寬十六尺、深十五尺，合今日尺度為何？丘光明、邱隆、楊平《中國科學技術史：度量衡卷》考定東周時期一寸合今日 2.31 公分，[96]以一尺為十寸計算，則一尺長 23.1 公分。一丈為十尺，則「塹」深度十五尺，合今日 346.5 公分；其寬度十六尺，合今日 369.6 公分。據中國大陸報紙報導，2010 年於河北省蠡縣蠡吾鎮忠衛村發現戰國時代壕溝遺址，寬約四公尺、深約二公尺。[97]〈備城門〉所載溝塹寬度與河北

又脫『泉三尺』三字，則義不可通。」見清・王念孫著：《讀書雜志・墨子第五》，頁 615。孫詒讓亦云：「王說是也，上文亦云『塹中丈五尺』。」見周・墨翟著，清・孫詒讓詁，孫啟治點校：《墨子閒詁》，頁 535-536。今依王氏之說，以正文所引文字為據。

[94] 漢・鄭玄注，唐・賈公彥疏：《周禮注疏》，頁 651。

[95] 黃懷信認為長度單位「仞」、「仞」，「無妨直接理解為今日民間之『人』，即人之身高，不必再以『八尺』、『七尺』或者『四尺』為說。」意指「仞」、「仞」乃古人取自一人平均身長，故稱為「仞」、「仞」。見黃懷信著：〈談談古書中的「仞」〉，原載《文史知識》1988 年第 5 期；收入氏著：《古文獻與古史考論》（濟南：齊魯書社，2003 年 6 月，1 版），頁 370-376。王暉亦主張「仞」是以中等身材者身高為標準，見王暉著：〈說「仞」〉，原載《考古與文物》1989 年第 6 期；收入氏著：《古文字與商周史新證》（北京：中華書局，2003 年 12 月，1 版），頁 408-417。

[96] 丘光明、邱隆、楊平著：《中國科學技術史：度量衡卷》，頁 156。

[97] 李倩著：〈蠡縣發現戰國壕溝及東漢墓葬，出土全國罕見文物〉，《燕趙都市網》，網址：http://yanzhao.yzdsb.com.cn/system/2013/10/19/013372256.shtml，檢索日期：2015 年 7 月 5 日。

蟲縣發現戰國壕溝相差不遠，唯深度較深約一公尺餘。考慮出土壕溝深度可能因泥沙淤積而稍淺，若排除此問題，尚可與〈備城門〉數據大致相符。

　　上節已推估動員 100 乘兵車，人員與「輜重」等車輛於駐紮時所需營地面積爲 23,549.78 平方公尺。若此營地爲四方形營地，則每邊長度約 153.46 公尺，總計需建築營壘及溝塹長度約 613.84 公尺。若爲圓形營地，直徑約爲 173.2 公尺，總計需建築營壘及溝塹長約 543.848 公尺。考慮駐紮地點爲因應不同地形，自然難以建構成正方形或正圓形之營壘及溝塹。筆者認爲可將上述二項總長度求其平均值以作計算，用以推估建構營壘所需土方及時間。方形營壘與溝塹長度爲 613.84 公尺，圓形營壘與溝塹長度爲 543.848 公尺，平均爲 593.844 公尺。上述溝塹深度 346.5 公分、廣度 369.6 公分，換算爲公尺後帶入長度計算，估計建構營壘須挖掘土方約達 7,605.15 立方公尺。挖掘土方建築營壘須以人力夯實，《九章算術·商功》曰：「穿地四，爲壤五，爲堅三。」三國魏人劉徽（225-295）《注》云：「壤謂息土，堅謂築土。」[98]知土壤與夯實築土比例爲五比三，意即五立方公尺土壤，可夯實爲三立方公尺營壘。[99]若以推估挖掘溝塹土方 7,605.15 立方公尺帶入計算，則夯實營壘體積爲 4,563.09 立方公尺。營壘高度與基底寬度計算方式，《中國軍事史》認爲「構築壘牆的經驗公式與築堤堰相同。」築堤堰尺寸公式見《周禮·冬官考工記·匠人》，文曰：「凡爲防，廣與崇方，其綱參分去一。」《注》云：「崇，高也。方，猶等也。綱者，薄其上。」《疏》云：「凡爲堤防言廣與高等者，假令堤高丈二尺，下基亦廣丈二尺。云『其綱參分去一』者，三四十二，上宜廣八尺者也。」[100]知營壘高度與營壘基底寬度相等，營壘頂部寬度爲基底寬度三分之二。以此公式帶入計算，假定營壘夯實後土方 4,563.09 立方公尺，營壘總長度 593.844 公尺，知營壘高度與基底寬度約 3.026 公尺，

---

98 三國魏·劉徽注：《九章算術》，收入《四部叢刊初編》（臺北：臺灣商務印書館，1967 年，影印上海涵芬樓藏微波榭刊本），卷 8，頁 16。李繼閔著：《《九章算術》導讀與譯注》，頁 425-426。

99 《中國軍事史》編寫組著：《中國軍事史》，頁 45。

100 漢·鄭玄注，唐·賈公彥疏：《周禮注疏》，頁 654。

頂部寬度約 2.017 公尺。由於未知「軍門」確切寬度，此數字未扣除「軍門」；若再扣除「軍門」寬度之土方，營壘高度將略高於上述數字。

前文已說明出兵 100 輛兵車需動員 2,000 位役人，又役人可概分「築者」與「輿人」二種類群，於部隊駐紮時當各司其職。簡言之，「築者」主要工作爲挖掘壕溝及建築營壘，若以 2,000 位役人概分之，推測當有 1,000 位「築者」負責此事。1,000 位「築者」又可概分三部：一部挖掘壕溝，一部運送土方，另一部則立「板」、「榦」且將土方夯實爲營壘。若將 1,000 位築者概分三部，每部約 330 位。以上文計算挖掘土方 7,605.15 立方公尺計算，330人負責挖掘土方，每人約分擔 23.046 立方公尺。《九章算數・商功》云：「冬程人功四百四十四尺。……春程人功七百六十六尺。……夏程人功八百七十一尺。……秋程人功三百尺。」[101]所謂「程人功」者，李繼閔釋云：

> 程，法式，規章。人功，每人一日的工程定量，即一個勞動日的工程定額。古代施工已實行定額管理，規定不同季節不同工程一個勞動日的工程定量。如此便有「冬程人工」、「春程人工」之類的積尺數。[102]

至於上引文字數字單位，李氏認爲皆是立方尺。故冬季時每位役人工程定量爲 440 立方尺，春季爲 766 立方尺，夏季爲 871 立方尺，秋季爲 300 立方尺。不同季節有不同工程定量，應與日照長短有關。如夏季工作量幾乎爲冬季二倍，可能因夏季晝長夜短而冬季晝短夜長，有更長工作時間，故工程定量較高。至於秋季定量在四季中最少，或許乃因秋季爲農收時節，非主要徵發徭役時段，所需工程定量已較其他季節爲少，故每位役人攤派工程量少於春、夏、冬季。成書於兩漢之《九章算數》，所用尺度當以兩漢爲標準換算，每尺合今日 23.1 公分。[103]上述四季工程定量爲 440、766、871、300 立方尺，

---

101 李繼閔著：《《九章算術》導讀與譯注》，頁 428-429。

102 李繼閔著：《《九章算術》導讀與譯注》，頁 434。

103 丘光明、邱隆、楊平著：《中國科學技術史：度量衡卷》，頁 201、211。

折合今日單位爲 5.424、9.442、10.736、3.698 立方公尺。若不分季節予以平均，則每位役人每日工程定量爲 7.325 立方公尺。若將上述每人分擔土方 23.046 立方公尺帶入，以每日挖土 7.325 立方公尺計算，需時約三日。若將 1,000 位築者全員投入挖掘土方，7,605.15 立方公尺則每人須分擔 7.60505 立方公尺；以每日挖土 7.325 立方公尺計算，仍需約一日時間。此數字僅是挖掘土方時間，尚未包括夯築營壘。上文已說明部隊及後勤人員每日行役時間爲十二小時，除去行進三十里所需五至六小時，剩餘六至七小時仍無法完成挖掘壕溝工事，遑論建築屏蔽軍隊之營壘。《左傳》宣公十一年（598 B.C.）記楚國令尹蒍艾獵城沂之事，文曰：「使封人慮事，以授司徒。量功命日，分財用，平板榦，稱畚築，程土物，議遠邇，略基趾，具餱糧，度有司。事三旬而成，不愆于素。」《集解》云：「封人，其時主築城者。慮事，謀慮計功。」[104]知築城前須嚴謹計算，方能如期完工。後勤人員建築營壘雖非築城，然過程與工序實乃築城之法具體而微，事先需測量估算。若貿然建築工事，不僅耗費後勤人員體力及時間，對軍隊是否順利安頓駐紮亦有重大影響，不得不謹慎爲之。

　　或有學者質疑筆者推論宿營面積過大，若能保守計算，或許可讓役人完成挖掘壕溝與夯築營壘工作。部隊出征最重要者，莫如戰鬥人員及其所需物資，故營壘須保護兵車、戰鬥人員、馬匹及其所需糧食。若以動員 100 輛兵車計算，營壘內須置放 100 輛兵車，面積 584 平方公尺；100 輛「輜車」，面積 1,647 平方公尺；1,200 位戰鬥人員住宿所需 240「舍」，面積 1,267.2 平方公尺。依第六章計算，每位戰鬥人員三個月需 93.51 公斤；1,300 位戰鬥人員總需 121,563 公斤。以每輛「重」、「大車」載運米糧重量 667 公斤計算，運送戰鬥人員糧食須動用 183 輛「重」、「大車」。每匹馬三個月需糧草 473.22 公斤，拉引兵車之 400 匹馬與拉引「輜車」之 200 馬總計 600 匹，三個月需糧草 283,932 公斤，運送馬匹糧食需動用 426 輛「重」、「大車」。運輸戰鬥人員及馬匹糧草之「重」、「大車」合計 609 輛，以每輛「重」、

104　晉・杜預集解，唐・孔穎達正義：《春秋左傳注疏》，頁383。

「大車」面積 6.287 平方公尺帶入計算，總計需 3,828.783 平方公尺。609 輛「重」、「大車」需牛隻 1,218 頭，或許可計算其活動空間面積，但營壘內無論如何須安置馬匹。600 匹馬若僅計算拉引兵車之 400 匹馬，以每匹馬活動空間 1.84 平方公尺帶入計算，總計面積爲 736 平方公尺。將上述數字加總爲 8,062.983 平方公尺，此應是動員 100 輛兵車最低限度之宿營面積。若此營地爲四方形營地，則每邊長度約 89.79 公尺；若爲圓形營地，直徑則約 101.348 公尺。若此營地爲四方形營地，總計需建築營壘及溝塹總長約 359.16 公尺。若爲圓形營地，總計需建築營壘及溝塹總長約 318.233 公尺。將上述二數字平均，則建築營壘及溝塹總長約 338.697 公尺。以壕溝深度 3.465 公尺、廣度 3.696 公尺帶入計算，須挖掘土方達 4,337.57 立方公尺。若築者 1,000 人投入挖掘，每人分配土方爲 4.338 立方公尺。以每人每日挖土 7.325 立方公尺功率計算，仍需 0.592 日時間。若以每日行役時間十二小時計算，仍需 7.104 小時。此數字尚未包括夯築營壘時間，若再加入夯實土方時間，或許約莫一個工作日。由上述數字分析可知，春秋時代部隊駐紮時恐非每日皆能建築營壘，否則無法於每日行役時間十二小時內完成所有工事。既然部隊駐紮未能每日挖掘壕溝、建築營壘，又當以何方式屏蔽人員及物資？此部分留待下節說明。

五、以「重」、「大車」爲屏障

《左傳》常見「軍」於某地之詞例，如引文第 1 條記載楚武王欲侵隨國，先遣薳章求成於隨，故楚師駐紮瑕地以待薳章（生卒年不詳）求成結果。《集解》云：「瑕，隨地。」[105]知楚師已進入隨國境內，《左傳》以「軍」字表示駐紮，指軍隊已做好整備，可隨時戰鬥。楚國伐隨記載又見引文第 2 條，此役楚武王親帥軍隊「軍於漢、淮之間」，《正義》云：「漢北、淮南」，[106]即指漢水之北、淮水之南。隨國位置，楊伯峻認爲「在漢水之東，淮水之南，

105　晉・杜預集解，唐・孔穎達正義：《春秋左傳注疏》，頁 109。
106　晉・杜預集解，唐・孔穎達正義：《春秋左傳注疏》，頁 119。

故楚軍駐紮于兩水之間。」[107]知楚國此時駐紮漢、淮之間，亦在隨國境內，準備與隨師戰鬥交鋒。知此處以「軍」字表示駐紮行動，時間點是戰鬥前夕。又引文第3條載楚國屈瑕將與貳、軫二國立盟，但鄖國欲破壞結盟，聯合隨、絞、州、蓼等國攻伐楚師。鄖國部隊軍於蒲騷，據下文鬬廉（生卒年不詳）之語，知蒲騷地處鄖國境內。鄖師駐紮於此之目的，《傳》文已清楚說明，乃等待隨、絞、州、蓼等國部隊集結，欲以聯軍方式圍擊楚師。鄖師「軍」於蒲騷目的十分明顯，即做好隨時戰鬥的準備，將與楚師一決雌雄。又引文第4條記載楚國為報復前一年絞國欲與鄖國共擊其師，故興起此次伐絞之役。《傳》文謂楚師「軍其南門」，即指楚師於絞國南門外駐紮，並準備隨時攻打絞國。莫敖屈瑕欲以計謀引誘絞人，將役徒在沒有防衛情況下采樵，果然絞人輕易擄獲三十人而歸。隔日絞人爭擄役徒，楚師引誘絞人至早已設有埋伏之北門外山下，終於大敗絞人而立城下之盟。又引文第9條說明晉文公自秦入晉之日程，由於藉用秦師力量，晉文公渡河進入晉國後所向披靡連戰皆捷。此時晉懷公（655 B.C. ？-637 B.C.）派遣部隊「軍于盧柳」，《集解》云：「懷公遣軍距重耳。」[108]知晉師在盧柳駐紮，亦是準備與晉文公及秦師作戰。之後秦國公子縶（生卒年不詳）進入晉師交涉，晉師雖向後徹軍，但仍「軍于郇」。晉師所「軍」之地盧柳、郇皆在晉國境內，但《左傳》於此用「軍」字以表駐紮，目的是抵拒秦師及晉文公而做戰鬥準備。又引文第13條記晉文公返回晉國後，展開一連串攻擊行動，鄭國是目標之一。從佚之狐（生卒年不詳）對鄭文公言「國危矣」之情況判斷，當時鄭國局勢應極為凶險，故佚之狐方以如此冒犯之言警告鄭文公。《傳》文記載「晉軍函陵，秦軍氾南」，乃謂晉、秦部隊分別駐紮函陵及氾南，表示晉、秦之師已做好戰鬥準備。由以上諸例可知，《左傳》「軍」字有駐紮軍隊之意。但「軍」字作此解釋時，均指部隊駐紮完畢，且已做好戰鬥準備，隨時可與敵人交戰情

107 楊伯峻著：《春秋左傳注》，頁 121-122。

108 晉‧杜預集解，唐‧孔穎達正義：《春秋左傳注疏》，頁 253。

況下方可用之。至於所謂做好戰鬥準備，即完成挖掘壕溝及建築屏蔽部隊之營壘。

　　若部隊於敵軍交戰前方挖掘壕溝、建築營壘，雙方如何知道對方距離？又如何知道該於何時交戰？春秋時代部隊中有專司偵查之人員，《左傳》稱「候正」，如引文第 20 條《集解》云：「候正，主斥候。」[109]又稱「候奄」，如引文第 23 條，該文又見《國語·晉語七》，文云：「知張老之智而不詐也，使為元候。」《注》云：「元候，中軍候奄。」[110]《正義》云：「言『元尉』、『元司馬』、『元候』者，此皆中軍之官。元，大也。中軍尊，故稱大也。」[111]知「候奄」稱「元候」者，乃因其為中軍之官，故加「元」字以敬稱，實則仍是「候正」、「候奄」之職。引文第 24 條雖載諸侯盟會之事，然由《傳》文可知，仍有斥候偵蒐各方動靜。《集解》於「納斥候」句云：「不相備也。」[112]為表示會盟誠意與信任，特將斥候召回。劉安《淮南子·兵略》云：「前後知險易，見敵知難易，發斥不忘遺，此候之官也。」[113]知若為戰時，斥候應在部隊周邊負責偵查工作，其職責「是偵察地形與敵情」，[114]故可得知與敵軍之距離及動向。既知與敵軍距離遠近，部隊指揮官即可下令是否做好戰鬥準備——挖掘壕溝、建築營壘。至於敵我何時作戰，依《左傳》相關記載，應是雙方約定時間進行會戰。如僖公十五年（635 B.C.）《傳》記晉、秦韓原之戰，晉惠公主動向秦穆公請戰。[115]又僖公二十八年（632 B.C.）《傳》載晉、楚城濮之戰，楚國令尹子玉（？-632 B.C.）遣鬬勃（生卒年不詳）向晉文公請戰。晉文公命欒枝（？-622 B.C.）回覆云：「戒爾車乘，敬爾君事，

109　晉·杜預集解，唐·孔穎達正義：《春秋左傳注疏》，頁 427。

110　三國·韋昭注：《國語韋昭註》，頁 315。

111　晉·杜預集解，唐·孔穎達正義：《春秋左傳注疏》，頁 427。

112　晉·杜預集解，唐·孔穎達正義：《春秋左傳注疏》，頁 546。

113　漢·劉安編，何寧集釋：《淮南子集釋》，頁 1058。

114　李孟存、常金倉著：《晉國史綱要》（太原：山西人民出版社，1988 年 8 月，1 版），頁 231。

115　晉·杜預集解，唐·孔穎達正義：《春秋左傳注疏》，頁 230。

詰朝將見。」《集解》云：「詰朝，平旦。」[116]知雙方約定於請戰翌日平旦
時分會戰。又成公二年（589 B.C.）《傳》記晉、齊鞌之戰，齊頃公向晉師
請戰曰：「子以君師辱於敝邑，不腆敝賦，詰朝請見。」《集解》云：「詰
朝，平旦。」[117]亦是請於隔日詰朝時分會戰。《公羊傳》桓公十年（702 B.C.）
曰：「此偏戰也。」《解詁》云：「偏，一面也。結日定地，各居一面，鳴鼓
而戰，不相詐。」[118]意指敵我雙方約定特定時間與地點後，各自擺開陣仗擊
鼓衝殺。既然雙方以請戰方式約定時間地點，以「偏戰」方式進行會戰，在
交鋒前應有充分時間準備工事。

　　學者或許質疑：若如筆者之見，春秋時代軍隊駐紮未必挖掘壕溝、建築
營壘，又當如何屏蔽兵車、人員及物資？《左傳》有三處記載「以藩為軍」，
襄公二十七年（546 B.C.）《傳》記載諸侯會盟於宋，《集解》云：「示不
相忌」，故「以藩為軍。」[119]類似情況又見哀公十二年（483 B.C.）《傳》，
諸侯盟於鄖，「吳人藩衛侯之舍。」《集解》云：「藩，籬。」[120]知「藩」乃
藩籬，楊伯峻謂以「籬笆編織為牆。」[121]又昭公十三年（529 B.C.）《傳》曰：

> 楚公子比、公子黑肱、公子棄疾、蔓成然、蔡朝吳帥陳、蔡、不羹、
> 許、葉之師，因四族之徒，以入楚。及郊，陳、蔡欲為名，故請為武
> 軍。蔡公知之，曰：「欲速，且役病矣，請藩而已。」乃藩為軍。[122]

《集解》云：「欲築壘壁，以示後人，為復讎之名。藩，籬。」[123]《傳》文
所謂「武軍」，除本條外另見宣公十二年（597 B.C.）及襄公二十三（550 B.C.）

116　晉・杜預集解，唐・孔穎達正義：《春秋左傳注疏》，頁 272。
117　晉・杜預集解，唐・孔穎達正義：《春秋左傳注疏》，頁 423。
118　漢・公羊壽傳，漢・何休解詁，唐・徐彥疏：《春秋公羊傳注疏》，頁 62。
119　晉・杜預集解，唐・孔穎達正義：《春秋左傳注疏》，頁 545。
120　晉・杜預集解，唐・孔穎達正義：《春秋左傳注疏》，頁 1026。
121　楊伯峻著：《春秋左傳注》，頁 1131。
122　晉・杜預集解，唐・孔穎達正義：《春秋左傳注疏》，頁 806。
123　晉・杜預集解，唐・孔穎達正義：《春秋左傳注疏》，頁 806。

年《傳》。前者《傳》文曰：「君盍築武軍，而收晉尸，以為京觀？」《集解》云：「築軍營以章武功。積尸封土其上，謂之京觀。」[124]後者《傳》文曰：「張武軍於熒庭。」《集解》云：「張武軍，謂築壘壁。」[125]趙生群《《左傳》疑義新證》謂「軍壘整飭完固，足以顯示軍威，故《傳》屢稱『武軍』。」[126]知「武軍」實乃營壘、壘壁，或如宣公十二年《傳》，收拾晉師部隊屍骨封土以為之，[127]或堆垛土石為壁壘以彰顯武功，實則皆建築營壘之意。然《傳》文記蔡公謂役人已疲累且欲速成，故要求勿築「武軍」而「以藩為軍」。由此可證以土石築營壘耗費役人體力，可為筆者意見之佐證。上述三則「以藩為軍」之例，前二例乃盟會時為表示誠信而不築營壘，第三則雖是記述部隊行進時為求迅速紮營而「以藩為軍」，當以特例視之，故《左傳》獨見此文。既然筆者推論部隊駐紮非經常建築營壘，又非以藩籬為屏障，究竟應如何保護人員與物資？最有可能方式，乃如第一章所引《周禮·天官·掌舍》之文，設「車宮」以為屏蔽。《注》云：「謂王行止宿阻險之處，備非常。次車以為藩，則仰車以其轅表門。」[128]筆者認為所謂「車宮」，即以「重」、「大車」等「輜重」車輛停置營地四周，使「重」、「大車」成為人員及物資之屏障。又《周禮·地官·鄉師》曰：「大軍旅、會同，正治其徒役與其輦輂，戮其犯命者。」《注》云：「輂，駕馬；輦，人輓行；所以載任器也，止以為蕃營。」[129]前文已說明「輦」即本文討論之「重」、「大車」，鄭玄謂「輦」除載運物資，部隊駐紮時更可為「蕃營」。前文已說明「重」、「大車」尺度，尤其車輪高度頗為高大，足以掩蔽營地內人員。「重」、「大車」數量眾多，圈圍營地周邊一重至二重尚綽綽有餘。《中國文化發展史·先秦卷》亦有此見，認為「重」、「大車」「既能載運一定數量的軍用物資，又能與

124　晉·杜預集解，唐·孔穎達正義：《春秋左傳注疏》，頁397。
125　晉·杜預集解，唐·孔穎達正義：《春秋左傳注疏》，頁604。
126　趙生群著：《《左傳》疑義新證》，頁42、173。
127　楊伯峻著：《春秋左傳注》，頁744、1077。
128　漢·鄭玄注，唐·賈公彥疏：《周禮注疏》，頁92。
129　漢·鄭玄注，唐·賈公彥疏：《周禮注疏》，頁175。

攻車[130]一起行動，而且在宿營時又可將其圍起來組成營陣，所以又稱之為守車。」[131]《六韜·龍韜·農器》云：「戰攻守禦之具，盡在於人事。……馬牛、車輿者，其營壘、蔽櫓也。」「櫓」於第五章已說明，是干楯一類防具。本段乃謂作戰攻城與防守之器械乃由農事而來，馬牛、車輿等可視為屏蔽軍隊之營壘與防禦人員之盾牌。所引文字雖非直接證據，但謂馬牛、車輿等可為營壘，與筆者推論不謀而合，可為筆者推論之旁證。

學者或舉《周禮·春官·車僕》曰：「掌戎路之萃、廣車之萃、闕車之萃、苹車之萃、輕車之萃。」《注》云：

> 萃，猶副也。此五者皆兵車，所謂五戎也。戎路，王在軍所乘也。廣車，橫陳之車也。闕車，所用補闕之車也。苹猶屏也，所用對敵自蔽隱之車也。輕車，所用馳敵致師之車也。……《孫子》八陳有苹車之陳。……杜子春云：苹車當為軿車。[132]

知「苹車」用以屏蔽部隊，若以車乘代替營壘，當由「苹車」為之；藍永蔚《春秋時代的步兵》、楊泓及李力《中國古兵二十講》皆主此見。[133]然須注意的是，上引〈車僕〉所舉五種車乘，依《疏》之說，「證廣、闕、苹、輕為兵車之義也」；[134]意即「廣車」、「闕車」、「苹車」、「輕車」與「戎路」皆為兵車。[135]「廣車」、「闕車」、「輕車」於《左傳》可見，確為作

130　此處所謂「攻車」，作者認為即「輕車」，又稱「馳車」。「輕車」請見本章下文說明。

131　龔書鐸主編，廖名春分冊主編：《中國文化發展史·先秦卷》，頁299-300。

132　漢·鄭玄注，唐·賈公彥疏：《周禮注疏》，頁419-420。

133　藍永蔚著：《春秋時代的步兵》，頁91-92。楊泓、李力著：《中國古兵二十講》，頁70。

134　漢·鄭玄注，唐·賈公彥疏：《周禮注疏》，頁420。

135　楊泓、李力云：「用於裝載輜重運輸糧草的『大車』、『廣車』」，將廣車視為輜重一類的車乘，其說不確。見楊泓、李力著：《中國古兵二十講》，頁70。又蔡鋒云：「廣車是用來防禦和列陣用的車，行軍時用來築成臨時軍營。」蔡氏之說亦誤，

戰使用車乘，[136]唯獨「苹車」無相關記載。雖鄭玄引《孫子》「八陳」有「苹車之陳」，但今本《孫子》已佚其文，無法確知內容。《注》又引漢人杜子春（約 30 B.C.-A.D.58）之說，謂「苹車」即「軿車」。本文第一章已討論「軿車」形制，廣義而言，「軿車」與「輜車」皆供人員乘坐，與載運物資之「重」、「大車」不同。「軿」車依筆者考訂，即《左傳》所見「藩車」，主要為女性使用。但若排除性別而與「輜車」混同不分，則可泛指提供人員休息寢臥之車乘。然依〈車僕〉內容，「苹車」為作戰用兵車，兩者性質又截然不同。孫詒讓《周禮正義》認為，「此車蓋以韋革周帀四面為屏蔽，故

不可信從。見魏明孔主編，蔡鋒著：《中國手工業經濟通史・先秦秦漢卷》，頁 320。陳振中云：「大概廣車屬兵車中的大型旗車車隊」，其見可備為一說。見陳振中著：《先秦手工業史》，頁 589。

[136] 「廣車」見僖公二十八年《傳》曰：「王怒，少與之師，唯西廣、東宮與若敖之六卒實從之。」《集解》云：「楚有左右廣。」《正義》云：「蓋兵車之名，名之為廣，因即以車表兵，謂屬西廣之兵也。」又宣公十二年《傳》曰「其君之戎分為二廣，廣有一卒，卒偏之兩。右廣初駕，數及日中，左則受之，以至于昏。」《集解》云：「君之親兵。十五乘為一廣。」又曰：「楚子為乘廣三十乘，分為左右。右廣雞鳴而駕，日中而說；左則受之，日入而說。許偃御右廣，養由基為右；彭名御左廣，屈蕩為右。乙卯，王乘左廣以逐趙旃。」又襄公十一年《傳》曰：「廣車、軘車淳十五乘，甲兵備，凡兵車百乘。」《集解》云：「廣車、軘車，皆兵車名。」《正義》云：「皆是兵車，而別為之名，蓋其形制殊、用處異也。」又襄公二十三年《傳》曰：「貳廣，上之登御邢公，盧蒲癸為右。」《集解》云：「貳廣，公副車。」又襄公二十四年《傳》曰：「使御廣車而行，己皆乘乘車。將及楚師，而後從之乘，皆踞轉而鼓琴。」杜預《集解》云：「廣車，兵車。乘車，安車。」又定公四年《傳》曰：「史皇以其乘廣死。吳從楚師，及清發，將擊之。」又定公十三年《傳》曰：「齊侯欲與衛侯乘，與之宴而駕乘廣，載甲焉。」《正義》云：「先駕乘廣於門外，豫於廣車之上而載甲焉。」見晉・杜預集解，唐・孔穎達正義：《春秋左傳注疏》，頁 271、393、395、547、604、611、951、981。「闕車」見宣公十二年《傳》曰：「使潘黨率游闕四十乘，從唐侯以為左拒，以從上軍。」《集解》云：「游車補闕者。」見晉・杜預集解，唐・孔穎達正義：《春秋左傳注疏》，頁 396。「輕車」見哀公二十七年《傳》曰：「有自晉師告寅者，將為輕車千乘以厭齊師之門，則可盡也。」見晉・杜預集解，唐・孔穎達正義：《春秋左傳注疏》，頁 1054。

對敵時可蔽隱以避矢石也。」[137]若依孫氏之見，則「苹車」所謂「對敵自蔽隱」，實非用於部隊駐紮時屏障周邊，仍屬兵車性質與用途。[138]至於考古發掘車乘，亦可尋繹與「苹車」對照之類型。劉永華《中國古代車輿馬具》指出，侯馬上馬墓地出土車乘有車箱四面皆綁繫木板者，車門亦以木板製成；河南淮陽出土4號車車箱三面全都披掛銅甲板。劉氏認爲「這樣裝備起來的車車身自重必然增加，與作戰所需求的快速、輕便必然有悖，但如作爲屏障，應是很合適的，所以這幾輛車可能都屬於苹車。」[139]劉氏以考古實物爲證，與孫氏推論大致符應。由此可知所謂「苹車」乃用於戰場，非代替營壘屏蔽部隊之車乘。此外，《左傳》宣公二年（607 B.C.）曰：「晉人懼二子之怒楚師也，使軘車逆之。」《集解》云：「軘車，兵車名。」《正義》云：「服虔云：軘車，屯守之車。古名難得而知，其義或當然矣。」又襄公十一年（562 B.C.）《傳》曰：「廣車、軘車淳十五乘，甲兵備，凡兵車百乘。」《集解》云：「廣車、軘車，皆兵車名。」[140]若依《傳》文及杜、孔二氏之見，「軘車」當爲兵車之一種。至於是否爲屯守之車？由於未見更多文獻支持，考古亦無可對應車型，此部分僅能闕而不論以待來者。

　　學者或許認爲如此推論過於理想，若眞逢敵軍偷襲，「重」、「大車」豈能屏障人員與物資？上引《左傳》「請期」及《公羊傳》「偏戰」之說，顯然春秋時人對戰爭似有一套既定模式。《左傳》僖公二十二年（638 B.C.）記宋襄公於泓之戰後語云：「古之爲軍也，不以阻隘也。寡人雖亡國之餘，不鼓不成列。」《集解》云：「不因阻隘以求勝。宋，商之後，恥以詐勝。」《正義》云：「軍法：鳴鼓以戰，因謂交戰爲鼓。彼不成列而鼓以擊之，是詐以求勝。」[141]《傳》文又載宋國大夫子魚（生卒年不詳）批評宋襄公之語：

137　清・孫詒讓正義，王文錦、陳玉霞點校：《周禮正義》，頁2197。

138　蔡鋒認爲苹車用途有三：指揮車、馳驅攻擊車和運輸設障的守車。見魏明孔主編，蔡鋒著：《中國手工業經濟通史・先秦秦漢卷》，頁320。

139　劉永華著：《中國古代車輿馬具》，頁72。

140　晉・杜預集解，唐・孔穎達正義：《春秋左傳注疏》，頁395、547。

141　晉・杜預集解，唐・孔穎達正義：《春秋左傳注疏》，頁248。

「君未知戰。勍敵之人，隘而不列，天贊我也。阻而鼓之，不亦可乎？猶有懼焉。……三軍以利用也，金鼓以聲氣也。利而用之，阻隘可也；聲盛致志，鼓儳可也。」[142]言下之意，子魚乃謂宋襄公迂闊不知變通，導致宋國大敗。即便子魚之言亦有道理，但從宋襄公之語可得知春秋時人對戰爭之態度，認爲以詐術贏得戰爭是勝之不武。姚中秋《華夏治理秩序史・第二卷》認爲「這樣的戰爭，更像是一種嚴格按照規則進行的競技性體育活動，只不過其中可能會有死傷。」[143]余良明《中國古代車文化》亦有相同意見，認爲《左傳》所載某些戰爭確實與遊戲相似。[144]《司馬法・本仁》云：

> 古者：逐奔不過百步，縱綏不過三舍，是以明其禮也。不窮不能而哀憐傷病，是以明其仁也。成列而鼓，是以明其信也。爭義不爭利，是以明其義也。又能舍服，是以明其勇也。知終知始，是以明其智也。六德以時合教，以爲民紀之道也。自古之政也。[145]

從其申言「六德」之重要，頗能見出敵我雙方遵守禮制而戰。全晰綱《青銅的戰神：齊魯兵家文化研究》稱《司馬法》軍事思想特點是以「仁」爲本，[146]其說不誣。黃樸民《中國軍事通史・春秋軍事史》認爲：

> 春秋中期以前的戰爭指導者，其從事戰爭，所追求的是戰而服諸侯的旨趣與境界，即通過武力威懾或有限征伐的手段，樹立自己的威信，

142　晉・杜預集解，唐・孔穎達正義：《春秋左傳注疏》，頁248-249。

143　姚中秋著：《華夏治理秩序史・第二卷》（海口：海南出版社，2012年2月，1版），頁751。

144　余良明：《中國古代車文化》（福州：福建教育出版社，2015年1月，1版），頁196。

145　題周・司馬穰苴著，明・閭禹錫集解：《司馬法集解》，卷上，頁6-8。

146　全晰綱著：《青銅的戰神：齊魯兵家文化研究》，頁130-131。

迫使其他諸侯臣服於自己。這一目標既已達成，便偃兵息武，停止軍
事行動，給予敵方以繼續生存的機會。[147]

相關例證於《左傳》俯拾即是，不必一一列舉，故春秋野戰時間短則一朝、
長則數日即告結束，[148]與戰國曠日費時之包圍戰、持久戰迥然不同。春秋戰
爭所以如此，徐杰令《春秋邦交研究》認為「主要是因為春秋諸國都是沒有
主權，而且領土意識十分淡薄的邦國，非嚴格意義上的國家。」[149]徐氏之見
可備一說。

固然《左傳》亦記載設下「覆」——埋伏或伏兵——以誘敵深入之計謀，
如隱公九年（714 B.C.）《傳》曰：「使勇而無剛者，嘗寇而速去之。君為
三覆以待之。」[150]或僖公三十三年（627 B.C.）《傳》所言：「半涉而薄我，
悔敗何及」——待敵軍渡河時予以襲擊。或如襄公十四年（559 B.C.）《傳》
所載：「秦人毒涇上流，師人多死。」於河川上游下毒，使敵軍誤飲毒水而
死傷慘重。又如昭公三十年（512 B.C.）《傳》曰：「遂伐徐，防山以水之。」
《集解》云：「防，壅山，水以灌徐。」[151]意指壅塞山谷蓄水，再放水以灌
徐國都城。這些被《孫子・軍爭》稱為「兵以詐立」[152]之詭道兵謀，[153]似也

---

147 黃樸民著：《中國軍事通史・春秋軍事史》，頁 126。

148 黃樸民認為春秋時代的戰爭，「通常來說當時的車戰時間持續並不長，幾個時辰，
　　最多一天就見分曉。只有極個別情況是當天未決勝負，夜間暫行休戰，以等待次日
　　再戰。」見黃樸民著：《中國軍事通史・春秋軍事史》，頁 130。

149 徐杰令著：《春秋邦交研究》（北京：中國社會科學出版社，2004 年 4 月，1 版），
　　頁 197。

150 《中國戰爭發展史》譽此役「是中國戰爭史上第一次誘敵深入的伏擊作戰。」見中
　　國人民革命軍事博物館著：《中國戰爭發展史》，頁 69。

151 晉・杜預集解，唐・孔穎達正義：《春秋左傳注疏》，頁 76、292、559、928。

152 周・孫武著，三國・曹操等注，楊丙安校理：《十一家注孫子校理》，頁 142。

153 關於《左傳》戰略與兵謀，諸家學者多有論述。如張高評先生《《左傳》之武略》
　　歸納為十一種戰略觀念：（一）多方誤敵（三師肆楚）、（二）更番進退（四分三
　　軍）、（三）圍魏救趙（攻其必救）、（四）假道伐虢、（五）孤立分化、（六）
　　楚材晉用、（七）聯甲制乙、（八）尊王攘夷、（九）和諸戎狄、（十）富國強兵、

不盡如《司馬法・本仁》所言，戰爭亦須符合「六德」以教化百姓。故班固於《漢書・藝文志・兵書略序》云：「自春秋至於戰國，出奇設伏，變詐之兵並作。」[154]洽能體現春秋至戰國於戰爭目的與手段之變化。《中國歷代戰爭史》云：

> 春秋初中期之戰術，概為兵車並列之橫陣。……兩方均作正面之衝突，戰術之變化不大。迨後漸有佯退、偽裝、誘敵、埋伏、奇襲各種詭變之戰術。至伍員、孫武、范蠡等出，戰陣極奇詭變化之能事，開以後戰國時代奇詭戰術之先河。[155]

此段文字適可演繹〈兵書略序〉之言。縱然春秋至戰國變化甚劇，但可確定《左傳》與《國語》皆未記載偷襲敵方駐紮地或劫掠糧草之事，似乎春秋時

（十一）地利優勢。見張高評著：《《左傳》之武略》（高雄：麗文文化事業公司，1994 年 10 月，1 版），頁 29-38。郭丹《左傳國策研究》歸納為十五種：（一）兵不厭詐、（二）不備不虞，不可以師、（三）先聲奪人、（四）敵疲我打，以逸待勞、（五）亟肆以罷之，多方以誤之、（六）設伏誘敵、（七）設間用諜、（八）聲東擊西、（九）空城計、（十）連環計、（十一）蒙馬先犯之計、（十二）曳柴揚塵之計、（十三）塞井夷竈之計、（十四）燧象之計、（十五）以死士亂敵之計。見郭丹著：《左傳國策研究》，頁 89-93。施鴻琳《《左傳》戰爭中的戰略與戰術研究》分析各國戰術運用有十二種：（一）擊敵未陣、（二）克敵氣竭、（三）潛師潛涉、（四）濟河焚舟、（五）乘亂敗敵、（六）先發制人、（七）避實擊虛、（八）陣而後戰、（九）迂迴側擊、（十）設伏誘敵、（十一）三分四軍、（十二）亂軍取勝。施鴻琳著：《《左傳》戰爭中的戰略與戰術研究》（臺中：天空數位圖書公司，2011 年 7 月，1 版），頁 142-169。

154　漢・班固著，唐・顏師古注：《漢書》，頁 1762。

155　三軍大學編著：《中國歷代戰爭史》第 1 冊，頁 121。《中國歷代戰爭史》又將春秋時期戰爭形態與戰略發展分為五種類型：（一）一國與一國之速決戰，（二）數國聯盟與一國之速決戰，（三）數國聯盟與數國聯盟之速決戰，（四）數國聯盟與數國聯盟之長期戰，（五）長期戰、速決戰與詭道配合之戰略。見三軍大學編著：《中國歷代戰爭史》第 2 冊（北京：中信出版社，2012 年 12 月，1 版），頁 80。

代尚未運用此術。[156]從此角度視之，平時部隊駐紮以「重」、「大車」爲營壘之見，尚合乎春秋時代風氣。

黃樸民從《左傳》相關記載，歸納一場車戰一般經歷四個過程：

> （1）次，或稱軍、舍，即敵對兩軍，先紮營駐軍，準備約期會戰。[157]
>
> （2）致，或稱致師，即以單車或少量部隊對敵進行挑戰。（3）陣，即列陣。（4）戰，即兩軍展開決戰，以定勝負。[158]

黃氏之說大致可從。一場野戰對決，雙方須挖掘壕溝、修築營壘，再「請期」以約定會戰時間與地點，以「偏戰」方式擺開陣勢，最後衝鋒決戰。但在會戰前之行軍駐紮，爲保留體力與節省時間，無論主觀或客觀條件，一般皆以「重」、「大車」屏障宿營地四周，僅於決戰前夕挖掘壕溝、修築營壘。

六、小　結

本章說明部隊及後勤人員每日行役時間爲卯時——即上午五時至七時開始，至酉時——即下午五時至七時爲止，歷時約十二小時；其間自「饗」至

---

156 先秦兵法相關書籍中，明確述及斷絕敵人糧草者見《孫子・火攻》，文云：「凡火攻有五：一曰火人，二曰火積，三曰火輜，四曰火庫，五曰火隊。」見周・孫武著，三國・曹操等注，楊丙安校理：《十一家注孫子校理》，頁 277-278。《六韜・龍韜・奇兵》，文云：「偽稱敵使者，所以絕糧道也。」見題周・姜尚著：《六韜》，收入《子書二十八種》冊 6，頁 7。又見《尉繚子・守權》，文云：「十萬之軍頓於城下，救必開之，守必出之。出據要塞，但救其後，無絕其糧道，中外相應。」見題周・尉繚著，明・劉寅直解：《尉繚子直解》（南京：江蘇古籍出版社，1988 年影印《宛委別藏》），卷 2，頁 33。

157 黃樸民云：「在這一時期，次軍（軍隊屯駐）已設營壘，這些營壘一般都設有障礙物，能夠阻礙或遲滯敵方戰車的衝擊。」依黃氏之言，實未明確表示是否軍隊於一般宿營時皆築營壘。見黃樸民著：《中國軍事通史・春秋軍事史》，頁 131。

158 黃樸民著：《中國軍事通史・春秋軍事史》，頁 130。

「飱」之五至六小時行進三十里路程。經本章討論可知，春秋時代部隊駐紮時恐非每日皆能建築營壘，否則無法於每日行進五至六小時後，在剩餘六至七小時內完成所有工事。《左傳》常見「軍」於某地詞例，此詞例之「軍」意指完成戰鬥準備，即挖掘壕溝已畢，並建築屏蔽部隊之營壘。待完成工事後，敵我雙方「請期」——約定時間進行會戰。軍隊平時駐紮時以「重」、「大車」等「輜重」車輛停置營地四周，使「重」、「大車」成為人員及物資之屏障。

第十二章　後勤指揮系統

一、前　言

　　前文數章討論後勤人員役人及奴隸的身分與來源，又述及挖掘壕溝、建造營壘之事，後勤人員、車輛、物資及工作規畫等，必有專司職官及指揮系統予以調度及執行。此外，卿大夫私屬武裝部隊基於「有祿於國，有賦於軍」[1]之體制，國家有戰事時，卿大夫亦須率領私屬武裝同赴戰場，亦當有後勤人員運送所需糧食與物資。本章爬疏《左傳》及《周禮》相關材料，討論後勤指揮系統之職官及分工，希冀了解後勤工作之梗概。為便於行文與閱讀，將引用《左傳》記載依年代先後加上序號臚列於下：

1. 晉以僖侯廢司徒，宋以武公廢司空。（桓公六年，706 B.C.）
2. 令尹鬭祁、莫敖屈重除道梁溠，營軍臨隨，隨人懼，行成。（莊公四年，690 B.C.）
3. 令尹蒍艾獵城沂，使封人慮事，以授司徒。量功命日，分財用，平板幹，稱畚築，程土物，議遠邇，略基趾，具餱糧，度有司。事三旬而成，不愆于素。（宣公十一年，598 B.C.）
4. 齊侯見保者，曰：「勉之！齊師敗矣！」辟女子。女子曰：「君免乎？」曰：「免矣。」曰：「銳司徒免乎？」曰：「免矣。」曰：

1　原句出自《左傳》昭公十六（526 B.C.）年，見晉・杜預集解，唐・孔穎達正義：《春秋左傳注疏》，頁 826-827。

「苟君與吾父免矣，可若何？」乃奔。齊侯以為有禮。既而問之，辟司徒之妻也。（成公二年，589 B.C.）

5. 司馬、司空、輿帥、候正、亞旅皆受一命之服。（成公二年，589 B.C.）

6. 宋華元克合晉、楚之成，夏五月，晉士燮會楚公子罷、許偃。癸亥，盟于宋西門之外，曰：「……交贄往來，道路無壅；謀其不協，而討不庭。」（成公十二年，579 B.C.）

7. 卿無共御，立軍尉以攝之。祁奚為中軍尉，羊舌職佐之；魏絳為司馬，張老為候奄。鐸遏寇為上軍尉，籍偃為之司馬，使訓卒乘，親以聽命。程鄭為乘馬御，六騶屬焉，使訓群騶知禮。（成公十八年，573 B.C.）

8. 晉荀偃、士匄請伐偪陽，而封宋向戌焉。……孟氏之臣秦堇父輦重如役。……以出門者，狄虒彌建大車之輪，而蒙之以甲，以為櫓。左執之，右拔戟，以成一隊。……主人縣布，堇父登之，及堞而絕之。隊則又縣之。蘇而復上者三，主人辭焉，乃退。帶其斷以徇於軍三日。（襄公十年，563 B.C.）

9. 十九年春，諸侯還自沂上，盟于督揚。……公享晉六卿于蒲圃，賜之三命之服；軍尉、司馬、司空、輿尉、候奄皆受一命之服。（襄公十九年，554 B.C.）

10. 祝祓社，司徒致民，司馬致節，司空致地，乃還。（襄公二十五年，548 B.C.）

11. 二月癸未，晉悼夫人食輿人之城杞者，絳縣人或年長矣，無子而往與於食，有與疑年，使之年。曰：「臣，小人也，不知紀年。臣生之歲，正月甲子朔，四百有四十五甲子矣，其季於今三之一也。」吏走問諸朝。……士文伯曰：「然則二萬六千六百有六旬也。」趙孟問其縣大夫，則其屬也。召之而謝過焉，……遂仕之，使助為政。辭以老。與之田，使為君復陶，以為絳縣師，而廢其輿尉。（襄公三十年，543 B.C.）

12. 司空以時平易道路。（襄公三十一年，542 B.C.）

13. 己丑，士彌牟營成周，計丈數，揣高卑，度厚薄，仞溝洫，物土方，議遠邇，量事期，計徒庸，慮材用，書餱糧，以令役於諸侯。屬役賦丈，書以授帥，而效諸劉子。韓簡子臨之，以為成命。（昭公三十二年，510 B.C.）

14. 聃季授土，陶叔授民。……武王之母弟八人，周公為大宰，康叔為司寇，聃季為司空。（定公四年，506 B.C.）[2]

本章分「司空之職掌」、「司徒之職掌」及「私屬部隊後勤指揮系統」三節，說明國家軍隊後勤指揮系統及卿大夫私屬部隊後勤工作，並比較兩者異同。

二、司空之職掌

《毛詩》有五處提及「周道」，〈小雅・四牡〉曰：「四牡騑騑，周道倭遲。」《傳》云：「周道，岐周之道也。」《正義》云：「知周道為岐周之道者，以時未稱王，仍在於岐故也。」又〈小雅・小弁〉曰：「踧踧周道，鞫為茂草。」《傳》曰：「踧踧，平易也。周道，周室之通道。」《正義》云：「踧踧然平易者，周室之通道也。」又〈小雅・何草不黃〉曰：「有棧之車，行彼周道。」《傳》云：「棧車，役車也。」《詩》謂「棧車」「行彼周道」，知此「周道」乃指道路。[3]至於〈檜風・匪風〉曰：「匪風發兮，匪車偈兮。顧瞻周道，中心怛兮。」《傳》曰：「怛，傷也。下國之亂，周道滅也。」《箋》云：「周道，周之政令也。」[4]乍見「周道」乃指周之政令政道，與本章所言道路無關。然宋人朱熹（1130-1200）《詩集傳》云：「周

2　晉・杜預集解，唐・孔穎達正義：《春秋左傳注疏》，頁 114、140、383、425、427、458、487、538、621、679-681、687、933、948-949。

3　漢・毛亨傳，漢・鄭玄注，唐・孔穎達正義：《毛詩注疏》，頁 317、421、528。

4　漢・毛亨傳，漢・鄭玄注，唐・孔穎達正義：《毛詩注疏》，頁 265。

道,適周之路也。」⁵朱氏謂此「周道」乃前往宗周道路,可與前句「車」字繫聯。至於〈小雅・大東〉曰:「周道如砥,其直如矢。君子所履,小人所視。」《傳》云:「如砥,貢賦平均也。如矢,賞罰不偏也。」《箋》云:「此言古者天子之恩厚也,君子皆法效而履行之,其如砥矢之平。」《正義》云:

> 古之天子,正謂周之聖王。下言周道,明所思不出於周也。正義曰:砥謂礪之石。〈禹貢〉曰:「礪、砥、砮、丹。」⁶以砥石能磨物使平,故比貢賦均也。矢則幹必直,故比賞罰不偏也。砥言周道,則其直亦周道也。如矢言其直,則如砥言其平,互相通比也。⁷

依毛亨所言,似此「周道」之「如砥如矢」乃喻貢賦與賞罰公平不偏,與本章所言道路無涉。然孔氏釋毛亨之語,謂「砥」與「矢」乃比之用法,喻貢賦平均與賞罰不偏。至於「周道」之意屈萬里先生《詩經詮釋》云:「言此周道惟官吏得行於其上,平民則但視之而已。周道,蓋周之國道,而禁平民通行也。」⁸知此「周道」仍指道路,⁹如砥、如矢是形容道路路況。《孟子・萬章下》引此詩作「周道如底」,《注》云:「底,平;矢,直。」¹⁰上引《箋》謂「周道」「其如砥矢之平」,加之趙氏所釋,知此二句乃描述「周道」平坦筆直。清人馬瑞辰(1782-1853)《毛詩傳箋通釋》認爲《孟子・萬章下》引作「周道如底」,「底」是「底」之訛。《墨子・兼愛下》引此詩作「其

---

5 宋・朱熹著:《詩集傳》,收入《朱子全書》第 1 冊(上海:上海古籍出版社,合肥:安徽教育出版社,2002 年 12 月,1 版),頁 524。

6 原句出自題漢・孔安國傳,唐・孔穎達正義:《尚書注疏》,頁 84。

7 漢・毛亨傳,漢・鄭玄注,唐・孔穎達正義:《毛詩注疏》,頁 438。

8 屈萬里著:《詩經詮釋》(臺北:聯經出版公司,2000 年 10 月,1 版),頁 390。
   屈萬里著:〈詩三百篇成語零釋〉,《臺大文史哲學報》第 4 期(臺北:國立臺灣大學文學院,1952 年),頁 2-4。

9 向熹編著:《詩經詞典(修訂版)》,頁 729。

10 漢・趙岐注,題宋・孫奭疏:《孟子注疏》,頁 187。

直若矢，其易若厎。」[11]《楚辭・招魂》王逸《章句》引此詩爲「其平如砥」，[12]是此詩之異文。[13]至於「厎」字之意，《說文》云：「柔石也。」《注》云：「柔石，石之精細者。……厎之引申之義為致也、至也、平也。」[14]知「厎」即「質地細致的磨刀石」。[15]確知「周道如砥」乃描述周道之平坦。

此外，《毛詩》又三見「周行」，〈周南・卷耳〉曰：「嗟我懷人，寘彼周行。」《傳》云：「懷，思。寘，置。行，列也。思君子官賢人，置周之列位。」《箋》云：「周之列位，謂朝廷臣也。」又〈小雅・鹿鳴〉曰：「人之好我，示我周行。」《傳》云：「周，至。行，道也。」《箋》云：「示當作寘；寘，置也。周行，周之列位也。」又〈小雅・大東〉曰：「佻佻公子，行彼周行。」《箋》云：「周行，周之列位也。」[16]上引三處「周行」鄭玄皆釋爲「周之列位」，意指周朝之廷臣。朱熹《詩集傳》突破傳統，謂「周行」爲「大道也」，[17]其意與「周道」相同，皆指通往宗周之道路。「行」字甲骨文習見，學者咸謂本義指大路、大道；[18]則「周行」實與「周道」同義。顧頡剛〈「周道」與「周行」〉謂「周道」是「周王畿之大道，殆自岐山至豐、鎬，又東行至成周者。」[19]楊升南〈說「周行」、「周道」——西周時期的交通初探〉謂「周道」是「由周王室修築，通向王室各地（各諸侯國境內）的一種道路的專稱。」楊氏又說明「周道」功能有三項：

---

[11] 周・墨翟著，清・孫詒讓詁，孫啓治點校：《墨子閒詁》，頁 124。

[12] 周・屈原等著，漢・劉向集錄，漢・王逸章句，宋・洪興祖補注：《楚辭補注》，頁 322。

[13] 清・馬瑞辰著，張金生點校：《毛詩傳箋通釋》（北京：中華書局，1989 年 3 月，1 版），頁 673。

[14] 漢・許慎著，清・段玉裁注：《說文解字注》，頁 451。

[15] 向熹編著：《詩經詞典（修訂版）》，頁 90。

[16] 漢・毛亨傳，漢・鄭玄注，唐・孔穎達正義：《毛詩注疏》，頁 33、315。

[17] 宋・朱熹著：《詩集傳》，收入《朱子全書》第 1 冊，頁 405。

[18] 于省吾主編，姚孝遂按語編撰：《甲骨文字詁林》（北京：中華書局，1996 年 5 月，1 版），冊 3，頁 2227-2230。

[19] 顧頡剛著：〈「周道」與「周行」〉，收入氏著：《史林雜識初編》（北京：中華書局，1963 年 2 月，1 版），頁 121-124。

1、在政治上便於周王到各地巡察和各諸侯國到王都朝見周天子；2、在經濟上便於周王室向各諸侯國徵取貢賦；3、在軍事上便利軍隊的調動，以加強對各地諸侯的控制和抵抗周邊少數民族的內侵。[20]

雷晉豪《周道：封建時代的官道》亦認為「周道」是西周王室「武裝殖民而形成的政治與軍事性道路。」[21]「周道」、「周行」於軍事之重要可見一斑。

時至春秋，維護道路暢通依然是諸國施政重點。引文第 6 條記晉、楚二國在宋國大夫華元穿針引線下舉行會盟，誓詞內容有「交贄往來，道路無壅」，[22]知道路維護工作是與會諸國須履行義務。至於道路應如何維護？引文第 12 條曰：「司空以時平易道路。」《集解》云：「易，治也。」[23]楊伯峻云：「修理道路使之平坦曰平易。」[24]知「平易」乃謂修治道路，使其平坦。至於如何使道路平坦？《漢書·賈鄒枚路傳》載賈山（生卒年不詳）上書漢文帝（202 B.C.-157 B.C.）之言，謂秦始皇（259 B.C.-210 B.C.）修築「馳道」之規模是「道廣五十步，三丈而樹，厚築其外，隱以金椎，樹以青松。」《注》引服虔之說云：「作壁如甬道。隱築也，以鐵椎築之。」顏氏云：「築令堅實而使隆高耳，不為甬壁也。」[25]所謂「隱以金椎」，許倬雲先生認為是「護基路樁」，[26]其材質與形狀如服氏所言為鐵質椎狀物。因道路如顏氏所述乃「使隆高」，故需「金椎」作為基樁，以鞏固路基不使坍塌。至於如

---

20 楊升南著：〈說「周行」、「周道」——西周時期的交通初探〉，收入《人文雜志叢刊》第 2 輯《西周史研究》（西安：陝西省社會科學院，1984 年，1 版），頁 51-66。

21 雷晉豪著：《周道：封建時代的官道》（北京：社會科學文獻出版社，2011 年 12 月，1 版），頁 74。

22 晉·杜預集解，唐·孔穎達正義：《春秋左傳注疏》，頁 458。

23 晉·杜預集解，唐·孔穎達正義：《春秋左傳注疏》，頁 687。

24 楊伯峻著：《春秋左傳注》，頁 1187。

25 漢·班固著，唐·顏師古注：《漢書》，頁 2328-2329。

26 許倬雲著：〈周代的衣食住行〉，原載《中央研究院歷史語言研究所集刊》47 本第 3 分（臺北：中央研究院歷史語言研究所，1976 年 9 月，1 版）；收入氏著：《求古編》（臺北：聯經出版公司，1982 年 6 月，1 版），頁 231-281。

何使道路隆高？關鍵在於「厚築其外」一句。服氏以爲此句指道路如「甬道」。《史記・秦始皇本紀》云：「自極廟道通酈山，作甘泉前殿。筑甬道，自咸陽屬之。」《集解》引漢人應劭（生卒年不詳）語云：「築垣牆如街巷。」《正義》亦引應劭語云：「謂於馳道外築牆，天子於中行，外人不見。」[27]知「甬道」是於道路兩側築高牆，可遮蔽他人視線。然顏氏認爲「厚築其外」非指建築「甬道」之牆壁，乃是厚築路基，使其隆高於地面，另以「金椎」爲基椿穩固路基。「築」字之意爲何？本文第二章述及「築」爲夯實土石之工具，作爲動詞爲夯築之意。類似情境可與《毛詩・豳風・七月》「九月築場圃」對照。《傳》云：「春夏爲圃，秋冬爲場。」《箋》云：「場、圃同地，自物生之時，耕治之以種菜茹；至物盡成熟，築堅以爲場。」《正義》云：「九月之時，築場於圃之中以治穀也。」[28]「圃」是春夏時種植蔬菜之所，即今日所謂菜園。[29]待秋冬採收完畢，將「圃」築堅後則又稱爲「場」，作爲曬穀、治穀場地。[30]所謂「築堅」乃以工具夯實地面，所用工具當以「築」爲主。據此可知，道路隆高地面乃因聚土之故，聚土後須以工具夯實路基，再於道路兩旁植入基椿鞏固路基，勿使土石崩塌破壞道路。除以「金椎」穩固路基外，「樹以青松」亦是一法。依上引賈山之語，秦朝時道路每三丈種植青松一株，類於後世所謂行道樹，其功能如雷晉豪所言，是「強固路基，防止水土流失。」[31]類似記載亦見《左傳》襄公二十五年（548 B.C.），文曰：「初，陳侯會楚子伐鄭，當陳隧者，井堙木刊，鄭人怨之。」《集解》云：「隧，徑也。堙，塞也。刊，除也。」[32]竹添光鴻云：「隧，軍行之道。」[33]楊伯峻云：「陳軍經過之地，井被塞，樹木被伐。」[34]知《傳》文之「隧」

27　漢・司馬遷著，南朝宋・裴駰集解，唐・司馬貞索引，唐・張守節正義，日本・瀧川龜太郎考證：《史記會注考證》，頁 112。

28　漢・毛亨傳，漢・鄭玄注，唐・孔穎達正義：《毛詩注疏》，頁 285。

29　向熹編著：《詩經詞典（修訂版）》，頁 379。

30　向熹編著：《詩經詞典（修訂版）》，頁 44。

31　雷晉豪著：《周道：封建時代的官道》，頁 341。

32　晉・杜預集解，唐・孔穎達正義：《春秋左傳注疏》，頁 621。

33　日本・竹添光鴻著：《左傳會箋》，頁 1194。

乃陳軍伐鄭所經道路,陳軍將沿途水井及樹木破壞殆盡,引發鄭人不滿。《傳》文雖未具體指出「井堙木刊」之木植於何處,然依上下文推斷,應是栽於道路旁。筆者未敢據此認為春秋時代道路普遍有此規模,或許重要幹道方有類似規制,一般道路則不必如此講究,然從此亦可得知道路修築及維護之法。又《國語‧周語中》云:「定王使單襄公聘于宋,遂假道于陳,以聘于楚。火朝覿矣,道茀不可行,候不在疆,司空不視塗。」《注》云:「草穢塞路為茀。……司空,掌道路者。」[35]《國語‧周語中》又云:

> 周之《秩官》有之曰:「敵國賓至,關尹以告,行理以節逆之,候人為導,卿出郊勞,門尹除門,宗祝執祀,司里授館,司徒具徒,司空視途,司寇詰奸。」[36]

《注》於「司空視途」句云:「視塗險易。」[37]知道路維護除平坦外,又須除草且掃除路面,勿使道路「茀不可行」。上引《毛詩‧小雅‧小弁》謂「踧踧周道,鞠為茂草。」《傳》云:「鞠,窮也。」《正義》云:「今日窮盡為茂草矣,茂草生於道則荒。……此舉周道有茂草之荒,郤礙行路,使行者不達於四方。」[38]此處亦謂道路不可雜生茂草,否則將障礙行路、不利車行。

《尚書‧舜典》[39]曰:「舜曰:『咨!四岳!有能奮庸,熙帝之載,使宅百揆,亮采惠疇?』僉曰:『伯禹作司空。』帝曰:『俞咨!禹,汝平水

---

34 楊伯峻著:《春秋左傳注》,頁1102。

35 三國‧韋昭注:《國語韋昭註》,頁51-52。

36 三國‧韋昭注:《國語韋昭註》,頁54-55。

37 三國‧韋昭注:《國語韋昭註》,頁54-55。

38 漢‧毛亨傳,漢‧鄭玄注,唐‧孔穎達正義:《毛詩注疏》,頁421。

39 屈萬里先生《尚書集釋》認為〈舜典〉與〈堯典〉本為一篇,篇題應是〈堯典〉。後人將之割裂為二,故分〈堯典〉與〈舜典〉。見屈萬里著:《尚書集釋》,頁4。本文重點不在考證二篇分合問題,僅單純引用文句。姑依《尚書注疏》篇題,於此仍稱〈舜典〉。

土；惟時懋哉！』」[40]禹（生卒年不詳）擔任司空以平水土，知司空與土地關係密切。又引文第 10 條《正義》云：「司空檢致土地。」[41]又引文第 14 條《正義》云：「《周禮》：司空主土、司徒主民，知『聃季授土』，[42]為司空也。」[43]知司空司理土地相關事務。又《禮記‧王制》曰：「司空執度度地，居民山川沮澤，時四時。量地遠近，興事任力。」《注》謂「興事任力」云：「事謂築邑、廬、宿、市也。」[44]又《大戴禮記‧千乘》曰：「司空司冬，以制度制地事。」[45]司空一職幾乎與土地緊密聯繫，可謂息息相關。沈長云〈談古官司空之職——兼說《考工記》的內容及作成時代〉云：「這些文獻眾口一辭，都說司空主土，絕不言司空管理百工。」[46]汪中文先生《兩周官制論稿》從西周金文記載，證實司空乃「掌營建土木之事。」[47]由於司空掌理土地相關事務，且引文第 6 條及《國語‧周語中》文字可確知，道路維護工作乃由司空負責。

學者或舉《周禮‧秋官‧野廬氏》內容反駁，認為「野廬氏」一職亦司理道路，非僅司空獨掌此事。《周禮‧秋官‧野廬氏》全文曰：

> 掌達國道路，至于四畿；比國郊及野之道路、宿息、井、樹。若有賓客，則令守涂地之人聚欓之，有相翔者則誅之。凡道路之舟車轚互者，

---

40 題漢‧孔安國傳，唐‧孔穎達正義：《尚書注疏》，頁 44。

41 晉‧杜預集解，唐‧孔穎達正義：《春秋左傳注疏》，頁 621。

42 原句見《左傳》定公四年（506 B.C.），見晉‧杜預集解，唐‧孔穎達正義：《春秋左傳注疏》，頁 948。

43 晉‧杜預集解，唐‧孔穎達正義：《春秋左傳注疏》，頁 948-949。

44 漢‧鄭玄注，唐‧孔穎達正義：《禮記注疏》，頁 247。

45 清‧王聘珍著，王文錦點校：《大戴禮記解詁》（臺北：漢京文化公司，1987 年 10 月，1 版），頁 160。

46 沈長云著：〈談古官司空之職——兼說《考工記》的內容及作成時代〉，原載《中華文史論叢》1983 年第 3 輯；收入氏著：《上古史探研》，頁 257-266。

47 汪中文著：《兩周官制論稿》（高雄：復文圖書出版社，1993 年 10 月，1 版），頁 54。

敘而行之。凡有節者及有爵者至,則為之辟。禁野之橫行徑踰者。凡國之大事,比脩除道路者,掌凡道禁。邦之大師,則令埽道路,且以幾禁行作不時者、不物者。**48**

此段文字敘述「野廬氏」職務內容,大致謂周天子王畿內道路旁宿息之地、井與行道樹管理工作。若有賓客住宿道路旁之廬舍時,「野廬氏」亦須負責安排偵察與巡守,以防不肖之徒劫掠賓客財物。若遇道路狹窄處,「野廬氏」須派員疏導交通,保持運輸順暢。若有持節或有爵位者車乘,須為其避止行人通行,讓其優先通過。若遇征伐時,「野廬氏」除掃除道路外,更須派員排除閒雜人等於道路旁窺探軍情進行偵蒐,亦謹防內賊趁機策動反間。須注意的是,《周禮》將「野廬氏」歸為秋官司寇系統,且其職掌內容多與防盜、反偵蒐等關聯,似非真正職司道路維護工作之職官。且上引《國語・周語中》謂「敵國賓至,……司寇詰奸。」《注》云:「禁詰姦盜。」**49**似與「野廬氏」職司內容相類。故本文認為「野廬氏」雖部分職權與道路關涉,但主管道路維護相關事務仍應由司空主持。

　　道路維護在平時即須實行,非待部隊出征方始為之。然若遇特殊狀況,有時須臨時開闢道路。引文第2條《集解》云:「時祕王喪,故為奇兵,更開直道。……梁,橋也。隨人不意其至,故懼而行成。」《正義》云:「除道,謂除治新路,故知更開直道。梁溠,為作梁於溠,故為橋也。」**50**楚武王起師伐隨,於半途突然逝世。令尹鬬祁(生卒年不詳)與莫敖屈重(生卒年不詳)祕不發喪,且特意開闢新路,於溠水上築橋,出其不意近逼隨國都城。此處所闢道路非原本所有,闢建新路應由司空主持修築。修建道路絕非易事,在不讓隨人得知情況下,倉促間完成楚國大軍通行之路,實是《左傳》絕無僅有之例。由此可反推,春秋時代道路應是自古即粗具規模,經後人不

---

48 漢・鄭玄注,唐・賈公彥疏:《周禮注疏》,頁 547-548。

49 三國・韋昭注:《國語韋昭註》,頁 55。

50 晉・杜預集解,唐・孔穎達正義:《春秋左傳注疏》,頁 140。

斷維護保養或稍作拓寬擴展，但大致而言是千百年來先民通行之要道，如此亦可解釋何以春秋盟會將「道路無壅」列爲誓詞內容。第二章提及「輜重」車輛載運工具有「板」一項，其功能之一即臨時組合爲浮橋或舢舨，以供車乘及人員渡河。《左傳》及相關文獻未記載此工作由何職官擔綱，因製作浮橋或舢舨以渡河事屬交通事務，推測或由司空職掌。

《左傳》成公十八年（573 B.C.）曰：「右行辛爲司空，使修士蔿之法。」《集解》云：「辛將右行，因以爲氏。士蔿，獻公司空也。」[51]類似記載又見《國語·晉語七》，文云：「知右行辛之能以數宣物定功也，使爲元司空。」《注》云：「右行辛，晉大夫貫辛也。數，計也。宣，明也。物，事也。能以計數、明事、定功，故爲司空。司空掌邦事，謂建都邑、起宮室、經封洫之屬。」[52]知司空除司理道路維護外，尚擴及與土地、土木工程相關事務。舉凡建築都邑、建造宮室、經理封洫等工作，皆是司空掌理範圍。由《注》可知，司空須「計數、明事、定功」，除負責監理工程以求順利完工，先期規畫與計算工作亦由其負責。引文第 3 條記載楚國令尹蔿艾獵城沂之事，文曰：「使封人慮事，以授司徒。量功命日，分財用，平板榦，稱畚築，程土物，議遠邇，略基趾，具餱糧，度有司。」《集解》云：「封人，其時主築城者。慮事，謀慮計功。」「封人」所慮之事爲何？以韋昭之言可分「計數」、「明事」、「定功」三部分。「計數」指計算數量，即《傳》文所言「分財用」、「程土物」、「具餱糧」。《集解》釋此爲「財用，築作具」、「爲作程限」、「餱，乾食也。」[53]簡言之，即「計其材料工具之多少而分與之」，「土方與材木皆先計算之，作爲程限」[54]及「辦其役夫之糧食。」[55]「明事」謂清楚訂定事物辦法及規範，即《傳》文所謂「量功命日」、「平板榦」、「稱畚築」、「議遠邇」、「略基趾」。《集解》釋此爲「命作日數」、「榦，

51　晉·杜預集解，唐·孔穎達正義：《春秋左傳注疏》，頁 486。

52　三國·韋昭注：《國語韋昭註》，頁 314。

53　晉·杜預集解，唐·孔穎達正義：《春秋左傳注疏》，頁 383。

54　楊伯峻著：《春秋左傳注》，頁 712。

55　日本·竹添光鴻：《左傳會箋》，頁 732。

槙也」、「畚，盛土器」、「均勞逸」、「趾，城足。略，行也。」[56]易言之，「平板榦」謂「平其高低使所築城齊」；「稱畚築」謂「使運土之功與築土之功相稱」；[57]「議遠邇」謂「議所輸遠近，以定其遠者幾畚、近者幾畚」；「略基趾」謂「經始基趾之略。」[58]「定功」乃《傳》文之「度有司」，《集解》云：「謀監主。」[59]楊伯峻云：「築城之工程大，有各方面之主持人，謂之有司。審度人才，使其能力與其職務相稱，謂之度有司。」[60]楊氏之說當可信從。

　　類似記載又見引文第13條，諸侯之師修建成周之城，由晉國大夫士彌牟（生卒年不詳）先期規畫。以韋昭之言分析，「計數」爲《傳》文之「計丈數」、「物土方」、「計徒庸」、「慮財用」、「書餱糧」。《集解》釋云：「計所當城之丈數」、「物，相也，相取土之方面」、「知用幾人功」、「知費幾財用」、「知用幾糧食。」引文第13條與引文第3條相類，「物土方」、「慮財用」、「書餱糧」與引文第3條記載相同，引文第13條多舉「計丈數」與「計徒庸」二項。引文第3條亦是記載修建城邑之事，理應亦須「計丈數」、「計徒庸」，可與引文第13條詳略互參。「計數」外又有「明事」，如「揣高度」、「度厚薄」、「仞溝洫」、「議遠邇」、「量事期」。《集解》釋云：「度高曰揣」、「度深曰仞」、「遠近之宜」、「知事幾時畢。」所謂「揣高度」、「度厚薄」、「仞溝洫」，乃謂明確規範城牆高度及厚度，及城牆外溝塹深度與廣度，使各國負責督工之大夫及役人依規定施作。「議遠邇」、「量事期」則與引文第3條記載相同。「定功」即「屬役賦丈，書以授帥」，《集解》云：「付所當城尺丈。帥，諸侯之大夫。」[61]簡言之，將各國負擔及工程進度交付負責大夫，於時限內依計畫完成。第十一章已討論後

56　晉・杜預集解，唐・孔穎達正義：《春秋左傳注疏》，頁383。

57　楊伯峻著：《春秋左傳注》，頁712。

58　日本・竹添光鴻：《左傳會箋》，頁732。

59　晉・杜預集解，唐・孔穎達正義：《春秋左傳注疏》，頁383。

60　楊伯峻著：《春秋左傳注》，頁712。

61　晉・杜預集解，唐・孔穎達正義：《春秋左傳注疏》，頁933。

勤人員須挖掘壕溝、建築營壘，雖所建構者乃駐紮工事，實與築城所經步驟大致相同。《中國軍事史》第六卷「兵壘」謂野戰營壘是：

> 最常見的環形工事，實質上是一座急造成壘，其陣地編成情況，基本上和城池一樣，以一圈土石結構的壘墙為主體，外築一道壕溝。……只不過在作業規模上，較城池要小而簡，沒有敵樓等城上設施。**62**

若以上文說明視之，可推斷督辦後勤人員挖掘壕溝、建構營壘者亦是司空。

學者或許提問：引文第 3 條乃楚國「封人」職司之事，豈能與司空比附？「封人」掌理內容可見《周禮・司徒・封人》，文曰：「掌設王之社壝，為畿，封而樹之。凡封國，設其社稷之壝，封其四疆。造都邑之封域者亦如之。令社稷之職。」《注》云：「壝，謂壇及堳埒也。畿上有封，若今時界矣。不言稷者，稷，社之細也。封國，建諸侯，立其國之封。」**63**知「封人」亦掌土田之事，主管封樹疆界，似未涉及築城。劉文強先生〈封與封人〉認為引文第 3 條之「封人」「僅是慮事，也就是擔任參謀策畫的部分，而不是聚土典封疆，直接到現場施工者。這次楚國實際築城者，是司徒之職。」**64**關於《傳》文謂「封人慮事，以授司徒」之意，本章下文將續說明，於此先解釋「封人」與司空之關係。《集解》已言「封人，其時主築城者」，知楚國「封人」主管築城之事。又《毛詩・大雅・緜》曰：「乃召司空，乃召司徒，俾立室家。其繩則直，縮版以載，作廟翼翼。」《箋》云：「俾，使也。司空、司徒，卿官也。司空掌營國邑，司徒掌徒役之事，故召之使立室家之位處。」**65**〈緜〉先言司空而後云司徒，再敘以繩縮版築城之事，次序與引文第 3 條先言「封人慮事」後云「以授司徒」，《傳》文又再述「量功命日」

62 《中國軍事史》編寫組著：《中國軍事史・第六卷・兵壘》，頁 66。

63 漢・鄭玄注，唐・賈公彥疏：《周禮注疏》，頁 187-188。

64 劉文強著：〈封與封人〉，原載《慶祝龍宇純先生七秩晉五壽慶論文集》，頁 121-150；收入氏著：《晉國伯業研究》，頁 35-75。

65 漢・毛亨傳，漢・鄭玄注，唐・孔穎達正義：《毛詩注疏》，頁 548。

云云相同。考諸《春秋》經傳，不見楚國有司空一職。或許楚國之「封人」
即司空，唯名稱與他國不同。

　　司空——楚國或稱「封人」——雖規畫建築工事，然誠如劉文強先生所
言，實際操辦者應是司徒。何則？引文第 3 條謂「使封人慮事，以授司徒」；
《正義》釋「慮事」爲「揆度前事」，《集解》釋「以授司徒」云：「司徒
掌役」；知司空、「封人」先行規畫前置作業「計數、明事、定功」之事，
亦負責監督工程進行，實際驅遣役人工作者則是司徒。故就後勤指揮系統而
言，司空、「封人」屬一個系統，司徒是另一個系統。在後勤工作中，司空、
「封人」除維護道路及規畫工事外，《淮南子・兵畧》尚述及其他事務，文
云：「隧路亙，行輜治，賦丈均，處軍輯，井竈通，此司空之官也。」《注》
云：「隧，道也。亙，言治軍隧道疾也。行輜，道路輜重也。賦治軍壘，尺
丈均平也。軍司空，補空脩繕者。」何寧認爲《注》言「道路輜重」文不成
義，認爲古殘卷做「行道路之輜重也」，應可從其說。[66]所謂「隧路亙」者，
乃指道路養護工作，可使部隊車乘平穩行駛。「行輜治」則指管理「輜重」
車輛，謂修繕及維護「重」、「大車」。第二章及第三章已說明「輜重」載
運維修工具，部分即用於修繕車乘，讀者可參看該章內容。「賦丈均」之意
如上文所言，使役人建構營壘工作能勞逸平均。「處軍輯」一句高誘無《注》，
「輯」字《爾雅・釋詁》曰：「和也。」[67]「輯」字《左傳》數見，如僖公
十五年（645 B.C.）《傳》曰：「群臣輯睦」，又宣公十二年（597 B.C.）《傳》
曰：「卒乘輯睦」，又成公十六年（575 B.C.）《傳》曰：「我若群臣輯睦
以事君」，又襄公十九年（554 B.C.）《傳》曰：「其天下輯睦。」[68]知「輯」
常與「睦」連言。《說文》云：「睦，目順也，從目、坴聲。一曰敬和也。」
[69]知「輯」有和睦、和協之意。通觀上下文句，道路平易與「輜重」維護息
息相關，故可將「隧路亙」及「行輜治」視爲一組。「賦丈均」既指務使役

66　漢・劉安著，何寧集釋：《淮南子集釋》，頁 1058。

67　晉・郭璞注，宋・邢昺疏：《爾雅注疏》，頁 21。

68　晉・杜預集解，唐・孔穎達正義：《春秋左傳注疏》，頁 232、390、474、585。

69　漢・許慎著，清・段玉裁注：《說文解字注》，頁 134。

人工作量勞逸平均，則「處軍輯」應可釋為使役人於軍中相處和睦。「井竈通」指司空須辦置部隊駐紮時鑿井及設竈工作，此部分亦於第二章及第三章說明，讀者可參看該章內容。

　　總上所言，司空於後勤工作掌理業務主要有六項：（一）維護道路平整，有時或須開闢道路以供部隊行進；（二）搭建橋梁或組成浮橋或舢舨，供車乘與人員渡河；（三）規畫督導挖掘壕溝、營建營壘；（四）平均分配役人工作量，務求勞逸均等；（五）修繕「重」、「大車」等車輛；（六）部隊駐紮時鑿井及設竈。司空職務內容如上所述，然實際執行仍是役人及奴隸，司空大致僅負責先期規畫與施工督導。至於役人與奴隸由何人統領？筆者認為當如劉文強先生所言，係由司徒指揮作業，下節續論司徒職掌內容。

三、司徒之職掌

　　司徒職掌內容依《周禮・地官・大司徒》所載，主要是與人民有關事務。[70]〈大司徒〉曰：「大軍旅、大田役，以旗致萬民，而治其徒庶之政令。」謂國家若有征伐或田役，大司徒須以旗幟徵集徒庶。[71]又《周禮・地官・小司徒》曰：「大軍旅帥其眾庶，小軍旅巡役治其政令。」《注》云：「帥，帥而致於大司徒。巡役，小力役之事則巡行之。」《疏》云：「案〈大司徒〉職『大軍旅，以旗致萬民』，明此『大軍旅帥其眾庶』者，小司徒於六鄉之內，帥其眾庶致與大司徒可知。」賈氏又云：「此經『巡役』文承『小軍旅』下，故知小功役之事則巡行之。若大功役，則大司徒巡行之。」[72]小司徒乃大司徒屬官，故國家有征伐或徵役時，由小司徒先糾集六鄉內所屬眾庶，再向大司徒報到，由大司徒統領。所謂「巡役」之「役」，賈氏認為既然「巡役」附於「小軍旅」下，將此與〈大司徒〉文對照，知此「役」即〈大司徒〉

70　漢・鄭玄注，唐・賈公彥疏：《周禮注疏》，頁149-163。

71　漢・鄭玄注，唐・賈公彥疏：《周禮注疏》，頁163。

72　漢・鄭玄注，唐・賈公彥疏：《周禮注疏》，頁173。

之「田役」。《經》謂「小役」由小司徒巡行，若「大役」則由大司徒主之。大司徒屬官又有「鄉師」，《周禮‧地官‧鄉師》曰：「大役，則帥民徒而至，治其政令；既役，則受州里之役要，以考司空之辟，以逆其役事。……大軍旅、會同，正治其徒役與其輂輦，戮其犯命者。」《注》云：「而至，至作部曲也。既，已也。役要，所遣民徒之數。辟，功作章程。逆，猶鉤考也。鄭司農云：『辟，法也。』」《疏》云：

> 言「大役」者，謂築作堤防、城郭等。大役使其民，鄉師則於當鄉之內帥民徒而至。至，謂至作所也。……云「既役，則受州里之役要」者，所役之民出於州里，今欲鉤考作所功程，須得所遣民徒本數，故云「既役，則受州里之役要」。役要，則役人簿要。[73]

知「鄉師」於國家徵發徭役時，須率領其鄉內役人至「作所」報到，所謂「作所」即服役之指定地點。上引〈小司徒〉文《疏》言：「小司徒於六鄉之內，帥其眾庶致與大司徒。」既言小司徒統領六鄉內眾庶，知各鄉「鄉師」帥其鄉內役人向小司徒報到。待小司徒統整六鄉役人後，再交由大司徒董理。國家發動對外戰爭時，「鄉師」除率領役人向小司徒報到，「鄉師」亦須將鄉內所屬「輂輦」──《注》云：「輂，駕馬。輦，人輓行，所以載任器也」，[74]即《左傳》「重」、「大車」等載運物資車乘──清點數量後向交付小司徒指揮。依《疏》所言，「鄉師」「所役之民出於州里」，則一鄉內所屬各州里亦復先由州里各自統整後，再交由「鄉師」統理。故《周禮‧地官‧州長》曰：「若國作民而師、田、行、役之事，則帥而致之；掌其戒令與其賞罰。」《注》云：「致之，致之於司徒也。」《疏》云：

> 如有國家作起其民，師謂征伐、田謂田獵、行謂巡狩、役謂役作，此

---

73 漢‧鄭玄注，唐‧賈公彥疏：《周禮注疏》，頁 174-175。

74 漢‧鄭玄注，唐‧賈公彥疏：《周禮注疏》，頁 175。

> 數事者，皆須徵聚其民，州長則各帥其民而致之于司徒也。……云「致
> 之於司徒也」者，謂州長致與小司徒，小司徒乃帥而致與大司徒。[75]

此處雖直言州長率其役人致與小司徒，然據〈鄉師〉文可知，州長當先向「鄉師」報到後，再由「鄉師」統領而致小司徒。

　　由上引《周禮》內容可知，在後勤指揮系統中，司徒一類職官主管役人徵集事務：由州里而至各鄉，由各鄉再彙整至小司徒，最後小司徒將整編之役人交予大司徒指揮。徵集役人須有「役要」——徵發役人之名冊，由各州里造冊點交予「鄉師」。雖《周禮》未再說明「鄉師」是否將此「役要」及人員交付小司徒與大司徒，然就情理言，此「役要」應層層上報，最後由大司徒確認人員姓名與人數。許秀霞《《左傳》職官考述》整理《左傳》司徒資料，計周、魯、鄭、衛、楚、宋、陳等七國皆有司徒之官，「其職大概以管理人民、役徒為主。」[76]以上說明《周禮》司徒徵集役人之記載，亦見引文第 11 條，此段引文曾於第七章引用並說明，讀者可參看該章內容。《集解》於「則其屬也」句云：「屬趙武。」《正義》云：

> 諸是守邑之長，公邑稱大夫，私邑則稱宰。此言「問其縣大夫」，問
> 絳縣之大夫也。絳非趙武私邑，而云「則其屬」者，蓋諸是公邑，國
> 卿分掌之，而此邑屬趙武也。

《集解》又於「而廢其輿尉」句云：「以役孤老故。」《正義》引服虔語云：「輿尉、軍尉，主發眾使民於時。趙武將中軍，若是軍尉，當是中軍尉也。」[77]《周禮》無「縣大夫」職，然〈地官〉有「縣正」，文曰：

75　漢・鄭玄注，唐・賈公彥疏：《周禮注疏》，頁 183。

76　許秀霞著：《《左傳》職官考述（下）》（臺北：花木蘭文化出版社，2009 年 3 月，1 版），頁 295。

77　晉・杜預集解，唐・孔穎達正義：《春秋左傳注疏》，頁 680-681。

各掌其縣之政令徵比，以頒田里，以分職事；掌其治訟，趨其稼事而賞罰之。若將用野民師、田、行、役、移執事，則帥而至，治其政令。既役，則稽功會事而誅賞。

《注》云：「移執事，移用其民。鄭司農云：謂轉相佐助。」《疏》云：「言『師、田』，謂出師征伐及田獵也。言『行、役』，謂若巡狩及功役。言『移執事』，謂移徙用民以執事也。」[78]「縣正」、「縣大夫」為一縣最高行政長官，若遇「師、田、行、役」之事，則由其統領所屬役人「移執事」以服徭役。據引文第 11 條，晉國縣之下有「縣師」一職，《周禮・地官》述其職掌內容云：「若將有軍旅、會同、田役之戒，則受灋于司馬，以作其眾庶及馬牛車輦，會其車人之卒伍，使皆備旗鼓兵器，以帥而至。」《注》云：「受法於司馬者，知所當徵眾寡。」《疏》云：

> 「軍旅」謂征伐，「會同」謂時見、殷見，「田役」謂四時田獵。……
> 云「受法于司馬」者，司馬主將事，故先於司馬處受出軍多少及法式
> 也。云「以作其眾庶」者，謂於司馬處得法，乃作起其眾庶已下。[79]

知「縣師」主管一縣徵役之事，據其文字可知，「縣師」主管徵役包括「作其眾庶及馬牛車輦」及「會其車人之卒伍」二部分。前者即本文所指後勤人員及相關車乘物資，後者乃謂披堅執銳之戰鬥人員及旗鼓兵器等。配合《左傳》及《周禮》記載可知，若遇國家征伐、田役之事，各縣「縣師」從司馬處得到指令，知此役各縣所需徵集戰鬥人員、後勤人員及相關物資數量。待徵集完畢點清數量後，「縣師」將人員及物資交付「縣大夫」、「縣正」，由「縣大夫」、「縣正」率領而向「輿尉」報到。「輿尉」待各縣人員到齊後匯整，即可開拔出征或田獵。引文第 11 條所載該位「輿尉」誤徵孤老從役，

78　漢・鄭玄注，唐・賈公彥疏：《周禮注疏》，頁 237。
79　漢・鄭玄注，唐・賈公彥疏：《周禮注疏》，頁 204。

故遭予免職懲處。從此段文字與上文說明《周禮》參看，頗能符合《周禮》記載，當可體現春秋時代徵發役人之梗概。

服虔釋「輿尉」為中軍尉，竹添光鴻已有疑義。竹添氏引《淮南子・兵畧》文云：「夫論除謹，動靜時，吏卒辨，兵甲治，正行伍，連什伯，明鼓旗，此尉之官也。……收藏於後，遷舍不離，無淫輿，無遺輜，此輿之官也。」《注》云：「軍尉，所以尉鎮眾也。……輿，眾也，候領輿眾，在軍之後者。」[80]竹添氏認為「輿尉與軍尉別，蓋輿，眾也，輿尉掌發眾使民，故名輿尉。軍中掌廝役輜重，故云『無淫輿，無遺輜』。」[81]引文第11條既言「輿尉」因誤徵孤老而被徹職，知其職務當與徵發役人有關，否則無由令其負責此事。若依〈兵畧〉所言，「尉」之官主司軍務，「輿」之官掌理「輿人」——即役人、役夫——及「輜重」等物資，服虔謂「輿尉」為軍尉當係誤解。〈兵畧〉所言「輿」之官《左傳》亦可得見，如引文第5條《集解》云：「晉司馬、司空皆大夫，輿帥主兵車，候正主斥候，亞旅亦大夫也。」《正義》云：「司馬主甲兵，司空主營壘，輿帥主兵車，候正主斥候。亞旅次於卿，是眾大夫也，無專職掌，散共軍事，故後言之。」[82]孔氏所言「司空主營壘」上節已說明，杜、孔二氏謂「輿帥」「主兵車」，與服虔觀點相同。然竹添光鴻認為「此『輿帥』之『輿』亦恐非車也。」[83]楊伯峻則主張「輿帥」之釋當如上引《淮南子・兵畧》所載，應是負責「輜重」後勤事務之職官。[84]又引文第9條與引文第5條對照，司馬、司空自不待言，清人顧棟高（1679-1759）《春秋大事表》云：「候奄當即候正，《國語》作『元候』。」[85]知「候奄」

---

[80] 漢・劉安著，何寧集釋：《淮南子集釋》，頁1058-1059。

[81] 日本・竹添光鴻著：《左傳會箋》，頁1299。

[82] 晉・杜預集解，唐・孔穎達正義：《春秋左傳注疏》，頁427。

[83] 日本・竹添光鴻著：《左傳會箋》，頁822。

[84] 楊伯峻著：《春秋左傳注》，頁800。

[85] 清・顧棟高著，吳樹平、李解民點校：《春秋大事表》（北京：中華書局，1993年6月，1版），頁1110。

即「候正」，皆是主斥候之官。然「輿尉」與「輿帥」是否為同一職官？《國語・晉語七》有段文字可供討論，文云：

> 公知祁奚之果而不淫也，使為元尉。知羊舌職之聰敏肅給也，使佐之。知魏絳之勇而不亂也，使為元司馬。知張老之智而不詐也，使為元候。知鐸遏寇之恭敬而信強也，使為輿尉。知籍偃之惇帥舊職而恭給也，使為輿司馬。知程鄭端而不淫，且好諫而不隱也，使為贊僕。

《注》云：「元尉，中軍尉。……元司馬，中軍司馬。……元候，中軍候奄。……輿尉，上軍尉。……輿司馬，上軍司馬。……贊僕，乘馬御也，六騶屬焉。」[86]此段記載可見引文第 7 條，《集解》云：「省卿戎御，令軍尉攝御而已。」《正義》云：

> 〈晉語〉皆稱其才而用之，善公之知人也。言「元尉」、「元司馬」、「元候」者，此皆中軍之官。元，大也。中軍尊，故稱大也。「輿尉」、「輿司馬」者，皆上軍官也。輿，眾也。官與諸軍同，故稱眾也。[87]

比較二書記載可知，〈晉語七〉細數諸人才德及適任職務，《左傳》僅交待官職，詳略稍有不同。此外，〈晉語七〉於職官前加綴「元」或「輿」字，與引文第 7 條對照，知「元」屬中軍所轄，「輿」則隸於上軍。因二段文字基本內容相同，故韋昭《注》謂鐸遏寇（生卒年不詳）所任之「輿尉」乃上軍尉。然若以「輿尉」是上軍尉，顯然與引文第 9 條所載內容衝突。何則？《傳》文既已明列「軍尉」一職，若又謂「輿尉」為上軍尉，是同一職官重複列舉。若以引文第 5 條為說，謂彼《傳》文之「輿帥」是「輿尉」，所指乃為「軍尉」。然引文第 7 條又言「卿無共御，立軍尉以攝之」，知晉國專

---

86 三國・韋昭注：《國語韋昭註》，頁 315。

87 晉・杜預集解，唐・孔穎達正義：《春秋左傳注疏》，頁 487。

立軍尉乃在本年之後。《正義》釋「卿無共御，立軍尉以攝之」云：「卿，謂軍之諸將也。……往前恆有定員，掌共卿御。今始省其常員，唯立軍尉之官，臨有軍事，使兼攝之，令軍尉兼卿御也。」[88]可證晉國「軍尉」自本年起方始設立，故引文第 5 條未見「軍尉」，至引文第 9 條卻見「軍尉」明列五官之內。若「輿尉」非指「軍尉」，筆者認爲最可能之考慮是「輿尉」與「輿帥」乃同一職官，故無論引文第 5 條或第 9 條皆列此職。至於「輿尉」、「輿帥」職司內容爲何？筆者認爲當與引文第 11 條「輿尉」相同，主管徵發役人與物資。

　　學者或問：前文已說明《周禮》司徒類職官亦掌理徵役之事，若晉國「輿尉」、「輿帥」亦主徵役之事，是否「輿尉」、「輿帥」即一般所謂司徒之官？晉國「輿尉」、「輿帥」他國無有，[89]然晉國亦無司徒一官。引文第 1 條《集解》云：「僖侯名司徒，廢爲中軍。」[90]顧棟高《春秋大事表》云：「僖侯之卒在春秋前百年，是春秋時，晉久無司徒之官。僖二十七年晉文公始作三軍，使郤縠將中軍。則謂廢司徒爲中軍者，杜蓋據後事言也。」[91]《史記・晉世家》云：

> 靖侯十七年，周厲王迷惑暴虐，國人作亂，厲王出奔于彘。大臣行政，故曰共和。十八年，靖侯卒，子釐侯司徒立。釐侯十四年，周宣王初立。十八年，釐侯卒。[92]

88　晉・杜預集解，唐・孔穎達正義：《春秋左傳注疏》，頁 487。

89　顧棟高將輿帥誤植爲輿師，見清・顧棟高著，吳樹平、李解民點校：《春秋大事表》，頁 1135。

90　晉・杜預集解，唐・孔穎達正義：《春秋左傳注疏》，頁 114。

91　清・顧棟高著，吳樹平、李解民點校：《春秋大事表》，頁 1039-1040。

92　漢・司馬遷著，南朝宋・裴駰集解，唐・司馬貞索引，唐・張守節正義，日本・瀧川龜太郎考證：《史記會注考證》，頁 607。

晉僖侯（？-823 B.C.）立於共和二年，共和元年爲 841 B.C.，[93]知晉僖侯之立爲 840 B.C.。魯隱公元年爲 722 B.C.，[94]距晉僖侯即位相隔約 118 年。然顧氏認爲晉國有「中軍」一職係魯僖公二十七年（B.C.633）、即晉文公四年時事，距晉僖公立爲國君已歷 207 年之久。杜預謂廢司徒之名而爲「中軍」，乃據後來之事注解此事。竹添光鴻另提一解反駁杜預，文云：「〈留侯世家〉張良爲韓申徒，[95]《漢書》作司徒。[96]韓爲晉後，晉改司徒爲申徒，而韓仍其舊。」[97]然《集解》引徐廣之言，認爲「申徒」「即司徒耳，但語音訛轉，故字亦隨改。」[98]是謂「申徒」乃司徒之訛音，[99]實則仍爲司徒之官。固然戰國之韓乃春秋晉國所分，但官制未必因襲前朝，故未能據此主張廢司徒改爲「申徒」。就上文分析司徒與「輿尉」、「輿帥」職司內容，知兩者屬性相同，皆是負責徵役事務，極可能是同官異名。

　　此外，引文第 4 條載齊國「銳司徒」、「辟司徒」二職，於此須釐清職務內容。《集解》云：「銳司徒，主銳兵者。……辟司徒，主壘壁者。」[100]此年晉國率領諸侯聯軍敗齊師於鞌，齊頃公遇女子於途，該女子爲「銳司徒」之女、「辟司徒」之妻。竹添光鴻釋「銳司徒」云：「《尚書·顧命》鄭《注》：

---

93 江曉原、鈕衛星著：《回天：武王伐紂與天文歷史年代學》（上海：上海人民出版社，2000 年 8 月，1 版），頁 2。

94 楊伯峻著：《春秋左傳注》，頁 5。

95 《史記·留侯世家》云：「項梁使良求韓成，立以爲韓王。以良爲韓申徒，與韓王將千餘人西略韓地，得數城，秦輒復取之，往來爲游兵潁川。」見漢·司馬遷著，南朝宋·裴駰集解，唐·司馬貞索引，唐·張守節正義，日本·瀧川龜太郎考證：《史記會注考證》，頁 785。

96 《漢書·張陳王周傳》云：「項梁使良求韓成，立爲韓王。以良爲韓司徒，與韓王將千餘人西略韓地。」見漢·班固著，唐·顏師古注：《漢書》，頁 2025-2026。

97 日本·竹添光鴻著：《左傳會箋》，頁 153。

98 漢·司馬遷著，南朝宋·裴駰集解，唐·司馬貞索引，唐·張守節正義，日本·瀧川龜太郎考證：《史記會注考證》，頁 785。

99 司徒之司上古音爲心母之部，申徒之申上古音爲書母真部，見郭錫良著：《漢字古音手冊》，頁 60、230。

100 晉·杜預集解，唐·孔穎達正義：《春秋左傳注疏》，頁 425。

『銳，矛屬。』[101]」竹添氏又釋「辟司徒」云：「辟司徒如漢大將軍有軍司空，主壁壘事也。」竹添氏又引《淮南子・兵畧》敘述司空之文爲證，認爲「齊無司空官」，故以「辟司徒」擔任此職。[102]章炳麟《春秋左傳讀》謂「辟當讀爲懯。《方言》曰：『懯，猝也。』猝與銳皆駛疾意，蓋皆主勁兵者。」[103]考諸《方言》原文爲「懯朴，猝也。」[104]「懯朴」應是不可分割的聯綿字，[105]章氏析而言之，當不可取。楊伯峻認爲「銳是古代矛類兵器，……銳司徒或是主管此種兵器之官。」[106]王天有（1944-2012）《中國古代官制》又云：「齊國司徒分銳司徒、辟司徒，都是軍職，前者統領作戰士兵，後者負責營壘和後勤事務。」[107]學者或許提問：若眞如前引意見，齊國以「辟司徒」代司空之職，然「銳司徒」又司理矛一類兵器，或如王天有所言是領兵作戰之職，則其屬性又類於司馬。「銳司徒」、「辟司徒」皆以司徒爲名，但前者屬性近於司馬，後者又代爲司空，如此曲折豈不令人費解？筆者認爲如此解釋適可與筆者所論證合。何以言之？上節說明營建城牆時由司空先期規畫，委由司徒率領役人施工；故司空負責籌辦與監督之事，實際執行乃司徒及所率役人。至於部隊出征時，挖掘壕溝、建構營壘亦復如是，仍由司空規畫與督辦，再委由司徒率領役人執行施工。故所謂「辟司徒」，應是專司營建營壘者。至於「銳司徒」管理銳兵，又應如何解釋？第四章說明「輜重」載運

101　《尚書・顧命》曰：「一人冕執銳，立于側階。」《注》云：「銳，矛屬也。」見題漢・孔安國傳，唐・孔穎達正義：《尚書注疏》，頁 280。

102　日本・竹添光鴻著：《左傳會箋》，頁 816-817。

103　章炳麟著：《春秋左傳讀》，頁 430。

104　漢・揚雄著，清・錢繹箋疏：《方言箋疏》，頁 423。

105　「教育部重編國語辭典」釋「聯綿字」云：「漢語中某些含雙音節的單詞，只具一個詞素，不可分開解釋，否則無意義，狀似聯綿二字爲一語，作用同一般單音節的單詞。……大部分的聯綿字爲形容詞、副詞、狀聲詞，也有一些爲名詞、嘆詞等。」見「教育部重編國語辭典修訂本」：http://dict.revised.moe.edu.tw/cgi-bin/cbdic/ gsweb. cgi?ccd=MtpfPo&o=e0&sec=sec1&op=v&view=2-2，查詢時間 2015 年 1 月 8 日。

106　楊伯峻著：《春秋左傳注》，頁 796。

107　王天有著：《中國古代官制》（臺北：臺灣商務印書館，1994 年，1 版），頁 16。

兵器類型，這些兵器置於「重」、「大車」而由役人及奴隸運送，當有專人負責此項業務。雖然管理內容無法確知，至少清點兵器數量、確保兵器有無短缺遺失是極重要工作。故所謂「銳司徒」，推測應是負責「輜重」運輸兵器時管理工作。因兵器以「輜重」運送，負責「重」、「大車」運送者為役人與奴隸，故仍由司徒一類職官司理。

學者又或以《周禮·夏官》「司甲」、「司兵」、「司戈盾」、「司弓矢」等職官以為反證，「司甲」經文已闕，故可不論；其餘「司兵」、「司戈盾」、「司弓矢」皆與兵器管理息息相關，如此豈不與筆者之見矛盾？其實諸司兵器職官不僅與「銳司徒」不相衝突，反是互為表裡、相輔相成。《周禮·天官冢宰》曰：「以八灋治官府：……三曰官聯，以會官治。」《注》云：「官聯，謂國有大事，一官不能獨共，則六官共舉之。聯，讀為連，古書連作聯，聯謂連事通職相佐助也。」[108]簡言之，「官聯」是各職官間相互繫聯，截長補短而互通有無。[109]「司兵」職司內容為「掌五兵五盾，各辨其物與其等，以待軍事。及授兵，從司馬之灋以頒之。及其受兵輸，亦如之。及其用兵，亦如之。……軍事，建車之五兵，會同亦如之。」《注》釋「各辨其物與其等」云：「等謂功沽上下。」《疏》云：「五兵五盾，各有物色與其善惡、長短、大小之等。……云『等謂功沽上下』者，功謂善者，為上等；沽謂麤惡者，為下等也。」《傳》又云：「從司馬之法，令師旅卒兩人數所用多少也。兵輸，謂師還有司還兵也。用兵，謂出給衛守。」[110]知「司兵」主要職務是集中管理兵器、清點兵器數量及篩選品質高低，不僅確保數量準確無誤，更須掌握兵器優劣以汰除惡窳。衛守及交戰時，「司兵」須負

---

[108]　漢·鄭玄注，唐·賈公彥疏：《周禮注疏》，頁 27。

[109]　宮長為云：「離開了官聯，就等於抽掉了《周禮》的血脈，《周禮》諸官就會無法正常運轉；有了官聯，不但確保了《周禮》的活力，而且，還會使《周禮》諸官按部就班，各行其責。」見宮長為著：〈《周禮》官聯初論〉，原載《求是學刊》2000年第 1 期（總第 134 期）；收入中國社會科學院歷史研究所編：《古史文存（先秦卷）》（北京：社會科學文獻出版社，2004 年 11 月，1 版），頁 438-447。

[110]　漢·鄭玄注，唐·賈公彥疏：《周禮注疏》，頁 484。

責盤點出入數量，待部隊班師回國，亦須全數清點後繳回國家武庫。「司戈盾」職司內容爲「掌戈盾之物而頒之。」《注》云：「分與授用。」[111]「司戈盾」職務乍見與「司兵」無二，實則各有不同。「司兵」集中管理及盤點兵器，至於實際將兵器授與及回收則由「司戈盾」負責。意即「司兵」先據所需兵器數量清點完畢後，交付「司戈盾」頒授戰鬥人員；待使用完畢時，「司戈盾」從戰鬥人員處將兵器收回，交付「司兵」清點兵器數量以集中收納。「司弓矢」職司內容爲「掌六弓四弩八矢之灋，辨其名物，而掌其守藏與其出入。……凡師役、會同，頒弓弩各以其物，從授兵甲之儀。」《疏》云：「六弓八矢，各有名號物色，出入者頒之受之。」[112]由此視之，似「司弓矢」職司乃結合「司兵」與「司戈盾」業務，既須使弓矢分門別類管理及盤點數量，頒授與回收弓矢時亦由「司弓矢」負責，未若「司兵」與「司戈盾」分掌二種工作內容。究其原由，或許乃因弓矢品類相對各種長兵器、短兵器、防具甲盾等單純，尺寸與重量亦輕巧許多，故統由一職負責即可。上述「司兵」、「司戈盾」、「司弓矢」雖爲管理各類兵器之職，但須注意的是，其職司範圍仍與戰鬥人員密切關聯。部隊衛守或與敵軍交鋒乃至部隊駐紮時，兵器盤點維修等工作仍由其掌控。至於「銳司徒」負責範圍是行軍過程兵器運輸工作及兵器管理與安全，不僅與「司兵」、「司戈盾」、「司弓矢」不相衝突，更能凸顯兵器管理層層把關、滴水不漏之嚴密制度。

「輜重」載運物資除兵器外，最大宗者無疑是糧食。充足糧食使戰鬥人員及後勤人員得以飽食而維持戰力，亦是戰場勝敗關鍵。後勤系統主司糧食運補工作者，《左傳》未見相關文字，僅能依《周禮》記載了解一二。《周禮‧地官》有「廩人」，司理內容爲「掌九穀之數，以待國之匪頒、賙賜、稍食。……凡邦有會、同、師、役之事，則治其糧與其食。」《注》云：「匪讀爲分，分頒，謂委人之職諸委積也。……行道曰糧，謂糗也。止居曰食，謂米也。」《疏》云：

111　漢‧鄭玄注，唐‧賈公彥疏：《周禮注疏》，頁 484。
112　漢‧鄭玄注，唐‧賈公彥疏：《周禮注疏》，頁 484-487。

> 廩人掌米，倉人掌穀。今廩人云「九穀」者，以廩人雖專主米，亦兼
> 主穀，故以「九穀」言之也。……破匪為分者，……又以為廬、宿、
> 市在道，分、頒義合。……此會、同、師、役皆有軍人，給糧食，故
> 須治之，使均給之也。[113]

鄭玄將「匪頒」讀為「分頒」，意指將國家各類穀物如「委人」一職所司，將其分置於道路旁的「廬」、「宿」、「市」。「廬」、「宿」、「市」者何？《周禮·地官·遺人》曰：「凡國野之道：十里有廬，廬有飲食；三十里有宿，宿有路室，路室有委；五十里有市，市有候館，候館有積。」《注》云：「廬，若今野候，徙有庌也。宿，可止宿，若今亭有室矣。候館，樓可以觀望者也。一市之間有三廬一宿。」[114]知「廬」、「宿」、「市」是道路旁可供人員休息、用餐、住宿之所，「廩人」須計算各地「廬」、「宿」、「市」所需穀物，提供充沛米糧使人員足用。至於將穀物運輸至各地「廬」、「宿」、「市」，《周禮·地官·倉人》曰：「掌粟之入藏。」《注》云：「九穀盡藏焉，以粟為主。」[115]似此工作乃由「倉人」負責。「廬」、「宿」、「市」除米糧等穀物，尚需柴薪、芻草等物資，此部分則由「委人」提供。《周禮·地官·委人》曰：「掌斂野之賦，斂薪芻，凡疏材、木材，凡畜聚之物。以稍聚待賓客，以甸聚待羈旅。」《注》云：「野，謂遠郊以外也。所斂野之賦，謂野之園圃山澤之賦也。凡疏材，草木有實者也；凡畜聚之物，瓜瓠葵芋禦冬之具也。……聚，凡畜聚之物也。」《疏》云：「委人掌斂野賦，故以三百稍地之聚，二百里甸之聚，以待羈旅過客之等。……以其疏材是百草根實，可得助禾粟，以供馬牛。」[116]從鄭、賈二氏所釋可知，「委人」徵集「野」所產柴薪、芻草、植物果實及木材等物資，分派於「稍」、「甸」道路旁之「廬」、「宿」、「市」。此即上文《注》所言「分頒謂委人之諸

---

113 漢·鄭玄注，唐·賈公彥疏：《周禮注疏》，頁 251-252。
114 漢·鄭玄注，唐·賈公彥疏：《周禮注疏》，頁 204-205。
115 漢·鄭玄注，唐·賈公彥疏：《周禮注疏》，頁 253。
116 漢·鄭玄注，唐·賈公彥疏：《周禮注疏》，頁 244-245。

委積」之意，謂「廩人」、「倉人」如同「委人」，須分派物資至「廬」、「宿」、「市」。二者之別在「廩人」、「倉人」提供穀物糧食，而「委人」提供柴薪、芻草、植物果實及木材等物資。至於統理各處「廬」、「宿」、「市」所屯聚物資，乃由「遺人」司掌。《周禮・地官・遺人》曰：「掌邦之委積，以待施惠。……凡賓客、會同、師役，掌其道路之委積。……凡委積之事，巡而比之，以時頒之。」《注》云：「委積者，廩人、倉人計有九穀之數，足國用，以其餘供之，所謂餘法用也。」[117]此處之「委積」須予說明。《周禮・地官・委人》賈公彥《疏》云：「案大行人、掌客皆有委積，委積之中有牲牢、米禾、薪芻之等，委人所供，惟供薪芻。」[118]知「委積」是概括牲畜、穀物、薪芻等食物之總稱。依《周禮・地官・遺人》所載，「遺人」須巡視各處「廬」、「宿」、「市」盤點物資數量；若有不足，糧食穀物敦請「廩人」、「倉人」運補，其他物資如柴薪、芻草則由「委人」充實。

上引《周禮・地官》諸職，無論「廩人」、「委人」、「遺人」，皆述及國家動員部隊出征時，由上述職官提供糧食、柴薪、芻米、植物果實及木材等物資。然這些物資貯藏何處？又如何運補？《周禮・地官・倉人》曰：「凡國之大事，共道路之穀積、食飲之具。」《注》云：「大事，謂喪、戎。」《疏》云：

> 《左氏》成公《傳》：「國之大事，在祀與戎。」[119]不言喪事。今此喪、戎，不言祀者，此經云「共道路」，惟軍戎及喪在外，行於道路，故據而言焉。祭祀遠無過在近郊之內，無在道共糧之事，故不言祭祀也。[120]

---

[117] 漢・鄭玄注，唐・賈公彥疏：《周禮注疏》，頁 204-205。

[118] 漢・鄭玄注，唐・賈公彥疏：《周禮注疏》，頁 245。

[119] 原句出自《左傳》成公十三年，見晉・杜預集解，唐・孔穎達正義：《春秋左傳注疏》，頁 460。

[120] 漢・鄭玄注，唐・賈公彥疏：《周禮注疏》，頁 253。

既言戎事時須「共道路之穀積、食飲之具」，知穀積、食飲之具平時即貯藏於道路，故戰事發生時可立即提供軍隊使用。至於所謂「道路」者何？此即上文所言，位於道路旁提供來往行旅休息、用餐、住宿之「廬」、「宿」、「市」。「廬」、「宿」、「市」平時貯存固定「委積」——包括牲畜、穀物、薪芻等食物，另有柴薪、芻草、植物果實及木材等物資；再加上引〈倉人〉所謂「食飲之具」——係指烹煮器及餐具等物，則部隊出征後勤所需物資大致已可完備。筆者認爲將糧食及相關物資貯藏於「廬」、「宿」、「市」之目的，除平時供來往行旅之人使用，若欲動員部隊時，後勤人員可駕引「輜重」車輛沿道路徵集糧食及物資，可省去轉運時間與維護之風險。必須說明的是，除「廬」、「宿」、「市」貯存糧食，必另有大型米倉積存穀物。如《國語・周語中》云：「野有庾積。」《注》云：「此庾露積穀也。」[121]《說文》云：「庾，水漕倉也，……一曰倉無屋者。」《注》云：「無屋，無上覆者也。」[122]知「庾」乃無屋頂之米倉。〈周語中〉謂野中有「庾」積累穀米，知國家另設貯存米糧之處。又《左傳》文公十六年（611 B.C.）曰：「自廬以往，振廩同食。」《集解》云：「往，往伐庸也。振，發也。廩，倉也。同食，上下無異饌也。」[123]竹添光鴻云：「至廬猶能齎糧，自廬以後，則所在委積盡振而出之，眾共食之。」[124]楊伯峻則認爲「楚由郢出師伐庸，必經廬，由郢至廬，尚自攜糧。自廬出發以後，則開當地之倉廩散與將士食之。」[125]楚莊王率師伐庸，在廬地開倉廩發派米糧，以補充「輜重」車輛載運米糧之不足，知楚國在地方亦有倉廩貯存糧食。即便如此，若依《周禮》記載，國家動員部隊時徵集糧食及相關物資，當仍以道路旁之「廬」、「宿」、「市」爲主要來源；若有不足或臨時狀況，或以各地倉廩所具糧食予以補充。

　　「輜重」載運物資除兵器、糧食及柴薪等物外，工具器物亦是一大項目。

---

[121] 三國・韋昭注：《國語韋昭註》，頁 52。

[122] 漢・許慎著，清・段玉裁注：《說文解字注》，頁 448。

[123] 晉・杜預集解，唐・孔穎達正義：《春秋左傳注疏》，頁 347。

[124] 日本・竹添光鴻著：《左傳會箋》，頁 657。

[125] 楊伯峻著：《春秋左傳注》，頁 618。

首先須說明後勤所需工具平時貯藏於何處，對此《左傳》未見相關記載，《管子·度地》則有段文字可供了解，文云：

> 以冬無事之時，籠、臿、板、築各什六，土車什一，雨輂什二，食器
> 雨具，人有之。錮藏里中，以給喪器。後常令水官吏與都匠因三老、
> 里有司、伍長案行之。常以朔日始出具閱之，取完堅，補弊久，去苦
> 惡。[126]

尹知章《注》「籠臿板築各什六」云：「謂什人共貯六具。下準此。」又於「錮藏里中，以給喪器」句《注》云：「謂人既有貯器，當錮藏於里中，兼得給凶喪之用。」又《注》「取完堅，補弊久，去苦惡」云：「其器既補弊，而久有苦惡者，除去之。」[127]「籠、臿、板、築」之「板」、「築」已見第二章說明，讀者可參看。第三章說明「梩」之性質與用途，曾引《孟子·滕文公上》文曰：「蓋歸，反虆、梩而掩之。」《注》云：「虆、梩，籠、臿之屬，可以取土者也。」[128]趙岐即以「籠」、「臿」釋「梩」。《說文》云：「籠，舉土器。」《注》云：「木部曰柏，一曰徙土輂，齊人語也，一作梩。手部曰捄，盛土於梩中也。是籠即梩也。」[129]至於「臿」字之意，《說文》云：「舂去麥皮也。」段氏云：「示部檓下曰：『讀若舂麥為檓之檓。』臿、檓，古今字也，許於說解中用今字耳。……引申為凡刺入之偁，如農器刺地者曰鍤、臿。」[130]簡言之，「籠」、「臿」功能當如「梩」，亦是翻土、取土之器。依《管子·度地》所載，「籠」、「臿」、「板」、「築」等工具平時即貯藏各里，亦須定期檢查是否毀損弊壞。雖此處所載器物乃用於備治

---

126 題周·管仲著，黎翔鳳校注，梁運華整理：《管子校注》，頁1059。

127 題周·管仲著，黎翔鳳校注，梁運華整理：《管子校注》，頁1059。

128 漢·趙岐注，題宋·孫奭疏：《孟子注疏》，頁102。

129 漢·許慎著，清·段玉裁注：《說文解字注》，頁197。

130 漢·許慎著，清·段玉裁注：《說文解字注》，頁337。

水患，131然《周禮》常見「師、田、行、役」並舉，132則役人皆須動員參與。「師、田、行、役」之意，上引《周禮・地官・州長》具已說明。如是，平日備災之工具器物，一旦國家發起戰爭動員役人時，皆須備置妥當攜往戰場。

總上所述，依《左傳》及《周禮》相關記載可知，國家發動戰爭時由司徒徵發役人，部隊出征時司徒主理後勤人員，負責指揮役人執行司空規畫事務。晉國職官雖無司徒之名，經考證知晉國司徒類職官似爲「輿帥」、「輿尉」，職司內容大致與司徒無異。齊國司徒類職官有「銳司徒」與「辟司徒」，前者負責「重」、「大車」運輸兵器事務，後者職司營壘監造工作。此外，軍隊動員時所需糧食與相關物資，據《周禮》記載，亦由司徒屬官如「廩人」、「倉人」、「委人」、「遺人」等提供。這些物資平時貯存於道路旁，提供來往行旅休息、用餐、住宿之「廬」、「宿」、「市」，動員部隊時則由後勤人員牽引「輜重」車輛沿道路徵集。不僅平時可供來往行旅之人使用，亦可減低戰時轉運時間及維護風險。至於後勤所需工具器物，平時即貯藏各里。待動員後勤人員時，即隨同後勤車乘一併徵發。

四、私屬部隊後勤指揮系統

文公二年（625 B.C.）《傳》曰：「箕之役，先軫黜之，而立續簡伯。狼瞫怒。……及彭衙，既陳，以其屬馳秦師，死焉。晉師從之，大敗秦師。」

---

131 題周・管仲著，黎翔鳳校注，梁運華整理：《管子校注》，頁 1054-1059。

132 《周禮・地官・州長》曰：「若國作民而師、田、行、役之事，則帥而致之。」又〈地官・黨正〉曰：「凡作民而師、田、行、役，則以其灋治其政事。」又〈地官・族師〉曰：「若作民而師、田、行、役，則合其卒伍，簡其兵器，以鼓鐸、旗物帥而至，掌其治令、戒禁、刑罰。」又〈地官・縣正〉曰：「若將用野民，師、田、行、役，移執事，則帥而至，治其政令。既役，則稽功會事而誅賞。」又〈地官・稍人〉曰：「若有會、同、師、田、行、役之事，則以縣師之灋作其同徒、輂輦，帥而以至，治其政令，以聽於司馬。」見漢・鄭玄注，唐・賈公彥疏：《周禮注疏》，頁 183、185、186、237、244。

《集解》釋「以其屬馳秦師」句云：「屬己兵。」[133]竹添光鴻亦云：「屬，謂私屬之徒。」[134]又《左傳》宣公十七年（574 B.C.）曰：

> 晉侯使郤克徵會于齊。齊頃公帷婦人使觀之。郤子登，婦人笑於房。獻子怒，出而誓曰：「所不此報，無能涉河！」……郤子至，請伐齊。晉侯弗許。請以其私屬，又弗許。[135]

《集解》云：「家眾也。」[136]又昭公十七年（525 B.C.）《傳》曰：

> 司馬子魚曰：「我得上流，何故不吉？且楚故，司馬令龜，我請改卜。」令曰：「魴也以其屬死之，楚師繼之，尚大克之！」吉。戰于長岸，子魚先死，楚師繼之，大敗吳師，獲其乘舟餘皇。[137]

楊伯峻謂其屬是「子魚之私卒。」[138]又定公四年（506 B.C.）《傳》曰：「十一月庚午，二師陳于柏舉。闔廬之弟夫槩王晨請於闔廬，……以其屬五千先擊子常之卒。」[139]吳國夫槩王（生卒年不詳）「以其屬五千」出擊，雖諸家於此並無注解，然可推知此「屬」應是夫槩王「私屬」。《國語・周語中》云：「十八年，王黜狄后，狄人來討，殺譚伯。富辰曰：……乃以其屬死之。」韋昭於「乃以其屬死」句《注》云：「帥其徒屬以死狄師。」[140]知此「屬」是富辰（？-636 B.C.？）徒屬。「私屬」者，楊伯峻釋爲「某氏族之武力」，

133　晉・杜預集解，唐・孔穎達正義：《春秋左傳注疏》，頁 302。
134　日本・竹添光鴻著：《左傳會箋》，頁 574-575。
135　晉・杜預集解，唐・孔穎達正義：《春秋左傳注疏》，頁 411。
136　晉・杜預集解，唐・孔穎達正義：《春秋左傳注疏》，頁 411。
137　晉・杜預集解，唐・孔穎達正義：《春秋左傳注疏》，頁 839。
138　楊伯峻：《春秋左傳注》，頁 1392。
139　晉・杜預集解，唐・孔穎達正義：《春秋左傳注疏》，頁 951。
140　三國・韋昭注：《國語韋昭註》，頁 42。

陳克炯釋爲「由家族成員組成的武裝力量。」[141]知「私屬」是春秋時代卿大夫等貴族私人武裝力量。[142]本章既以國家軍隊後勤制度爲討論範圍，何以此處又言及私屬部隊及其指揮系統？

　　昭公十六年（526 B.C.）《傳》曰：「有祿於國，有賦於軍。」[143]楊伯峻釋此句之意云：「有采邑之卿大夫皆出軍賦，在國家戰爭時，率屬邑軍隊作戰。」楊氏於宣公十二年（597 B.C.）《傳》「知莊子以其族反之」句亦云：「當時各級貴族均有其宗族成員及私屬人員組成之軍隊，對外作戰往往編入國家軍隊中以爲骨幹。」[144]因卿大夫「有祿於國」，故須「有賦於軍」；最具體表現即國家征戰時，率領因其「祿」而擁有之私屬投入戰場，作爲對國家及國君所賜「祿」之反饋。楊寬〈周代的社會結構和社會性質〉亦云：「這種貴族軍隊，各諸侯國在對外作戰中，往往配合在『國人』編制成的國家軍隊中，作爲骨幹。」[145]楊寬舉晉、楚鄢陵之戰爲例，《左傳》襄公二十六年（547 B.C.）記宋國向戌（生卒年不詳）追述此事云：「苗賁皇曰：『楚師之良在其中軍王族而已，若塞井夷灶，成陳以當之，欒、范易行以誘之，中行、二郤必克二穆，吾乃四萃於其王族，必大敗之。』」[146]「欒、范易行以誘之」句，成公十六年（575 B.C.）《傳》作「欒、范以其族夾公行。」[147]楊伯峻釋此句云：「欒、范易行者，不夾公行，而各以己之家兵先進，以誘楚之大軍。」[148]楊寬認爲此時「晉的中軍以公族和欒氏、范氏之族爲骨幹」；[149]

141　楊伯峻著：《春秋左傳詞典》，頁 335。陳克炯著：《左傳詳解詞典》，頁 894。

142　黃聖松著：〈《左傳》「私屬」考〉，《成大中文學報》第 50 期（臺南：國立成功大學中國文學系，2015 年 9 月，1 版），頁 1-56。

143　晉‧杜預集解，唐‧孔穎達正義：《春秋左傳注疏》，頁 826-827。

144　楊伯峻著：《春秋左傳注》，頁 1377、742。

145　楊寬著：〈周代的社會結構和社會性質〉，原載氏著：《古史新探》（北京：中華書局，1965 年，1 版）；收入氏著：《先秦史十講》（上海：復旦大學出版社，2006 年 6 月），頁 211。

146　晉‧杜預集解，唐‧孔穎達正義：《春秋左傳注疏》，頁 636。

147　晉‧杜預集解，唐‧孔穎達正義：《春秋左傳注疏》，頁 476。

148　楊伯峻著：《春秋左傳注》，頁 1122。

易言之，即晉國中軍乃由晉國公族與欒、范二氏之族——即二氏私屬編制而成。李孟存、常金倉《晉國史綱要》云：「卿大夫的私兵在對外作戰時，要統一編在國家的軍隊中，他們既是私兵的首長，又是晉軍的統帥。」[150]侯志義《采邑考》亦同二位楊氏之說，謂「遇到國家對外戰爭，大夫們則應領上自己的家軍，隨同國軍作戰。」[151]此外，段志洪《周代卿大夫研究》云：「擁有采邑之卿大夫得承擔出軍賦的責任，在國家有戰事時，率領各自的族兵加入國家軍隊的行列。」[152]徐鴻修〈西周軍事制度的兩個問題〉亦云：「在宗法分封制度下，不但諸侯有軍，而且諸侯的卿大夫也有自己的軍隊，即世族軍隊。」[153]至於私屬與國家部隊如何混編，由於未有更詳盡文獻可供研究，僅能闕而不論以待未來若有出土資料，方能進一步分析與說明。總而言之，國家部隊若動員出征，各級「有祿於國」之卿大夫皆須派遣私屬「有賦於軍」，協同國家部隊作戰。

　　既然各家私屬亦須開赴戰場，必然有後勤人員及「重」、「大車」等「輜重」車乘隨軍出征。然須釐清的是：屬於卿大夫私屬之後勤人員、「輜重」車乘及相關物資，是由國家動員與負擔開支？抑或由卿大夫自行負責？引文第8條《集解》云：「董父，孟獻子家臣，步挽重車以從師。」《正義》云：「此人挽此重車以從役也。」[154]楊伯峻認為秦董父（生卒年不詳）是「孟氏之臣，魯孟孫之家奴。」[155]其說不確。秦董父原應是一般庶人，其人身原屬國家或國君。秦董父投入孟氏私家而為其臣，故其人身隸屬由國家或國君轉移至孟氏。由於秦董父原本身分為庶人——意即以務農為主之自由民，雖隸屬孟氏而為其「臣」，但在戰場上仍擔任原本庶人工作——充任輿人、役人。

149　楊寬著：〈周代的社會結構和社會性質〉，收入氏著：《先秦史十講》，頁211。

150　李孟存、常金倉著：《晉國史綱要》，頁229。

151　侯志義著：《采邑考》，頁232。

152　段志洪著：《周代卿大夫研究》（臺北：文津出版社，1994年5月，1版），頁187。

153　徐鴻修著：〈西周軍事制度的兩個問題〉，原載《文史哲》1995年第4期；收入氏著：《先秦史研究》（濟南：山東大學出版社，2002年12月，1版），頁124-137。

154　晉・杜預集解，唐・孔穎達正義：《春秋左傳注疏》，頁538。

155　楊伯峻著：《春秋左傳注》，頁974。

或許又有學者質疑：既然秦堇父是孟氏之臣而擔任輿人、役人工作，何以又能「堇父登之，及堞而絕之」？如此豈非矛盾？事實上輿人在戰場會有臨時機動工作，此部分可參見第七章，知輿人在戰場仍有靈活運用空間。引文第8條記狄虒彌（生卒年不詳）「以成一隊」，楊伯峻認爲「此是衝鋒陷陣之步兵。」[156]筆者認爲秦堇父即是其中一員，如此下文謂「堇父登之，及堞而絕之」，方能上下繫聯、句義相通。雖秦堇父在此役擔任輿人、役人，但他畢竟已是孟氏之臣，或許未必受到原本階級限制或人身控制之束縛。故狄虒彌「以成一隊」衝鋒陷陣時，秦堇父把握機會表現。此役之後，《傳》文曰：「師歸，孟獻子以秦堇父爲右。」《集解》云：「嘉其勇力。」[157]秦堇父之後成爲孟獻子（？-554 B.C.）車右，從此改變身分與地位。類似情況可見《左傳》襄公二十三年（550 B.C.），文曰：

> 初，斐豹，隸也，著於丹書。欒氏之力臣曰督戎，國人懼之。斐豹謂宣子曰：「苟焚丹書，我殺督戎。」宣子喜，……乃出豹而閉之。督戎從之。踰隱而待之，督戎踰入，豹自後擊而殺之。[158]

《集解》云：「蓋犯罪沒爲官奴，以丹書其罪。」《正義》云：「以斐豹請焚丹書，知以丹書其籍。近世魏律緣坐配沒爲工樂雜戶者，皆用赤紙爲籍，其卷以鉛爲軸，此亦古人丹書之遺法。」[159]斐豹（生卒年不詳）因罪沒爲官奴，意欲藉此機會脫離奴隸身分，故要求范宣子（？-548 B.C.）讓自己擊殺力士督戎（？-550 B.C.）以立功。雖斐豹身分爲奴隸，與秦堇父爲孟氏之臣不同，但二事皆發生於魯襄公（575 B.C.-542 B.C.）時期，似乎春秋中期時社會中下層身分之禁錮已逐漸鬆動，使「國人」、家臣乃至奴隸皆有機會改變身分。從引文第8條所載不難見出，春秋時代卿大夫之私屬，不僅戰鬥人員

---

156 楊伯峻著：《春秋左傳注》，頁975。
157 晉・杜預集解，唐・孔穎達正義：《春秋左傳注疏》，頁540。
158 晉・杜預集解，唐・孔穎達正義：《春秋左傳注疏》，頁603。
159 晉・杜預集解，唐・孔穎達正義：《春秋左傳注疏》，頁603。

屬私人所有，伴隨戰鬥人員而衍生之後勤人員、車乘及物資等，亦須由卿大夫自行籌措辦置，當不可與國家部隊混爲一談。

朱鳳瀚《商周家族形態研究》指出：

> 春秋時卿大夫家臣的官職似乎可以分爲兩套，一套是負責整個家族諸種事務的，另一套是負責諸采邑事務的。……在兩套家臣中，負責整個家族事務的家臣，其治事機構即設在國都內的卿大夫家族住居處。[160]

至於負責采邑事務之家臣，朱氏雖未明言，但可推知應設置於卿大夫采邑處。負責卿大夫整體家族事務之家臣有「司馬」一職，昭公二十五年（517 B.C.）《傳》曰：「公使郈孫逆孟懿子。叔孫氏之司馬鬷戾言於其眾曰：『若之何？』」[161]知鬷戾（生卒年不詳）是叔孫氏之「司馬」，負責叔孫氏家族軍事相關事務。除「司馬」主軍務外，卿大夫家臣又有「馬正」，定公十年（500 B.C.）《傳》曰：「公南爲馬正，使公若爲郈宰。武叔既定，使郈馬正侯犯殺公若，弗能。」[162]竹添光鴻云：「侯犯，郈馬正，公若之屬。」[163]既然公南（生卒年不詳）可推薦公若（生卒年不詳）爲郈宰，而侯犯（生卒年不詳）任郈之「馬正」又爲公若之屬官，知公南層級較公若、侯犯爲高。朱鳳瀚謂「公南之馬正，當是整個叔孫氏之馬正，爲家臣中諸馬正之長，而侯犯僅是叔孫氏采邑郈邑之馬正。」[164]其說當可信從。至於「馬正」職司內容爲何？襄公二十三年（550 B.C.）《傳》曰：「季氏以公鉏爲馬正，慍而不出。」《集解》云：「馬正，家司馬。」[165]《周禮・夏官》有「家司馬」一職，其

160　朱鳳瀚著：《商周家族形態研究（增訂本）》，頁485。
161　晉・杜預集解，唐・孔穎達正義：《春秋左傳注疏》，頁894。
162　晉・杜預集解，唐・孔穎達正義：《春秋左傳注疏》，頁978。
163　日本・竹添光鴻著：《左傳會箋》，頁1848。
164　朱鳳瀚著：《商周家族形態研究（增訂本）》，頁485。
165　晉・杜預集解，唐・孔穎達正義：《春秋左傳注疏》，頁605。

職務內容為「各使其臣，以正於公司馬。」《注》云：「家，卿大夫采地。正，猶聽也。公司馬，國司馬也。卿大夫之采地，王不特置司馬，各自使其家臣為司馬，主其地之軍賦，往聽政於王之司馬。」[166]竹添光鴻謂《集解》釋「馬正」為「家司馬」，「是公鉏主季氏地之軍賦，為家臣中之尊貴者。」[167]若就杜氏之解，則卿大夫之「馬正」實與卿大夫之「司馬」無甚分別，故顧棟高《春秋大事表·春秋列國官制表》將二者同置一處，[168]應是一官而別有二名。卿大夫既有私屬戰鬥部隊，人員所用兵器亦是卿大夫私人備置。襄公十年（563 B.C.）《傳》曰：

> 子西聞盜，不儆而出，尸而追盜。盜入於北宮，乃歸，授甲，臣妾多逃，器用多喪。子產聞盜，為門者，庀群司，閉府庫，慎閉藏，完守備，成列而後出，兵車十七乘。[169]

子西（?-479 B.C.）聞盜後「授甲」，乃謂動員私屬部隊追盜。子產聞盜亦動員私屬，以兵車十七乘追盜。此處「授甲」乃卿大夫私有兵器，專授自屬戰鬥人員使用，不可與國家武庫混同。又如昭公八年（534 B.C.）《傳》曰：「八月庚戌，逐子成、子工、子車，皆來奔，而立子良氏之宰。……授甲，將攻之。陳桓子善於子尾，亦授甲，將助之。」[170]楊伯峻云：「授甲，即授甲兵，文從省。」[171]又昭公二十年（532 B.C.）《傳》曰：「桓子授甲而如鮑氏。遭子良醉而騁，遂見文子，則亦授甲矣。」[172]竹添光鴻云：「桓子授兵於家眾。」[173]又哀公二十六年（469 B.C.）《傳》曰：「皇非我因子潞、門

166　漢·鄭玄注，唐·賈公彥疏：《周禮注疏》，頁 436。

167　日本·竹添光鴻著：《左傳會箋》，頁 1166。

168　清·顧棟高著，吳樹平、李解民點校：《春秋大事表》，頁 1125-1126。

169　晉·杜預集解，唐·孔穎達正義：《春秋左傳注疏》，頁 541。

170　晉·杜預集解，唐·孔穎達正義：《春秋左傳注疏》，頁 769。

171　楊伯峻著：《春秋左傳注》，頁 1303。

172　晉·杜預集解，唐·孔穎達正義：《春秋左傳注疏》，頁 782。

173　日本·竹添光鴻著：《左傳會箋》，頁 1493。

尹得、左師謀曰：『民與我，逐之乎！』皆歸授甲。」[174]《傳》文既言「歸授甲」，由「歸」字可知「授甲」對象乃各家私屬武力。

卿大夫家臣除「司馬」、「馬正」外，另有「司徒」。昭公十四年（528 B.C.）《傳》曰：「南蒯之將叛也，盟費人。司徒老祁、慮癸偽癃疾，使請於南蒯。」[175]《集解》云：「二人，南蒯家臣。」[175]竹添光鴻認爲，魯國「三家各置司徒、司馬之屬以治其邑，蓋意倣效《周禮》家宗人、家司馬、家士之類爲之。」[176]若卿大夫家臣之「司徒」可類比國家之司徒，依上文討論內容可推測，卿大夫私屬部隊出征時，其「司徒」亦當率領卿大夫私屬役人隨軍動員，負責運輸卿大夫私屬部隊所需兵器、糧食等後勤物資與相關工作。定公十年（500 B.C.）《傳》尚見「工師」一職，《傳》曰：「秋，二子及齊師復圍郈，弗克。叔孫謂郈工師駟赤曰：『郈非唯叔孫氏之憂，社稷之患也，將若之何？』」《集解》云：「工師，掌工匠之官。」[177]叔孫氏之郈邑設有司掌工匠之「工師」，然依杜氏所釋，「工師」職務顯然與司空有別。學者或許提問：既然卿大夫家臣設有「司馬」與「司徒」，或當復有「司空」一職，可與國家職官制度類比。但筆者從另一角度切入，未見卿大夫族內設有司空當非偶然，極可能卿大夫族內本不必設立司空。何以言之？本章第二節說明司空後勤工作內容，概言之，主要爲道路交通維護、土木工程規畫、監督施工等三項。國家動員部隊出征時，大致區分爲國家部隊與卿大夫私屬部隊，戰鬥人員所用兵器、後勤人員與「輜重」管理皆有區隔，故有卿大夫家臣之「司徒」與「司馬」、「馬正」。然部隊止息宿營時，推測私屬部隊即與國家部隊駐紮一處；或以「重」、「大車」環繞營地四周以爲屏蔽，或挖掘壕溝、構建營壘。如此考量最主要原因，乃私屬部隊後勤人數有限，恐無法獨立完成耗費大量勞動力之工程。反之，若遇道路修繕、搭建橋樑或舢舨渡河、挖掘壕溝、建築營壘等工作時，將私屬後勤人力併入國家徵發後勤

---

174 晉・杜預集解，唐・孔穎達正義：《春秋左傳注疏》，頁 1053。

175 晉・杜預集解，唐・孔穎達正義：《春秋左傳注疏》，頁 819。

176 日本・竹添光鴻著：《左傳會箋》，頁 1556。

177 晉・杜預集解，唐・孔穎達正義：《春秋左傳注疏》，頁 978。

人員，不僅可增益人力發揮效益，亦可減少役人勞動時間與體力。雖國家部隊與私屬部隊仍由國家之司徒與卿大夫之司徒各自指揮，但因卿大夫私屬後勤人力無能自行建設相關工事，故不設職司規畫之司空，統由國家之司空發落安排。至於卿大夫私屬部隊之兵車及兵器修繕，是否亦由國家職官司空代勞？筆者認爲答案應否定。何則？上文已說明卿大夫家臣有「工師」一職，主管各類工匠。既然卿大夫有「工師」與各類工匠，若遇兵器與兵車需修繕時則應自行負責，無由仍使國家之司空擔負此務。

五、小　結

　　本章討論後勤指揮系統，主要負責職官爲司空與司徒。司空於後勤工作掌理業務主要有六項：（一）維護道路平整，有時須開闢道路以供部隊行進；（二）搭建橋梁或組成浮橋或舢舨，供車乘與人員渡河；（三）規畫與督導挖掘壕溝與營建營壘；（四）平均分配役人工作量，務求勞逸均等；（五）修繕「重」、「大車」等車輛；（六）部隊駐紮時置辦鑿井及設竈之工作。司空主要負責工程先期規畫與監督施工，待期程與工作內容配置妥當後，司空將規畫結果交付司徒，委由司徒率領役人實際執行。司徒主要負責徵發役人，部隊出征時主司後勤人員，負責指揮役人執行司空規畫事務。晉國職官雖無司徒之名，經考證後知晉國司徒類職官似爲「輿帥」、「輿尉」，職司內容與司徒無異。齊國司徒類職官有「銳司徒」與「辟司徒」，前者負責「重」、「大車」運輸兵器事務，後者職司營壘監造工作。卿大夫私屬武裝亦有家臣擔任「司馬」與「司徒」，職司內容約等同國家之司馬、司徒。國家發生戰爭時，卿大夫私屬部隊須投入戰場，協同國家部隊作戰。卿大夫私屬亦有後勤人員運輸兵器、糧食及相關物資，統由卿大夫之司徒率領指揮。卿大夫似無司空一職，可能因卿大夫私屬後勤人員無力規畫與承擔相關工事，故統由國家之司空規畫安排。

伍、結　論

　　筆者於「緒論」提出本文討論之六項議題：一、「輜重」之形制，二、「輜重」載運物資內容，三、戰鬥部隊與「輜重」之比例，四、後勤人員組成分子、身分及其分工，五、後勤運輸與駐紮營壘推估，六、後勤指揮系統之梗概。經本文三編各章節討論已獲初步結論，上述六項議題總整如下。

一、輜重之形制

　　《左傳》所見「重」、「大車」即典籍所謂「輜重」，大致乃謂戰場運送物資之車乘。依漢代文獻記載，另有車乘「軿」與「輜」形制與功能接近者；差異在「輜」遮蔽車身左、右、後及頂部，「軿」遮蔽四周及頂部。「輜」、「軿」設遮蔽物之目的，主要是阻擋風雨及外人窺視。然就漢代出土實物觀察，「輜」、「軿」形制有混同現象，與文獻記載稍異。但大體而言，「輜」為男性所乘，「軿」為女性所乘。《左傳》「重」、「大車」拉乘動力為牛隻，與漢代「輜」、「軿」拉乘動力為馬匹有異。此外，「重」、「大車」功能為戰場上運送物資，亦與「輜」、「軿」為人員交通工具不同。然典籍將「重」、「輜」合稱「輜重」，推測應與二者具二項共通性有關：（一）「重」、「輜」皆有「軹」──意即「後轅」，（二）「重」、「輜」皆有遮蔽物，故將二者合稱「輜重」。《左傳》另有「轈」與「蔥靈」，《尚書大傳》有「飛軨」，《史記》有「輼輬」，四者皆為「臥車」──供人員休息臥寢之車乘，即「輜重」之「輜」。依《尚書大傳》所載，身分為「士」以上者得有「輜」。然《左傳》記載戰場上另有「舍」──即今日所謂帳篷

——供戰鬥人員止息，推測未必士以上身分者皆使用「輜」。此外，「輜重」除運送物資外，亦可利用爲藩營之屏障，車下亦可爲人員休息處。

二、輜重載運物資內容

《左傳》與先秦典籍所記「輜重」載運物資內容，依性質可概分「食物類」、「器物類」、「工具類」、「武器類」四項，以下依序說明。

（一）食物類：可分「人員食用」及「馬匹食用」二種，前者爲「饋」、「脯資餼牽」、「餱糧」，後者主要是「秣」。「饋」是生肉未煮者。「脯資餼牽」之「脯」爲乾肉；「資」應讀「粢」或「餈」，又稱稻餅、米餅，即以稻米等農作物製成之糕餅狀食物。「餱糧」與「資」相類，性質皆是乾食，可事先將米、麥煮熟後搗碎，待食用時再和水捏成團狀或塊狀。至於「牽」是未宰殺牲畜，應由後勤人員牽引，非實際置於「重」、「大車」上。「餱糧」是乾食、乾糧，可用囊橐等物包裹裝盛而以人力背負，但不排除出征時仍由「輜重」承載，故本文仍列於「輜重」所載物資內容。「秣」爲馬匹飼料，主要是禾、黍、粟等穀物。「芻茭」之「芻」是新割之草，「茭」是已乾之草，「芻茭」泛指供應軍中牛馬使用之草料。

（二）器物類：計有「扉屨」、「脂」、「燧」、「壺」、「舍」等。「扉屨」可概稱爲草鞋，上自國君、中如卿大夫而下至一般「國人」皆可穿著，推測奴隸恐無扉屨可用。「脂」是油脂，可塗抹於車軸，使車輪光滑而減少磨擦。「燧」分「金燧」、「木燧」二種，前者是回光窪鏡，後者是鑽木取火之器。「壺」是盛水漿之器，無論行旅或部隊出征，皆當攜帶此物。「舍」是今日所謂帳篷，供人員於戰場休息住宿之用。除上引物資外，另有「釜」、「錡」、「瓵」、「鬲」等烹煮食物之器，雖文獻未具體明言由「輜重」運載，但以常理推測應包括於內。「釜」、「錡」相類，前者無足而後者三足；概言之，二者皆烹飪食物之具。上述烹煮器物之材質，推測應是陶製。大多數戰鬥人員爲「國人」之「士」，後勤人員之役人亦屬「國人」階層，使用陶質器物較符合其階級與身分。

　　（三）工具類：計有「板榦」、「畚築」。「榦」又稱「楨」，是築牆時立於前後兩端之木，打入地內作爲築牆之基樁。「板」又作「版」，即今日木板，築牆時置於二根「榦」之間兩側，並以繩索約束使不鬆脫，再將土壤倒入板內，使土壤聚攏不潰散。「板」亦可平鋪於舟梁上，使車馬人員平穩渡河。「板」可製成「泭」、「桴」，即今日所謂木筏、舢舨，可載運車馬人員渡河。此外，若遇雨天，可於「輜重」加裝「板」以爲頂蓋，防止雨水浸濕「輜重」所載運物資。「畚」是盛土器，用以裝盛土方。「築」是木質直舂器，用以夯實倒入「板榦」內土方。此外，又有「斧」、「斤」。「斧」之功能有三：1、析薪以劈柴生火，用以埋鍋造飯；2、砍伐棘荊以平整地面，用以搭建「舍」；3、伐木砍斫以修補車乘或器械工具。「斤」與斧形制相近，大凡皆是伐木工具。「鑿」是穿木器具，主要用在車轂上鑿出孔洞以安置車輻。「梩」又作「枱」、「耜」，是翻土、取土工具，其功能有三：1、挖掘土石，用以堆垜營壘；2、於土中挖直穴，以便置入「榦」作爲基樁；3、將直穴挖掘更深，則可成「井」。「鉏」爲除草之具，即今日所謂「鋤」，亦可用以翻土、取土；或與「梩」相同，可翻土、取土建構營壘。「鋸」爲鋸木工具，今日仍有此物。鋸用於戰場，推測當與斧、鑿等工具配合，作爲修繕車乘或器械之用。「錐」是尖銳之器，乃製作鞋履工具。既然春秋時期戰爭乃以車戰爲主，製作及維修車乘所用工具理應運至戰場，以備不時之需。「鑽」是穿孔之具，功能當與鑿、錐類似。「銶」或謂鑿一類工具，或謂乃「獨頭斧」。由於「軻」當讀爲「柯」，是「斧柄」之意。則「銶」應是「獨頭斧」，如此可與「軻」連言。

　　（四）武器類：《左傳》、《國語》所見兵器類型總結如下：1、鄭衆、鄭玄、賈公彥謂「五兵」分爲「車之五兵」及「步卒五兵」；前者是戈、殳、戟、酋矛、夷矛，後者爲弓矢、殳、矛、戈、戟，且步卒五兵之矛爲酋矛。依筆者考證，春秋時代車之「五兵」確有使用弓矢之實，然《左傳》、《國語》卻不見「步卒五兵」使用弓矢之事，推測弓矢應只限兵車之上使用。2、《毛詩・秦風・小戎》孔氏《正義》謂「交二弓於韔中」，「韔」乃收置弓之器物，典籍又作「𢎨」、「𨡌」、「韇」、「韣」。《毛詩・魯頌・閟宮》

鄭玄《箋》云：「『二矛重弓』，備折壞也。」據此推測兵車上置有二弓，一為車左使用，另一留為預備。此外，車左與御者各背負一只「房」——即後世所謂「箭房」，典籍又作「箙」、「服」、「笮」——至於車右則無明確資料推證是否亦攜帶箭房。3、《魯頌・魯頌・閟宮》曰：「公車千乘，朱英綠縢，二矛重弓。」知兵車置有二矛——酋矛、夷矛，一為車右使用，另一則為預備。依《毛詩・秦風・無衣》記載，知步卒亦使用矛為兵器。至於步卒所用矛為何者？因酋矛短而夷矛長，推測步卒所用當為前者。4、兵車之上車兵及步卒皆可持戈、戟、劍作戰，「車之五兵」、「步卒五兵」包括戈、戟、劍在內，此說可從。《左傳》又有「鈹」，屬劍一類兵器，確知步卒使用鈹，至於車兵則無資料可供推斷。若鈹為劍類兵器，或許兵車之上及步卒皆可使用。兵車之上可持「殳」作戰，至於步卒則未見記載，如此亦符合「車之五兵」與「步卒五兵」內容。5、除攻擊性之「五兵」，《左傳》及《國語》另見防禦性兵器，主要有甲、冑、盾三種。「甲」是戰鬥人員所著甲衣，「冑」是戰鬥人員所戴頭盔，「盾」於典籍又稱「干」、「楯」、「櫓」、「渠」、「伐」及「瞂」，是用以蔽護頭部與身軀之防具。除人員使用護具外，拉引兵車之四馬亦有「介」為護甲。

三、戰鬥部隊與輜重之比例

本文設定若以 100 輛兵車出征，征期為三個月計算，推估戰鬥部隊與「輜重」之比例。上文已說明「輜重」運輸物資主要有「食物類」、「器物類」、「工具類」、「武器類」四項，其中食物與武器二項可透過相關記載予以推估，至於器物與工具則以總括方式計算。首先須說明的是，100 輛兵車動員戰鬥人員為車兵三百人，以每乘兵車十位步兵計算，則戰鬥人員總計 1,300 人。本文以《周禮・地官・廩人》記載為據，計算春秋時代戰鬥人員每人每日食用米為「人三鬴」，約合今日 1.039 公斤。若以 100 輛兵車出征，征期為三個月計算，則每位戰鬥人員三個月需 93.51 公斤；1,300 位戰鬥人員總需 121,563 公斤。以每輛「重」、「大車」載運米糧重量 667 公斤計算，則運送

戰鬥人員糧食需用 183 輛「重」、「大車」。每匹馬每日食用糧草重 5.258 公斤，三個月需 473.22 公斤。100 乘兵車每乘四馬，總計 400 匹馬。此外，作為人員止宿休息之「輜車」亦需二馬拉牽，預估 100 乘「輜車」需 200 匹馬。每匹馬三個月需糧草 473.22 公斤，600 匹馬三個月總計 283,932 公斤，運送馬匹糧食需用 426 輛「重」、「大車」。每位戰鬥人員裝備及後勤工具重量 142.6 公斤，1,300 位裝備總重量 185,380 公斤，運送戰鬥人員裝備及後勤工具需用 278 輛「重」、「大車」。至於後勤人員數量，經本文討論知每乘兵車配有役人二十位、奴隸約二十四位。役人以每人每日「三鬴」計算，三個月需 93.51 公斤，2,000 位役人總需 187,020 公斤，運輸役人米糧用 281 輛「重」、「大車」。奴隸若以每人每日「二鬴」計算，需糧食約 0.693 公斤，2,336 位奴隸三個月總計 145,696 公斤。若不計算載運奴隸糧食「重」、「大車」數目，動員 100 乘兵車總計 1,168 輛「重」、「大車」以載運物資，是 100 乘兵車之 11.68 倍。此外，動員 100 乘兵車又需配給 100 輛臥車——即「輜重」之「輜」，作為兵車之長車左止息之用。1,168 輛「重」、「大車」及 100 輛「輜」合計 1,268 輛，是 100 乘兵車之 12.68 倍。

四、後勤人員組成分子、身分及其分工

　　春秋時代後勤人員可概分「役人」與「奴隸」二類，首先說明「役人」。《左傳》「役人」身分，以往學者僅認為是「國人」、「庶人」，未更進一步指出究竟是「國人」哪一部分。經本文討論，筆者於此有三點結論：（一）由《左傳》記載可歸納「役人」、「役徒」工作內容有四：1、砍伐樹木、採拾柴薪；2、修築建造各類建物；3、戰場上修築營壘、籬笆；4、挖掘溝渠。（二）《左傳》「役人」應是所有服徭役之庶人之總稱，「役人」有部分主要執行修築建物及營壘、挖掘溝渠等工作，此部分役人亦稱「築者」、「城者」。「役人」有部分主要執行與推挽車輦有關事務，此部分「役人」《左傳》稱「輿人」。（三）《左傳》將「役人」分「輿人」與「築者」、「城者」二種類群，推測應是庶人人口增多，因此在徵役時予以分工，使專司某

部分工作。但須強調者，「輿人」非身分而是專指群體，這些人是具備徵發服徭役資格的庶人。

本文探討「役人」服役時間、家戶單位提供役人數量、「役人」服役年齡範圍及役人輪替現象，以下依序說明。（一）「役人」服役時間：依「役人」服役性質，可分「戍役」、「土功」及「狩」、「田」三種。「戍役」服役時間一般為一年，但可依實際需求延長戍役時間。「土功」指土木工程建設，一般以「三旬」為期，原則上僅限冬季執行。「狩」、「田」指田獵活動，亦於冬季時徵發「役人」，一般於冬季執行。（二）家戶單位提供「役人」數量：春秋時代家戶單位應屬「小型伸展家庭」或「核心家族」，依《周禮·地官·小司徒》記載，家戶人口數量為五人至七人左右。《周禮·地官·小司徒》曰：「凡起徒役，毋過家一人。」然《左傳》見同一家戶單位二人服役之例。筆者認為可能是遭遇戰事緊急而擴大徵發對象，或許不必拘執「凡起徒役，毋過家一人」之限制。（三）「役人」服役年齡範圍：《周禮·地官·鄉大夫》記載男子二十歲以上服力役，三十歲以上服兵役，至六十歲以上可除役，然《左傳》仍見「老幼」服役的記錄。針對「老幼」之解釋，筆者認為可從三個角度思考：1、「老幼」僅是泛稱，意指年紀較長者及較幼者，未必實指某個年齡。2、《周禮》記載屬理想性擘畫，可能與《左傳》所見春秋時代實際狀況稍有出入。正如上文所言，一個家戶單位仍有二人同役之例，故未能拘泥《周禮》記載。因此雖然《周禮·地官·鄉大夫》記載服役年齡範圍，但可能僅是原則上條件，亦或許未能於春秋時代徹底施行。3、「老」指無夫或無妻的老人，「幼」指無父孤兒。徵發「老幼」服役，乃因家戶單位已無符合徵役年齡範圍其他「正卒」，故這些「老幼」被要求徵發服役。

（四）「役人」之輪替：依文獻記載，「役人」服役極其勞苦，故從常理言，應有輪替制度。雖然目前無法明確了解輪替制度細節，但輪替制度應該存在。

至於奴隸來源，依《周禮·夏官·司隸》記載，分為「罪隸」、「蠻隸」、「閩隸」、「夷隸」及「貉隸」等「五隸」。其中「罪隸」是犯盜賊之罪而沒為奴隸者，後四者是「四翟之隸」——與四翟作戰所擄奴隸。奴隸於後勤工作內容，《集解》稱為「廝役」，《解詁》則有「廝役扈養」等。然依本

文考證，杜、何二氏所指「析薪」、「汲水漿」及「炊烹」等實非奴隸之事，乃由役人負責。整體而言，役人隨部隊出征擔任後勤人員時有五項工作：（一）砍伐樹木、採拾柴薪，（二）汲水漿，（三）炊亨，（四）挖掘壕溝，（五）修築營壘或籬笆等。至於奴隸之工作，其中一項為《解詁》所云「廝役扈養」之「扈」——豢養馬匹。養馬奴隸於典籍稱「圉」、「圉人」，工作內容有：（一）負責馬廄相關設備之製作與維護，（二）管理放牧之馬匹，（三）割草餵養馬匹，（四）溜馬訓練馬匹，（五）整理及修剪馬毛，（六）修理蹄甲與更換鐵蹄，（七）理馬匹糞便等七項。除養馬之「圉」外，另有部分奴隸從事養牛工作，典籍稱「牧」。養牛奴隸工作內容有：（一）管理放牧之牛隻，（二）訓練牛隻以從人意，（三）割草餵養牛隻，（四）牽傍牛隻拉引「重」、「大車」，（五）刷理皮毛，（六）清理牛隻糞便等六項。此外，奴隸亦負擔掃除「涅廁」、清理人員糞便，此為最卑下之辱事，故由奴隸承擔。牽傍動力來源為牛隻之「重」、「大車」，亦是奴隸工作內容。

五、後勤運輸與駐紮營壘推估

本文說明部隊及後勤人員每日行役時間為卯時——上午五時至七時開始，至酉時——下午五時至七時為止，歷時約十二小時；其間自「饔」至「飧」之五至六小時行進三十里路程。經本文討論可知，春秋時代部隊駐紮恐非每日皆建築營壘，否則無法於每日行進五至六小時後，在剩餘六至七小時內完成所有工事。《左傳》常見「軍」於某地詞例，筆者認為此處之「軍」意指做好戰鬥準備，即完成挖掘壕溝及建築屏蔽部隊之營壘。待完成工事後，敵我雙方「請期」——約定時間進行會戰。軍隊平時駐紮以「重」、「大車」等「輜重」車輛停置於營地四周，使「重」、「大車」成為人員及物資之屏障。

六、後勤指揮系統之梗概

本文討論後勤指揮系統，主要負責職官為司空與司徒。司空於後勤工作

掌理業務主要有以下六項：（一）維護道路平整，有時或須開闢道路以供部隊行進；（二）搭建橋梁或組成浮橋或舼舨，供車乘與人員渡河；（三）規畫與督導挖掘壕溝與營建營壘；（四）平均分配役人工作量，務求勞逸均等；（五）修繕「重」、「大車」等車輛；（六）部隊駐紮時置辦鑿井及設竈。司空主要負責工程先期規畫與監督施工，待期程與工作內容配置妥當後，司空將規畫結果交付司徒，委由司徒率領役人實際執行。司徒主要負責徵發役人，部隊出征時主司後勤人員，負責指揮役人執行司空規畫事務。晉國職官雖無司徒之名，經考證知晉國司徒類職官實為「輿帥」、「輿尉」，職司內容與司徒無異。齊國司徒類職官有「銳司徒」與「辟司徒」，前者負責「重」、「大車」運輸兵器事務，後者職司營壘監造工作。卿大夫私屬武裝亦有家臣擔任之司馬與司徒，職司內容約同國家之司馬、司徒。國家發生戰爭時，卿大夫私屬部隊須投入戰場，協同國家部隊作戰。卿大夫私屬亦有後勤人員運輸兵器、糧食及相關物資，統由卿大夫之司徒率領指揮。卿大夫似無司空一職，推測乃因卿大夫私屬後勤人員無力規畫與承擔相關工事，故統由國家之司空規畫安排。

　　中國古史向來真偽雜陳，古書記載亦不明確。典章制度研究雖面臨史料不足情況，但在「有一分證據說一分話」立場下，對資料進行研究並具體得到結論，至於未能全面了解部分則可懸而未決以待後人，相較而言是尚能突破之研究方向。然制度研究較枯燥乏味，內容也頗煩瑣細碎，研究者所需知識也較龐雜，一般初入門者無法跨越。況且背景知識連結緊密，可謂環環相扣。一旦有一處環節理解不當或認知錯誤，常導致滿盤皆錯之窘境。筆者近年致力春秋時代制度研究，繫聯「軍事」、「身分」相關詞條為切入方式，希冀網羅相關重要環節，建構系統脈絡研究成果。雖未敢言有重大成果，但能將個人讀書心得形諸文字，就教方家學者，亦是人生一大樂事。本文是筆者近年思考《左傳》及春秋時代後勤制度初步成果，不成熟處仍待學術先進指教點撥。

引用書目

一、傳世古籍（以四部分類排序）

魏・王　弼、晉・韓康伯注，唐・孔穎達正義：《周易注疏》，臺北：藝文印書館，1993
　　年9月，據清嘉慶二十年（1815）江西南昌府學版影印。

題漢・孔安國傳，唐・孔穎達正義：《尚書注疏》，臺北：藝文印書館，1993年9月，
　　據清嘉慶二十年（1815）江西南昌府學版影印。

漢・毛　亨傳，漢・鄭　玄注，唐・孔穎達正義：《毛詩注疏》，臺北：藝文印書館，1993
　　年9月，據清嘉慶二十年（1815）江西南昌府學版影印。

漢・鄭　玄注，唐・賈公彥疏：《周禮注疏》，臺北：藝文印書館，1993年9月，據清
　　嘉慶二十年（1815）江西南昌府學版影印。

漢・鄭　玄注，唐・賈公彥疏：《儀禮注疏》，臺北：藝文印書館，1993年9月，據清
　　嘉慶二十年（1815）江西南昌府學版影印。

漢・鄭　玄注，唐・孔穎達正義：《禮記注疏》，臺北：藝文印書館，1993年9月，據
　　清嘉慶二十年（1815）江西南昌府學版影印。

晉・杜　預集解，唐・孔穎達正義：《春秋左傳注疏》，臺北：藝文印書館，1993年9
　　月，據清嘉慶二十年（1815）江西南昌府學版影印。

漢・公羊壽傳，漢・何　休解詁，唐・徐彥疏：《春秋公羊傳注疏》，臺北：藝文印書館，
　　1993年9月，據清嘉慶二十年（1815）江西南昌府學版影印。

晉・范　寧集解，唐・楊士勛疏：《春秋穀梁傳注疏》，臺北：藝文印書館，1993年9
　　月，據清嘉慶二十年（1815）江西南昌府學版影印。

魏・何　晏注，宋・邢　昺疏：《論語注疏》，臺北：藝文印書館，1993年9月，據清
　　嘉慶二十年（1815）江西南昌府學版影印。

晉・郭　璞注，宋・邢　昺疏：《爾雅注疏》，臺北：藝文印書館，1993年9月，據清
　　嘉慶二十年（1815）江西南昌府學版影印。

漢・趙　岐注，題宋・孫　奭疏：《孟子注疏》，臺北：藝文印書館，1993 年 9 月，據
　　清嘉慶二十年（1815）江西南昌府學版影印。

題漢・伏　勝著，清・陳壽祺注：《尚書大傳》，臺北：臺灣商務印書館，影印上海涵芬
　　樓藏陳氏原刊本。

漢・韓　嬰著：《韓詩外傳》，收入《四部叢刊初編》，臺北：臺灣商務印書館，1967
　　年，影印上海涵芬樓藏明沈氏野竹齋刊本。

宋・朱　熹著：《詩集傳》，收入《朱子全書》第 1 冊，上海：上海古籍出版社，合肥：
　　安徽教育出版社，2002 年 12 月，1 版。

明・陸　粲著：《左傳附注》，臺北：臺灣商務印書館，1986 年景印文淵閣四庫全書。

清・王宗涑著：《攷工記攷辨》，收入清・王先謙編：《皇清經解續編》，清光緒十四年
　　（1888 年）南菁書院本。

清・胡　渭著：《禹貢錐指》，臺北：臺灣商務印書館，1986 年景印文淵閣四庫全書。

清・顧棟高著，吳樹平、李解民點校：《春秋大事表》，北京：中華書局，1993 年 6 月，
　　1 版。

清・江　永著：《周禮疑義舉要》，臺北：臺灣商務印書館，1986 年景印文淵閣四庫全
　　書。

清・王聘珍著，王文錦點校：《大戴禮記解詁》，臺北：漢京文化公司，1987 年 10 月，
　　1 版。

清・齊召南著：《左傳注疏考證》，臺北：復興書局，據清咸豐十一年（1861）補刊道光
　　九年（1829）刊本影印，1972 年。

清・戴　震著：《考工記圖》，臺北：臺灣商務印書館，1968 年，1 版。

清・金　榜著：《禮箋》，上海：上海古籍出版社，1995 年據華東師範大學圖書館藏清
　　乾隆五十九年（1794）方起泰胡國輔刻後印本影印。

清・孫希旦集解，沈嘯寰、王星賢點校：《禮記集解》，北京：中華書局，1995 年 5 月，
　　1 版。

清・洪亮吉詁，李解民點校：《春秋左傳詁》，北京：中華書局，2004 年 2 月，1 版。

清・馬宗璉著：《春秋左傳補注》，收入清・阮元編：《皇清經解》，清咸豐庚申（1860）
　　補刊本。

清・王引之著：《經義述聞》，臺北：廣文書局，1979 年 2 月，2 版。

清・金　鶚著：《求古錄禮說》，上海：上海古籍出版社，1995 年據華東師範大學圖書
　　館藏清光緒二年（1876）孫熹刻本影印。

清・沈欽韓著：《春秋左氏傳補注》，收入清・王先謙編：《續經解春秋類彙編》，臺北：藝文印書館，1986 年 9 月，1 版。

清・馬瑞辰著，張金生點校：《毛詩傳箋通釋》，北京：中華書局，1989 年 3 月，1 版。

清・孫詒讓正義，王文錦、陳玉霞點校：《周禮正義》，北京：中華書局，2000 年 3 月，1 版。

漢・史　游著，楊月英注：《急就篇》，北京：中華書局，2014 年 8 月，1 版。

漢・揚　雄著，清・錢繹箋疏：《方言箋疏》，北京：中華書局，1991 年 11 月，1 版。

漢・許　慎著，清・段玉裁注：《說文解字注》，臺北：黎明文化事業公司，1994 年，11 版。

漢・劉　熙著，清・畢沅疏，清・王先謙補注：《釋名疏證補》，清光緒 22 年（1896）王氏原刻本。

漢・劉　熙著，任繼昉校：《釋名匯校》，濟南：齊魯書社，2006 年 11 月，1 版。

魏・張　揖輯，清・王念孫疏證，鍾宇訊點校：《廣雅疏證》，北京：中華書局，2004 年 4 月，1 版。

晉・呂　忱著，清・任大椿校補：《字林考逸》，收入《續修四庫全書》，上海：上海古籍出版社，2002 年。

梁・顧野王著：《玉篇》，臺北：臺灣商務印書館，1986 年景印文淵閣四庫全書。

五代南唐・徐　鍇著：《說文解字繫傳》，北京：中華書局，1998 年 12 月，1 版。

宋・陳彭年等編著：《新校宋本廣韻》，臺北：洪葉文化事業有限公司，2011 年 10 月，修訂 2 版。

清・王　筠著：《說文釋例》，北京：中華書局，1998 年 11 月，影印清道光三十年（1850）刻本。

漢・司馬遷著，南朝宋・裴駰集解，唐・司馬貞索引，唐・張守節正義，日本・瀧川龜太郎考證：《史記會注考證》，高雄：復文圖注出版社，1991 年 7 月，1 版。

漢・班　固著，唐・顏師古注：《漢書》，臺北：宏業書局，1996 年 3 月，2 版。

劉宋・范　曄著，唐・李賢等注：《後漢書》，臺北：宏業書局，1984 年 3 月，2 版。

宋・司馬光等編著：《資治通鑑》，臺北：臺灣商務印書館，1986 年景印文淵閣四庫全書。

三國・韋　昭注：《國語韋昭註》，臺北：藝文印書館，1974 年 3 月，影印天聖明道本・嘉慶庚申（1800）讀未見書齋重雕本。

漢・袁　康著：《越絕書》，收入《四部備要叢書》，臺北：臺灣中華書局，據明刻本校

刊，1966 年。

漢·劉　向輯錄：《戰國策》，臺北：里仁書局，1990 年 9 月，1 版。

題漢·劉　向著：《列女傳》，臺北：臺灣商務印書館，1986 年景印文淵閣四庫全書。

漢·劉　珍等著，吳樹平校注：《東觀漢記校注》，鄭州：中州古籍出版社，1987 年 3 月，1 版。

唐·張　說、張九齡等編：《唐六典》，臺北：臺灣商務印書館，1986 年景印文淵閣四庫全書。

宋·沈　括著：《夢溪筆談》，臺北：臺灣商務印書館，1986 年景印文淵閣四庫全書。

宋·宋應星著：《天工開物》，上海：上海古籍出版社，1988，1 版。

明·戚繼光著，邱心田校釋：《練兵實紀》，北京：中華書局，2001 年 6 月，1 版。

清·郝懿行箋疏：《山海經箋疏》，臺北：藝文印書館，1974 年 4 月，3 版。

題周·姜　尚著：《六韜》，收入《子書二十八種》冊 6，臺北：廣文書局，1991 年 2 月，2 版。

題周·管　仲著，黎翔鳳校注，梁運華整理：《管子校注》，北京：中華書局，2009 年 3 月，1 版。

題春秋·管　仲著，馬非百注：《管子輕重篇新詮》，北京：中華書局，2004 年 1 月，1 版。

題周·晏　嬰著：《晏子春秋》，臺北：臺灣商務印書館，1986 年景印文淵閣四庫全書。

題周·晏　嬰著，陶梅生注譯，葉國良校閱：《新譯晏子春秋》，臺北：三民書局，1998 年 8 月，1 版。

題周·晏　嬰著，張純一校注，梁運華點校：《晏子春秋校注》，北京：中華書局，2014 年 5 月，1 版。

周·孫　武著，漢·曹　操等注，楊丙安校理：《十一家注孫子校理》，北京：中華書局，2004 年 2 月，1 版。

周·墨　翟著，清，孫詒讓詁，孫啓治點校：《墨子閒詁》，北京：中華書局，2001 年 4 月，1 版。

題周·吳　起著：《吳子》，收入《叢書集成初編》，北京：中華書局，1985 年據景宋本《武經七書》排印。

題周·司馬穰苴著，明·閻禹錫集解：《司馬法集解》，上海：上海古籍出版社，1997 年，據北京圖書館藏明弘治元年（1488）邢表刻本影印。

題周·尉　繚著，明·劉　寅直解：《尉繚子直解》，南京：江蘇古籍出版社，1988 年

影印《宛委別藏》。

題周・尉　繚著：《尉繚子》，收入《子書二十八種》冊4，臺北：廣文書局，1991年2月，2版。

周・莊　周著，清・郭慶藩集釋：《莊子集釋》，臺北：貫雅文化事業公司，1991年9月，1版。

周・商　鞅著，蔣鴻禮注：《商軍書指錐》，北京：中華書局，2001年8月，1版。

周・荀　況著，清・王先謙集解，沈嘯寰、王星賢點校：《荀子集解》，北京：中華書局，1997年10月，1版。

周・韓　非著，清・王先慎集解，鐘哲點校：《韓非子集釋》，北京：中華書局，1998年7月，1版。

秦・呂不韋編，陳奇猷校釋：《呂氏春秋校釋》，臺北：華正書局，1998年8月，1版。

漢・賈　誼著，清・王耕心詁：《賈子次詁》，上海：上海古籍出版社，1995年影印光緒二十九年（1903）刊本，1版。

漢・劉　安編，何寧集釋：《淮南子集釋》，北京：中華書局，1998年10月，1版。

漢・劉　向著：《說苑》，臺北：臺灣商務印書館，1986年景印文淵閣四庫全書。

漢・應　劭著：《風俗通義》，臺北：臺灣商務印書館，1986年景印文淵閣四庫全書。

漢・桓　寬著：《鹽鐵論》，臺北：臺灣商務印書館，1986年景印文淵閣四庫全書。

三國魏・劉　徽注：《九章算術》，收入《四部叢刊初編》，臺北：臺灣商務印書館，1967年，影印上海涵芬樓藏微波榭刊本。

晉・葛　洪著：《肘後備急方》，臺北：臺灣商務印書館，1986年景印文淵閣四庫全書。

北魏・賈思勰著：《齊民要術》，臺北：臺灣商務印書館，1986年景印文淵閣四庫全書。

唐・蘇　敬等著：《新修本草》，收入《續修四庫全書》，上海：上海古籍出版社，據上海古籍出版社1981年影印後書鈔閣藏日本森氏舊藏本影印，2002年3月，1版。

唐・李　筌著：《太白陰經》，臺北：臺灣商務印書館，1986年景印文淵閣四庫全書。

宋・陸　佃注：《鶡冠子》，臺北：臺灣中華書局，1966年3月，臺1版。

元・司農司編：《農桑輯要》，臺北：臺灣商務印書館，1986年景印文淵閣四庫全書。

清・錢謙益著，清・錢曾箋注，錢仲聯標點：《牧齋有學集》，上海：上海古籍出版社，2010年，1版。

清・姚　範著：《援鶉堂筆記》，臺北：廣文書局，1971年，1版。

清・王念孫著：《讀書雜志》，南京：江蘇古籍出版社，2000年9月，1版。

清・章學誠著，葉瑛校注：《文史通義校注》，北京：中華書局，1985年5月，1版。

清·俞正燮著：《癸巳存稿》，臺北：世界書局，1977 年 4 月，2 版。

清·孫詒讓著：《籀廎述林》，北京：中華書局，2010 年 4 月，1 版。

清·俞　樾著：《諸子平議》，北京：中華書局，1954 年 10 月，1 版。

周·屈　原等著，漢·劉　向集錄，漢·王　逸章句，宋·洪興祖補注：《楚辭補注》，
　　臺北：大安出版社，1995 年 6 月，1 版。

二、近人著作（以作者姓名筆劃排序）

（一）三劃：三、于、山

三軍大學編著：《中國歷代戰爭史》第 1 冊，北京：中信出版社，2012 年 12 月，1 版。

＿＿＿＿＿＿：《中國歷代戰爭史》第 2 冊，北京：中信出版社，2012 年 12 月，1 版。

于省吾著：〈「鄂君啓節」考釋〉，《考古》1963 年第 8 期，頁 442-447、圖版捌。

于省吾主編，姚孝遂按語編撰：《甲骨文字詁林》，北京：中華書局，1996 年 5 月，1 版。

山西省文管會侯馬工作站著：〈1959 年侯馬「牛村古城」南東周遺址發掘簡報〉，《文
　　物》1960 年 Z1 期，頁 10-14。

＿＿＿＿＿＿＿＿＿＿＿＿＿：〈侯馬北西莊東周遺址的清理〉，《文物》1959 年第 6 期，
　　頁 42-44。

山西省考古研究所，海金樂、韓炳華編著：《靈石旌介商墓》，北京：科學出版社，2006
　　年 9 月，1 版。

山東省文物考古研究所著：〈山東淄博市臨淄區淄河店二號戰國墓〉，《考古》2000 年
　　第 10 期，頁 46-65、圖版伍、陸。

山東省昌濰地區文物管理組著：〈膠縣西菴遺址調查試掘簡報〉，《文物》1977 年第 4
　　期，頁 63-70，圖版柒、捌。

山東省博物館、長清縣文化館著：〈山東長清崗辛戰國墓〉，《考古》1980 年第 4 期，
　　頁 325-332、圖版柒至圖版玖。

（二）四劃：中、日、王

中國人民革命軍事博物館著：《中國戰爭發展史》，北京：人民出版社，2001 年 12 月，
　　1 版。

中國社會科學院考古研究所安陽工作隊：〈安陽小屯村北的兩座殷代墓〉，《考古學報》
　　1981 年第 4 期，頁 491-518、圖版 9-18。

中國社會科學院考古研究所編：《殷周金文集成》第 1 冊，北京：文物出版社，1984 年，
　　1 版。

＿＿＿＿＿＿＿＿＿＿＿＿＿＿＿＿：《殷周金文集成》第 5 冊，北京：文物出版社，1985 年
　　6 月，1 版。

＿＿＿＿＿＿＿＿＿＿＿＿＿＿＿＿：《殷周金文集成》第 8 冊，北京：文物出版社，1987 年
　　4 月，1 版。

《中國軍事史》編寫組著：《中國軍事史・第六卷・兵壘》，北京：解放軍出版社，1991
　　年 2 月，1 版。

中國科學院考古研究所、陝西省西安半坡博物館著：《西安半坡》，北京：文物出版社，
　　1963 年 9 月，1 版。

中國科學院考古研究所編著：《長沙發掘報告》，北京：科學出版社，1957 年 8 月，1 版。

＿＿＿＿＿＿＿＿＿＿＿＿＿＿＿＿：《灃西發掘報告：1955-1957 年陝西長安縣灃西鄉考古發掘
　　資料》，北京：文物出版社，1963 年，1 版。

中國科學院考古研究所灃西發掘隊著：〈1960 年秋陝西長安張家坡發掘簡報〉，《考古》
　　1962 年第 1 期，頁 20-22、圖版捌。

日本株式会社レッカ社著，陳聖怡譯：《圖解古羅馬軍團武器、防具、戰術大全》，臺北：
　　楓樹林出版射業公司，2015 年 1 月，1 版。

王子今著：《秦漢交通史稿》，北京：中共中央黨校出版社，1994 年 7 月，1 版。

王天有著：《中國古代官制》，臺北：臺灣商務印書館，1994 年，1 版。

王天晞著：〈淺議中國戰爭之起源〉，《人文雜志》2002 年第 4 期，頁 127-131。

王玉哲著：〈孫武的歷史意義何以能經久不衰〉，原載《孫子學刊》1992 年創刊號；收
　　入氏著：《古史集林》（北京：中華書局，2002 年 9 月，1 版），頁 435-438。

王立軍、張翼飛著：〈漢字與古代車馬〉，《中國教師》2009 年第 5 期，頁 57-58。

王汝發、李德生著：〈《九章算術》新論〉，《貴州文史叢刊》1993 年第 3 期，頁 54-56。

王　彤著：〈中國北方商周時期的銅胄〉，《中國國家博物館館刊》2011 年第 2 期，頁
　　95-98。

王延棟編著：《戰國策詞典》，天津：南開大學出版社，2002 年 2 月，1 版。

王長華著：〈〈魯頌〉產生時代新考〉，收入中國詩經學會編：《詩經研究叢刊》第 2
　　輯（北京：學苑出版社，2002 年 1 月，1 版），頁 89-95。

王星光著：〈略論生態環境對先秦水井的影響〉，原載《南開學報》2010 年第 4 期；收
　　入於氏著：《中國農史與環境史研究》（鄭州：大象出版社，2012 年 1 月，1 版），

頁 197-209。

＿＿＿＿＿：〈新石器時代粟稻混作區初探〉，原載《中國農史》2003 年第 3 期；收入氏
　　著：《中國農史與環境史研究》（鄭州：大象出版社，2012 年 1 月，1 版），頁 16-24。

王恩田著：〈釋冉、再、菁、禹、僮〉，收入王宇信、宋鎮豪主編：《紀念殷墟甲骨發現
　　一百周年國際學術研討會論文集》（北京：社會科學文獻出版社，2003 年 3 月，1
　　版），頁 194-200。

王國維著：《古史新證》，北京：清華大學出版社，1994 年，1 版。

王貴民著：〈試論貢、賦、稅的早期歷程──先秦時期貢、賦、稅源流考〉，《中國經濟
　　史研究》1988 年第 1 期，頁 18-29。

＿＿＿＿＿《商周制度考信》，臺北：明文書局，1989 年 12 月，1 版。

王　暉著：〈說「刉」〉，原載《考古與文物》1989 年第 6 期；收入氏著：《古文字與
　　商周史新證》（北京：中華書局，2003 年 12 月，1 版），頁 408-417。

王　博著：〈論錢謙益的史學思想〉，《西安文理學院學報（社會科學版）》第 12 卷第
　　6 期（2009 年 12 月），頁 47-50。

王鈺鎂著：《秦漢時分紀時名稱研究》，長春：東北師範大學碩士論文，2014 年 5 月。

王震中著：〈祭祀、戰爭與國家〉，原載《中國史研究》1993 年第 3 期；收入氏著：《中
　　國古代文明的探索》（昆明：雲南人民出版社，2005 年 10 月，1 版），頁 133-156。

王學理、尚志儒、呼林貴等著：《秦物質文明史》，西安：三秦出版社，1994 年 6 月，
　　1 版。

（三）五劃：丘、仝、市、卡、史、四、甘、田、石

丘光明、邱隆、楊平著：《中國科學技術史：度量衡卷》，北京：科學出版社，2003 年
　　9 月，1 版。

丘光明著，張延明譯：《中國古代計量史》，合肥：安徽科學技術出版社，2012 年，1 版。

仝晰綱著：《青銅的戰神：齊魯兵家文化研究》，上海：學林出版社，1999 年 12 月，1 版。

日本・市川定春編著，林耿生譯：《世界武器甲冑圖鑑》，臺北：尖端科技・家庭傳媒城
　　邦分公司，2006 年，1 版。

德國・卡爾・克勞塞維茨（Care Von Clausewitz）著，中國人民解放軍軍事科學院譯：《戰
　　爭論》，北京：商務印書館，2003 年 6 月，北京 1 版。

史鳳儀著：《中國古代的家族與身分》，北京：社會科學文獻出版社，1999 年 9 月，1 版。

四川博物館著：〈成都百花潭中學十號墓發掘記〉，《文物》1976 年第 3 期，頁 40-46、

圖版壹、圖版貳。

甘肅省文物考古研究所、甘肅省博物館、中國文物研究所、中國社會科學院歷史研究所著：
《居延新簡》，北京：中華書局，1994 年 12 月，1 版。

甘肅省文物考古研究所編：《敦煌漢簡》，北京：中華書局，1991 年 6 月，1 版。

甘肅省博物館：〈武威雷台漢墓〉，《考古學報》1974 年第 2 期，頁 87-109。

甘肅省博物館文物工作隊、武威地區文物普查隊著：〈永昌鴛鴦池新石器時代墓地的發
掘〉，《1 考古》1974 年第 5 期，頁 299-308、289、圖版壹至伍。

甘肅省博物館文物隊著：〈甘肅靈臺白草坡西周墓〉，《考古學報》1977 年第 2 期，頁
99-130、圖版 1-16。

田昌五著：〈夏文化探索〉，《文物》1981 年第 5 期，頁 18-26、58。

石曉霆、陶威娜著：〈夏商時期的戈與野戰方式淺說〉，《中原文物》2003 年第 5 期，
頁 39-42、50。

（四）六劃：任、安、竹、向、朱、江、西

任常泰、石光明著：〈西周春秋時期的「國人」〉，《中國歷史博物館館刊》第 4 期，頁
19-28。

安金槐著：《中國考古》，臺北：南天書局，1996 年 1 月，1 版。

安陽市文物考古研究所：〈河南安陽市殷墟郭家莊東南五號商代墓葬〉，《考古》2008
年第 8 期，頁 22-33、圖版 3-5。

日本‧竹添光鴻著：《左傳會箋》，臺北：天工書局，1998 年 8 月，1 版。

向　熹編著：《詩經詞典（修訂版）》，北京：商務印書館，2014 年 6 月，1 版。

朱鳳瀚著：《商周家族形態研究（增訂本）》，天津：天津古籍出版社，2004 年 7 月，
2 版。

朱寶慶著：《左氏兵法》，西安：陝西人民出版社，1991 年 10 月，1 版。

江西省博物館、江西省文物考古研究所、新干縣博物館著：《新干商代大墓》，北京：文
物出版社，1997 年 9 月，1 版。

江曉原、鈕衛星著：《回天：武王伐紂與天文歷史年代學》，上海：上海人民出版社，2000
年 8 月，1 版。

西安半坡博物館、陝西省考古研究所、臨潼縣博物館著：《姜寨——新石器時代遺址發掘
報告》，北京：文物出版社，1988 年，1 版。

（五）七劃：何、余、吳、呂、李、杜、束、汪、沈、車

何茲全著：《中國古代社會》，北京：北京師範大學出版社，2001 年 8 月，1 版。

余永梁著：〈〈柴誓〉的時代考〉，《語言歷史學研究所週刊》第 1 集、第 1 期（廣州：中山大學，1927 年 11 月，1 版）；收入顧頡剛主編：《古史辨》第 2 集（臺北：藍燈文化事業公司，1993 年 8 月，2 版），頁 75-81。

余良明著：《中國古代車文化》，福州：福建教育出版社，2015 年 1 月，1 版。

吳九龍著：〈略說先秦戰爭觀念的演進〉，收入：張政烺先生九十華誕紀念文集編委會編：《揖芬集：張政烺先生九十華誕紀念文集》（北京：社會科學文獻出版社，2002 年 5 月，1 版），頁 385-387。

吳浩坤著：《古史探索與古籍研究》，臺北：貫雅文化出版公司，1990 年 12 月，1 版。

吳順青、徐夢林、王紅星著：〈荊門包山 2 號墓部分遺物的清理與復原〉，《文物》1988 年第 5 期，頁 15-24、圖版壹、貳。

吳榮曾著：《先秦兩漢史研究》，北京：中華書局，1995 年 6 月，1 版。

吳　慧著：《中國歷代糧食畝產研究》，北京：農業出版社，1985 年，1 版。

呂思勉著：《呂思勉讀史札記》，臺北：木鐸出版社，1983 年 9 月，1 版。

李仰松著：〈中國原始社會生產工具試探〉，《文物》1980 年第 6 期，頁 515-520。

李自智、尚志儒著：〈陝西鳳翔西村戰國秦墓發掘簡報〉，《考古與文物》1986 年第 1 期。

李亞農著：《李亞農史論集》，上海：上海人民出版社，1962 年 9 月，1 版。

李孟存、常金倉著：《晉國史綱要》，太原：山西人民出版社，1988 年 8 月，1 版。

李則鳴著：《先秦‧秦漢經濟文化史略》，武漢：長江文藝出版社，2004 年 4 月，1 版。

李修松著：《先秦史探研》，合肥：安徽大學出版社，2006 年 3 月，1 版。

李　索著：《左傳正宗》，北京：華夏出版社，2011 年 1 月，1 版。

李　零著：〈「馬車」與「大車」（跋師同鼎）〉，原載《考古與文物》1992 年第 2 期，頁 72-74、106；收入氏著：《李零自選集》（桂林：廣西師範大學出版社，1998 年 2 月，2 版），頁 124-129。

＿＿＿＿：《兵以詐立》，北京：中華書局，2006 年 8 月，1 版。

李學勤、郭志坤著：《中國古史尋證》，上海：上海科技教育出版社，2002 年 5 月，1 版。

李學勤主編，王美鳳、周蘇平、田旭東著：《春秋史與春秋文明》，上海：上海科學技術文獻出版社，2007 年 4 月，1 版。

李學勤主編，孟世凱副主編，王美鳳、周蘇平、田旭東著：《中國古代歷史與文明》，上海：上海科學技術文獻出版社，2007 年 4 月，1 版。

李學勤主編，張廣志著：《西周史與西周文明》，上海：上海科學技術文獻出版社，2012年3月，1版。

李學勤主編：《中國古代文明與國家形成研究》，昆明：雲南人民出版社，1997年12月，1版。

李學勤著：〈〈齊語〉與〈小匡〉〉，《清華大學學報》（哲學社會科學版）1986年第2期，頁49-53。

＿＿＿＿＿＿：〈王國維的「闕疑」精神〉，原載《中華讀書報》2005年4月20日；收入氏著：《文物中的古文明》（北京：商務印書館，2013年9月，1版），頁569-571。

＿＿＿＿＿＿：〈初識清華簡〉，原載《光明日報》2008年12月1日第12版（國學版）；收入氏著：《初識清華簡》（上海：中西書局，2013年6月，1版），頁1-8。

＿＿＿＿＿＿：〈秦簡與《墨子》城守各篇〉，收入《雲夢秦簡研究》（北京：中華書局，1981年，1版），頁324-335。

＿＿＿＿＿＿：《東周與秦代文明》，上海：上海人民出版社，2007年，1版。

李繼閔著：《《九章算術》導讀與譯注》，西安：陝西科學技術出版社，1998年9月，1版。

杜正勝著：《古代社會與國家》，臺北：允晨文化公司，1992年10月，1版。

＿＿＿＿＿＿：《編戶齊民》，臺北：聯經出版公司，1990年3月，1版。

杜青林、孫政才主編，游修齡分冊主編：《中國農業通史‧原始社會卷》，北京：中國農業出版社，2008年5月，1版。

束有春著：〈先秦輿人及御夫考述〉，《江蘇社會科學》1997年第5期，頁116-121。

汪中文著：《兩周官制論稿》，高雄：復文圖書出版社，1993年10月，1版。

汪啓明著：《先秦兩漢齊語研究》，成都：巴蜀書社，1998年8月，1版。

沈文倬著：〈說簠〉，《浙江大學學報（人文社會科學版）》2006年第5期，頁176-177。

沈玉成、劉寧著：《春秋左傳學史稿》，南京：江蘇古籍出版社，1996年6月，1版。

沈玉成著：《左傳譯文》，臺北：洪葉文化公司，1995年1月，1版。

沈長云著：〈《國語》編撰考〉，原載《河北師院學報（哲學社會科學版）》1987年第3期；收入氏著：《上古史探研》（北京：中華書局，2002年12月，1版），頁325-338。

＿＿＿＿＿＿：〈談古官司空之職——兼說《考工記》的內容及作成時代〉，原載《中華文史論叢》1983年第3輯（上海：上海古籍出版社，1983年）；收入氏著：《上古史探研》（北京：中華書局，2002年12月，1版），頁257-266。

車行健著：〈論三重證據法〉，《第七屆近代中國學術研討會論文集》（桃園：國立中央

大學中國文學系，2001 年 7 月），頁 67-86。

（六）八劃：周、孟、屈、林、河、邱、金

周自強主編：《中國經濟通史・先秦經濟卷》，北京：經濟日報出版社，2000 年 9 月，
　　1 版。

周鳳五著：〈從雲夢秦簡談秦代文學〉，收入中國古典文學研究會編：《古典文學》第 7
　　集（臺北：臺灣學生書局，1985 年 8 月，1 版），頁 152-153。

周　緯著：《中國兵器史稿》，天津：百花文藝出版社，2006 年 1 月，1 版。

周積明、宋德金主編：《中國社會史論》，武漢：湖北教育出版社，2000 年 12 月，1 版。

周蘇平著：〈春秋「輿人」考辨〉，《人文雜志》1999 年第 3 期，頁 100-103。

孟世凱著：〈夏商時代軍事後勤問題探討〉，收入軍事科學院戰略部、後勤學院學術部歷
　　史室編：《先秦軍事研究》（北京：金盾出版社，1990 年 5 月，1 版），頁 95-106。

孟慶茹著：〈《詩經》與飲食文化〉，收入中國詩經學會編：《詩經研究叢刊》第 2 輯（北
　　京：學苑出版社，2002 年 1 月，1 版），頁 219-232。

屈萬里著：〈詩三百篇成語零釋〉，《臺大文史哲學報》第 4 期（臺北：國立臺灣大學文
　　學院，1952 年），頁 2-4。

＿＿＿＿＿：《尚書集釋》，臺北：聯經出版公司，1994 年 11 月，1 版。

＿＿＿＿＿：《詩經詮釋》，臺北：聯經出版公司，2000 年 10 月，1 版。

林甘泉著：〈中國封建土地所有制的形成〉，《歷史研究》1963 年第 1 期，頁 95-116。

林清源著：〈《上博九・陳公治兵》通釋〉，中央研究院歷史語言研究所主辦「第四屆古
　　文字與古代史國際學術研討會——紀念董作賓逝世五十周年」，2003 年 11 月 22 日
　　至 24 日。

河北省文物研究所著：《藁城台西商代遺址》，北京：文物出版社，1985 年 6 月，1 版。

河北省文物管理處著：〈磁縣下潘汪遺址發掘報告〉，《考古報告》1975 年第 1 期，頁
　　73-116、圖版壹至拾貳。

邱德修著：《尚書覆詁考證》，臺北：聖環圖書公司，2013 年 9 月，1 版。

金春峯著：《周官之成書及其反映的文化與時代新考》，臺北：東大圖書有限公司，1993
　　年 11 月，1 版。

（七）九劃：侯、姚、宣、施、晉、段

侯志義著：《采邑考》，西安：西北大學出版社，1989 年 12 月，1 版。

姚中秋著：《華夏治理秩序史・第二卷》，海口：海南出版社，2012 年 2 月，1 版。

姚　政著：〈中國古代戰爭起源新探〉，收入軍事科學院戰略部、後勤學院學術部歷史室編：《先秦軍事研究》（北京：金盾出版社，1990 年 5 月，1 版），頁 54-65。

宣兆琦著：〈《考工記》的國別與成書年代〉，《自然科學史研究》1993 年第 4 期，頁 297-303。

施偉青著：〈「鬲」非奴隸辨〉，原載《廈門大學學報》1987 年第 3 期；收入氏著：《中國古代史論叢》（長沙：岳麓書社，2004 年 8 月，1 版），頁 12-20。

＿＿＿＿＿：〈「隸臣妾」的身份復議〉，原載《中國社會經濟史研究》1984 年第 1 期；收入氏著：《中國古代史論叢》（長沙：岳麓書社，2004 年 8 月，1 版），頁 32-41。

施鴻琳著：《《左傳》戰爭中的戰略與戰術研究》，臺中：天空數位圖書公司，2011 年 7 月，1 版。

昝林森、李斌成著：《中華牛文化》，北京：中國農業出版社，2012 年 7 月，1 版。

段志洪著：《周代卿大夫研究》，臺北：文津出版社，1994 年 5 月，1 版。

（八）十劃：孫、容、徐、宮、晁、殷、秦、荊、袁、陝、馬、高、唐

孫中原著：《墨學通論》，瀋陽：遼寧教育出版社，1995 年 6 月，1 版。

孫　琛著：〈從兩周石磬的博談《考工記》的國別和年代〉，《樂府新聲（瀋陽音樂學院學報）》2009 年第 4 期，頁 85-91。

孫　華著：〈關於二里頭文化〉，《考古》1980 年第 6 期，頁 521-525。

孫　機著：《中國古輿服論叢》，北京：文物出版社，1993 年 6 月，1 版。

容　庚編著，張振林、馬國權摹補：《金文編》，北京：中華書局，1985 年 7 月，1 版。

徐中舒著：〈《左傳》的作者及其成書年代〉，原載《歷史教學》1962 年第 9 期；收入氏著：《徐中舒歷史論文選輯》（北京：中華書局，1998 年 9 月，1 版），頁 1138-1166。

＿＿＿＿＿：〈耒耜考〉，《國立中央研究院歷史語言研究所集刊》第 2 本第 1 分，收入段渝主編：《徐中舒論先秦史》（上海：上海科學技術文獻出版社，2008 年 1 月，1 版），頁 11-63。

＿＿＿＿＿：〈論東亞大陸牛耕的起原〉，原載成都《工商導報學林》副刊第 24 期（1951 年 12 月 23 日），收入氏著：《徐中舒歷史論文選輯》（北京：中華書局，1998 年 9 月，1 版），頁 814-828。

＿＿＿＿＿：《先秦史十講》，北京：中華書局，2009 年 7 月，1 版。

徐希燕著：《墨學研究：墨子學說的現代詮釋》，北京：商務印書館，2001 年 2 月，1 版。

徐杰令著：《春秋邦交研究》，北京：中國社會科學出版社，2004 年 4 月，1 版。

徐復昌著：《睡虎地秦簡研究》，臺北：文史哲出版社，1993 年 5 月，1 版。

徐復觀著：〈西周政治社會的結構性格問題〉，《周秦漢政治社會結構之研究》（臺北：學生書局，1975 年 3 月，臺 2 版），頁 1-50。

_____：《西漢思想史》，上海：華東師範大學出版社，2002 年 8 月，1 版。

徐鴻修著：〈西周軍事制度的兩個問題〉，原載《文史哲》1995 年第 4 期；收入氏著：《先秦史研究》（濟南：山東大學出版社，2002 年 12 月，1 版），頁 124-137。

宮長為著：〈《周禮》官聯初論〉，原載《求是學刊》2000 年第 1 期（總第 134 期）；收入中國社會科學院歷史研究所編：《古史文存（先秦卷）》（北京：社會科學文獻出版社，2004 年 11 月，1 版），頁 438-447。

晁福林著：《先秦社會形態研究》，北京：北京師範大學出版社，2003 年 3 月，1 版。

_____：《春秋戰國的社會變遷》，北京：商務印書館，2011 年 9 月，1 版。

殷偉璋著：〈二里頭文化探討〉，《文物》1978 年第 1 期，頁 1-4。

秦　勇著：〈《六韜》的軍事後勤思想〉，收入軍事科學院戰略部、後勤學院學術部歷史室編：《先秦軍事研究》（北京：金盾出版社，1990 年 5 月，1 版），頁 126-129。

荊州地區博物館著：〈江陵天星觀 1 號楚墓〉，《考古學報》1982 年 1 期，頁 71-116、圖版 7-26。

_____：〈湖北江陵藤店一號墓發掘簡報〉，《文物》1973 年第 9 期，頁 7-17、圖版 2-5。

荊門市博物館編：《郭店楚墓竹簡》，北京：文物出版社，1998 年 5 月，1 版。

袁祖亮主編，焦培民著：《中國人口通史·先秦卷》，北京：人民出版社，2007 年 2 月，1 版。

陝西省雍城考古工作隊吳鎮烽、尚志儒著：〈陝西鳳翔八旗屯秦國墓葬發掘簡報〉，《文物資料叢刊》1980 年第 3 期，頁 1-31、圖版 1-4。

馬今洪著：《簡帛發現與研究》，上海：上海書店，2002 年 12 月，1 版。

馬承源主編：《商周青銅器銘文選》，北京：文物出版社，1990 年 4 月，1 版。

馬承源主編，陳佩芬、吳鎮烽、熊傳新著：《中國青銅器》，臺北：南天書局，1991 年 10 月，1 版。

高至喜著：〈記長沙常德出土弩機的戰國墓——兼談有關弩機弓矢的幾個問題〉，《文物》1964 年第 6 期，頁 33-45。

高佑仁著：《《上海博物館藏戰國楚竹書（四）·曹沫之陣》研究（上）、（下）》，

　　臺北：花木蘭文化出版社，2008 年 3 月，1 版。

高　雪著：〈陝西清澗縣又發現商代青銅器〉，《考古》1984 年 8 期，頁 760-761。

高　銳著：《中國上古軍事史》，北京：軍事科學出版社，1995 年 8 月，1 版。

唐嘉弘著：〈火長考辨〉，收入氏著：《先秦史新探》（開封：河南大學出版社，1988
　　年 6 月，1 版），頁 127-136。

唐　蘭著：〈商鞅量與商鞅量尺〉，原載國立北京大學《國學季刊》第 5 卷第 4 期（1936）；
　　收入氏著，故宮博物院編：《唐蘭先生金文論集》（北京：紫禁城出版社，1995 年
　　10 月，1 版），頁 25-30。

（九）十一劃：張、梁、章、莊、許、郭、陳、陸

張以仁著：〈從司馬遷的意見看左丘明與《國語》的關係〉，原載《中央研究院歷史語言
　　研究所集刊》第 52 本第 4 分（臺北：中央研究院歷史語言研究所，1981 年）；收入
　　氏著：《張以仁先秦史論集》（上海：上海古籍出版社，2010 年 1 月，1 版），頁
　　115-153。

張永貴、黎建軍著：〈錢謙益史學思想評述〉，《史學月刊》2000 年第 2 期，頁 19-24。

張光直著：〈中國古代的飲食與飲食具〉，收入氏著：《中國青銅器時代》（臺北：聯經
　　出版公司，1983 年 4 月，1 版），頁 249-283。

張光興、宣兆琦著：〈《考工記》的國別、成書年代及其主要價值〉，收入《管子學刊》
　　編輯部編：《齊文化縱論》（北京：華齡出版社，1993 年 10 月，1 版），頁 496-504。

張亞初著：《殷周金文集成引得》，北京：中華書局，2001 年 7 月，1 版。

張亞初、劉　雨著：《西周金文官制研究》，北京：中華書局，1986 年 5 月，1 版。

張長壽、殷瑋璋主編，中國社會科學院考古研究所編著：《中國考古史・兩周卷》，北京：
　　中國社會學出版社，2004 年 12 月，1 版。

張　岩著：《從部落文明到禮樂制度》，上海：上海三聯書店，2004 年 5 月，1 版。

張高評著：《《左傳》之武略》，高雄：麗文文化事業公司，1994 年 10 月，1 版。

張國碩著：《中原先秦城市防禦文化研究》，北京：社會科學文獻出版社，2014 年 7 月，
　　1 版。

張　鶴著：《《國語》研究》，北京：學苑出版社，2013 年 8 月，1 版。

張蔭麟著：《中國上古史綱》，臺北：里仁書局，1995 年 10 月，6 版。

張顯成著：《簡帛文獻學通論》，北京：中華書局，2004 年 10 月，1 版。

梁方仲著：《中國歷代戶口、田地、田賦統計》，北京：中華書局，2008 年 11 月，1 版。

梁思永未完稿，高去尋輯補：《侯家莊第八本・1004 號大墓》，臺北：中央研究院歷史
　　語言研究所，1970 年，1 版。

＿＿＿＿＿＿＿＿＿＿＿＿＿＿＿：《侯家莊第八本・1550 號大墓》，臺北：中央研究院歷史
　　語言研究所，1976 年，1 版。

梁啓超著：〈墨子年代考〉，收入顧頡剛編：《古史辯》第 4 冊（臺北：藍燈文化事業公
　　司，1993 年 8 月，2 版），頁 248-252。

梁　濤著：〈20 世紀以來《左傳》《國語》成書、作者及性質的討論〉，《邯鄲學院學
　　報》2005 年第 4 期，頁 75-79。

章炳麟著：《春秋左傳讀》，臺北：學海出版社，1984 年 4 月，1 版。

章鴻釗著：《石雅》，收入《民國叢編・第二編》，上海：上海書局，據中央地質調查研
　　究所 1927 年版影印，1990 年 12 月，1 版），冊 88。

莊華峰著：《中國社會生活史》，合肥：中國科學技術大學出版社，2014 年 2 月，2 版。

許秀霞著：《《左傳》職官考述（下）》，臺北：花木蘭文化出版社，2009 年 3 月，1 版。

許倬雲著：〈兩周農業技術〉，原載《中央研究院歷史語言研究所集刊》42 本第 4 分，
　　收入氏著：《求古編》（臺北：聯經出版事業公司，1983 年 10 月，1 版 4 刷），頁
　　151-186。

＿＿＿＿＿＿：〈周代的衣食住行〉，原載《中央研究院歷史語言研究所集刊》47 本第 3 分
　　（臺北：中央研究院歷史語言研究所，1976 年 9 月，1 版）；收入氏著：《求古編》
　　（臺北：聯經出版公司，1982 年 6 月，1 版），頁 231-281。

＿＿＿＿＿＿：《西周史（增訂本）》，北京：三聯書店，1995 年 1 月，1 版。

許凌云著：〈經史關係略論〉，收入氏著：《經史因緣》，濟南：齊魯書社，2002 年 3
　　月，1 版。

許進雄著：《中國古代社會——文字與人類學的透視》，臺北：臺灣商務印書館，1995
　　年 2 月，修訂 1 版。

許嘉璐著：〈古代的衣食住行〉，收入王力等著：《中國古代文化史講座》（桂林：廣西
　　師範大學出版社，2007 年 3 月，2 版），頁 134-184。

＿＿＿＿＿＿：《中國古代衣食住行》，北京：北京出版社，1988 年 8 月，1 版。

郭　丹著：《左傳國策研究》，北京：人民文學出版社，2004 年 8 月，1 版。

郭　鵬著：〈殷墟青銅兵器研究〉，收入劉慶柱編：《中國考古學集刊》第 15 輯（北京：
　　文物出版社，2004 年 2 月，1 版），頁 129-173。

郭妍利著：《商代青銅兵器研究》，北京：社會科學文獻出版社，2014 年 2 月，1 版。

郭沫若著：〈《考工記》的年代與國別〉，收入氏著：《沫若文集》卷 16（北京：人民文學出版社，1962 年 11 月，1 版），頁 381-385。

_____：《十批判書》，重慶：群益出版社，1954 年 9 月，1 版。

_____：《中國史稿》，北京：人民文學出版社，1976 年 7 月，1 版。

郭錫良著：《漢字古音手冊》，北京：北京大學出版社，1986 年 11 月，1 版。

陳文華著：〈試論我國農具史上的幾個問題〉，原載《考古學報》1981 年第 4 期；收入華世出版社編：《中國社會經濟史參考資料》（臺北：華世出版社，1984 年 10 月，1 版），頁 29-57。

陳世輝著：〈師同鼎銘文考釋〉，《史學集刊》1984 年第 1 期，頁 1-5。

陳克炯著：《左傳詳解詞典》，鄭州：中州古籍出版社，2004 年 9 月，1 版。

陳孝文著：〈我國先秦時期後勤體制的探討〉，收入軍事科學院戰略部、後勤學院學術部歷史室編：《先秦軍事研究》（北京：金盾出版社，1990 年 5 月，1 版），頁 87-94。

陳長琦著：《中國古代國家與政治》，北京：文物出版社，2002 年 1 月，1 版。

陳　直著：〈《九章算術》著作的年代〉，《西北大學學報（自然科學版）》1957 年第 1 期，頁 95-97。

陳恩林著：《先秦軍事制度研究》，長春：吉林文史出版社，1991 年 10 月，1 版。

陳振中著：《先秦手工業史》，福州：福建人民出版社，2009 年 1 月，1 版。

_____：《青銅生產工具與中國奴隸制社會經濟》，北京：中國社會科學出版社，2007 年 3 月，1 版。

陳高華、錢海皓總主編、童　超分卷主編：《中國軍事制度史：後勤制度卷》，鄭州：大象出版社，1997 年 8 月，1 版。

陳紹棣著：《中國風俗通史‧兩周卷》，上海：上海文藝出版社，2003 年 6 月，1 版。

陳夢家著：《尚書通論（外二種）》，石家莊：河北教育出版社，2000 年 7 月，1 版。

陳　磊著：〈論《史通》在宋代的沉寂〉，《湖北社會科學》2014 年第 7 期，頁 120-122。

陸敬嚴著：《中國古代兵器》，西安：西安交通大學出版社，1993 年 12 月，1 版。

_____：《中國古代機械文明史》，上海：同濟大學出版社，2012 年 5 月，1 版。

（十）十二劃：傅、彭、斯、湖、揚、童、鄂、雲、黃

傅斯年著：〈史學方法導論〉，原載傅孟眞先生遺著編輯委員會編：《傅孟眞先生集》（臺北：國立臺灣大學，1952 年，1 版）；收入李學勤主編，傅斯年著：《民族與古代中國史》（石家莊：河北教育出版社，2002 年 2 月，1 版），頁 419-466。

彭邦炯著：〈西周主體農業生產者試探〉，《徐中舒先生百年誕辰紀念文集》（成都：巴
　　蜀書社，1998 年 10 月，1 版 1 刷），頁 229-237。

斯維至著：《中國古代社會文化論稿》，臺北：允晨文化有限公司，1997 年 4 月，1 版。

湖北省文物考古研究所、襄陽市文物考古研究所、襄陽市襄州區文物管理處編：《襄陽陳
　　坡》，北京：科學出版社，2013 年 9 月，1 版。

湖北省文物局文物工作隊著：〈湖北江陵三座楚墓出土大批重要文物〉，《文物》1966
　　年第 5 期，頁 33-54。

湖北省荊沙鐵路考古隊著：《包山楚墓》，北京：文物出版社，1991 年 10 月，1 版。

湖北省博物館、荆州地區博物館、江陵縣文物工作組發掘小組著：〈湖北江陵拍馬山楚墓
　　發掘簡報〉，《考古》1973 年第 3 期，頁 151-161、圖版 5-10。

湖北省博物館編：《曾侯乙墓》，北京：文物出版社，1989 年 7 月，1 版。

湖南省文物管理委員會著：〈長沙左家公山的戰國木槨墓〉，《文物參考資料》1954 年
　　第 12 期，頁 3-19。

＿＿＿＿＿＿＿＿＿＿＿＿＿＿：〈湖南長沙紫檀鋪戰國墓清理簡報〉，《考古通訊》1957 年
　　第 1 期，頁 19-22、圖版 8。

湖南省博物館著：〈長沙楚墓〉，《考古學報》1959 年第 1 期，頁 41-60、圖版 1-40。

＿＿＿＿＿＿＿＿：〈長沙瀏城橋一號墓〉，《考古學報》1972 年第 1 期，頁 59-72、圖版
　　1-16。

＿＿＿＿＿＿＿＿：〈湖南常德德山楚墓發掘報告〉，《考古》1963 年第 9 期，頁 461-479、
　　圖版 1-3。

揚之水著：《詩經名物新證（修訂版）》，天津：天津教育出版社，2012 年 6 月，2 版。

童書業著，童教英校訂：《春秋左傳研究（校訂本）》，北京：中華書局，2006 年 8 月，
　　1 版。

童書業著：〈春秋初年魯國國勢考〉，原載《益世報・史苑》1947 年 2 月 7 日、14 日；
　　收入童書業著，童教英整理：《童書業史籍考證論集》（北京：中華書局，2005 年
　　10 月，1 版），頁 401-403。

鄂鋼基建指揮部文物小組、鄂城縣博物館著：〈湖北鄂城鄂鋼五十三號墓發掘簡報〉，《考
　　古》1978 年第 4 期，頁 256-260、圖版 7-8。

雲夢縣文化館著：〈湖北雲夢縣珍珠坡一號楚墓〉，《考古學集刊》第 1 輯（北京：中國
　　社會科學出版社，1981 年），頁 104-110。

黃盛璋著：〈雲夢秦墓兩封家信中有關歷史地理的問題〉，《文物》1980 年第 8 期，

頁 74-77。

黃聖松著：〈《左傳》「軍」考〉，《國立中山大學中文系研究生學術論文集》第 2 期（高雄：國立中山大學中國文學系，2004 年 6 月，1 版），頁 1-20。

_____：〈《左傳》輿人考〉，《文與哲》第 6 期（高雄：國立中山大學中國文學系，2005 年 6 月，1 版），頁 35-68。

_____：〈《左傳》車右考〉，《文與哲》第 9 期（高雄：國立中山大學中國文學系，2006 年 12 月，1 版），頁 49-82。

_____：〈《左傳》「徒」、「卒」考〉，《文與哲》第 11 期（高雄：國立中山大學中國文學系，2007 年 12 月，1 版），頁 25-84。

_____：《《左傳》軍事制度研究》，高雄：高雄復文圖書出版社，2009 年 2 月，1 版。

_____：〈《左傳》車乘乘員配置考〉，收入氏著：《《左傳》軍事制度研究》（高雄：高雄復文圖書出版社，2009 年 2 月，1 版），頁 97-129。

_____：〈《左傳》副車考〉，收入氏著：《《左傳》軍事制度研究》（高雄：高雄復文圖書出版社，2009 年 2 月，1 版），頁 131-168。

_____：〈童書業《春秋左傳研究》軍事類詞條考訂〉，《屏東教育大學學報（人文社會類）》第 33 期（屏東：國立屏東教育大學，2009 年 9 月），頁 67-88。

_____：〈《左傳》「役人」考〉，《文與哲》第 18 期（高雄：國立中山大學中國文學系，2011 年 6 月，1 版），頁 81-104。

_____：〈《左傳》「役人」續考〉，《文與哲》第 20 期（高雄：國立中山大學中國文學系，2012 年 6 月，1 版），頁 1-40。

_____：《《左傳》國人研究》，臺中：天空數位圖書有限公司，2013 年 10 月，1 版。

_____：〈《左傳》「私屬」考〉，《成大中文學報》第 50 期（臺南：國立成功大學中國文學系，2015 年 9 月，1 版），頁 1-56。

黃樸民著：《中國軍事通史・春秋軍事史》，北京：軍事科學出版社，1998 年 10 月，1 版。

_____：《夢殘干戈──春秋軍事歷史研究》，長沙：岳麓書社，2013 年 6 月，1 版。

黃懷信著：〈談談古書中的「仞」〉，原載《文史知識》1988 年第 5 期；收入氏著：《古文獻與古史考論》（濟南：齊魯書社，2003 年 6 月，1 版），頁 370-376。

（十一）十三劃：楊、葉、葛、裘、鄒、雷、靳

楊升南著：〈說「周行」、「周道」──西周時期的交通初探〉，收入《人文雜志叢刊》
　　第 2 輯《西周史研究》（西安：陝西省社會科學院，1984 年，1 版），頁 51-66。

楊伯峻著：《春秋左傳注》，北京：中華書局，2000 年 7 月，2 版。

＿＿＿＿＿：《春秋左傳詞典》，臺北：漢京文化事業公司，1987 年 1 月，景印 1 版。

楊　泓、李　　力著：《中國古兵二十講》，北京：三聯書店，2013 年 1 月，1 版。

楊　泓著：《中國古兵器論叢（增訂本）》，北京：文物出版社，1985 年 10 月，2 版。

楊　釗著：《先秦諸子與古史散論》，北京：北京師範大學出版社，2003 年 4 月，1 版。

楊師群著：《東周秦漢社會轉型研究》，上海：上海古籍出版社，2003 年 4 月，1 版。

楊　寬著：〈周代的社會結構和社會性質〉，原載氏著：《古史新探》（北京：中華書局，
　　1965 年，1 版）；收入氏著：《先秦史十講》，上海：復旦大學出版社，2006 年 6 月。

＿＿＿＿＿：《中國古代冶鐵技術發展史》，上海：上海人民出版社，2004 年 9 月，1 版。

＿＿＿＿＿：《先秦史十講》，上海：復旦大學出版社，2006 年 6 月，1 版。

＿＿＿＿＿：《西周史》，臺北：臺灣商務印書館，1999 年 4 月，1 版。

＿＿＿＿＿：《戰國史》，上海：上海人民出版社，1980 年 7 月，2 版。

楊　毅、楊　泓著：《兵器史話》，臺北：國家出版社，2003 年 12 月，1 版。

楊維傑著：《黃帝內經素問譯解》，臺北：志遠書局，1983 年，13 版。

楊樹達著：《積微居小學述林全編》，上海：上海古籍出版社，2013 年 9 月，1 版。

葉至誠、葉立誠著：〈談三重證據法──十干與立主〉，臺北：商鼎文化出版公司，2003
　　年，1 版。

葉憲舒著：《詩經的文化闡釋──中國詩歌的發生研究》，武漢：湖北人民出版社，1994
　　年 6 月，1 版。

葛志毅著：〈史官的規諫記言之職與《尚書》、《國語》的編纂〉，收入氏著：《譚史齋
　　論稿續編》（哈爾濱：黑龍江人民出版社，2004 年 1 月，1 版），頁 102-118。

裘錫圭著：〈漢簡零拾〉，原載《文史》第 12 輯（北京：中華書局，1981 年，1 版）；
　　收入氏著：《裘錫圭學術文集·簡牘帛書卷》（上海：復旦大學出版社，2012 年 6
　　月，1 版），頁 52-96。

鄒　衡著：〈關於探討夏文化的幾個問題〉，《文物》1979 年第 3 期，頁 64-69。

雷晉豪著：《周道：封建時代的官道》，北京：社會科學文獻出版社，2011 年 12 月，1 版。

靳　寶著：〈論錢謙益的史學觀〉，《遼寧大學學報（哲學社會科學版）》2006 年 3 月，
　　頁 75-80。

（十二）十四劃：睡、聞、趙、銀、齊

睡虎地秦墓竹簡整理小組編：《睡虎地秦墓竹簡》，北京：文物出版社，1990 年 9 月，
　　1 版。

聞人軍著：〈《考工記》成書年代新考〉，《文史》第 23 輯（北京：中華書局，1984 年
　　11 月，1 版），頁 31-39。

_____：〈《考工記》齊尺考辨〉，《考古》1983 年第 1 期，頁 61-65。

趙世超著：《周代國野關係研究》，臺北：文津出版社，1993 年 10 月，1 版。

趙生群著：《《左傳》疑義新證》，北京：人民文學出版社，2013 年 1 月，1 版。

趙伯雄著：《春秋學史》，濟南：山東教育出版社，2004 年 4 月，1 版。

銀雀山漢墓竹簡整理小組編：《孫臏兵法》，北京：文物出版社，1975 年 2 月，1 版。

齊思和著：〈《詩經》穀名考〉，原載《燕京學報》第 36 期（1949 年 6 月），收入氏著：
　　《中國史探研》（石家莊：河北教育出版社，2000 年 7 月，1 版），頁 3-53。

_____：〈牛耕之起源〉，原載天津達仁學院經濟研究所《經濟研究季刊》1941 年第 1
　　卷、第 1 期；收入氏著：《中國史探研》（石家莊：河北教育出版社，2000 年 7 月，
　　1 版），頁 163-180。

_____〈《孫子兵法》著作時代考〉，原載《燕京學報》第 26 期（1939 年 12 月）；
　　收入李學勤主編，齊思和著：《中國史探研》（石家莊：河北教育出版社，2000 年 7
　　月，1 版），頁 415-433。

齊振翬著：〈《孫子》的後勤思想〉，收入軍事科學院戰略部、後勤學院學術部歷史室編：
　　《先秦軍事研究》（北京：金盾出版社，1990 年 5 月，1 版），頁 115-119。

（十三）十五劃：儀、劉、潘、翦、蔡、蔣、衛、鄭、魯

儀德剛著：〈清代滿族弓箭的製作及管理〉，《廣西民族大學學報（自然科學版）》2004
　　年第 3 期，頁 16-23。

劉一星、王逢瑚著：《木質建材手冊》，北京：化學工業出版社，2007 年 8 月，1 版。

劉文強著：〈再論晉獻公〉，《文與哲》第 7 期（高雄：國立中山大學中國文學系，2005
　　年 12 月），頁 33-70。

_____：〈再論鄭莊公──補《左傳微》〉，《文與哲》第 9 期（高雄：國立中山大學
　　中國文學系，2006 年 12 月），頁 17-47。

_____：〈封與封人〉，收入《慶祝龍宇純先生七秩晉五壽慶論文集》編輯委員會編：
　　《慶祝龍宇純先生七秩晉五壽慶論文集》（臺北：學生書局，2002 年 11 月，1 版），
　　頁 121-150。

_____：〈論「以一軍爲晉侯」（下）〉，原載《文與哲》第 3 期（高雄：國立中山大學中國文學系，2004 年 1 月，1 版）；收入氏著：《晉國伯業研究》（臺北：臺灣學生書局，2004 年 7 月，1 版），頁 99-137。

_____：〈論「作爰田」中的「國人」〉，《中山人文學報》第 1 期，頁 19-38。

_____：〈論「被廬之蒐」〉，原載《中山人文學報》第 2 期（高雄：國立中山大學文學院，1994 年 4 月，初版），頁 1-20；收入氏著：《晉國伯業研究》（臺北：臺灣學生書局，2004 年 7 月，1 版），頁 361-392。

_____：〈論魯國「作三軍」、「舍中軍」〉，原載第一屆《左傳》國際學術研討會（香港：香港大學，1997 年 7 月）；收入氏著：《晉國伯業研究》（臺北：臺灣學生書局，2004 年 7 月，1 版），頁 393-410。

劉永華著：《中國古代車輿馬具》，上海：上海辭書出版社，2002 年 1 月，1 版。

劉玉堂著：《楚國經濟史》，武漢：湖北教育出版社，1995 年，1 版。

劉　雨著：〈西周金文中的軍事〉，收入中國社會科學院甲骨學殷商史研究中心編輯組編：《胡厚宣先生紀念文集》（北京：科學出版社，1998 年 11 月，1 版），頁 228-251。

劉進國著：《中國上古圖書源流》，北京：新華出版社，2003 年 1 月，1 版。

劉義華主編，劉澤華本卷主編：《中國通史教程‧第 1 卷‧先秦兩漢時期》，上海：復旦大學出版社，2005 年 11 月，1 版。

劉道廣、許　暘、卿尚東著：《圖證《考工記》：新注、新譯及其設計學意義》，南京：東南大學出版社，2012 年 3 月，1 版。

劉興林著：〈史前旱作農業及與稻作共生區的研究〉，原載氏著：《史前農業探研》（合肥：黃山書社，2004 年 12，1 版）；收入氏著：《歷史與考古：農史研究新視野》（北京：三聯書店，2013 年 1 月，1 版），頁 46-60。

_____：〈我國史前先民的食物來源與加工〉，原載《中國農史》1989 年第 4 期，收入氏著：《歷史與考古：農史研究新視野》（北京：三聯書店，2013 年 1 月，1 版），頁 61-72。

_____：〈論商代農業的發展〉，原載《中國農史》1995 年第 4 期；收入氏著：《史前農業探研》（北京：三聯書店，2013 年 1 月，1 版），頁 142-156。

劉興運著：《詩義新知》，濟南：山東教育出版社，1998 年 3 月，1 版。

潘萬木著：《《左傳》敘述模式論》，武漢：華中師範大學出版社，2004 年 9 月，1 版。

翦伯贊著：《先秦史》，北京：北京大學出版社，1999 年 5 月，2 版。

蔡　鋒著：〈國人的屬性及其活動對春秋時期貴族政治的影響〉，《北京大學學報》哲社

版 1997 年第 3 期，頁 113-121。

_____：《春秋時期貴族社會生活研究》，北京：中國社會科學出版社，2004 年 4 月，1 版。

蔣緯國著：《軍制基本原理》，臺北：黎明文化事業公司，1988 年 8 月，7 版。

衛聚賢著：《古史研究》，臺北：明倫出版社，1972 年，1 版。

鄭天杰著：《曆法叢談》，臺北：中國文化大學出版社，1985 年 7 月，增訂版。

鄭良樹著：〈論《孫子》的作成時代〉，《國立臺灣大學文史哲學報》第 28 卷（臺北：國立臺灣大學文學院，1979 年），頁 149-178。

鄭學檬主編：《中國賦役制度史》，上海：上海人民出版社，2000 年 9 月，1 版。

魯　毅著：《左傳考釋》，武漢：湖北人民出版社，2009 年 9 月，1 版。

（十四）十六劃：憩、錢

憩　之著：〈春秋時代奴隸階層最基層的「輿人」〉，《光明日報》1956 年 11 月 8 日史學版。

錢　玄著：《三禮通論》，南京：南京師範大學出版社，1996 年 10 月，1 版。

錢宗范著：〈「國人」試說〉，《第二次西周史學術研討會論文集》（上冊）（西安：陝西人民教育出版社，1993 年 6 月，1 版 1 刷），頁 584-596。

錢　穆著：《先秦諸子繫年》，臺北：東大圖書公司，1999 年 6 月，3 版。

錢耀鵬著：〈史前武器及其軍事學意義考察〉，《文博》2000 年第 6 期，頁 21-29。

（十五）十七劃：襄、謝、韓

襄陽首屆亦工亦農考古訓練班著：〈襄陽蔡坡 12 號墓出土吳王夫差劍等文物〉，《文物》1976 年第 11 期，頁 65-71、圖版 4。

謝成俠著：《中國養馬史》，北京：科學出版社，1959 年 4 月，1 版。

謝維揚著：《中國早期國家》，杭州：浙江人民出版社，1995 年 12 月，1 版。

_____：《周代家庭形態》，哈爾濱：黑龍江人民出版社，2004 年 11 月，1 版。

韓連琪著：〈周代的軍賦及其演變〉，原載於《文史哲》1980 年第 3 期；收入氏著：《先秦兩漢史論叢》（濟南：齊魯書社，1986 年 8 月，1 版），頁 109-134。

韓　巍著：《黃土與青銅・先秦的物質文明》，北京：北京大學出版社，2009 年 1 月，1 版。

韓鐵錚著：〈歷代口糧、畝產量初探〉，《歷史教學》1985 年第 2 期，頁 2-5。

瞿同祖著：《中國封建社會》，臺北：里仁書局，1997年4月，1版。

（十六）十八劃：瞿、魏

藍永蔚著：《春秋時代的步兵》，臺北：木鐸出版社，1987年4月，1版。
魏明孔主編，蔡鋒著：《中國手工業經濟通史·先秦秦漢卷》，福州：福建人民出版社，
　　2005年5月，1版。

（十七）十九劃：羅、譚

羅　琨著：《商代戰爭與軍制》，北京：中國社會科學出版社，2010年11月，1版。
譚家健著：〈關於《國語》的成書時代和作者問題〉，《河北師院學報（哲學社會科學版）》
　　1985年第6期。

（十八）二十劃以上：饒、顧、龔

饒宗頤著：《談三重證據法——十幹與立主》，《饒宗頤二十世紀學術文集》卷1，臺北：
　　新文豐出版公司，2003年，1版。
顧德融、朱順龍著：《春秋史》，上海：上海人民出版社，2001年6月，1版1刷。
顧頡剛著：〈「周道」與「周行」〉，收入氏著：《史林雜識初編》（北京：中華書局，
　　1963年2月，1版），頁121-124。
＿＿＿＿＿：《古史辨》第1冊，臺北：藍燈文化事業公司，1993年8月，1版。
龔書鐸主編，廖名春分冊主編：《中國文化發展史·先秦卷》，濟南：山東教育出版社，
　　2013年9月，1版。

國家圖書館出版品預行編目資料

《左傳》後勤制度考辨

黃聖松著. – 初版. – 臺北市：臺灣學生，2016.04
面；公分

ISBN 978-957-15-1703-2 (平裝)

1. 左傳 2. 後勤 3. 研究考訂

621.737   105005914

《左傳》後勤制度考辨

著　作　者：黃　　　　聖　　　　松
出　版　者：臺 灣 學 生 書 局 有 限 公 司
發　行　人：楊　　　　雲　　　　龍
發　行　所：臺 灣 學 生 書 局 有 限 公 司
　　　　　　臺北市和平東路一段七十五巷十一號
　　　　　　郵 政 劃 撥 帳 號 ： 0 0 0 2 4 6 6 8
　　　　　　電　話 ： (0 2) 2 3 9 2 8 1 8 5
　　　　　　傳　眞 ： (0 2) 2 3 9 2 8 1 0 5
　　　　　　E-mail：student.book@msa.hinet.net
　　　　　　http://www.studentbook.com.tw
本 書 局 登
記 證 字 號：行政院新聞局局版北市業字第玖捌壹號
印　刷　所：長 欣 印 刷 企 業 社
　　　　　　新北市中和區中正路九八八巷十七號
　　　　　　電　話 ： (0 2) 2 2 2 6 8 8 5 3

定價：新臺幣五八〇元

二 〇 一 六 年 四 月 初 版

62104
ISBN 978-957-15-1703-2 (平裝)